Bjørn von Rimscha

Risikomanagement in der Entwicklung
und Produktion von Spielfilmen

The Business of Entertainment.
Medien, Märkte, Management

Herausgegeben von
Klaus-Dieter Altmeppen
Katja Lantzsch
Andreas Will

Die Unterhaltungsindustrie wird ökonomisch und kulturell immer bedeutender. Dies belegen steigende Umsätze im Unterhaltungssektor und die wachsende Zahl entsprechender Angebote, wie zum Beispiel der hohe Anteil unterhaltender Programme im Fernsehen. Die Erforschung der Unterhaltungsindustrie avanciert somit zu einem bedeutsamen und anspruchsvollen, wissenschaftlich bislang jedoch wenig beachteten Aufgabenfeld der Medien- und Kommunikationswissenschaft. Ausgeblendet blieben bisher vor allem die relevanten Akteure, ihre Strategien und die Strukturen eines milliardenschweren Marktes, dessen Marktergebnisse darüber entscheiden, welche Medienangebote die Gesellschaft rezipiert.

In der Reihe „The Business of Entertainment. Medien, Märkte, Management" werden Beiträge publiziert, die dieses Forschungsdesiderat beheben und die verschiedenen Perspektiven des Unterhaltungsgeschäfts beleuchten. Mit der Reihe werden sowohl die Rolle der Medienunternehmen als auch die Merkmale von Märkten und die Aufgaben des Medienmanagements thematisiert. Behandelt werden Fragen der Organisation des Unterhaltungsgeschäfts und die strategischen Antworten des Managements auf Marktveränderungen ebenso wie die Bedingungen der Unterhaltungsindustrie oder die Folgen von weltweiten Verflechtungen für die Medienvielfalt.

Bjørn von Rimscha

Risikomanagement in der Entwicklung und Produktion von Spielfilmen

Wie Produzenten vor Drehbeginn
Projektrisiken steuern

VS VERLAG FÜR SOZIALWISSENSCHAFTEN

Bibliografische Information der Deutschen Nationalbibliothek
Die Deutsche Nationalbibliothek verzeichnet diese Publikation in der
Deutschen Nationalbibliografie; detaillierte bibliografische Daten sind im Internet über
<http://dnb.d-nb.de> abrufbar.

Die vorliegende Arbeit wurde von der Philosophischen Fakultät der Universität Zürich im
Frühjahrssemester 2009 auf Antrag von Frau Prof. Dr. Gabriele Siegert und
Herrn Prof Dr. Andreas Will als Dissertation angenommen.

1. Auflage 2010

Alle Rechte vorbehalten
© VS Verlag für Sozialwissenschaften | GWV Fachverlage GmbH, Wiesbaden 2010

Lektorat: Katrin Emmerich / Jens Ossadnik

VS Verlag für Sozialwissenschaften ist Teil der Fachverlagsgruppe
Springer Science+Business Media.
www.vs-verlag.de

Umschlaggestaltung: KünkelLopka Medienentwicklung, Heidelberg
Druck und buchbinderische Verarbeitung: Rosch-Buch, Scheßlitz
Gedruckt auf säurefreiem und chlorfrei gebleichtem Papier
Printed in Germany

ISBN 978-3-531-16920-0

Danksagung

Mein größter Dank gilt meiner Frau Sonja, ohne die diese Arbeit nicht entstanden wäre. Sie hat mir Zeit gewährt, mich motiviert, meine Launen ausgehalten und mit kritischen Fragen und durch Korrekturarbeiten maßgeblich unterstützt.

Daneben gilt mein Dank Gabriele Siegert und Andreas Will für die hilfreiche Betreuung und schnelle Begutachtung der Arbeit.

Ohne die Bereitschaft, der für Studie und Pretest interviewten Produzenten und Produzentinnen, mir ihre Zeit und ihr Wissen zur Verfügung zu stellen, gäbe es die Arbeit nicht. Ihnen gebührt ein großer Dank.

Für wertvolle Tipps und Anregungen möchte ich mich bei den Teilnehmern an den Doktorierendenworkshops der Association of Cultural Economics International, der European Media Management Education Association und von Medienökonomie[JR] sowie den Kollegen im Doktorierendenkolloquium der Abteilung Media Economics and Management am IPMZ, bedanken.

Schließlich gilt mein Dank auch Yannick, Vroni, Eli, Nicolas, Maria und meiner Familie für die Unterstützung beim Transkribieren und die vielen kleinen Hilfen bei der Literaturbeschaffung und die Übernachtungsgelegenheiten bei den Interviews.

Zürich 2009
Bjørn von Rimscha

Inhaltsverzeichnis

1   Problemstellung, Relevanz und Motivation 11
1.1   Relevanz und Problemstellung der Arbeit 12
1.2   Zum Aufbau der Arbeit 15

2   Begriffsklärungen und Abgrenzungen 19
2.1   Begriffsklärung – Produzent 19
2.2   Filmpackage 25
2.3   Begriffsklärung – Risiko und Risikomanagement 27
    2.3.1   Begriffsdefinition Risiko 27
    2.3.2   Risikomanagement 33
2.4   Ressourcen in der Filmproduktion 44
    2.4.1   Elemente des Filmpackage als Projektressourcen 50
    2.4.2   Spielfilmentwicklung aus Ressourcenperspektive 51
2.5   Definitionen für die vorliegende Arbeit 53

3   Gutcharakteristik des Films 55
3.1   Film als Medienprodukt 56
    3.1.1   Immaterialität und öffentliches Gut 57
    3.1.2   Erfahrungsgut 60
3.2   Innovation und Zeitaspekte 61
    3.2.1   Steter Innovationszwang und Aktualität 61
    3.2.2   Kurzer Produktlebenszyklus 62
    3.2.3   Synchronisation von Produktion, Distribution und Konsum 64
    3.2.4   Medien als duale Produkte 65
    3.2.5   Versunkene Kosten 67
3.3   Film als Kulturgut 68
    3.3.1   Nachfrageunsicherheit 69
    3.3.2   Horizontal differenzierter Output 70
    3.3.3   Produktion unter Zeitdruck 71
    3.3.4   Langlebigkeit 72
    3.3.5   Internationale Verwertbarkeit 73
3.4   Zusammenfassung Guteigenschaften 73

4   Marktcharakteristika in der Filmbranche **75**
4.1   Rezipientenmarkt 76
4.1.1   Marktgröße und Teilmärkte 76
4.1.2   Sekundärmärkte 78
4.1.3   Markteintrittsbarrieren 79
4.1.4   Konkurrenz und Substituierbarkeit 81
4.1.5   Nachfrageentwicklung 84
4.2   Beschaffungsmärkte 85
4.2.1   Inhaltsmarkt – Filmstoffe 87
4.2.2   Fremddienstleistungsmarkt – technische Dienstleister 89
4.2.3   Arbeitsmarkt – Personal 90
4.2.4   Kapitalmarkt – Finanzierungsoptionen 101
4.3   Reputation als entscheidender Marktmechanismus 118
4.4   Zusammenfassung Marktcharakteristik 123

5   Risiken im Filmprojekt und Steuerungsoptionen **125**
5.1   Entwicklungsrisiken 126
5.1.1   Bestimmung der Entwicklungsrisiken 126
5.1.2   Steuerungsmöglichkeiten für Entwicklungsrisiken 128
5.2   Konsumtionsrisiken 129
5.2.1   Bestimmung der Konsumtionsrisiken 129
5.2.2   Steuerungsmöglichkeiten für Konsumtionsrisiken 131
5.3   Produktionsrisiken 153
5.3.1   Bestimmung der Produktionsrisiken 153
5.3.2   Steuerungsmöglichkeiten für Produktionsrisiken 154
5.4   Reputationsrisiken 160
5.4.1   Bestimmung der Reputationsrisiken 160
5.4.2   Steuerungsmöglichkeiten für Reputationsrisiken 163
5.5   Zusammenfassung der Steuerungsoptionen auf Projektebene 166
5.6   Steuerungsmöglichkeiten auf Unternehmensebene 168
5.6.1   Investitionsrisiko und Höhe des Filmbudgets 168
5.6.2   Portfolio 170

6   Risikosteuerung in der Spielfilmentwicklung **173**
6.1   Modell des Risikomanagementprozesses 173
6.2   Fragestellung 177

7   Methodisches Vorgehen **179**
7.1   Angemessenheit der Methode und Expertenbild 180
7.2   Rekrutierung und Sample 183
7.3   Pretest und Interviewsituation 187

7.4   Leitfaden und Transkription 189
7.5   Güte der Untersuchung 190
7.6   Auswertungsstrategie 191

8   Risikosteuerung aus Produzentenperspektive 193
8.1   Risikoidentifikation 193
8.2   Risikobewertung 194
8.3   Risikovermeidung 195
       8.3.1   Risikovermeidung in der Stoffakquisition 195
       8.3.2   Risikovermeidung in der Personalakquisition 205
       8.3.3   Risikovermeidung durch Marktforschung 210
8.4   Risikobegrenzung 214
       8.4.1   Risikobegrenzung durch Diversifikation auf Firmenebene 215
       8.4.2   Risikobegrenzung durch vertikale Integration 217
       8.4.3   Risikobegrenzung durch Slate Financing 218
       8.4.4   Risikobegrenzung durch Diversifikation im Output 220
       8.4.5   Risikobegrenzung durch Kostenkontrolle 220
8.5   Risikoüberwälzung 221
       8.5.1   Risikoüberwälzung auf Versicherungen 222
       8.5.2   Risikoüberwälzung auf Finanzinvestoren 223
       8.5.3   Risikoüberwälzung auf Distributoren 223
       8.5.4   Risikoüberwälzung durch Risikoteilung – Koproduktion 228
       8.5.5   Risikoüberwälzung auf das Personal 232
       8.5.6   Risikoüberwälzung auf Filmförderungsinstitutionen 236
       8.5.7   Risikoüberwälzung auf Werbekunden 240
       8.5.8   Sicherheiten für die Risikoüberwälzung 242
8.6   Risikoverminderung 248
       8.6.1   Risikoverminderung im Drehbuch 248
       8.6.2   Risikoverminderung durch das richtige Personal 249
       8.6.3   Risikoverminderung durch Koordination 250
       8.6.4   Risikoverminderung durch Marktforschung 251
8.7   Umgang mit Reputationsrisiken 252
       8.7.1   Reputation bei Kritikern und Jurys 252
       8.7.2   Reputation bei Investoren 254
       8.7.3   Reputation als Arbeitgeber 255
8.8   Zusammenfassung der genutzten Risikosteuerungsoptionen 257
       8.8.1   Risikosteuerungsoptionen und Produzenteneigenschaften 258
       8.8.2   Risikosteuerung nach Integration und Budgethöhe 261

9   Strategieoptionen in der Risikosteuerung von Produzenten............ **267**
9.1   Strategien zur Steuerung des kommerziellen Risikos...................... 267
    9.1.1   Reduktion der Schadenswahrscheinlichkeit........................ 268
    9.1.2   Vermeidung und Überwälzung................................. 269
    9.1.3   Reduktion der Schadenshöhe................................. 270
9.2   Strategien zur Steuerung des kreativen und reputationalen
            Risikos 272

**10   Risikosteuerungsstrategien im Ressourcen- und
         Strukturkontext**.. **275**
10.1   Projektressourcen und Produzentenressourcen..................... 279
10.2   Nützlichkeit der theoretischen Basiskonzepte 285

11   Fazit und Ausblick... **287**

Literaturverzeichnis **291**

1 Problemstellung, Relevanz und Motivation

Die Filmbranche ist eine projektorientierte Branche. Sie steht prototypisch für andere Medienbranchen, in denen die Produktion häufig ebenfalls in Projekten organisiert ist. Im Unterschied zu anderen Mediengattungen sind beim Film die Standardisierungsmöglichkeiten jedoch geringer. Es kann nicht, wie bei einer Tageszeitung oder den Fernsehnachrichten, jeden Tag dieselbe Designvorlage verwendet werden. Unterschiedliche Anforderungen innerhalb der einzelnen Filmprojekte führen dazu, dass kaum mit festangestelltem Personal gearbeitet wird. In der Filmproduktion treten die Probleme der Unikatproduktion somit noch deutlicher zutage als bei anderen Mediengattungen. Die Unsicherheit über die Nachfrage ist größer, da anders als z.b. bei einer Folge einer TV-Serie nicht von der Zuschauerzahl der bisher ausgestrahlten Folgen ausgegangen werden kann. Sowohl Produktion als auch Konsumtion sind weniger standardisiert, weniger berechenbar und zeigen größere Schwankungen. Je weniger jedoch die Produktion und Konsumtion standardisiert werden kann, desto wichtiger ist es, vorab mögliche Probleme zu antizipieren, zu vermeiden oder aber dafür Sorge zu tragen, dass mögliche negative Ergebnisse bewältigt werden können. Die Produktion von Medieninhalten ist als Risiko zu verstehen. Die strategische Steuerung der Risiken durch umsichtige Planung bei der Entwicklung von Medieninhalten kann als Risikomanagement verstanden werden. In diesem Sinne analysiert die vorliegende Arbeit, welche Maßnahmen in der ersten Phase der Spielfilmproduktion – der Projektentwicklung – getroffen werden können, um das Risiko in einem Projekt so weit zu kontrollieren, dass mit der physischen Umsetzung begonnen werden kann.

Litman (vgl. 1998: 37) stellt in diesem Kontext fest, dass der Produktionssektor der Filmbranche schwer zu analysieren ist: Im Gegensatz zur Filmauswertung liegen wenige Daten vor und die Verknüpfungen mit dem Distributionssektor sind eng und unübersichtlich. Der Produktionssektor besteht aus Hunderten von Unternehmen, häufig mit nur sehr wenigen Mitarbeitenden. Die Unternehmen werden häufig um einen bestimmten Star oder ein bestimmtes Filmprojekt herum gegründet. Die Produktion erfolgt projektorientiert mit angemietetem Personal und angemieteter Produktionsinfrastruktur. Die Markteintrittsbarrieren sind entsprechend niedrig, Marktein- und -austritte häufig und die Konkurrenz ist groß. In dieser Marktumgebung kann sich die Forschung nicht auf verfügbare filmstatistische Daten verlassen, sondern muss sich direkt an den Produzenten als individuell handelnden Akteuren orientieren. Entsprechend versucht die vorliegende Arbeit, das Risikomanagement in der Spielfilmentwicklung und -produktion nicht auf der Ebene von Medienkonzernen zu analysieren, sondern fokussiert auf einzelne Produzenten und ihre Projekte.

1.1 Relevanz und Problemstellung der Arbeit

Die Kommunikations- und Medienwissenschaft behandelt den Film meist stiefmütterlich. Vertretern der politischen Kommunikation ist er politisch zu wenig relevant, für Rezeptionsforscher wie Medienökonomen sind die Nutzungszahlen im Vergleich mit anderen Mediengattungen zu gering, als dass sich eine eingehende Beschäftigung lohnen würde und die Kommunikatorforschung erkennt in Filmproduzenten und Regisseuren[1] keine Medienschaffenden. Traditionell findet Film deshalb meist in anderen Wissenschaftsdisziplinen statt: Auf der einen Seite bemühen sich Filmwissenschaftler, dem Film als „siebte Kunst" Anerkennung zu verschaffen (vgl. z.B. Tudor 1974: 8-10; Jowett & Linton 1980: 15-17; Bordwell 1997: 12-45), auf der anderen Seite versuchen Marketingforscher, die Vermarktung von Unterhaltung zu optimieren (vgl. z.B. Eliashberg, Swami, Weinberg & Wierenga 2001; Hennig-Thurau, Houston & Sridhar 2006).[2] Daneben beschäftigt sich auch das strategische Management immer wieder mit der Filmbranche als Beispiel für Managementstrategien in Projektorganisationen (vgl. z.B. Robins 1993; Starkey & Barnatt 1997; DeFillippi & Arthur 1998; Miller & Shamsie 2001).

Die vorliegende Arbeit versucht, die Perspektiven zu integrieren und ist dadurch nicht unmittelbar im Mainstream der Kommunikations- und Medienwissenschaft angesiedelt: Untersuchungsobjekte sind Produzenten von Unterhaltung, nicht Journalisten, die Informationen vermitteln und einordnen. Die Rezipienten spielen mit ihrer aggregierten Nachfrage nur am Rande eine Rolle. Es werden Konzepte aus dem strategischen Management in der Betriebswirtschaft verwendet, und das empirische Vorgehen stützt sich auf eine qualitative Befragung. Dennoch – oder gerade deshalb – kann diese Arbeit einen Beitrag zur

---

[1] Wann immer ohne stilistische Abstriche möglich, wird in der vorliegenden Arbeit der Plural oder die Tätigkeitsform verwendet. In den übrigen Fällen wird die im allgemeinen Sprachgebrauch übliche Form verwendet. Wenn dies in der Mehrzahl der Fälle die maskuline Form ist, so ist damit keinerlei Wertung oder Setzung verbunden. Die sich darin spiegelnden gesellschaftlichen Strukturen können und sollen hier nicht diskutiert werden. Gemeint sind immer beide Geschlechter.

[2] Im Englischen findet sich diese Unterscheidung auch in der Bezeichnung des Gegenstands wieder: *film* art, aber *movie* business. „*To call film movies is [...] to view it as an entertainment rather than as an art*" (Simon 1971 zitiert nach: Haberski 2001: 188).

kommunikations- und medienwissenschaftlichen Forschung leisten. Wenn es eine Aufgabe des Fachs ist, die Formen und Inhalte von öffentlicher Kommunikation mit ihren Auswirkungen auf die Gesellschaft zu analysieren (vgl. Deutsche Gesellschaft für Publizistik- und Kommunikationswissenschaft (DGPuK) 2008; Schweizerische Gesellschaft für Kommunikations- und Medienwissenschaft (SGKM) 2008), dann darf das Forschungsprogramm des Fachs weder vor der Unterhaltung haltmachen noch die Bedingungen der Produktion vernachlässigen. Rezipienten verwenden Medien mehr zur Unterhaltung als zur Information, deshalb sollten die Entstehungsbedingungen für Medienunterhaltung mindestens ebenso erforscht werden wie die der Information (vgl. von Rimscha & Siegert 2008). Zwar nimmt die Arbeit primär eine ökonomische Perspektive auf die Filmproduktion ein, doch lassen sich so auch Rückschlüsse auf die Auswirkungen auf die Gesellschaft ziehen. Wenn sich herausstellt, dass Filmproduzenten ihre Arbeit rein unter kommerziellen Gesichtspunkten betreiben und ihr einziges Ziel die Optimierung der Rendite ist, kann so immerhin darauf geschlossen werden, dass gesellschaftliche Auswirkungen des Filmschaffens von den Produzenten nicht intendiert sind. Es darf jedoch erwartet werden, dass kommerzieller Erfolg in einer kreativen Branche nicht die einzige Zielfunktion darstellt.

Gegenstand der Arbeit ist das Handeln von Filmproduzenten im Bestreben, kommerziell und kreativ erfolgreiche Filme zu projektieren. In der medienökonomischen Literatur wird die Filmproduktion – mehr als die Produktion in anderen Mediengattungen – als kommerziell riskant dargestellt (z.B. Kiefer 2001: 171). *„Risk-taking and filmmaking are synonymous terms"* (Litman 1998: 38). Die Produktion von erfolgreichen Filmen kann als gelungene Steuerung von Risiken verstanden werden. Häufig wird das Missverhältnis zwischen der Zahl der veröffentlichten Filme und jener, die einen Gewinn abwerfen, angeführt, um zu zeigen, wie riskant das Geschäft ist. Von zehn veröffentlichten Filmen sind im Durchschnitt sechs bis sieben unprofitabel und nur einer erwirtschaftet einen Gewinn (vgl. Vogel 2004: 65). In der Öffentlichkeit und zum Teil auch in der Forschung werden Erfolge meist den großen Distributoren zugeschrieben. Zwar wird der Erfolg eines Films wesentlich durch die Vermarktung mitbestimmt, die Basis für Erfolg oder Misserfolg wird jedoch schon in der Projektentwicklung gelegt, wenn Inhalt, Personal und Finanzierung zu einem Filmpackage kombiniert werden. Früher in der Produktion aktive Filmdistributoren, wie die Major Studios in Hollywood, haben die Produktion teilweise ausgelagert und so ihr Risiko reduziert sowie ihr Geschäft flexibilisiert. In der Regel wird das Filmpackage von individuellen Produzenten zusammengestellt, die Entscheidung, ob das Projekt umgesetzt werden soll – das so genannte Green Light – erfolgt jedoch auf Unternehmensebene oder durch die Distributoren. Die Steuerung des

Risikos in der Filmbranche wird somit von den Distributoren an die Produzenten delegiert und letztlich von individuellen Produzenten in der Entwicklung geleistet. In diesem Bereich der Branche ist das Verhältnis zwischen der Anzahl der Projekte und der Anzahl der Erfolge noch drastischer als bei den veröffentlichten Filmen: Von 15.000 Drehbüchern, die jährlich beim Autorenverband in den USA registriert werden, werden nur 700 (<5%) zu einem Filmpackage entwickelt, das tatsächlich umgesetzt wird (vgl. Eliashberg et al. 2007: 881). Eliashberg, Elberse und Leenders stellen fest: *„An important puzzle in the motion picture industry is why movies that flop miserably at the box office ever get made. [...] While maximizing the greenlighting success rate is extremely challenging, it is staggering to discover how little science usually goes into the process"* (Eliashberg et al. 2006: 640f). Der Fokus der vorliegenden Arbeit liegt somit auf der Entwicklungsphase vor dem Green Light. Es soll ergründet werden, welche Steuerungsmöglichkeiten Produzenten haben, um ein Filmprojekt möglichst wenig riskant zu gestalten. Damit reduzieren sie nicht nur das Risiko für die Produktion insgesamt, sondern auch ihr eigenes Risiko in ihrer Entwicklungsarbeit, wenn sie kein Green Light erhalten. Die forschungsleitende Frage für diese Arbeit lautet also:

> Welche Strategien zum Risikomanagement wenden Spielfilmproduzenten an und warum?

Strategisches Handeln wird in der Regel analysiert, um Empfehlungen für die Zukunft abzuleiten: *„People study and analyse strategy because they want to know what to do"* (Kay et al. 2003: 36). Diesbezüglich sollten die Erwartungen an die vorliegende Arbeit nicht zu hoch gesteckt werden. Ziel ist es, das Handeln der Produzenten qualitativ zu verstehen und zu erklären. Die Ableitung von Handlungsempfehlungen steht nicht im Vordergrund. Allenfalls können Produzenten ihr eigenes Vorgehen in der Entwicklungsphase mit den Ergebnissen dieser Arbeit vergleichen und so eine Art Benchmarktest ihres eigenen Managements vornehmen. Es handelt sich jedoch nicht um eine betriebswirtschaftliche Analyse mit dem Ziel, theoretische Konstrukte zu entwickeln, die eine Kontrolle über unternehmerische Prozesse ermöglichen.

In der kaum zu überschauenden betriebswirtschaftlichen Literatur zum Risikomanagement dominieren zwei Perspektiven: Zum einen wird für bestimmte Branchen oder Risiken der mögliche Aufbau eines Risikomanagementsystems dargestellt (und für den Einsatz in der Beratung mit neuen Namen versehen), zum anderen wird der Prozess, wie das Risikomanagement im System abläuft, dargestellt. Ziel dieser Arbeit ist es nicht, ein Risikomanagementsystem für die Filmbranche zu entwickeln, sondern zu ergründen, ob Produzenten in ihrer alltäglichen Praxis ein wie auch immer konzipiertes Risikomanagement-system nutzen, welche Elemente sie als entscheidend betrachten und welche Rolle der organisationale und strukturelle Kontext ggf. hat.

1.2 Zum Aufbau der Arbeit

Da sowohl die Begriffe Risiko und Risikomanagement als auch Filmproduzent und Filmpackage in der Literatur und in der Praxis nicht einheitlich verwendet werden, erfolgt in Kapitel 2 eine Eingrenzung, um für die weiteren Kapitel eine eindeutige Bedeutung festzulegen. Dabei wird auf die unterschiedlichen Rollen der Produzenten eingegangen und der Fokus auf die Entwicklungsphase vor Beginn der physischen Produktion gelegt. Das Risiko wird ökonomisch mit Abweichungen vom Erwartungswert definiert und ein qualitatives Risiko-management für die Spielfilmentwicklung als geeignet identifiziert. Des Weiteren wird in Kapitel 2 die Ressourcenperspektive als Analyserahmen ein-geführt. Dabei wird zwischen Ressourcen für ein einzelnes Filmprojekt und Ressourcen der Produzenten differenziert. Im Folgenden werden mit Hilfe einer umfassenden Literaturübersicht die grundsätzlichen Möglichkeiten des Risiko-managements in der Spielfilmentwicklung und -produktion hergeleitet. Zunächst werden die Charakteristika des Guts Film (Kapitel 3) und die relevanten Nach-frage- und Beschaffungsmärkte (Kapitel 4) dargestellt, um ein allgemeines Risikoinventar zu erstellen. Der Film wird dabei als Kombination aus Wirtschafts- und Kulturgut begriffen, wobei die wesentlichen Eigenschaften des Films bereits im Filmpackage angelegt sind und berücksichtigt werden müssen. Auf eine konkrete Bewertung der Risiken wird bewusst verzichtet, da diese von den speziellen Rahmenbedingungen und Zielen eines individuellen Filmprojekts abhängen. Für die vier identifizierten Risikofelder Produktion, Konsumtion, Entwicklung und Reputation wird jeweils analysiert, welche Steuerungs-möglichkeiten in der Literatur dokumentiert sind (Kapitel 5). Hierbei wird auch diskutiert, inwieweit die vorliegenden Studien aus dem Marketingkontext auch für die Entwicklungsphase Relevanz haben und entsprechend übertragen werden können. Es ergibt sich ein heterogenes und zum Teil widersprüchliches Bild der Steuerungsmöglichkeiten. Einige der in der Literatur diskutierten Steuerungs-möglichkeiten haben nur in bestimmten strukturellen und organisationalen Kontexten Relevanz oder sind empirisch nicht überprüft. Damit ergibt sich die Forschungsfrage, welche Risikomanagementstrategien Filmproduzenten in der Praxis tatsächlich anwenden und welche Gründe sie dafür haben (Kapitel 6). In Kapitel 7 wird diskutiert, welcher empirische Zugang am besten geeignet ist, die Forschungsfrage zu adressieren und die gewählte Methode der leitfadengestützten qualitativen Befragung mit ihren Vor- und Nachteilen wird vorgestellt. Insgesamt wurden 16 Interviews mit Produzenten aus unterschiedlichen organisationalen und strukturellen Kontexten durchgeführt, um durch die Varianz im Sample einen umfassenden Einblick in die jeweils angewendeten Strategien des Risikomanagements zu geben.

Abbildung 1   Aufbau der Arbeit

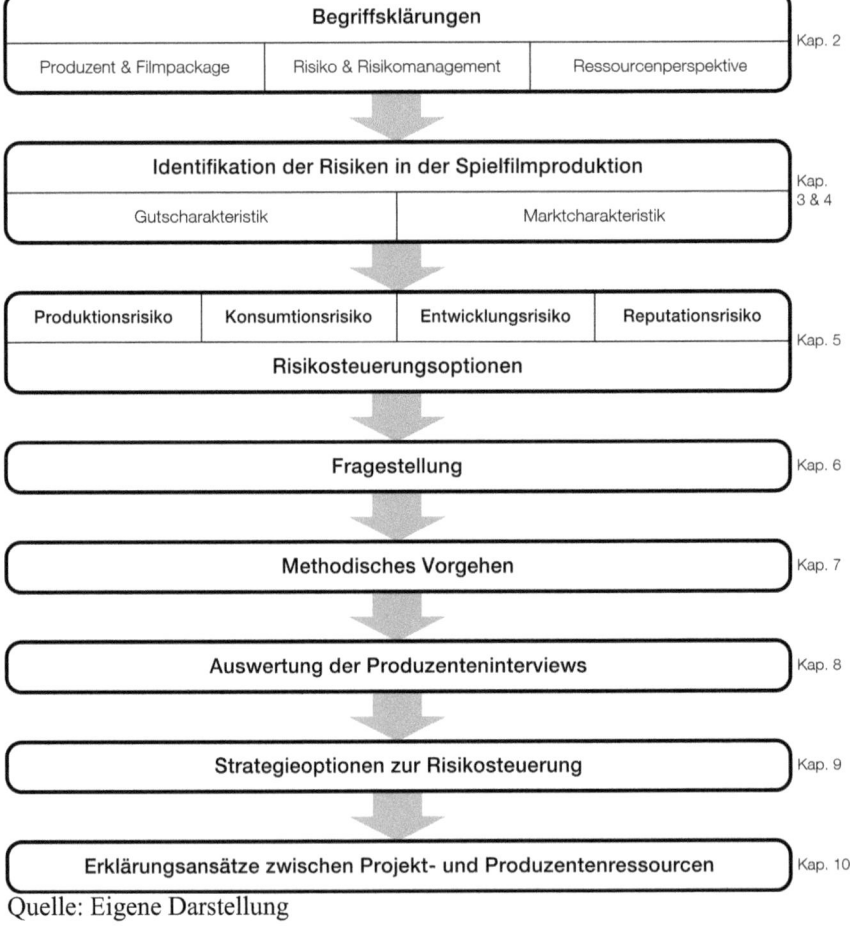

Quelle: Eigene Darstellung

Die Ergebnisse aus den Interviews werden nach Steuerungsoptionen gegliedert ausführlich ausgewertet, um Raum für die Darstellung der Sprache und

Argumentation der Befragten zu geben (Kapitel 8). Aus den Antworten der befragten Produzenten lassen sich drei Strategieoptionen für die Steuerung der finanziellen Aspekte des Risikos identifizieren, die Steuerung der kreativen und reputationalen Aspekte scheint dagegen weniger systematisiert (Kapitel 9).

In der Interpretation wird aus den Ergebnissen geschlossen, dass die strukturellen und organisatorischen Rahmenbedingungen weitgehend determinieren, welche Risikosteuerung angewendet werden kann und angewendet wird. Insgesamt kann ein wenig strukturierter Umgang mit dem Risiko in der Spielfilmentwicklung konstatiert werden. Das Handeln von Filmproduzenten kann besser als Ressourcenmanagement verstanden werden. Nicht die Steuerung der Risiken in Bezug auf die einzelnen Inputfaktoren eines Filmprojekts steht für sie im Vordergrund, sondern der Aufbau und die Wahrung des Zugangs zu diesen Inputfaktoren als Kernkompetenz (Kapitel 10). Ein Fazit und ein Ausblick runden die Arbeit ab (Kapitel 11). Abbildung 1 fasst den Aufbau der Arbeit grafisch zusammen.

2 Begriffsklärungen und Abgrenzungen

2.1 Begriffsklärung – Produzent

Neben dem Filmprojekt sind Produzenten das zentrale Untersuchungsobjekt dieser Arbeit. Ähnlich wie beim Beruf des Journalisten besteht auch beim Filmproduzenten keine eindeutige und allgemein akzeptierte Definition, wie das Berufsfeld abzugrenzen ist. Es bestehen keine formalen Zugangsvoraussetzungen und die Tätigkeitsprofile von unterschiedlichen Produzenten weichen zum Teil erheblich voneinander ab. *„There are almost as many ways of functioning as a producer as there are producers"* (Puttnam 2004: 15). Allgemein kann sich jeder als Produzent bezeichnen und, das Einverständnis der restlichen Crew und Finanziers vorausgesetzt, auch im Vor- und Abspann eines Films so aufführen lassen. Eine solch beliebige Perspektive ist im Rahmen einer wissenschaftlichen Untersuchung nicht zielführend, deshalb soll hier zunächst über die verschiedenen Aspekte des Produzentenberufs reflektiert und anschließend eine Eingrenzung für den weiteren Verlauf der Arbeit entwickelt werden.

Die Unschärfe, was die Eingrenzung des Berufsfelds angeht, zeigt sich auch durch einen Blick auf die verfügbare Literatur zu verschiedenen Filmberufen. Während es im deutschsprachigen Raum zahlreiche Titel gibt, die zu erklären vorgeben, wie man erfolgreicher Drehbuchautor oder Kameramann werden kann, gibt es im Bereich der Produktion keine entsprechenden Titel. Allenfalls finden sich Ratgeber, die Low-Budget-Filmemachern aufzeigen, wie sie die Finanzierung für ihren Film realisieren oder die Vermarktung sicherstellen (z.B. Kurz et al. 2006; Clevé 2000b). In den USA sieht die Situation etwas anders aus: Da die Filmproduktion als Geschäft verstanden wird, finden sich auch komplette Handbücher (z.B. Lee 2000; Honthaner 2001; Goodell 2003), es dominieren aber auch hier die Finanzierungsratgeber (vgl. z.B. Crabb 2005; Levison 2007).

Vorweg ist zu sagen, dass in verschiedenen Filmproduktionstraditionen und -ländern dem Produzenten jeweils eine unterschiedlich zentrale Rolle zukommt. In der kommerziellen Filmproduktion sind Produzenten Initianten und entscheidende Anker für ihre Projekte.[3] Sie kaufen bei Drehbuchautoren ihre

---

[3] Als erster Produzent in diesem Sinne kann Irving Thalberg als Chief of Production bei Universal Pictures in den 1920er Jahren verstanden werden (vgl. Lampel 2006).

Geschichten ein und stellen für die Umsetzung die jeweils passenden Regisseure an. Dabei spielt eine persönliche künstlerische Vision allenfalls eine untergeordnete Rolle. Aageson spricht von *„cultural entrepreneurs"* als *„risk takers, change agents and resourceful visionaries who generate revenue from innovative and sustainable cultural enterprises"* (Aageson 2008: 96). Diesem Idealtyp kann prototypisch der vermeintlich künstlerisch wertvollere Autorenfilm gegenübergestellt werden. Hier haben die Regisseure die zentrale Rolle. Sie sind am Drehbuch mindestens beteiligt, verfilmen also ihre eigenen Geschichten. Einen Produzenten brauchen sie nur als Buchhalter und Mittelsmann gegenüber den Geldgebern. Es darf bezweifelt werden, ob ein Film, an dessen Produktion eine Vielzahl von Menschen beteiligt ist, nur der Kreativität einer Person zugeschrieben werden kann (z.b. Petrie 1973). Die ökonomische Verantwortung und der Initiant eines Projekts können jedoch durchaus eindeutig identifiziert werden. Insofern werden in dieser Arbeit Produzenten als Filmemacher im ökonomischen Sinn verstanden.

Es stellt sich die Frage, inwieweit die verschiedenen Variationen des Produkts Film sich genügend ähneln, als dass von einer einheitlichen Profession gesprochen werden kann. Tunstall beschreibt im britischen TV-Markt ein Selbstverständnis der Produzenten, das immer auch vom jeweils produzierten Genre abhängig ist. Jedes Genre habe seine eigenen Anforderungen und Arbeitsabläufe, sodass es wenig Interesse gäbe, eine umfassende, selbst gestaltete Abgrenzung der Profession zu konstruieren (Tunstall 2001: 194). Beim Film dürfte die Abgrenzung nach Genre jedoch eine weniger große Rolle spielen. Die Unterschiede zwischen einer romantischen Komödie und einem Abenteuerfilm sind auf Produktionsebene geringer als jene zwischen einer Sitcom und einer Naturdokumentation, wie in den Beispielen von Tunstall aufgezeigt. Auf Basis der produzierten Inhalte kann demnach von einem relativ homogenen Berufsbild ausgegangen werden, allerdings gibt es innerhalb des Berufs eine mehr oder minder einheitlich bezeichnete Binnendifferenzierung, die sich an den Teilaufgaben orientiert.

In einem durchschnittlichen Filmabspann finden sich neben dem Produzenten oder Producer meist eine ganze Reihe von Bezeichnungen, die sich ebenfalls auf die Produktion beziehen. Dort werden z.B. Associate-, Co-, Executive-, Line-, Supporting- oder Assistant-Producer oder Production Manager erwähnt. Im Deutschen kommen ggf. auch Produktions- und Herstellungsleiter vor. In der Regel bezeichnen diese Präfixe, dass die betreffende Person nur für einen Teil des Projekts verantwortlich war. Tabelle 1 gibt einen Überblick.

Tabelle 1 Produzententypologie

Bezeichnung	Tätigkeitsprofil
Producer (=Produzent)	Producer kaufen Drehbücher, um sie zu Filmprojekten zu entwickeln. Sie betreuen und überwachen die Drehbuchentwicklung. Sie managen die Anstellung von Regie, Darstellenden und technischem Personal. Während des Drehs überwachen sie die finanzielle Entwicklung des Projekts. Sie haben die Verantwortung für alle geschäftlichen und kreativen Aspekte der Produktion.
Executive Producer	Executive Producer sind in der Regel weniger mit kreativen oder technischen Aspekten beschäftigt, sondern kümmern sich um geschäftliche Belange und sind unter Umständen die Finanziers des Films. Gelegentlich wird auch der Repräsentant des finanzierenden Distributors oder der Leiter der ausführenden Produktionsfirma so bezeichnet. Auch Personen, die mit dem Stoff beschäftigt waren, bevor dieser im aktuellen Projekt umgesetzt wurde, werden u.U. als Executive Producer bezeichnet, auch wenn sie keinen Input zum Film liefern. Denkbar wären hier z.B. Produzenten einer früheren Verfilmung des Stoffs oder frühere Besitzer der Urheberrechte. Die unmittelbare deutsche Übersetzung „ausführender Produzent" ist irreführend, ist hier doch meist eher das Berufsbild des Herstellungsleiters gemeint.
Line Producer (=Herstellungsleitung)	Line Producer überwachen das Budget der Produktion von der einmaligen Gage eines Stars bis zu den täglichen Mietkosten des Equipments am Set. Sie prüfen die Ausgaben und Forderungen der Production Manager.
Production Manager (=Produktionsleitung)	Production Manager schließen die Verträge mit den Crewmitgliedern und arrangieren den technischen Bedarf für die Produktion. Ihre Aufgaben reichen von der Beschaffung des richtigen Equipments bis zur Buchung der Unterkunft von Cast und Crew.
Associate Producer (=Produktionsassistenz)	Die Aufgaben von Associate Producern sind von Produktion zu Produktion verschieden, in der Regel handelt es sich jedoch um die wichtigsten Assistenten der Produzenten. Häufig stellen sie die Verbindung zwischen dem Team in der Produktion und in der Postproduktion her. In einigen Fällen werden auch Finanziers oder Personen, die den Produzenten das Projekt vermittelt haben, im Abspann als Associate Producer bezeichnet.

Quelle: Eigene Zusammenstellung nach The Producers Guild of America (2005), Iljine und Keil (2000: 115ff), Lee (2000)

Allen Produzententypen gemein ist, dass sie immer hinter der Kamera zu finden sind. Die Ausnahme von dieser Regel stellen Schauspielende dar, die einen Film produzieren und selbst eine Rolle übernehmen oder Schauspielende, die für ihr finanzielles Engagement in einem Projekt zusätzlich mit einem Executive Producer Credit belohnt werden. Auch der Produzentenberuf ist von den Eitelkeiten der Filmbranche nicht ausgenommen. Der Filmkritiker Robert Glatzer schreibt, dass Credits im Abspann und noch wichtiger im Vorspann sich nicht an das Publikum richten, sondern insbesondere dem Ego und der Karriere der beteiligen Personen dienen sollen (vgl. Glatzer 2001). Credits spielen eine große Rolle bei der Vergabe und der Budgetierung von zukünftigen Projekten und so wundert es nicht, dass sich häufig eine Vielzahl von Personen mit dem Titel Produzent oder Producer schmücken wollen.[4] Um zu verhindern, dass zu viele Personen als Producer bezeichnet werden, hatte die Academy of Motion Picture Arts and Science, welche jährlich die Oscars verleiht, bis 2007 eine Regel erlassen, wonach maximal drei Produzenten eines Films mit dem Produzenten-Oscar ausgezeichnet werden könnten. Nachdem dies bei der Oscar-Nominierung 2007 dazu geführt hat, dass beim Film *Litte Miss Sunshine (2006)* just die zwei der fünf angegebenen Produzenten ausgeschlossen wurden, die das Projekt initiiert und entwickelt hatten, wurde diese Regel jedoch gekippt (vgl. Cieply 2007). Weiterhin ausgeschlossen bleiben jedoch Kofinanziers, die für ihr rein finanzielles Engagement mit einem Produzententitel belohnt werden.[5]

In einigen Fällen sind Produzententitel eher ein Hinweis darauf, dass eine Person für die Produktion eine wichtige Rolle gespielt hat oder zumindest die Macher des Films dieser Person noch einen Gefallen schuldig waren. Andererseits zeigt sich in der Vielfalt der Bezeichnungen, wie auch in der wachsenden Zahl von Produzenten pro Film, dass die Aufgaben eines Produzenten umfangreich und schwer abzugrenzen sind. Wenn die Finanzierung, das Marketing und die Produktion eines Films sich immer mehr vermischen, ist es nicht verwunderlich, dass diese Aufgaben nicht mehr von einer einzelnen Person alleine bewältigt werden können.

Eine sinnvolle Charakterisierung der Aufgaben von Produzenten nehmen Iljine und Keil (2000: 185ff) vor. Anhand eines idealtypischen Ablaufs der Filmherstellung grenzen sie vier Aufgabenbereiche ab.[6] In der ersten Phase, dem kreativen Prozess, haben Produzenten die Rolle von Stoffentwicklern. Aufgabe ist es, geeignete Stoffe zu suchen, zu identifizieren, zu sichern und zu einem

---

[4] Gleiches gilt neben dem Produzenten analog auch für Schauspielende und das technische Personal. Wie wichtig Screen Credits für die Karriere in der Branche sind, zeigt die Tatsache, dass in Standardarbeitsverträgen geregelt ist, in welcher Schriftgröße, wie lange und wie herausgehoben der Name des Auftragnehmers erscheinen muss (vgl. Kellison 2006: 83).

[5] Bob Yari, der als Immobilienmakler reich wurde und mittlerweile mit mehreren Firmen Filme kofinanziert und -produziert, war z.B. als Produzent des Oscar-prämierten Films *Crash (2004)* angegeben, wurde jedoch von der Preisvergabe ausgeschlossen, wogegen er ein Gerichtsverfahren anstrengte und verlor (vgl. Lührig 2006).

[6] Ähnliche Phaseneinteilungen finden sich auch bei Klimsa (2006: 606f) und Wirtz (2006: 300). Sie unterscheiden allerdings jeweils nur zwischen Vorproduktion, Produktion und Postproduktion. Die für den Produzentenberuf wesentlichen Phasen Entwicklung und Verwertung fehlen.

drehfähigen Drehbuch zu entwickeln. In der zweiten Phase, der Projektent-wicklung, sind die strategischen Fähigkeiten der Produzenten gefragt, die als Agenten ein Gesamtpaket aus Drehbuch, Finanzierung, Cast und Crew schnüren, das unmittelbar umgesetzt werden kann. In der folgenden physischen Produktion als operativem Prozess müssen die Produzenten ihre Fähigkeiten als Produktionsfachleute im Umgang mit Kreativen ausspielen, bevor sie in der letzten Phase, dem Verwertungsprozess, als Medienunternehmer auftreten müssen. Aus Perspektive des Projektmanagements lässt sich dieser Ablauf noch weiter zu zwei generischen Phasen kondensieren: *„The first involves design, planning, and gathering of resources, and the second involves committing theses resources to full production"* (Cleland 1994).

Abbildung 2 Phasen eines Filmprojekts und die Rollen der Produzenten

Quelle: In Anlehnung an Iljine und Keil (2000: 208f)

In der Praxis dürfte es nur bei relativ niedrig budgetierten und damit überschau-baren Produktionen tatsächlich möglich sein, dass eine Person all diese Auf-

gaben übernimmt. Ob dies angesichts der jeweils sehr unterschiedlichen An-
forderungen und notwendigen Fertigkeiten überhaupt wünschenswert ist, sei
dahingestellt. Dessen ungeachtet soll der Fokus der vorliegenden Arbeit auf dem
Produzenten in den ersten beiden Phasen liegen – Stoff- und Projektentwicklung.
Produzenten finden Stoffe und entwickeln sie zu ökonomisch tragfähigen
Projekten. Diese Sichtweise deckt sich mit der Definition eines deutschen
Berufsverbands zum „Produktionsleiter", die lautet: „*Sein künstlerisch-kauf-
männisches Doppel-Verständnis hilft ihm, Drehbuchinhalt und Regievorstellung
dem Vorhaben gerecht zu bewerten und dem Budget zuzuordnen. Mit ad-
ministrativem Können, kaufmännischem Weitblick und der nötigen Erfahrung
bringt er künstlerischen Anspruch und finanzielles Kalkül in Einklang*"
(Bundesverband Produktion 2002).

Die Gewichtung der beiden Pole Kunst und Ökonomie fällt individuell
unterschiedlich aus. Michael Bünte, Dozent für Produktion und Medienwirtschaft an der Filmhochschule München, hängt z.b. eher der Idee von künstlerischem Eifer und Begabung nach: „*Jemand muss brennen, man muss fühlen,
dass man eigentlich gar nichts anderes als Film- und Fernsehprogramme herstellen kann. Beim Produzenten muss das ganz besonders da sein*" (zitiert nach
Kohle & Döge-Kohle 1999: 23)

Filmhochschulen, die schon früh Kurse zum Produzieren anboten,
konzentrierten sich auf den Bereich der Produktionsorganisation, der dritten
Phase in der Einteilung nach Iljine und Keil. Es wurden konkrete Fähigkeiten am
Set vermittelt, sodass korrekterweise nicht von einer Produzentenausbildung gesprochen werden kann, sondern vielmehr von einer Ausbildung zum Aufnahme-
oder Produktionsleiter (vgl. Iljine et al. 2000: 172). Mittlerweile bieten jedoch
Filmhochschulen sowohl in den USA (UCLA, AFI, USC) als auch in Deutschland (HFF Potsdam und Filmakademie Baden-Württemberg) spezielle Studiengänge zur Produktion an. Der Fokus liegt in der Regel auf dem „kreativen
Produzieren", d.h., es wird ein Berufsbild der Produzenten als Kreative vermittelt, die eine Filmproduktion von der Idee bis ins Kino führen, aber auch
Einführungen in die BWL und das Medienrecht werden vermittelt.

Die meisten Produzenten in der Praxis haben jedoch (noch) keines dieser
Ausbildungsprogramme durchlaufen. In der Regel handelt es sich um Querein-
steiger aus mehr oder weniger nahe liegenden Arbeitsfeldern. Viele Produzenten
kommen aus dem kreativen Bereich und haben davor als Drehbuchautoren oder
Regisseure gearbeitet. In seltenen Fällen werden auch erfolgreiche Schauspielende zu Produzenten, wenn sie für die Filme, in denen sie mitspielen, auch
Produzentenaufgaben übernehmen und so ihren Anteil am Projekt vergrößern
können. Andere Produzenten haben sich durch „learning by doing" im Rahmen
von diversen Praktika, Hospitanzen und Engagements als Assistenten oder Auf-

nahmeleiter sukzessive für den Posten empfohlen. In Europa kaum üblich, finden sich in den USA auch Produzenten, die aus dem Bereich des Rechtehandels oder als Agenten in den Produzentenberuf hineinwachsen. Einige Agenturen initiieren auch von sich aus eigene Projekte, die ganz auf die Schauspielenden in ihrer Kartei als ihre Klienten zugeschnitten sind und handeln damit eigentlich als Produzenten (vgl. Bielby & Bielby 1999: 66f). Anders als die „kreative producers" haben diese quer einsteigenden Produzenten häufiger eine Ausbildung in Wirtschaft oder Jurisprudenz und setzen bei der Abwägung zwischen kreativen und kommerziellen Zielen ggf. entsprechend andere Schwerpunkte.

Um für die vorliegende Arbeit zu einer handhabbaren und in allen Märkten anwendbaren Eingrenzung zu kommen, sollen im Folgenden der operative Prozess der physischen Produktion und der Bereich der Verwertung weitestgehend ausgeklammert und nur insoweit berücksichtigt werden, als sie eine Rolle in den strategischen Entscheidungen bezüglich Ressourcenakquisition und der Finanzierung des Gesamtpakets spielen.

In diesem Sinne bezeichnet im Folgenden „Produzenten" jene Personen, die Drehbuch, Cast, Crew und Finanzierung zu einem Package bündeln, also ein Filmprojekt bis zu dem Punkt entwickeln, an dem unmittelbar mit der Umsetzung begonnen werden könnte. Produzenten gießen eine kreative audiovisuelle Vision in ein kommerzielles Projekt. In den Worten von Lee: *„those who are the creative and business helm of each of their pictures from development inception"* (Lee 2000: xii).

Ob diese Personen gleichzeitig auch andere Rollen (Autoren, Regisseure Herstellungsleiter) innehaben, ist für die Identifikation als Produzenten nebensächlich. Unerheblich ist auch, für wie viele Filme die Person die Funktion gleichzeitig übernimmt und ob sie dabei selbstständig oder angestellt arbeitet. In der Praxis ist es relevant, ob Produzenten andere Personen (z.B. die Geschäftsführung einer Produktionsfirma) überzeugen müssen oder ob sie sich selbst das Green Light für ihre eigenen Projekte geben können. Dennoch sollen für die Arbeit die zwei Rollen von geschäftsführenden Produzenten analytisch getrennt werden, um den Vergleich über unterschiedliche Firmenarrangements hinweg möglich zu machen.

2.2 Filmpackage

Im Prozess der Spielfilmentwicklung und -produktion stellt das Package den Übergang von der strategischen zur konkreten Planung dar (vgl. Abbildung 2). In der Regel besteht es mindestens aus dem drehfertigen Script, den geplanten Schauspielenden und der Regie. Es bildet so die Grundlage, um sich für oder gegen ein Projekt zu entscheiden. Ähnlich wie der Begriff des Produzenten stammt auch das Filmpackage aus dem Branchenjargon und ist entsprechend unscharf definiert. Unterschiedliche Autoren zählen jeweils unterschiedliche Elemente zu den unverzichtbaren Elementen eines Filmpackage. Mason und Gold präsentieren eine recht umfangreiche Liste: *„script, budget, location sites with sketches or photographs, a suggested cast list, a treatment, bios of the key personnel, a marketing plan, production schedule, box office receipts of comparable movies"* (Mason & Gold 2004: 11). Clevé spricht dagegen knapp vom *„Zusammenbringen von Besetzung, Schlüssel-Stabbesetzung, Verwertung Verleih und Vertrieb"* (Clevé 2008: 208). Während im ersten Fall ein Gesamtpaket im Sinne eines Businessplans und einer Projektbeschreibung beschrieben wird, sieht Clevé das Packaging als „Verpackung" der fertig entwickelten Geschichte in einen Rahmen aus relevanten Personen.

Das Packaging als Produktionsmodus entstand in den 1970er Jahren, als sich die großen Hollywoodstudios vermehrt aus der eigentlichen Produktion zurückzogen. Anders als bei der fortlaufenden Produktion im integrierten Studiobetrieb muss jeder Film einzeln betrachtet, als Projekt definiert und finanziert werden (vgl. Higson 1994: 220ff).

Uneinigkeit besteht in der Literatur darüber, ob und inwieweit auch die Finanzierung zum Packaging gezählt werden soll. Dabei lassen sich zwei grundsätzliche Perspektiven unterscheiden. Die eine Perspektive geht grundsätzlich davon aus, dass die Produzenten und die Produktionsfirma das Projekt auf jeden Fall durchführen wollen. Es bedarf demnach keiner bewussten Entscheidung für oder gegen das Projekt, vielmehr wird die Entscheidung über das Projekt extern durch die potenziellen Geldgeber getroffen. Aus dieser Perspektive gehört zwar die Budgetierung, nicht jedoch die Finanzierung zum Filmpackage. Das Package hat genau die Funktion, nach seiner Vorstellung bei den Investoren, Förderern oder Teilhabern die Finanzierung zu sichern. Somit werden die Produzenten und die Produktionsfirma weniger als Unternehmer verstanden, sondern vielmehr als kreative Auftragnehmer, die zwar Projekte entwickeln, aber kein unternehmerisches Risiko eingehen. Die zweite Perspektive geht von Produzenten aus, die ein Projekt als eine Geschäftsoption verstehen, die möglicherweise nicht durchgeführt wird, wenn es andere, attraktivere Optionen gibt. Somit haben nicht die Finanziers die letzte Entscheidung darüber, ob das Projekt realisiert wird, sondern ihre Zusagen sind vielmehr Teil der Entscheidungsfindung in der Produktionsfirma. D.h. auch wenn ein Projekt finanziert würde, kann die Produktionsfirma sich trotzdem dagegen entscheiden, z.B. weil sie ein anderes Projekt attraktiver findet oder für die eigenen Mittel ein zu großen Verlustrisiko sieht. Aus dieser Perspektive muss die Finanzierung als Teil des Filmpackage verstanden werden.

Für die vorliegende Arbeit wird letztere Perspektive eingenommen: Das Filmpackage gilt als Kombination von Inhalt, Personal und Finanzierung, die als Basis der Entscheidung über die Umsetzung eines Filmprojekts dient.

2.3 Begriffsklärung – Risiko und Risikomanagement

Risiko ist ein Begriff, der sowohl in der Alltagssprache, als auch in unterschiedlichen wissenschaftlichen Disziplinen zum Teil für sehr verschiedene Sachverhalte verwendet wird. Entsprechend unterscheiden sich auch die Objekte, die beim Risikomanagement gesteuert werden müssen. In der Finanzwissenschaft geht es z.b. um die Minimierung von Verlusten, in der Produktionswissenschaft um die Vermeidung von Produktionsausfällen, in der soziologischen Technikfolgenabschätzung um die Minimierung der Zahl und Schwere von Unfällen, und die Organisationskommunikationsforschung versucht, Konzepte zu entwickeln, um Imageschäden zu vermeiden. Jedem dieser Bereiche liegt ein unterschiedliches Verständnis von Risiko zu Grunde, das die Auswahl der möglichen Steuerungsinstrumente determiniert.

Im folgenden Kapitel soll kurz aufgezeigt werden, welche divergierenden Definitionen von Risiko bestehen und der Begriff für die vorliegende Arbeit eingeschränkt werden. Anschließend wird dargestellt, welche Konzepte des Risikomanagements bestehen und welches für die ausgewählte Definition des Risikos sinnvoll angewendet werden kann.

2.3.1 Begriffsdefinition Risiko

Bevor das Risikomanagement in der Spielfilmentwicklung und -produktion diskutiert werden kann, soll hier zunächst dargestellt werden, was unter dem Begriff Risiko verstanden werden kann und wie er in dieser Arbeit verwendet werden soll. Eine allgemeingültige Definition des Begriffs Risiko gibt es nicht, da unterschiedliche Disziplinen den Begriff in unterschiedlichen Kontexten nutzen.

Etymologische Wörterbücher führen den Begriff auf das lateinische „resecum" (=Felsklippe) zurück. Da Felsklippen in der Seefahrt eine Gefahr darstellen, habe sich daraus im Deutschen die Bedeutung „Gefahr" oder „Wagnis" entwickelt (vgl. Sitt 2003: 2f). Ein weiterer Ursprung könnte im frühlateinischen „risicare" liegen, das mit „wagen" im Sinne eines Abwägens oder einer Wahlentscheidung übersetzt werden kann (vgl. Bernstein 1997: 18), andere Autoren vermuten einen arabischen Ursprung (vgl. Luhmann 1991: 17).

Für die vorliegende Arbeit soll ein wirtschaftswissenschaftliches Verständnis des Risikos zugrunde gelegt werden, das vor allem auf Knight (1946) zurückgeht. Knight unterscheidet strikt zwischen Risiko als berechenbarer und Unsicherheit als nicht berechenbarer Größe. Risiko beschreibt Situationen, in denen die Wahrscheinlichkeit des Eintretens objektiv bestimmt werden kann, z.b. der Wurf einer Münze oder der Dreh am Rouletterad. Unsicherheit beschreibt dagegen Situationen, in denen die Eintrittswahrscheinlichkeit nur subjektiv bestimmt werden kann, d.h., dass der Entscheidungsträger die Wahrscheinlichkeit schätzen oder darauf schließen muss. Ähnlich unterscheidet Luhmann (1991) zwischen Risiko und Gefahr, wobei es ihm nicht um die Berechenbarkeit dieser Größen geht, sondern um die Frage, ob ein Individuum Einfluss nehmen kann. Andere Autoren legen weniger Wert auf die strikte Abgrenzung der Begriffe und verwenden diese zum Teil auch synonym.[7] Gleißner et al. definieren Risiken z.B. als die *„aus der Unvorhersehbarkeit der Zukunft resultierenden, durch zufällige Störungen verursachten Möglichkeiten, von geplanten Zielwerten abzuweichen"* (2005: 27). Für sie ist die Berechenbarkeit der Eintrittswahrscheinlichkeit keine zwingende Voraussetzung, um Risiko von Gefahr oder Unsicherheit abzugrenzen. Bernstein merkt an, dass Menschen in Situationen, in denen sie sich als besonders kompetent oder sachkundig empfinden, Entscheidungen auf Basis von vagen Annahmen treffen, sich ansonsten aber lieber auf klare Chancen verlassen (vgl. 1997: 358). Die Unterscheidung zwischen berechenbarem Risiko und unberechenbarer Unsicherheit/Gefahr wird damit auch von subjektiven Faktoren bei den Entscheidungsträgern beeinflusst. Die Voraussagbarkeit von zukünftigen Ereignissen hängt vom Wissen des Voraussagenden ab. Allgemein tritt Risiko immer in Entscheidungssituationen auf, in denen nur unvollständige Information über die Folgen der Entscheidung vorliegen. Der Entscheidungsträger steht vor dem Problem, von einer wohlüberlegten Auswahl an Risikoindikatoren auf das Ergebnis schließen zu müssen (vgl. Bitz 2000: 13; Mikus 2001: 5). Eine sehr allgemeine Risikodefinition liefert die australisch/neuseeländische Standardisierungsbehörde, die Risiko als *„chance of something happening that will have an effect on business objectives"* definiert (Standards Australia and Standards New Zealand 2004). Risiko wäre damit die Aussicht auf Planabweichungen. Etwas konkreter wird eine gängige Definition aus dem Kontext des Projektmanagements: *„Risiko ist ein noch nicht eingetretenes Ereignis, welches einen positiven oder negativen Einfluss auf das Erreichen der Projektziele hat"*

---

[7] Wie später dargestellt, lassen sich nicht alle Risiken exakt beziffern. Eine Berechenbarkeit ist damit schwerlich gegeben und streng genommen müsste nach dieser Unterscheidung also von Unsicherheiten gesprochen werden. Qualitative Methoden des Risikomanagements wären damit eigentlich als Gefahrenmanagement zu bezeichnen.

(Project Management Institut, zitiert nach Harrant & Hemmrich 2004: 8). Risiken müssen demnach nicht ausschließlich negativ sein, sondern beschreiben Abweichungen von Erwartungswerten in beide Richtungen (vgl. auch Kromschröder 1979: 18). Im alltäglichen Sprachgebrauch ist die Verwendung des Begriffs Risiko jedoch auf Ereignisse mit einem negativen Einfluss beschränkt, während positive Abweichungen als Chancen bezeichnet werden.[8] Auch die Wirtschaftswissenschaft wendet zum Teil diese verkürzte Perspektive an: Das Risikomaß Value-at-Risk aus der Finanzwirtschaft ist ein so genanntes Downside-Maß, es bewertet nicht die Chancen, sondern beschreibt die Höhe des Verlusts bei Eintritt des Risikos. Entsprechend gerichtet ist die meistzitierte Definition von Risiko im Wirtschaftskontext auch eine, die Risiko eindeutig als negative Abweichung beschreibt: *„Risk is the threat that an action or event will adversely affect an organization's ability to achieve its objectives and execute its strategies successfully"* (The Economist Intelligence Unit (1995), zitiert nach Griffiths 2005: 17).

Für eine analytische Herangehensweise ist die Definition von Diedrichs hilfreich: „Unter Risiko wird die Gefahr verstanden, dass Ereignisse (externe Faktoren) oder Entscheidungen und Handlungen (interne Faktoren) das Unternehmen daran hindern (ursachenbezogene Komponente), definierte Ziele zu erreichen bzw. Strategien erfolgreich zu realisieren (wirkungsbezogene Komponente)" (2004: 10). Diese Definition erlaubt eine Differenzierung nach ursachen- und wirkungsbezogenen Komponenten (vgl. Kajüter 2003: 47). Aufgrund des Informationsdefizits des Entscheidungsträgers über die zukünftigen Entwicklungen und Ereignisse könnten Unternehmensziele verfehlt werden (ursachenbezogen). Die wirkungsbezogene Komponente bezieht sich auf die mögliche Zielverfehlung, sodass die Zielverfehlung selbst als Risiko bezeichnet werden kann. Diedrichs Unterscheidung zwischen externen und internen Faktoren greift die Abgrenzung von Risiko und Gefahr/Unsicherheit wieder auf. Externe Faktoren können nicht direkt kontrolliert werden, anders als bei Knight oder Luhmann gelten sie jedoch nicht als Gefahr, sondern als „reine Risiken" (vgl. auch Lück 2000: 315f; Sauerwein & Thurner 1998: 19). Spekulative Risiken dagegen beziehen sich auf interne Faktoren, also die Frage, inwieweit das unternehmerische Handeln das Ergebnis beeinflusst. Reine Risiken beinhalten eine Schadensgefahr und betreffen unmittelbar das Vermögen einer Unternehmung. Als Beispiele lassen sich ein Hochwasser oder Brand anführen. In diesem Bereich unterscheidet sich die Spielfilmentwicklung und -produktion nicht von anderen Branchen, auf die Betrachtung dieser Risiken soll

---

[8] In der deutschsprachigen betriebswirtschaftlichen Literatur wird eine negative Abweichung vom Unternehmens- bzw. Projektziel als „Risiko im engeren Sinn" bezeichnet, das „Risiko im weiteren Sinn" beinhaltet auch positive Abweichungen (Chancen) (z.B. Lück 1998a: 1925; Seidel 2002: 49).

deshalb im weiteren Verlauf der Arbeit nicht näher eingegangen werden. Bedingt durch die Organisation der Produktion in Projekten wird ein Elementarschaden für ein Projekt erhebliche Probleme bereiten und vergleichsweise schwerwiegendere Auswirkungen haben als ein Brand in einer von vielen Produktionsanlagen eines Gebrauchsgüterkonzerns. Dennoch sind Produktionsrisiken, die durch den Ausfall von technischem Equipment ebenso wie dem von künstlerischem oder technischem Personal entstehen können, gut berechen- und somit versicherbar. Spezialisierte Versicherungsunternehmen bieten eine breite Palette von eigens auf Kunden aus dem Medien- und Filmbereich zugeschnittene Angebote von der Elektronikversicherung über Produktionshaftpflicht, Produktionskassenversicherung und Modellausfallversicherung bis hin zur Requisitenversicherung an (vgl. Hübner 2000; für einen frühen allgemeinen Überblick über Versicherungen im Medienbereich siehe Lankenau 1985). Einzelne Versicherer bieten sogar an, den Produktionsausfall durch widrige Wetterumstände zu versichern.

Für die Betrachtung des Risikomanagements in der Spielfilmentwicklung und -produktion sind die spekulativen Risiken von größerer Relevanz. Sie resultieren aus dem unternehmerischen Handeln der Produzenten und können so jeweils individuell gesteuert werden. Der geschickte Umgang mit spekulativen Risiken kann einen Wettbewerbsvorteil bedeuten. Spekulative Risiken sind in der Regel nicht versicherbar, so kann z.B. der Erfolg der Veröffentlichung eines Films nicht versichert werden. Allgemein lässt sich festhalten, dass bei technischen Risikoanalysen die reinen Risiken im Mittelpunkt stehen, während es bei ökonomischen Analysen die spekulativen Risiken sind.[9]

Art und Umfang der konkreten Risiken eines Unternehmens unterscheiden sich je nach Branche, Organisationsform und dem hergestellten Produkt resp. der angebotenen Dienstleistung. Allgemein lassen sich Finanz-, Markt-, Management- oder Betriebsrisiken differenzieren.

Kleinere und mittlere Unternehmen, die für einen nationalen Markt produzieren, sehen sich einer anderen Konkurrenz- und Risikosituation gegenüber, als transnational agierende Unternehmen oder Konzerne. Die Risikosituation eines Unternehmens ergibt sich aus der Kombination aus den Risikokategorien mit der Branche sowie der Struktur des Unternehmens (vgl. Abbildung 3).

Jede Risikodimension lässt sich dabei nach Bedarf noch feiner untergliedern, sodass sich jeweils eine individuelle Risikosituation eines Unternehmens ergibt.

---

[9] Liekweg (2003: 8f) bezeichnet die Abgrenzung zwischen spekulativen und reinen Risiken als problematisch, da eine Differenzierung häufig nicht möglich sei und bei spekulativen Risiken die Entscheidung, welcher Teil der Schwankungsbreite als Verlustgefahr und welcher als Gewinnchance gewertet werden soll, von einem weitgehend willkürlich festgelegten Erwartungswert und der Risikoneigung des Entscheidungsträgers abhängt.

Abbildung 3   Bestimmungsfaktoren der Risikosituation einer Unternehmung

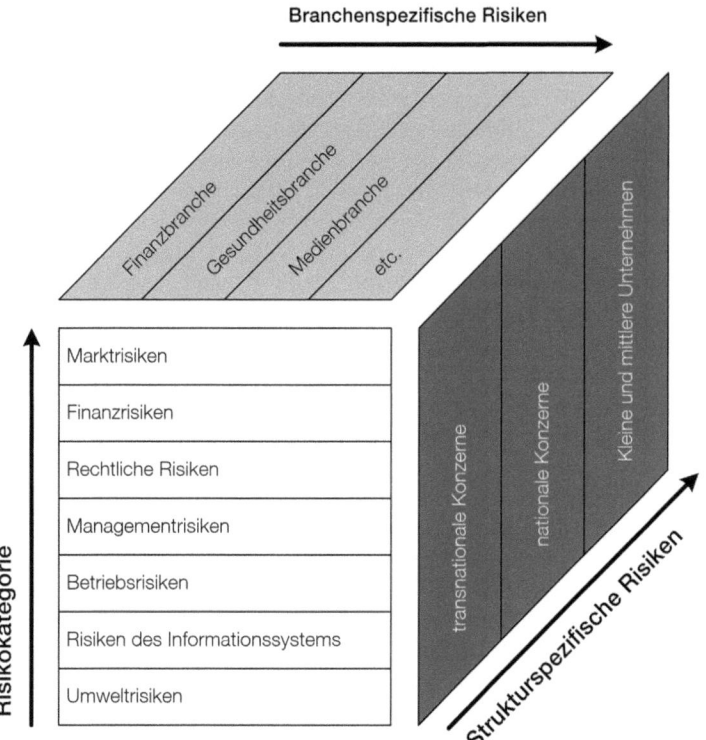

Quelle: In Anlehnung an Dörner, Horváth und Kagermann (2000: 221)

Marktrisiken ergeben sich aus Veränderungen auf den relevanten Beschaffungs- und Nachfragemärkten, die z.B. das Auftreten von neuen Konkurrenten mit Substitutionsprodukten oder -dienstleistungen bedeuten oder Verschiebungen in der jeweiligen Verhandlungsmacht gegenüber Lieferanten und Abnehmern mit sich bringen (vgl. Töpfer & Heymann 2000: 228ff).

Finanzrisiken ergeben sich aus veränderlichen Preisen, Zinsen, Devisen- kursen sowie aus dem möglichen Ausfall von Zahlungen. Hier werden alle mög- lichen Einflüsse auf Zahlungsströme erfasst (vgl. Scharpf 2000). Risiken in Produktion, Logistik sowie Forschung und Entwicklung werden als Betriebs- risiken bezeichnet. Die Betriebsrisiken können nach den Inputfaktoren der Produktion, den Prozessen und den resultierenden Produkten untergliedert werden. Weiter lässt sich zwischen operativen und strategischen Risiken differenzieren. Während operative Risiken aus der kurz- bis mittelfristigen Geschäftstätigkeit hervorgehen, z.B. das alltägliche Fehlerpotenzial der Produktionsprozesse oder ungenügende Leistung der Mitarbeitenden, resultieren strategische Risiken aus langfristigen Entscheidungen (vgl. Freidank 2000). Auf die Filmbranche bezogen, treten operative Risiken vor allem während der physischen Produktion eines Films auf, während strategische Risiken sich in der Planung eines Filmprojekts ergeben, der Phase, in der die grundlegenden Entscheidungen, wie das Projekt gestaltet werden soll, gefällt werden.

In der vorliegenden Arbeit werden zwei unterschiedliche Risiken betrachtet. Bezogen auf die Produzenten geht es erstens um das Risiko, dass ein von ihnen entwickeltes Filmprojekt nicht umgesetzt wird. Hierbei handelt es sich um ein spekulatives und strategisches Risiko, das vor allem auf interne Faktoren, also die Entscheidungen der Produzenten bei der Planung des Projekts, zurückgeführt werden kann. Es handelt sich um ein einseitiges Risiko, da es nur negative Abweichungen vom Erwartungswert geben kann.

Zum zweiten geht es um das Risiko, das dem Projekt innewohnt. Hier geht es um die Frage, ob das Filmprojekt, wenn es umgesetzt wird, die gesetzten Erwartungen erfüllen kann. Es handelt sich um ein zweiseitiges Risiko, d.h. auch positive Abweichungen vom erwarteten Erfolg sind möglich. Dieses Risiko wird sowohl von internen, als auch von externen Faktoren beeinflusst. Bezogen auf die Risikodimensionen in Abbildung 3 fokussiert die vorliegende Arbeit auf die Betriebs- und Marktrisiken und analysiert diese innerhalb einer Branche (Filmbranche) über verschiedene strukturspezifische Rahmenbedingungen hinweg.

Neben der Frage, was als Risiko bezeichnet werden soll, stellt sich auch die Frage, mit welchem Maßstab Risiko gemessen werden kann. Das in der Wirtschaftswissenschaft gängigste Verfahren zur Berechnung bezieht sich auf die Größe und die Wahrscheinlichkeit von Abweichungen vom Erwartungswert (z.B. Romeike 2005: 17f). Für Risiko als negative Abweichung gilt demnach:

Risiko = Schadenshöhe x Schadenswahrscheinlichkeit

Für Einzelrisiken ist dieses Verfahren gut nachvollziehbar, in der Praxis ergibt sich jedoch das Problem, dass es z.B. in einem Projekt mehrere Risiken gibt, die sich gegenseitig beeinflussen. Es ist deshalb notwendig, die Interdependenzen zu modellieren und für unterschiedliche Risiken einen Vergleichsmaßstab zu finden.

2.3.2 Risikomanagement

Management ist die an Unternehmenszielen ausgerichtete Steuerung von Personen und Prozessen. Auf Risiken bezogen bedeutet dies, dass bei Zielabweichungen Maßnahmen getroffen werden müssen, damit die grundsätzlichen Ziele der Unternehmung dennoch erfüllt werden können. Risikomanagement ist demnach der Sammelbegriff für alle Maßnahmen, die zur Identifikation, Analyse, Bewertung, Steuerung und Regulierung von Risiken beitragen. *„Risk management involves understanding risks and recognizing potential damages or losses that can occur, identifying the scope and nature of various risks, deciding how to handle them, working to reduce exposure to risks, and preparing to cope with problems that may arise from them"* (Picard 2004b: 76). Häufig wird Risikomanagement als Prozess beschrieben, der die genannten Maßnahmen zu einer Managementtechnik zusammenführt. Der Begriff entstammt dabei weniger der wissenschaftlichen Auseinandersetzung mit der Steuerung von Risiken, sondern vielmehr der insbesondere amerikanischen Unternehmenspraxis (vgl. Liekweg 2003: 4). Risikomanagement bezeichnete zunächst nur die Steuerung von reinen (=versicherbaren) Risiken in Großunternehmen. Risikomanagement war demnach vor allem Versicherungsmanagement mit dem Ziel, möglichst viele Risiken auf Versicherungen abzuwälzen (vgl. Beinert 2007: 25). Mit der Zeit wurde das systematische Vorgehen aus dem Versicherungsmanagement auch auf spekulative Risiken übertragen (vgl. Liekweg 2003: 4f) und versucht, das Risikomanagement nicht nur als Reaktion auf eingetretene Risiken im Sinne eines Krisenmanagements zu verstehen, sondern als Planungsinstrument, das Risiken frühzeitig identifizieren soll, um noch vor Eintritt geeignete Gegenmaßnahmen ergreifen zu können.

Bei Projekten ist das Risiko integraler Bestandteil des Projektmanagements und muss notwendigerweise schon in der Angebotsphase, der Planung, beginnen. Das Risikomanagement nimmt direkten Einfluss auf das Projekt, z.B. wenn die Prävention von Risiken als zusätzlicher Arbeitsaufwand eingeplant werden muss, die Projektressourcen sich verändern und der Kostenplan durch Aufwendungen für die Risikomaßnahmen angepasst werden muss (vgl. Harrant et al. 2004: 5ff).[10]

---

[10] In diesem Zusammenhang warnt Finke vor einem Übermaß an Risikomanagement, *„da Risikomanagement immer Ressourcen bindet und mithin Kosten verursacht"* (Finke 2005: 14).

Ziele und Aufgaben des Risikomanagements

Das Ziel des Risikomanagements ist es, allgemein die Berechenbarkeit des Risikos zu verbessern und den möglichen Schaden zu reduzieren. Bezogen auf Unternehmen benennt Romeike (2005: 24) fünf primäre Ziele:

- Sicherung des künftigen Erfolgs des Unternehmens
- Sicherung der Unternehmensziele (leistungswirtschaftliche, finanzielle, etc.)
- Nachhaltige Erhöhung des Unternehmenswerts
- Optimierung der Risikokosten
- Soziale Ziele aus der gesellschaftlichen Verantwortung des Unternehmens

Mit dem Ziel der Erhöhung des Unternehmenswerts wird klar, dass es beim Risikomanagement nicht nur darum gehen kann, möglichst viele Risiken zu vermeiden, sondern vielmehr bewusst und kontrolliert auch Risiken einzugehen, um Chancen zu realisieren – Risikomanagement ist auch Chancenmanagement. Aufgabe des Risikomanagements ist es, die Chancen und Risiken systematisch zu identifizieren und sie hinsichtlich der Eintrittswahrscheinlichkeit und der quantitativen Auswirkungen auf den Unternehmenswert zu bewerten, da nur bekannte Risiken gesteuert werden können (vgl. Romeike 2005: 17f).

Sinngemäß lassen sich diese Ziele auch auf individuelle, wirtschaftlich handelnde Menschen übertragen. Verwendet man die Risikodefinition, wonach ein Risiko eine Abweichung vom Erwartungswert darstellt, kann man als Ziel des Risikomanagements die Reduktion der Schwankungsbreite um den Erwartungswert setzen. Für gewinnorientiert arbeitende Organisationen heißt das, die Schwankungsbreite von Gewinn und Cashflow zu reduzieren. Die Vorteile einer reduzierten Schwankungsbreite sind nach Gleißner und Romeike (2005: 28) unter anderem:

- Erhöhte Plan- und Steuerbarkeit
- Eine stabile Entwicklung entspricht dem Bedürfnis der Kapitalgeber und resultiert somit in gutem Rating, günstigen Kreditkonditionen und relativ hohem Finanzierungsrahmen
- Prognostizierbare Entwicklungen reduzieren die Wahrscheinlichkeit, auf kurzfristige und teure externe Finanzierungsquellen zurückgreifen zu müssen
- Reduzierte Kapitalkosten
- Reduzierte Insolvenzwahrscheinlichkeit
- Eine stabile Gewinnentwicklung und niedrige Insolvenzwahrscheinlichkeit entspricht dem Interesse von Arbeitnehmern, Kunden und Lieferanten.

Auf die Projektentwicklung von Filmproduzenten bezogen bedeutet Risikomanagement, die Schwankungsbreite um den potenziellen Gewinn in einem
geplanten Projekt zu reduzieren, um so Anreize für die Investoren oder Geschäftsführer zu geben, sich für das Projekt zu entscheiden. Die Arbeit der
Produktionsfirma wird damit ebenso besser plan- und steuerbar, wie die
individuelle Arbeit der Produzenten. Unabhängige Produzenten können so ihre
Chancen auf längerfristige Verträge mit Produktionsfirmen erhöhen und ihre
eigenen Kapitalkosten für die Entwicklungsarbeit kontrollieren.

Risikomanagementprozess

Relativ unabhängig von der Branche verläuft der Risikomanagementprozess
immer nach einem ähnlichen Schema. Zunächst müssen die relevanten Risiken
identifiziert werden. Diese werden daraufhin quantitativ oder qualitativ bewertet.
In einem letzten Schritt erfolgt die Steuerung und Kontrolle der gefundenen
Risiken. Die Kontrolle ist dabei nicht als einmaliger Akt zu verstehen, sondern
ergänzt die Überwachung der eingeleiteten Risikomaßnahmen auch um den
Anstoß zur Identifikation ggf. neu auftretender Risiken (vgl. Abbildung 4).

Abbildung 4   Ablauf des Risikomanagementprozesses

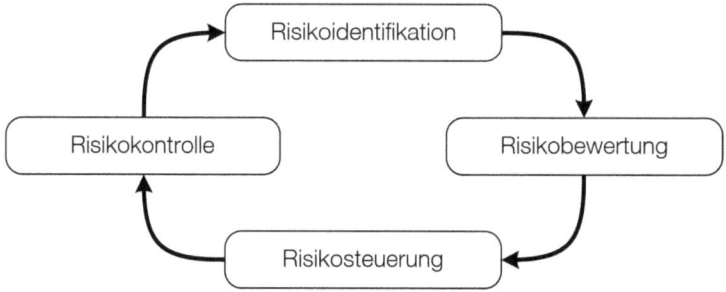

Quelle: Eigene Darstellung in Anlehnung an Hölscher (2002: 13) und Romeike
(2003b: 153)

Auch in der projektbasierten Produktion der Filmbranche ist das Risikomanagement kein einmaliger Prozess, der nur in der Planungsphase relevant ist.
Die strategischen Risiken sind nicht fix, sondern wandeln sich ggf. im Laufe des
Projekts (vgl. Reuter & Wecker 1999: 52). Demnach muss auch in der projektbasierten Produktion der Risikomanagementprozess bis zum Abschluss des

Projekts als Kreislauf verstanden werden. Im Folgenden sollen die einzelnen Elemente des Prozesses näher erläutert werden.

Identifikation

Ein Risikomanagementsystem gilt nur dann als effektiv, wenn alle bestands-gefährdenden Risiken erkannt werden. Bezogen auf die Projektproduktion be-zeichnet „bestandsgefährdend" Risiken, die den Abbruch des Projekts bedeuten würden. Dazu zählen neben den operativen Risiken im Produktionsverlauf vor allem strategische Risiken, die aus langfristigen Entscheidungen, z.b. in der Projektdefinition, resultieren.

Im Verlauf der Risikoidentifikation soll ein möglichst vollständiger Risiko-katalog, ein so genanntes Risikoinventar, erstellt werden (vgl. Hoffmann 1985: 43; Zech 2002: 40). Hierzu bietet es sich an, zunächst Risikofelder zu be-stimmen, um dann die jeweils relevanten Einzelrisiken in diesen Feldern zu erfassen. Im Sinne eines Risikomanagements als fortlaufender Aufgabe des Managements sollte die Erfassung strukturiert und institutionalisiert ablaufen, um stets neu auftretende Risiken zeitnah zu erfassen. Die Risikoidentifikation sollte aus Perspektive des Gesamtunternehmens erfolgen: Um nicht Partikular-interessen einzelner Unternehmenseinheiten auf Kosten anderer zu priorisieren, wird in der Praxis ein Top-Down-Ansatz empfohlen. Die Unternehmensführung identifiziert zunächst generelle Risiken, die sukzessive von den Unternehmens-einheiten ergänzt, konkretisiert und spezifiziert werden. Grundsätzlich sollte die Identifikation jedoch auf die Branche oder den Geschäftsbereich abgestimmt sein, um tatsächlich eine vollständige Erfassung zu erlauben (vgl. Hoffmann 1985: 47). Allerdings besteht beim Top-Down-Ansatz die Gefahr, nur bereits grundsätzlich bekannte Risiken zu erfassen. Ein Bottom-Up-Ansatz ermöglicht die Identifikation auch bisher unberücksichtigter Risiken (vgl. Romeike & Finke 2003: 158).

Die Methoden zur Risikoidentifikation sind entsprechend vielfältig. Romeike unterscheidet grundsätzlich zwischen Kollektionsmethoden und Such-methoden. Kollektionsmethoden eignen sich zur Identifikation offensichtlicher Risiken (Top-Down), während Suchmethoden geeignet sind, zukünftige und bisher unbekannte Risikopotenziale aufzudecken (Bottom-Up). Hier kann wiederum zwischen analytischen Methoden, wie Baumanalysen oder Fragen-katalogen auf der einen und kreativen Methoden wie Brainstorming und Delphimethode auf der anderen Seite unterschieden werden (Romeike 2005: 26f). Schließlich ist eine Unterteilung nach der Art des Risikos möglich: Operative Risiken können mittels Checklisten, Fehlerbaumanalysen, Flowchart-Analysen und Fehler-Möglichkeits- und Einfluss-Analysen (FMEA), Betriebsbesichtigungen, Unterlagen aus dem Controlling, Befragungen der Mitarbeitenden oder auch so genannter Risikoworkshops identifiziert werden (vgl. Wolf & Runzheimer 2003: 44ff; Hoffmann 1985: 48ff; Zellmer 1990: 34; Schenk 1998: 50; Diederichs 2004: 263; Kromschröder & Lück 1998: 1574; Romeike 2003c; Minz 2005: 246). Häufig dienen Schadensstatistiken bereits aufgetretener Risiken als Basis der Analyse. Strategische Risiken können mit einer erfolgsfaktorenbasierten Frühaufklärung, einem Brainstorming, der Szenariotechnik und weiteren Simulationsansätzen, Befragungen der Mitarbeitenden und der Delphimethode (vgl. Wolf et al. 2003: 46ff; Wolf 2003: 181ff; Gleißner 2001; Minz 2005: 246) identifiziert werden.

Keine der vorgeschlagenen Methoden garantiert die vollständige Erfassung der Risiken, allerdings muss auch berücksichtigt werden, dass eine zu intensive Identifikation von Risiken Mittel bindet, die ggf. nicht mehr mit dem marginalen Zugewinn an Planungssicherheit gerechtfertig werden können (vgl. Kromschröder et al. 1998: 1574). Ein Gutteil der hier erwähnten Identifikationsmethoden ist in der Filmbranche nicht sinnvoll anwendbar. Insbesondere bei kleineren Produktionsfirmen fehlen die Erfahrungswerte, die für die statistische Basis notwendig sind. Die zu Beginn eines Filmprojekts sehr kleinen Teams machen aufwendige hierarchisch organisierte Befragungsverfahren überflüssig.

Bewertung

Neben der Identifikation der Risiken ist deren Bewertung notwendig, um zu einer sinnvollen Priorisierung bei der Steuerung der Risiken zu kommen (vgl. Hollenstein 1997: 28). Entscheidend ist nicht unbedingt der Wert eines Risikos, sondern eine Annäherung, die diese Priorisierung erlaubt (vgl. Wittmann 2000: 814; Gleißner et al. 2005: 192f). Große Risiken müssen dringender adressiert werden als kleine. In der Regel erfolgt die Bewertung anhand der Wahrscheinlichkeit eines Ereignisses und dem Ausmaß des potenziellen Schadens. Die Bewertung des Risikos auf einer Skala determiniert dabei nicht alleine, wie viel Zeit und Aufwand für die Steuerung aufgewendet werden muss. Ein existenzbedrohendes Risiko wie etwa die Zerstörung der Produktionsanlagen kann schnell und abschließend durch eine entsprechende Versicherung abgesichert werden. Ein relativ geringeres Starranking eines möglichen Ersatzes für die geplanten Hauptdarstellenden ist relativ wahrscheinlich, das Schadensausmaß in der Regel jedoch nicht existenzbedrohend. Dennoch werden Produzenten diesem Risiko in der Besetzung ungleich mehr Aufmerksamkeit widmen.

Nach der klassischen Entscheidungstheorie erfolgt die Quantifizierung von Risiken über mögliche Schadenshöhen und deren Eintrittswahrscheinlichkeit (vgl. Sauerwein 1994: 38). Je nach Gegenstand kann die Bewertung quantitativ oder qualitativ erfolgen. Im Finanzbereich ist die exakte quantitative Messung der potenziellen Auswirkungen und ihrer Eintrittswahrscheinlichkeit möglich. Der Erwartungswert ist die Summe der möglichen Ergebnisse, gewichtet nach ihrer Eintrittswahrscheinlichkeit. Das Risiko kann sodann durch die Streuungsbreite dargestellt werden. Quantitativ kann Risiko durch die Standardabweichung vom Erwartungswert beschrieben werden. Dies ist sinnvoll nur dann möglich, wenn genügend historische Daten vorliegen, welche die Anwendung von statistischen Methoden erlauben (vgl. Romeike 2003a: 184). Im Idealfall sollten alle identifizierten Risiken mit einem allgemein anwendbaren Risikomaß bewertet werden können. Anhand dieses Maßes können die Risiken nach ihrem Gefährdungspotenzial in eine Rangordnung gebracht werden, die für das Management handlungsleitend die Prioritäten bestimmt.

Die Bestimmung des Erwartungswerts und der Wahrscheinlichkeiten ist jenseits von Finanzmarktprodukten häufig stark eingeschränkt, z.B. kann ein Imageschaden nur schwer in Zahlen gefasst werden. Hier erfolgt eine subjektive Einstufung auf einer Ordinalskala (vgl. Hoffmann 1985: 64; Saitz 2000: 82; Romeike 2005: 29), sodass die Ergebnisse weniger exakt und zuverlässig sind.[11] Risiken werden in Klassen erfasst: Die Eintrittswahrscheinlichkeit wird jeweils von „unwahrscheinlich" bis „hoch wahrscheinlich" und die Schadenshöhe von „unbedeutend" bis „existenzbedrohend" klassifiziert. Der Nutzen von Risikobewertungen mittels ordinaler Klassen ist begrenzt, da ein Vergleich beschränkt und die Aggregation nicht möglich ist. Das Verfahren bietet jedoch den Vorteil der Anschaulichkeit: Die Klassifikation kann in ein Koordinatensystem, eine so genannte Risikomatrix, übertragen werden, um die Risikoexposition eines Unternehmens oder eines Projekts plastisch darzustellen (vgl. Abbildung 5).

Die Position in der Risikomatrix stellt dar, wie dringend Maßnahmen zur Steuerung eines bestimmten Risikos ergriffen werden müssen. Je höher die Werte auf der x- und y-Achse, desto dringender die Steuerung. Risiken, die weder sehr wahrscheinlich sind, noch einen großen Schaden anrichten können, können ggf. vernachlässigt werden. Risiken, die sich in der Mitte des Spektrums befinden, können zweitrangig behandelt oder, genügend Rücklagen vorausgesetzt, akzeptiert werden. Zusätzlich kann je nach Risikoneigung eine Akzeptanzkurve abgetragen werden. Projekte mit Risiken oberhalb der Akzeptanzkurve müssen abgelehnt oder überarbeitet werden. Aggregiert man die einzelnen Risiken in einem Projekt, so lässt sich jedes Projekt als ein Punkt im ordinal skalierten Risikokoordinatensystem darstellen. Zwar ist die planerische

---

[11] Die Bestimmung der Wahrscheinlichkeiten erfolgt dabei häufig auf Basis von subjektiven Schätzungen (vgl. Zellmer 1990: 43), sodass streng genommen nicht von einem objektiven Risiko gesprochen werden kann.

Nutzbarkeit dieser Bewertung eingeschränkt, die Anschaulichkeit für Risikomanagemententscheidungen liegt jedoch auf der Hand.

Abbildung 5 Qualitative Bewertung von Risiken in einer Risikomatrix

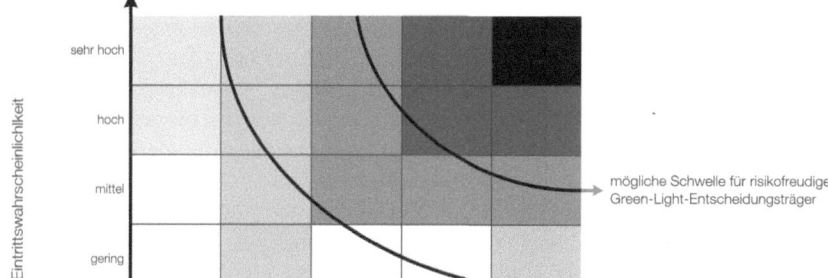

Quelle: Eigene Darstellung

Risikosteuerung und -kontrolle

In der Phase der Risikosteuerung und -kontrolle soll die Risikolage des Unternehmens verbessert und ein vertretbares Verhältnis zwischen Chancen und Risiken erreicht werden. Risikosteuerung bedeutet die Beeinflussung der im Rahmen des Risikomanagementprozesses ermittelten und bewerteten Risiken. Bildlich gesprochen, geht es darum, die in der Risikobewertung vorgenommene Positionierung eines Risikos in der Matrix hin zu kleinen x- und y-Werten zu verschieben. Zur Risikosteuerung zählen demnach alle Maßnahmen, die durch Verringerung der Eintrittswahrscheinlichkeit oder des Schadensausmaßes die Risikosituation beeinflussen. Dabei können grundsätzlich zwei Herangehensweisen differenziert werden: Durch ursachenbezogene Maßnahmen soll der Ursprung der Risiken beeinflusst werden, sodass diese gar nicht oder nur mit einer geringeren Wahrscheinlichkeit auftreten. Wirkungsbezogene Maßnahmen zielen dagegen darauf ab, die potenziellen Auswirkungen der Risiken zu vermindern (vgl. Zellmer 1990: 53f).

Die Risikosteuerung bietet vier basale Möglichkeiten, mit Risiken umzugehen. Eine erste Möglichkeit besteht darin, Risiken in Kauf zu nehmen und selbst in vollem Umfang zu tragen. Hierfür müssen entsprechende Rücklagen vorhanden sein, damit, falls das Risiko eintritt, der Fortbestand des Unternehmens oder Projekts nicht gefährdet ist. Diese Strategie bietet sich primär für wenig wahrscheinliche Risiken an oder wenn Steuerungsmaßnahmen unverhältnismäßig teuer wären bzw. nicht zur Verfügung stehen. Falls Risiken zu groß sind, als dass sie akzeptiert werden können und keine Steuerungsmöglichkeiten zur Verfügung stehen, besteht zweitens die Möglichkeit, die risikobehaftete Geschäftstätigkeit nicht zu betreiben, resp. das Projekt nicht durchzuführen. In diesem Fall ist jedoch auch jede Gewinnchance ausgeschlossen. Die Entscheidung, ein Projekt nicht durchzuführen, sollte demnach möglichst frühzeitig getroffen werden, um Investitionen und Arbeitsaufwand zu vermeiden, die nachher abgeschrieben werden müssten. Drittens kann wirkungsbezogen das Risiko begrenzt und z.B. auf Versicherer und Geschäftspartner übergewälzt werden. *„Transferring risk involves shifting responsibility of risk for vendors, subcontractors, customers, etc. through leased equipment and facilities insured by lessors, through JIT [just in time] inventory delivery that reduces risks to inventory, using insured subcontractors, and ensuring that contracts have ‚hold harmless' agreements"* (Picard 2004b: 77). Auch eine Diversifikation, der Eintritt in neue Geschäftsfelder, stellt eine wirkungsbezogene Maßnahme dar, da durch voneinander unabhängige Risiken die Gesamtrisikoexposition reduziert werden kann (vgl. für den Medienbereich allgemein Picard 2002b, 2005b). Ziel der wirkungsbezogenen Steuerung ist es, das Schadensausmaß im Eintrittsfall zu reduzieren. Schließlich können viertens ursachenbezog Risiken reduziert oder vermindert, also die Eintrittswahrscheinlichkeit reduziert werden. Ziel ist es, durch eine bessere Planung und Kommunikation das Risiko in den Entscheidungen zu reduzieren und Fehlverhalten von Mitarbeitenden oder Projektbeteiligten zu vermeiden (vgl. Sauerwein 1994: 45ff). Bei der ursachenbezogenen Risikosteuerung gilt es zu beachten, dass einzelne Risiken häufig nicht unabhängig voneinander sind, sondern in kompensatorischen oder kumulativen Beziehungen zueinander stehen und das Gesamtrisiko nicht identisch mit der Summe der Einzelrisiken ist. Das heißt, Risiken können bestehen bleiben, obwohl ähnlich gelagerte bereits gesteuert wurden. Im ungünstigen Fall kann durch die Kontrolle eines Risikos ein neues entstehen (vgl. Lück 1998a: 1927).

Nach erfolgter Risikosteuerung soll in der Risikokontrolle die Wirksamkeit der Steuerungsmaßnahmen überprüft werden. Effizienz und Zweckmäßigkeit der Maßnahmen müssen operativ und strategisch permanent neu evaluiert werden. Nach Einsatz von Steuerungsmaßnahmen muss erneut identifiziert werden, welche Risiken verbleiben und wie diese bewertet werden müssen (vgl. Schierenbeck & Lister 2002).

Elemente eines Risikomanagementsystems

Ziel von Beiträgen zum Risikomanagement in der BWL ist es in der Regel, ein institutionalisiertes Risikomanagementsystem zu etablieren und mit dieser Aufbauorganisation die notwendigen Strukturen für ein effektives Risikomanagement zu schaffen. Ein guter Aufbau soll eine Kontrollkultur schaffen, die ein wirkungsvolles Risikomanagement erlaubt. Es geht darum, langfristig das Wissen, die Fähigkeiten und die Einstellung der Mitarbeitenden zu beeinflussen. Damit sind klar die Grenzen eines strukturierten Risikomanagementsystems aufgezeigt: Da in einer projektbasierten Branche wie der Filmproduktion die Mitarbeitenden jeweils pro Projekt engagiert werden, ist es nur begrenzt möglich, langfristig Einfluss auf Wissen, Fähigkeiten und Einstellungen der Mitarbeitenden zu nehmen. Investitionen in das Personal können ggf. nicht schon beim laufenden Projekt amortisiert werden, sondern kommen vielmehr beim nächsten Projekt des Mitarbeitenden einem Konkurrenzunternehmen zugute.

Häufig setzt sich ein Risikomanagement-System aus den folgenden drei Teilen zusammen: Interne Überwachung, Controlling und Frühwarnsystem.[12] Bei der internen Überwachung und dem Controlling handelt es sich um nachgelagerte Prozesse, die erst nach dem Eintreten oder Nicht-Eintreten eines Risikos zum Tragen kommen. Es wird z.B. geprüft, ob die Erfassung und Steuerung des Risikos angemessen erfolgt ist. Das Controlling überprüft ex ante, ob der Risikomanagementprozess geordnet verläuft und in Einklang mit den Unternehmenszielen steht (vgl. Lück 1998b: 11). Das Frühwarnsystem soll hingegen sicherstellen, dass Risiken erkannt werden, bevor ein Schaden entsteht. Es basiert meist auf einer institutionalisierten Risikoidentifikation mit dem Ziel, bestandsgefährdende Risiken einer Unternehmung früh genug aufzudecken, sodass genügend Zeit zur Verfügung steht, die identifizierten Risiken zu steuern und durch entsprechende Maßnahmen zu reduzieren, zu begrenzen oder überzuwälzen.

Ein Frühwarnsystem kann sich dabei nicht vergangenheitsbezogen auf Daten aus dem Rechnungswesen stützen, sondern soll „schwache Signale" (vgl. Ansoff 1976) aufnehmen, bevor sie sich in der Buchhaltung niederschlagen. Frühwarnsysteme können eher unsystematisch darauf bauen, dass Risiken zunächst „unterbewusst" bemerkt und im Zeitverlauf mit sinkender Unsicherheit konkret werden (Neumann 1998: 725). Als plakative Beispiele könnten hier z.B. Aktienkäufe von Warren Buffet oder Randbemerkungen von Ben Bernanke als Präsident der US-Notenbank bei einer Pressekonferenz angeführt werden. Wenn möglich bietet es sich an, Frühwarnsysteme auf messbaren Indikatoren aufzu-

---

[12] In Deutschland ist dieser dreigliedrige Aufbau für Aktiengesellschaften durch Art. 1 Abs. 9 KonTraG sogar vom Gesetzgeber nahegelegt.

bauen, wobei die Indikatoren so gewählt werden müssen, dass sie nicht nur mit den Zielgrößen korrelieren, sondern auch genügend lange vor dem Eintreten eines Risikos eine Veränderung aufzeigen (vgl. Toebe 2006). In gewissem Sinn lassen sich Planungsabläufe in großen Filmproduktionsfirmen mit integrierter Distribution, in denen ein fester Stab an Mitarbeitenden die Entwicklung von mehreren Projekten parallel überwacht, als strukturiertes Risikomanagementsystem beschreiben. Entwicklungssitzungen in Filmstudios, bei denen Produktionsverantwortliche Projekte pitchen und die jeweiligen Verantwortlichen für die unterschiedlichen Distributionskanäle ihre Schätzungen zum erwartbaren Erfolg abgeben, stellen insofern ein Frühwarnsystem dar. Projekte, die in diesem Rahmen nicht überzeugen können, stellen ein zu großes Risiko dar und werden entweder verworfen oder überarbeitet. Zum strukturierten Aufbau kommt die funktionierende Kommunikation der Mitarbeitenden untereinander hinzu, die das Risikobewusstsein stärkt (vgl. KPMG Deutsche Treuhand-Gesellschaft 1998: 10f). Produzenten, die das Risiko nicht selbst einschätzen können, sind auf Informationen aus dem Marketing angewiesen.

Quantitatives und qualitatives Risikomanagement

Abhängig von der Frage, wie gut sich identifizierte Risiken quantifizieren lassen, können quantitatives und qualitatives Risikomanagement unterschieden werden. Der Unterschied zwischen quantitativem und qualitativem Risikomanagement besteht in der verwendeten Skala: Für das quantitative Risikomanagement wird das Risiko auf einer Rationalskala gemessen, für das qualitative auf einer Ordinalskala.

Mit dem Skalenniveau ist jeweils definiert, welche mathematischen Operationen und Transformationen zulässig sind. Entsprechend können im quantitativen Risikomanagement eine Vielzahl von Methoden aus der Finanz- und Versicherungsmathematik eingesetzt werden (z.B. Dowd 2005; Jorion 2007), im qualitativen Risikomanagement sind die Berechnungsmöglichkeiten dagegen stark begrenzt.

Die Risiken in der Filmbranche können mindestens in der Entwicklungs- und Produktionsphase nicht einfach quantifiziert werden. Je nach Beschäftigungsverhältnis riskieren Produzenten nichts (festangestellte Produzenten, deren Gehalt von der Umsetzung eines Projekts unabhängig ist) oder alles (freie Produzenten, die die Entwicklung des Projekts und die Optionierung der Inputfaktoren aus eigener Tasche bezahlt haben). Für jene Risikoaspekte, die nach der Entwicklungsphase wirksam werden, bietet sich eine quantitative Konzeption des Risikomanagements an, wie sie auch in anderen projektorientierten Branchen üblich ist (z.b. für Infrastrukturprojekte Cooper et al. 2005; für IT Projekte Charrel & Galarreta 2007; für die TV Produktion Brook 2005). Tabelle 2 stellt die Vor- und Nachteile verschiedener Risikomanagementmethoden zusammen.

Tabelle 2   Vor- und Nachteile verschiedener Risikomanagementkonzepte

	Vorteile	Nachteile
Risiko-Matrix qualitative Methode	• Einschätzung durch Experten • Anschauliche Darstellbarkeit der Risikolandschaft • Geringer Rechenaufwand	• Keine einfache Vergleichbarkeit der Risiken • Subjektive Einschätzungen (z.B. bei Eintrittswahrscheinlichkeiten) • Berechnung der Gesamtrisikoexponierung nicht möglich
Szenarienansätze Quantitative Methode	• Anschauliche Darstellbarkeit der Risiken • Gut kommunizierbar	• Nur bedingte Aussagen zu den Eintrittswahrscheinlichkeiten • Berechnung der Gesamtrisikoexponierung nicht möglich
Value-at-Risk (VaR) (über deterministische Berechnungen)	• Methodisch etablierte Form der Risikokalkulation • Über Faktorenansatz gut verwaltbar • Berechnung Gesamtrisikoexponierung möglich und sinnvoll	• Abstraktere Form der Risikodarstellung • Methodisch anspruchsvoller • Nicht quantifizierbare Risiken schwer erfassbar
Stochastische Simulationen	• Sehr flexibel einsetzbar • insbesondere zur Bewertung komplexer Situationen (z.B. langfristige Zinsgarantien, RV-Verträge) • Berechnung von Ruinwahrscheinlichkeiten	• Hoher Modellierungs- und Rechenaufwand • methodisch anspruchsvoller • Gefahr einer Blackbox • Kommunizierbarkeit anspruchsvoll

Quelle: Eigene Darstellung

Der Vorteil der qualitativen Methodik liegt im geringen Rechenaufwand und der Anschaulichkeit. Das Problem, dass die Risiken nicht auf derselben Skala erfasst werden können, wird durch Expertenurteile auf einer allgemeinen Skala von klein bis groß umgangen. Als Nachteil bleibt, dass die Risiken nur bedingt miteinander verglichen werden können und eine Berechnung des Gesamtrisikos im Projekt nicht möglich ist. Auch bedeuten Expertenurteile immer eine subjektive Einschätzung. Während in der Distribution eines Films qualitative Methoden, die auf historischen Erfolgsziffern basieren, möglich sind, kommt für die Entwicklung vor dem Green Light nur ein qualitatives Risikomanagement in Frage.

2.4 Ressourcen in der Filmproduktion

In der medienökonomischen Forschung wird der Erfolg eines Unternehmens häufig allein mit den Umweltbedingungen des Marktes erklärt, in dem ein Unternehmen agiert. Aus einer Makroperspektive werden Strategieoptionen für einzelne Unternehmen vernachlässigt, da angenommen wird, das Marktergebnis sei von der Struktur determiniert. Das in diesem Kontext angewendete Struktur-Verhalten-Ergebnis-Paradigma[13] (SVE) aus der Industrieökonomie wurde entwickelt, um Branchen auf der Makroebene zu untersuchen und um den Einfluss der Branchencharakteristika (Struktur) auf die Durchführung des Geschäfts (Verhalten) und schließlich den Konsumentennutzen, d.h. den Erfolg der Unternehmen im Markt (Ergebnis), einzuschätzen. In seiner ursprünglichen Form baut das SVE-Paradigma dabei auf einigen notwendigen Annahmen auf:

- Die Technologie ist gegeben und zeigt klare Skaleneffekte.
- Produktionsanlagen sind unterschiedlich groß und jedes Unternehmen besitzt jeweils nur eine.
- Die Preise werden von den Firmen mit großen Produktionsanlagen gesetzt. Es gibt nur einen Marktpreis.
- Abgesehen von der Größe unterschieden sich die Unternehmen in einem Markt nicht voneinander.
- Es gibt keine Marktunsicherheit. Alle Marktteilnehmer kennen die Nachfrage- und Kostenkurve.
- Es gibt keine Informationsasymmetrien.
- Die Rationalität der Akteure ist nicht begrenzt.
- Es gibt keinen Opportunismus im Markt.
- Es gibt keine Kapitalspezifität.
- Alle Unternehmen der Branche konkurrieren untereinander.

Diese Liste zeigt intuitiv, dass der SVE-Ansatz ursprünglich ein idealisiertes Modell war, das für die Modellierung eines Markts Annahmen trifft, die in der Realität selten bis nie vorkommen dürften. In dieser strengen Form angewandt ergeben sich Entscheidungen, also das Verhalten, aus der Marktstruktur. Unterschiede zwischen einzelnen Firmen sind unwichtig. Firmen fällen ihre Entscheidungen in Bezug auf Preis, Werbung, Produktionsvolumen und Qualität.

---

[13] Ursprung des SVE-Paradigmas sind die Arbeiten von Mason (1939) und Bain (1959), die analysierten, warum langfristig Preise und Durchschnittskosten nicht konvergieren und warum deshalb verschiedene Branchen eine unterschiedliche Durchschnittsrendite aufweisen. Sie kommen zu dem Ergebnis, dass Markteintrittsbarrieren die Marktstruktur determinieren und diese wiederum das Ergebnis der Unternehmen.

Freies Verhalten von Managern und Unternehmern wird nicht anerkannt. Weiterentwicklungen sehen Feedbackschleifen vom Ergebnis auf das Verhalten und vom Verhalten auf die Struktur vor, grundsätzlich propagiert das SVE-Paradigma jedoch einen Strukturdeterminismus, der insbesondere von der Management-Forschung und dem strategischen Management kritisiert wird.

Im Sinne der Industrieökonomik bedeutet Strategie vor allem Markt-positionierung. Nach Porter (1980) spiegeln überdurchschnittliche Gewinne Monopole oder Oligopole wider und entstehen aus Markteintrittsbarrieren. Das Ziel von strategischer Planung muss es demnach sein, zunächst eine Branche mit potenziellen Markteintrittsbarrieren zu identifizieren, frühzeitig in diesen Markt einzutreten und in der Folge den Marktzutritt von Konkurrenten, die Optionen für Zulieferer, die Auswahlmöglichkeiten für die Konsumenten und die Entwicklung von neuer Technologie zu limitieren, um so eine Monopolrente abzuschöpfen. Einige empirische Studien zum Ursprung von Wettbewerbsvorteilen legen jedoch die Vermutung nahe, dass Unterschiede zwischen Unternehmen besser mit unternehmensspezifischen Merkmalen beschrieben werden können als mit branchenweiten Einflussfaktoren. Die Tradition der Industrieökonomik hilft, die Struktur einer Branche und wie die relative Position von Unternehmen innerhalb der Branche zu Wettbewerbsvorteilen für einzelne Unternehmen führt, zu erklären. Für die Beschreibung des Verhaltens innerhalb der Firma, das schließlich zu einem Verhalten am Markt führt, ist diese theoretische Basis jedoch weniger geeignet, da die Individuen in der Unternehmung, welche die Entscheidungen fällen, nicht betrachtet werden. Für die vorliegende Studie mit ihrem Fokus auf den individuellen Produzenten ist diese Theorieperspektive damit nur bedingt geeignet.

Als alternativer theoretischer Erklärungsansatz bietet sich der Ressourcen-ansatz (resource based view) aus dem strategischen Management an, der versucht, das Ergebnis eines Unternehmens mit Faktoren innerhalb des Unternehmens zu erklären. Als Quelle von Wettbewerbsvorteilen gelten damit nicht spezifische Umweltmerkmale eines Unternehmens, sondern vielmehr die internen Ressourcen (vgl. Bamberger & Wrona 1996a: 386).[14] Der resource based view (RBV) der Unternehmung stellt eine nützliche Erweiterung zum Fokus auf die Struktur als Quelle von Wettbewerbsvorteilen dar. Während der SVE-Ansatz im Rahmen der Forschung zur Medienökonomie und zum Medienmanagement häufig genutzt wird (z.B. Müller 1979; Busterna 1988; Gomery 1989; Hendriks 1995; Wirth & Bloch 1995; Ramstad 1997; Siegert 2001), ist die

---

[14] Hier wird die Nähe der strategischen Management-Forschung zum Beratergeschäft deutlich: Ein Berater, der den SVE-Ansatz vertritt, kann seinen Auftraggebern wenig mehr bieten als die Empfehlung, über Lobbying die Rahmenbedingungen zu verändern. Der Fokus auf interne Ressourcen erweitert hingegen das Geschäftsfeld der Beratung massiv.

Ressourcenperspektive bislang weit weniger verbreitet. Die Arbeit zu sich verändernden Ressourcenbündeln in Hollywood mit dem Ende der Studioära von Miller und Shamsie (1996) und Habanns (1999) Fallstudien zum Kernressourcenmanagement in Medienkonzernen sind wichtige Ausnahmen. In den letzten Jahren hat der RBV im Rahmen der Forschung zu strategischen Entscheidungen in sich verändernden Medienmärkten mehr Aufmerksamkeit erhalten (z.b. Döbler & Rittner 2004; Landers & Chan-Olmsted 2004; Lantzsch 2004; Picard 2004a). Eine konkrete Anwendung auf die Filmproduktion findet sich bei Zuta (2008), der aus der Analyse der Ressourcen im Produktionsprozess die Forderung nach einer stärkeren Publikumsorientierung ableitet.

Dauerhafte Wettbewerbsvorteile ergeben sich aus Ressourcenperspektive nicht nur aus einer privilegierten Position im Markt als Alleinstellungsmerkmal, sondern aus einem überlegenen und möglichst einzigartigen Ressourcenbündel (vgl. Knaese 1996: 15; Rasche 1994: 37f; Rasche & Wolfrum 1994: 502). Ressourcen definieren die Spezifität eines Unternehmens und ermöglichen so strategisches Verhalten (vgl. Bamberger et al. 1996a: 386). *„Assets and capabilities determine how efficiently and effectively a company performs its functional activities"* (Collis & Montgomery 1995: 119). Damit wäre nicht die Marktposition für den Erfolg entscheidend, sondern das Vorhandensein der besten Ressourcen, die jeweils zur gewählten Strategie passen müssen. Umgekehrt formuliert heißt das selbstverständlich auch, dass die Strategie im Hinblick auf die gegebenen oder erreichbaren Ressourcen festgelegt werden muss. Die configuration theory (vgl. Miller & Friesen 1984) legt nahe, dass Wettbewerbsvorteile aus einem gelungenen Abgleich des internen strategischen Aufbaus mit den externen Wettbewerbs- und Marktbedingungen entstehen.

Ressourcen sind keine Produktionsfaktoren, die jeweils zu Marktpreisen ge- oder verkauft werden können. Da diese allen Marktteilnehmern gleichermaßen zugänglich sind, können mit ihnen lediglich durchschnittliche Ergebnisse erzielt werden. Der Begriff der Ressource ist spezifischer, in der Literatur jedoch nicht eindeutig definiert. Seit der Etablierung des RBV in den 1980er Jahren hat eine Vielzahl von Autoren neue Begriffe eingeführt oder bestehende erweitert, um die ihrer Ansicht nach wichtigsten Charakteristika mit einem Wort zu belegen oder die unterschiedlichen Bezugsebenen von Ressourcen voneinander abzugrenzen. Tabelle 3 gibt einen Überblick über die wichtigsten Autoren und ihre jeweilige Definition von Ressourcen.[15]

---

[15] Einen kompakten Überblick bieten Sanchez, Heene und Thomas (1996). Deutschsprachige Systematisierungsvorschläge finden sich z.B. bei Bamberger & Wrona (2003), Knaese (1996a; 1996b), Nolte (1996) und Rasche (1998).

Tabelle 3   Ressourcendefinitionen verschiedener Autoren

Begriff	Autor	Beschreibung
Resources	Penrose (1959)	Ungenutzte physische und personelle Ressourcen können von Managern identifiziert und in Wachstum des Unternehmens umgesetzt werden.
Attractive resources	Wernerfelt (1984)	Firmen, die Ressourcen zuerst akquirieren und einsetzen, haben first-mover-Vorteile. Ressourcen können Barrieren darstellen und Wettbewerbsvorteile implizieren. Durch Diversifikation können Ressourcenvorteile auf mehreren Märkten genutzt werden.
Firm resources	Barney (1986b, 1991)	Heterogene und immobile Ressourcen in den Bereichen physisches Kapital, Humankapital und Organisationskapital führen zu nachhaltigen Wettbewerbsvorteilen.
Asset stock	Dierickx & Cool (1989)	Nachhaltige Wettbewerbsvorteile können erzielt werden, wenn die Assets miteinander verknüpft sind, kumulative Effekte erzielt werden können und die Wirkung auf den Erfolg nicht offensichtlich ist. Daneben sollen Nachteile von zeitlicher Komprimierung vermieden werden.
Strategic assets	Amit & Schoemaker (1993)	Strategic assets sind ein Satz von Ressourcen und Fähigkeiten, die gleichermaßen rar und spezialisiert, wie schwer imitier- und handelbar sind. Dadurch gibt es keinen Markt für sie und aus dem Marktversagen ergeben sich Wettbewerbsvorteile. Die Spezifität von strategic assets in Bezug auf bestimmte Markbedingungen macht in veränderlichen Märkten eine Planung schwierig und die Entwicklung neuer Ressourcen und Fähigkeiten von kognitiven und sozialen Prozessen im Managementhandeln abhängig.
System resources	Sanchez & Heene (1996)	Abhängig vom Verhältnis der Ressourcen untereinander kann die Einbettung das Potenzial einer Ressource, strategische Vorteile zu generieren, befördern oder einschränken. Dadurch können auch Ressourcen, die für sich genommen keinen Wettbewerbsvorteil haben, wichtig werden, da sie im System andere Ressourcen wertvoll machen (z.B. Netzwerkexternalitäten).
Dynamic capability	Teece, Pisano & Shuen (1997)	Dynamic capabilities sind Fähigkeiten, die auch bei sich verändernden Umweltbedingungen ihren Wert behalten. Koordination, Integration, Rekonfiguration und Transformation von Ressourcen führen zur Herausbildung von Fähigkeiten. Neue Fähigkeiten basieren auf bestehenden, das Fähigkeitenbündel eines Unternehmens ist also pfadabhängig. Diese Pfadabhängigkeit kann wiederum Wettbewerbsvorteile mit sich bringen.
Competences	Sanchez, Heene & Thomas (1996)	Competences beschreiben die Fähigkeit einer Organisation, ihre Fähigkeiten und Ressourcen anzuwenden und zu koordinieren, um ihre Ziele zu erreichen.

Fortsetzung *Tabelle 3*

Core competence	Prahalad & Hamel (1990)	Core competences werden aus Sets von verknüpften Fähigkeiten abgeleitet, die in mehreren Produkten oder Geschäftsfeldern angewendet werden können. Unternehmen müssen Ressourcen und Fähigkeiten effektiv integrieren und in der Lage sein, Basisfähigkeiten zu identifizieren und zu kultivieren, die für eine Vielzahl von Produkten und in mehreren Märkten genutzt werden können.
Core rigidities	Leonard-Barton (1992)	Wegen der Pfadabhängigkeit von Fähigkeiten können bei veränderten Umweltbedingungen core capabilities in einem obsolet gewordenen Bereich zu Wettbewerbsnachteilen führen.
Organizational routines	Nelson & Winter (1982)	Organizational routines sind wiederkehrende Muster, die Unternehmen in der Verwendung bestimmter Ressourcen entwickeln. Da organisationales Lernen eher in der Weiterentwicklung bestehender Routinen zutage tritt, stellen routinenbasierte Fähigkeiten eine Beschränkung des Lernprozesses eines Unternehmens dar.

Trotz der Vielzahl an Bezeichnungen und Schwerpunktsetzungen können als Konsens der Autoren vier Eigenschaften festgehalten werden, die Ressourcen aufweisen müssen, um die Leistung einer Unternehmung zu verbessern und so einen Wettbewerbsvorteil darzustellen.

Fähigkeit zur Nutzenstiftung. Wertvolle Ressourcen *„enable a firm to do things and behave in ways that lead to high sales, low costs, high margins, or in otherways add financial value to the firm"* (Barney 1986a: 658). Der Erwerb oder Aufbau einer Ressource, die zwar einzigartig ist, aber keinen Nutzen stiftet, ist eine Verschwendung von Zeit und Kapital.[16]

Knappheit. Eine knappe Ressource kann nicht leicht gefunden und implementiert werden und hebt eine Unternehmung dadurch über den Wettbewerbsgleichstand von allgemein zugänglichen Ressourcen.[17]

Nicht-Substituierbarkeit. Eine nicht substituierbare Ressource sollte keine strategischen Äquivalente haben, die für die Unternehmung dieselbe Funktion übernehmen können. Firmen können diese Eigenschaft häufig

---

[16] Eine ausführliche Diskussion der Eigenschaft Nutzenstiftung findet sich bei Bowman und Ambrosini (2007).

[17] Streng genommen kann die Knappheit aus der Nicht-Imitierbarkeit abgeleitet werden (vgl. Habann 2002: 148).

nicht gut kontrollieren, da z.b. der technische Fortschritt neue Substitutionsmöglichkeiten mit sich bringt.

Nicht-Imitierbarkeit. Nicht imitierbare Ressourcen verleihen einer Unternehmung einen Wettbewerbsvorteil, da sie vom monopolistischen Zugriff
auf diese Ressource profitieren kann. Nach Barney (1991) kann die Nicht-
Imitierbarkeit aus einzigartigen Zeitkontexten wie z.b. der Pfadabhängig-
keit der Unternehmensentwicklung, unklaren Kausalitäten zwischen
Ressource und Wettbewerbsvorteil und sozialer Komplexität durch die
Kollaboration von mehreren Akteuren mit unklaren Anteilen entstehen.

Der RBV wird in der Regel auf Firmen als Analyseeinheiten angewendet. In der
Filmbranche geht diese Anwendung jedoch an den Bedingungen einer projekt-
orientierten Produktion vorbei. Nur wenige Unternehmen haben parallel laufende
Projekte und einen regelmäßigen Output. Die Mehrzahl aller Filme wird in
Projektgesellschaften entwickelt und produziert, die nur zu diesem Zweck
etabliert werden. Weiterentwicklungen des RBV können jedoch nicht nur auf
Firmen als Ganzes angewendet werden, sondern auch auf Prozesse und hybride
Organisationsformen (vgl. Ray et al. 2004). Für solche Analysen bietet es sich
an, den „Relational view of strategy" (vgl. Dyer & Singh 1998) zu nutzen. Im
Gegensatz zum klassischen RBV sind hier nicht Firmen die Untersuchungsein-
heiten, sondern das Netzwerk der ökonomischen Akteure in einem Projekt. Die
potenziellen Gewinnquellen sind nicht umfassend durch die Firma kontrollierbar,
da die erfolgsrelevanten Ressourcen zum Gutteil außerhalb der Grenzen der
Unternehmung liegen. Für Hadida (2005) stellt ein Filmprojekt eine relevante
und legitime Untersuchungseinheit für den RBV dar: Aus der Projektlogik
heraus werden aufeinander abgestimmte Fähigkeiten als Ressourcen mobilisiert
und mit der Veröffentlichung zu einem beobachtbaren Ergebnis geführt. Hadida
(2004) verknüpft den RBV auch mit dem Konzept der hedonic consumption
(vgl. Hirschman & Holbrook 1982). Die Fähigkeit einiger kultureller Produkte
und Dienstleistungen, emotionale und intellektuelle Reaktionen auszulösen, ist
immateriell, rar, wertschaffend sowie schwierig zu imitieren und substituieren.
Damit wären die Basiskriterien nach Barney (1991: 105f) erfüllt und die
Produkteigenschaft des Films kann als strategischer Vermögenswert verstanden
werden, der es den Produzenten und Distributoren erlaubt, eine überdurchschnittliche Performance zu erreichen. Bevor die Spielfilmentwicklung aus
Ressourcenperspektive dargestellt wird, soll hier zunächst noch geklärt werden,
inwieweit sich die oben eingeführten Elemente des Filmpackage (vgl. Kapitel
2.2) als Ressourcen verstehen lassen.

2.4.1 Elemente des Filmpackage als Projektressourcen

Der **Inhalt** kann als Ressource verstanden werden, da nicht jedes Drehbuch dasselbe Erfolgspotenzial aufweist. Einzelne Drehbücher sind als Quelle von Wettbewerbsvorteilen zu verstehen. Drehbücher beeinflussen indirekt auch die Qualität der Besetzung. Das Drehbuch determiniert die dramatische Qualität und die in ihm festgelegte Handlung ist wichtigste Eigenschaft bei der Bewertung eines Films durch das Publikum. Die Nutzenstiftung ist damit klar gegeben. Drehbücher sind insgesamt nicht knapp, das Angebot übersteigt meist die Nachfrage. Es gibt jedoch eine Knappheit an Stoffen, denen eine Risikominimierung unterstellt wird, die also einen Wettbewerbsvorteil darstellen. Das Urheberrecht bedeutet einen gewissen Schutz vor Imitationen, ebenso wie die Registrierung von Drehbüchern bei Autorenverbänden. Ein Thema kann jedoch ebenso wenig geschützt werden, wie eine Grundkonstellation („Boy meets Girl", „Fish out of water" etc.). Die Substitution ist nicht immer zu verhindern. Wenn zwei Filme zum selben Thema annähernd zeitgleich ins Kino kommen, wie z.B. *Deep Impact (1998)* und *Armageddon (1998)* im Sommer 1998,[18] können die Filme sich substituieren. Wettbewerbsentscheidend sind in diesen Fällen andere Ressourcen, wie z.B. die beteiligten Schauspielenden. Aus Produzentenperspektive geht es auch um den Zugang zu Quellen von potenziell erfolgreichen Drehbüchern, also Verlagen und Starautoren. Ein Exklusivvertrag kann in diesem Fall Nicht-Imitierbarkeit ermöglichen.

Nur das kreative Schlüssel**personal**, wie Autoren, Regisseure und Schauspielende, kann als Ressource verstanden werden, da sie ein Projekt definieren. Alle anderen Mitarbeitenden können relativ problemlos ausgetauscht werden. In Kapitel 5.2.2 wird dargestellt, dass Starpower als Prädiktorvariable zur Erklärung des Kassenumsatzes verwendet werden kann. Der Beitrag zur Nutzenstiftung ist damit nachweisbar. Als positionales Gut können Stars nur durch schlechter rangierte Vertreter ersetzt werden, die kein vollwertiges Substitut darstellen. Die Knappheit ist bei einer Rangreihe auch klar gegeben, da jeder Rang nur einmal vergeben werden kann. Ebenso wie beim Inhalt ist es für Produzenten essenziell, Zugang zum Personal als Ressource zu haben. Einzelne Autoren argumentieren deshalb, die entscheidende Ressource sei die Fähigkeit und Möglichkeit, das richtige Personal zu erreichen.

Die **Finanzierung** kann als Sekundärressource verstanden werden. Zwar ist die Finanzierung Grundvoraussetzung für die Umsetzung einer Produktion, doch sie ist selbst abhängig vom Vorhandensein anderer Ressourcen. Ohne ein vielversprechendes Drehbuch sowie fähigem und beliebtem Personal, ist niemand

---

[18] Eine ausführliche Darstellung dieser Konkurrenzsituation ist in Bart (2000) dokumentiert.

bereit, ein Projekt zu finanzieren. Die allgemeinen Kriterien für Ressourcen sind nicht ohne Einschränkungen gegeben. Verdeutlicht man sich Beispiele wie *Titanic (1997)* und *Blair Witch Project (1999)* wird offensichtlich, dass kein Zusammenhang zwischen Finanzierungsform, Budgethöhe und Gewinn zu bestehen scheint. Ein Finanzierungsplan kann leicht imitiert werden, indem gleichwertige alternative Geldquellen genutzt werden. Bis zu einem gewissen Grad ist die Finanzierung sogar substituierbar: Eine Filmidee kann mit sehr unterschiedlich hohen Budgets umgesetzt werden. Die Produktion in einem Niedriglohnland, der sparsame Einsatz von digitalen Effekten usw. können das Budget reduzieren. Anders als die Finanzierung selbst kann der Zugang zur Finanzierung durchaus als Kernressource beschrieben werden. Aus Produzentenperspektive sind, unabhängig von der konkreten Finanzierung, der Zugang zu Finanzierungsquellen und die Beziehungen zu den Geldgebern entscheidend. Diese lassen sich nicht unmittelbar imitieren oder substituieren.

Die Elemente eines Filmpackage können somit mit kleinen Einschränkungen als Ressourcen betrachtet werden. Für den Erfolg der Produzenten ist damit jeweils der Zugang zu diesen Ressourcen erfolgsentscheidend. Diese Zugangskompetenz kann ihrerseits wieder als Ressource verstanden werden.

2.4.2 Spielfilmentwicklung aus Ressourcenperspektive

Für die Anwendung des RBV im Kontext der Filmproduktion ist es sinnvoll, verschiedene Ressourcen zu unterscheiden. Zum einen gibt es Projektressourcen, die für ein einzelnes Filmprojekt einen Wettbewerbsvorteil gegenüber anderen bedeuten. Diese können wegen der begrenzten Laufzeit und der Einmaligkeit nicht nachhaltig sein.[19] Zum anderen gibt es Produzentenressourcen, also Fähigkeiten und Kompetenzen von Produzenten bei der Konzeption und Durchführung von Filmprojekten. Diese können durchaus nachhaltig sein, da bestimmte Kompetenzen in jedem neuen Projekt benötigt werden. *„The cultural entrepreneur holds the passion to muster the resources and the people to make the enterprise a sustainable reality"* (Aageson 2008: 98). Zwischen beiden Ressourcentypen gibt es Verknüpfungen, so ist z.B. die Fähigkeit, Projektressourcen zu erschließen, eine entscheidende Ressource der Produzenten: *„The entrepreneur melds cultural capital [~Inhalt BvR] with human and financial capital. The quality and quantity of each will spell the success of the venture"* (ebd.).

---

[19] Nach der strikten Auslegung des RBV dürften Projektressourcen nicht als Ressourcen betrachtet werden, da sie mobil sind. Hadida (2005) argumentiert jedoch am Beispiel der Filmproduktion, dass auch Produktionsnetzwerke und die Produktionsprozesse mit dem RBV modelliert werden können.

Abbildung 6 Spielfilmentwicklung aus Perspektive des Ressourcenansatzes

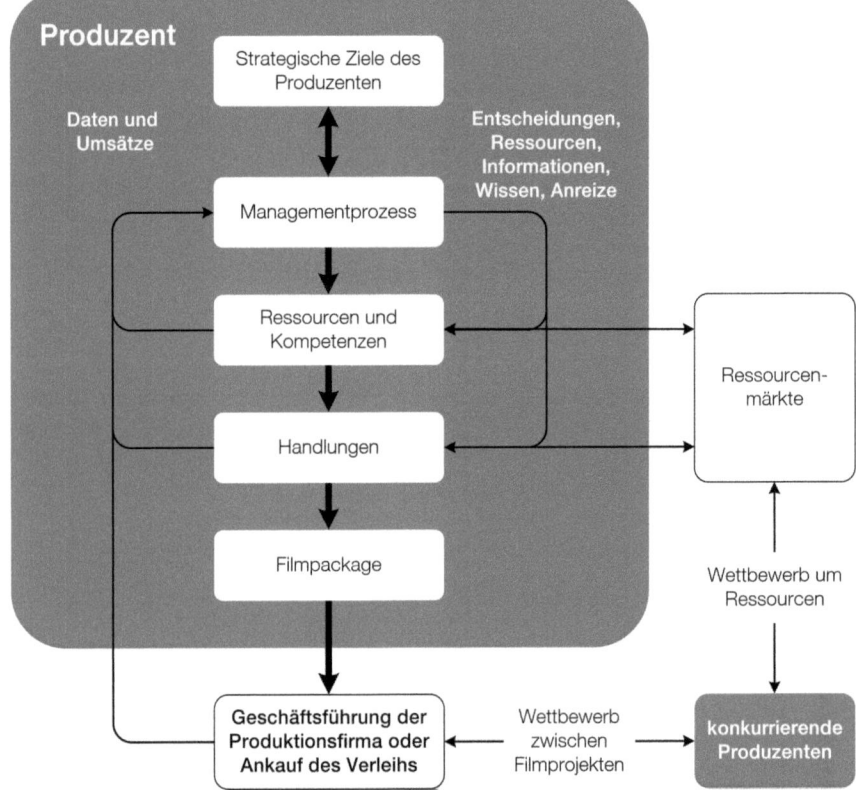

Quelle: In Anlehnung an Sanchez & Heene (1996: 43)

Produzenten können als Projektentwickler in Anlehnung an das Modell von Sanchez und Heene (1996) analog zur Firma als offene Systeme verstanden werden, um die Projektentwicklung bis zum Green Light aus Ressourcenperspektive zu analysieren.

Ausgangspunkt sind die strategischen Ziele der Produzenten. Hier kann von vornherein unterschieden werden, ob die Produzenten ihren Fokus auf die kreativen oder die kommerziellen Aspekte des Films setzen. Es ergeben sich jeweils andere Anforderungen an den Managementprozess, andere Ressourcen und Kompetenzen werden entscheidend und die Handlungen, die zum fertigen Filmpackage als Produktangebot führen, müssen angepasst werden. Die Analyse von spezifischen Produktionsprozessen erlaubt einen Überblick über die strategischen Vermögenswerte und die Art und Weise, wie diese jeweils kombiniert werden (vgl. DeFillippi & Arthur 1998). Damit ist auch die Insider-Perspektive gegeben, die Rouse und Daellenbach (1999, 2002) für empirische Studien zum RBV fordern.

Die wichtigsten Elemente eines Filmpackage – Inhalt, Personal und Finanzierung – können somit nicht nur als Risikofelder im Risikoinventar verstanden werden, sondern auch als Projektressourcen. Die Steuerungsmaßnahmen im Rahmen des Risikomanagements sind damit Bemühungen die entscheidenden Projektressourcen zu sichern.

2.5 Definitionen für die vorliegende Arbeit

An dieser Stelle soll noch einmal knapp zusammengefasst werden, wie die Schlüsselbegriffe dieser Arbeit im weiteren Verlauf gebraucht werden und wie sie zusammenhängen.

Produzenten sind als Projektmanager des Filmprojekts zu verstehen, die die inhaltliche und organisatorische Leitung innehaben. In der Regel sind sie bei der Entscheidung, ob ein Filmprojekt umgesetzt werden soll, also ein Green Light bekommt, jedoch von einem Geschäftsführer oder einem Auswahlgremium innerhalb eines Produktionsunternehmens abhängig. Als Grundlage der Green-Light-Entscheidung entwickeln Produzenten ein **Filmpackage**, das die wesentlichen **Projektressourcen** Drehbuch, Regie, Schauspielende und Finanzierung umfasst. Dieses Filmpackage kann in Bezug auf die **Risiken** des Projekts bewertet werden: Welche Abweichungen vom erwarteten Publikumserfolg sind denkbar und wie wahrscheinlich sind diese? Für die Produzenten besteht das Risiko zunächst in der Ablehnung ihrer Projekte. Das **Risikomanagement** beinhaltet entsprechend alle Maßnahmen und **Ressourcen der Produzenten**, die geeignet sind, die Wahrscheinlichkeit der Umsetzung des Projekts zu erhöhen.

3   Gutcharakteristik des Films

Um die ökonomischen Risiken, die bei der Entwicklung, Produktion und Distribution von Spielfilmen auftreten, eingrenzen zu können, ist es zunächst wichtig, die Eigenschaften des Films als Wirtschaftsgut darzustellen. Spielfilme zeichnen sich durch ihre Zwitterrolle zwischen (unterhaltenden) Medien auf der einen und dem Kultur- und Kunstbetrieb auf der anderen Seite aus, sie sind ebenso Wirtschaftsgut wie Kulturgut: *„Moviemaking is a marriage between art and business"* (Valenti 1993). Die Charakteristiken eines Spielfilms lassen sich damit aus mehreren Perspektiven beschreiben: In der medienökonomischen Literatur wird der Film den Medien zugerechnet, gleichzeitig werden Medien allerdings häufig auf massenmediale Informationsmedien verengt behandelt. So definiert Beck z.b.: *„Ein Medium ist ein Instrument zur Verbreitung von Informationen"* (2002: 1), und Heinrich betrachtet in seiner Analyse lediglich *„die aktuell und journalistisch berichtenden Massenmedien"* (2001: 19). Da sich nicht alle Eigenschaften, die für informierende Inhalte gelten, unmittelbar auch auf für unterhaltende Inhalte anwenden lassen, soll hier auch auf Literatur aus dem Kontext der Cultural Economics zurückgegriffen werden, die allgemein die Eigenschaften von Kultur und Kunst als Wirtschaftsgüter beschreibt und damit auch jene Aspekte des Films erfasst, die ihn von Informationsmedien unterscheiden.

Auch in der Organisation der Produktionsabläufe unterscheiden sich die Mediengattungen zum Teil erheblich. Dabei gibt es bisher keine systematische Übertragung der Erkenntnisse der industriellen Produktionssteuerung auf die Medienproduktion (vgl. Klimsa 2006: 606, 616). Für den Spielfilm hält Clevé fest, dass *„es sich jeweils um ein einmaliges Produkt handelt, so dass alle Verfahrensweisen einer seriellen Herstellung nicht zum Tragen kommen"* (Clevé 2005: 73). Der Film steht an der Schnittstelle zwischen Medien und Kunst und kann damit als Musterbeispiel für andere unterhaltende Inhalte gelten.

3.1 Film als Medienprodukt

Nach Kiefer (2001: 141f) erfüllen Medien – und damit auch der Spielfilm – drei
entscheidende Bedingungen, welche die Interpretation als ökonomisches Gut
rechtfertigen:

- Medien dienen direkt oder indirekt der Bedürfnisbefriedigung
- Medien treffen auf eine Nachfrage
- Medien sind nicht frei verfügbar, es gibt eine gewisse Knappheit

Grundsätzlich erscheint es sinnvoll, Medienprodukte getrennt nach ihren immateriellen (Nachrichten, Fiktion usw.) und ihren materiellen (Trägermedien)
Anteilen zu betrachten. Für die materiellen Anteile gelten weitestgehend dieselben Rahmenbedingungen wie für andere Handelsgüter auch, für die Inhalte
ergeben sich allerdings einige Abweichungen. Auf der von Kiefer dargestellten
allgemeinen Ebene der Betrachtung verhalten sich Spielfilme als Inhalte nicht
anders als andere Medien, vielleicht mit Ausnahme von experimentellen Kunst-
filmprojekten, bei denen das ausgeprägte künstlerische Ausdrucksbedürfnis der
Regie dazu führen kann, dass ein Film entsteht, für den absolut keine Nachfrage
besteht. Um nur jene Attribute zu erfassen, die tatsächlich allen Medienprodukten inhärent sind, verwendet Arrese Reca (2006: 182ff) drei knapp und
allgemein gehaltene Eigenschaften, um Medien zu beschreiben. Demnach sind
Medien 1) Informationsgüter mit 2) multipler Bestimmung, die 3) vom Talent
der Produzenten abhängen.

Die meisten Risiken, die in der Medienproduktion entstehen können, lassen
sich auf diese drei Eigenschaften zurückführen, gleichwohl sind sie in ihrer All-
gemeinheit für die Analyse weniger nützlich. Betrachtet man die Guteigenschaften von verschiedenen Mediengattungen im Detail, so wird schnell klar,
dass es jeweils große Unterschiede gibt, die eine differenzierte Betrachtung notwendig machen (vgl. Arrese Reca 2006: 181). Die ersten beiden Eigenschaften
nach Arrese Reca sollen im Folgenden genauer diskutiert werden, auf die Eigenschaft der Medien als *„talent good"* (Arrese Reca 2006: 185) wird im Kapitel
1.1, in dem der Film als Kulturgut betrachtet wird, näher eingegangen.

Medien können als Dienstleistungen charakterisiert werden, denn selbst bei
Medien, die eines physischen Trägermediums, wie etwa Zeitungspapier oder
einer DVD bedürfen, ist der Grund der Nachfrage nicht dieser Träger, sondern
der immaterielle Gehalt an Information und Unterhaltung etc. Eine Unterscheidung zwischen Information und Unterhaltung ist dabei zunächst nicht notwendig, da beide Inhaltskategorien die von Picot (1997: 56) beschriebenen
Eigenschaften von Informationsgütern haben.

- Informationen verbrauchen sich als immaterielle Güter auch bei Mehrfachnutzung nicht, sie haben damit den Charakter von öffentlichen Gütern.
- Durch das Informationsparadoxon ist der Wert von Informationen ex ante nicht feststellbar.
- Das Original einer Information verbleibt beim Produzenten, der Käufer erhält nur eine Kopie bzw. das Recht, eine Kopie zu betrachten.
- Grenzkosten für die Vervielfältigung sind gering, damit ergibt sich ein Potenzial für Größenvorteile.
- Informationen haben eine Neigung zur Diffusion.

3.1.1 Immaterialität und öffentliches Gut

Ein Medieninhalt kann theoretisch von beliebig vielen Nutzern gleichzeitig oder nacheinander genutzt werden, ohne dass sich die Nutzer gegenseitig vom Konsum ausschließen oder stören würden. Heinrich (2001: 71) spricht von der Nicht-Rivalität im Konsum, McFadyen, Hoskins und Finn bezeichnen Medien in diesem Kontext als „joint consumption goods" (2000: 127). Da Medieninhalte, um zum Rezipienten zu gelangen, eines Trägermediums bedürfen, ist in der Realität durchaus eine Rivalität zu beobachten. Vergriffene Zeitungsausgaben oder ausverkaufte Kinovorstellungen machen deutlich, dass die Nutzungsumstände die Zahl der Nutzer beschränken. Picard spricht von einer Rivalität um Kopien (1989: 17ff), da eine Kopie oder ein Kinosessel pro Zeiteinheit nur von einer Rezipientin genutzt werden kann. Für Kiefer (2001: 146) handelt es sich auch hierbei nicht um eine Rivalität im Konsum, da jederzeit zusätzliche Kopien produziert werden könnten. Bei Medien mit zeitkritischen Informationen, wie Börsenkursen, ist dies nur bedingt möglich, sodass Rivalität im Konsum dann besteht, wenn „durch eine frühere, exklusivere Nutzung von Informationen die spätere Nutzung durch andere Rezipienten hinsichtlich des Informationswerts nicht mehr vergleichbar ist" (Beyer & Carl 2004: 11).

Auch beim Film ist die Rivalität abhängig von der Perspektive: Vernachlässigt man Probleme wie den Zeitgeschmack, nutzen sich die Inhalte nicht ab. Prinzipiell wären beliebig viele Kopien des Films möglich, sodass alle Interessierten einen Film gleichzeitig sehen könnten, ohne sich gegenseitig zu beeinträchtigen. Tatsächlich ist jedoch die Zahl der Leinwände ebenso beschränkt wie die der Vorstellungen pro Tag und die Plätze pro Vorstellung, es besteht also eine Rivalität um die Nutzung. Die Auswertung von Spielfilmen in einer Kette von Verwertungsstufen reduziert sukzessive die Rivalität um den Konsum: Kinosessel sind vergleichsweise knapp, die DVD reduziert die Rivalität, da sie zeitunabhängig genutzt werden kann und tatsächlich je nach Bedarf

Kopien nachproduziert werden können. Die Fernsehauswertung hebt die Rivalität schließlich auf, da jeder Besitzer eines Endgeräts den Film ohne Einschränkungen sehen kann.

Informationsgüter an materielle Träger zu binden hat also den Vorteil, die Diffusion zu beschränken (vgl. Kiefer 2001: 143f). Im Fall des Films ist dies allerdings nur bedingt nötig, resp. möglich. Auf Ebene der Kinoverwertung ist mit der Filmrolle ein materieller Träger vorhanden, dem Kinogänger als Nutzer wird dieser gar nicht erst ausgehändigt. Die Diffusion kann demnach allenfalls durch die Erzählung des Filmerlebens erfolgen. In der DVD-Verwertung ist zwar ein materieller Träger gegeben, allerdings ist es durch die digitale Form der Information jedem Nutzer möglich, beliebig viele gleichwertige Kopien des materiellen Trägers zu ziehen.

Bei der Aufführung im Kino gleicht der Film eher dem Rundfunk, bei dem das Informations- resp. Unterhaltungsgut ohne materiellen Träger verbreitet wird. Anders als beim Free-TV kann durch den Einlass in den Kinosaal hier jedoch der Zugang kontrolliert werden. Es handelt sich also nicht um ein öffentliches Gut. Interessenten, deren Zahlungsbereitschaft zu niedrig ist, können von der Nutzung ausgeschlossen werden.

Für unterhaltende Inhalte stellt sich das Problem der Nicht-Ausschließbarkeit weniger stark als für informierende Inhalte. Der Unterschied besteht darin, wann ein Inhalt relevant ist: Eine Information soll verarbeitet werden. Der Nutzen der Information besteht damit nicht so sehr darin, sie zu erhalten, sondern sie anzuwenden und ggf. weiterzuverbreiten. Anders bei unterhaltenden Inhalten: Hier entsteht der Nutzen – die Unterhaltung – im Moment der Nutzung. Für den Produzenten, der seine Rechte schützen will, ist das Ziel des Ausschlusses unterschiedlich: bei Informationen soll die Weiterverbreitung unterbunden werden, bei der Unterhaltung die Nutzung. Wenn eine Zeitungsleserin einem Bekannten den Inhalt eines Artikels über den Rücktritt eines Politikers berichtet, besteht für diesen wenig Grund, den Artikel im Nachhinein noch selbst zu lesen. Anders, wenn eine Kinobesucherin einem Bekannten den Inhalt eines Films berichtet. Durch den Bericht könnte die Nutzung des Films im Sinne eines Nacherlebens erst angeregt werden. Anders als bei Informationen kann es bei unterhaltenden Inhalten damit Exklusivrechte geben.

Allgemein können Medien anhand der beiden Kriterien Ausschließbarkeit vom und Rivalität im Konsum in einer Gütermatrix verortet werden (vgl. Abbildung 7). Spielfilme weisen dabei zumindest in der Kinoauswertung von allen Medien am ehesten die Eigenschaften eines privaten Guts auf, da sowohl eine gewisse Rivalität um die Kinosessel besteht, als auch durch die Notwendigkeit einer Eintrittskarte Nutzer vom Konsum ausgeschlossen werden können.

Abbildung 7   Gütereigenschaften von Mediengattungen auf dem
                Publikumsmarkt

Quelle: Eigene Darstellung

Grundsätzlich ist es für Rechteinhaber von Medieninhalten im Bereich der öffentlichen Güter schwer, den Wert der Inhalte zu kapitalisieren: Es lassen sich leicht Kopien herstellen und vertreiben (vgl. Collins et al. 1988: 10). Der so entstandene Sekundärmarkt setzt den originären Anbieter unter Druck (vgl. Dietl & Franck 2000: 594ff). Obschon sie eher den Charakter eines privaten Guts haben, besteht das Problem des Sekundärmarkts auch für Spielfilme, da zwar der Besuch im Kino ein privates Gut darstellt, der eigentliche Spielfilm als Medieninhalt aber wiederum ein öffentliches Gut ist. Genauso, wie Nachrichten abgeschrieben werden können, kann der Film als solcher kopiert werden.

Da sich eine einmal beschaffte Information bzw. ein einmal erstellter Inhalt durch die Nutzung nicht verbraucht, tendieren die Grenzkosten für zusätzliche Nutzer eines Medieninhalts in Abhängigkeit von den Distributionskosten gegen Null (vgl. Picard 1989: 65-67; Beck 2002: 6-9). Die Distributionskosten werden im Wesentlichen durch das jeweilige Trägermedium determiniert. Der Spielfilm liegt in den Distributionskosten zwischen Print und TV. Solange sich eine digitale Signalzuspielung in die Kinos nicht etabliert hat, bedarf es für die Distribution des Films weiterhin eines materiellen Datenträgers, der Filmrolle. Anders als bei der Tageszeitung muss jedoch nicht für jeden einzelnen Nutzer ein Exemplar produziert werden, es reicht aus, jeweils die Kinos mit Filmrollen zu versorgen.

3.1.2 Erfahrungsgut

Das von Arrow (1971) beschriebene Informationsparadoxon lässt sich ebenso auch als Unterhaltungsparadoxon interpretieren. Damit potenzielle Nachfrager sich ein Urteil über den Wert eines Unterhaltungsangebots bilden können, müssen sie selbiges konsumieren. Nach dem Konsum haben sie jedoch unabhängig vom Wert keinen Bedarf mehr, sich das Angebot zu beschaffen. Somit muss Unterhaltung als ein Erfahrungsgut im Sinne von Nelson (1970) verstanden werden. Zwar könnten sich Nachfrager durch Inspektion angebotener Unterhaltung ein Qualitätsurteil bilden, aber die Produzenten der Unterhaltung haben aufgrund des Unterhaltungsparadoxons keine Veranlassung, eine solche Inspektion vor dem Kauf zuzulassen, da sie einem Verschenken der Unterhaltung gleichkäme. Weil die Inspizierbarkeit von Unterhaltung vor dem Kauf für die Nachfrager ausscheidet, sind sie mit dem von Akerlof (1970) beschriebenen Problem der Qualitätsunsicherheit konfrontiert.

Der Wert von Medien als Erfahrungsgütern entsteht für die Konsumenten aus der Konsumerfahrung; es geht nicht darum, ein Gut zu besitzen, sondern es zu erleben (vgl. Cooper-Martin 1991). Konsumenten wählen diese Produkte aus, beschaffen sie und nutzen sie nur, um sie zu erleben und zu genießen. Konsumenten nutzen Erfahrungsgüter anders als normale Güter, wodurch für die Produzenten eine Nachfrageunsicherheit entsteht. Als Erfahrungsgüter ist die Qualität von Medieninhalten und damit ihr potenzieller Nutzen für die Rezipienten ex ante nicht abschätzbar (vgl. Kiefer 2001: 172ff). Ohne eine Nutzenbewertung fehlt die Basis für eine rationale Auswahlentscheidung bei der Bedürfnisbefriedigung. Statt dessen bekommen mit situativen und emotionalen Faktoren Auswahlkriterien Relevanz, die sich dem Einfluss und der Berechnung durch den Produzenten weitgehend entziehen. Die individuelle Auswahlentscheidung der Konsumenten wird auf Basis von persönlichen und intrinsischen Vorlieben getroffen (vgl. Cooper-Martin 1991: 373). Diese sind häufig nicht klar definiert und bilden sich aus der Ad-hoc-Bewertung mehrerer Faktoren. Cooper-Martin (1991) kann zeigen, dass Konsumenten bei der Auswahl von Filmen größeren Wert auf subjektive als auf objektive Eigenschaften legen. Sie wenden übergeordnete, zusammenfassende Maßstäbe an und orientieren sich nicht an eindimensionalen Eigenschaften, wie der Tatsache, ob ein Star am Film beteiligt ist. Vor dem Hintergrund eigener Erfahrungen ist der Gesamteindruck der erwarteten Unterhaltung ausschlaggebend, nicht einzelne Faktoren (vgl. auch Faber & O'Guinn 1984). In Ermangelung der Möglichkeit einer eingehenden Qualitätsbeurteilung im Vorfeld wird das Kriterium Publikumsattraktivität zur wichtigsten Orientierungshilfe für die Rezipienten und Produzenten gleichermaßen (vgl. Kiefer 2001: 173). Publikumsattraktivität kann allerdings auch durch Werbung und andere Marketingmaßnahmen nicht direkt produziert werden. Das Kriterium löst damit nicht das Problem der Qualitätsunsicherheit, sondern definiert einen positionalen Faktor. Ein positionales Gut ist charakterisiert durch seinen vorderen Rang auf einer Qualitätsskala, in diesem Fall also die Publikumsattraktivität, wenn diese Rangeigenschaft besonders nachfragewirksam ist. Ein solches Gut kann nicht ohne weiteres durch ein anderes ersetzt werden. Einem Produkt, das zunächst wenig Publikumsattraktivität erreicht, fehlt in der Folge eben dieses Qualitätsmerkmal, ein Produkt das zum Beginn erfolgreich ist, kann aus diesem Erfolg eine Publikumsattraktivität ableiten und somit diesen Erfolg potenzieren.

Die Erfahrungsguteigenschaft von Medien und die Qualitätsunsicherheit über ihre Inhalte führen demnach zu einer „winner-takes-all"-Situation (vgl. Frank & Cook 1995) und zu einem Marktversagen, denn Produzenten könnten aus der Täuschung der Konsumenten über die Qualität der angebotenen Güter Gewinn schlagen (vgl. Dietl et al. 2000). Der von Heinrich und Lobigs (2003: 249ff) beschriebene Ausweg aus dem Marktversagen über Medienmarkenreputation ist für Spielfilme nur bedingt möglich, da jeder Film ein Einzelstück ist. Mithin wäre der Aufbau einer Marke zwar möglich, erscheint aber durch die Einmaligkeit des Projekts wenig sinnvoll. Filmreihen können allerdings durchaus zu Marken werden und Vorläuferwerke und beteiligte Stars können als ingredient brands bei den Rezipienten bestehende Markenimages adressieren.

3.2 Innovation und Zeitaspekte

3.2.1 Steter Innovationszwang und Aktualität

Informationen können nicht nur schnell verbreitet werden, aus der Eigenschaft als Erfahrungsgut ergibt sich auch, dass Inhalte und insbesondere Informationen schnell veralten. „If we already have information we do not need it again; new value can only be derived from a new, novel product" (Collins et al. 1988: 7). In der aktuellen journalistischen Produktion besteht ein Zwang zur ständigen Innovation und Neuheit, da die Entwertung der Nachricht unmittelbar nach dem berichteten Ereignis beginnt. Aber auch im Bereich der fiktionalen, unterhaltenden Inhalte wie dem Film, kann nicht ständig das gleiche Produkt

präsentiert werden (vgl. Kiefer 2001: 176). Die Qualität des Medienprodukts für
den Rezipienten liegt nach Kiefer (2001: 178) darin, mit den immer gleichen
Codes neue Inhalte zu transportieren. In Anbetracht der vergleichsweise hohen
und versunkenen Produktionskosten neigen Medien weniger zur Innovation als
viel mehr zur Imitation und Verdopplung erfolgreicher Konzepte (vgl. Kiefer
2001: 174). Bei Spielfilmen versuchen Produzenten häufig, den Erfolg durch ein
Sequel, also eine Wiederholung mit nur leichter Weiterentwicklung der Geschichte und unter Beibehaltung der vermeintlich erfolgswirksamen Inputfaktoren, zu wiederholen. Allerdings warnt Prindle: *„Successful screen art is nearly
impossible to replicate"* (1993: 5). Der Herausforderung, ständig Innovationen
kreieren zu müssen, ohne die Nachfrage ex ante zu kennen, lässt sich nach
Turow am Besten durch Routinen begegnen. Der Grad der Unsicherheit über die
Nachfrage lässt es dabei sinnvoll erscheinen, auch bei den Inhalten Routinen
anzuwenden, den Inhalt also bis zu einem gewissen Grad zu schematisieren (vgl.
Turow 1992: 189). Damit gilt auch jenseits der Fortsetzungen für den Film, dass
das innovative Element in einer Geschichte nicht zu groß sein darf. Das
Publikum könnte von einer neuen und ungewohnten Geschichte oder Erzähl-
struktur überfordert sein, schließlich möchte es unterhalten, nicht herausgefordert
werden. Gleichzeitig darf der Neuigkeitswert aber auch nicht zu klein sein, das
Publikum möchte auch nicht gelangweilt werden und ist kaum bereit, für ein
nahezu identisches Produkt noch einmal Eintritt zu bezahlen.

Der Film unterscheidet sich in diesem Zusammenhang nicht von anderen
kommerziellen narrativen Kulturprodukten, für die Horkheimer und Adorno
einen *„Zwang zu neuen Effekten, die doch ans alte Schema gebunden bleiben"*
(1997: 136) ausmachen. Die Literatur zum Drehbuchschreiben treibt diese Idee
der Variation des Immergleichen noch ein Stück weiter: Tobias (1993) beschreibt *„20 Master Plots"* auf die sich mehr oder minder alle Filmdrehbücher
zurückführen ließen und Vogler (1998) erklärt, dass sich fast alle Geschichten
auf eine mythische Grundstruktur reduzieren ließen, die auf dem schematisierten
Zusammenspiel der vom Psychoanalytiker Jung (2001) beschriebenen Archetypen basieren.

3.2.2 Kurzer Produktlebenszyklus

Der Zwang zu Innovationen bei Medienprodukten bedeutet ökonomisch eine
kurze Verfallszeit ihres Nutzens für den Verbraucher und damit ihres Wertes.
Der Produktlebenszyklus aus Innovation, Produktion bzw. Reproduktion, Distribution und Konsum ist entsprechend kurz, die Zeit zur Refinanzierung der
Investition knapp (vgl. Kiefer 2001: 176). Je nach Mediengattung ist dieses

Problem mehr oder weniger ausgeprägt: Eine Tageszeitung ist bereits am Morgen des Erscheinungstags veraltet, da der Redaktionsschluss am Vorabend lag. Eine Monatszeitschrift findet zur Monatsmitte kaum noch Käufer. Generell gilt, dass Informationen eine schneller verderbliche Ware sind als Unterhaltung. Für einen Menschen, der noch nie einen Charly-Chaplin-Film gesehen hat, ist dieser auch heute noch neu und unterhaltsam. Gleichwohl sind auch fiktionale Medieninhalte „verderblich": Zum einen weisen Erzählungen häufig einen Zeitbezug auf, der mit fortschreitendem Alter nicht mehr verständlich oder relevant ist. So finden aus jeder Zeitepoche nur wenige Werke den Eingang in den universellen zeitunabhängigen Kanon. Zum anderen sinkt im Laufe der Zeit der Anteil derjenigen Menschen, die ein Nutzungsinteresse an einem fiktionalen Inhalt haben, dieses aber noch nicht befriedigen konnten. Beim TV sinkt diese Zahl aufgrund der vergleichsweise hohen Tagesreichweite und der Nicht-Rivalität im Konsum sehr schnell, kein Fernsehsender wird deshalb eine Serienfolge am Folgetag noch einmal zur selben Zeit auszustrahlen. Bei Spielfilmen sinkt die Zahl langsamer, da durch die Rivalität um die Nutzung des knappen Guts Kinosessel die Nachfrage nach dem Film nicht auf einmal befriedigt werden kann. Nach Kiefer (2001: 177) gehört auch für den Kinobesucher die Aktualität zum erwarteten Nutzen des Kinobesuchs. Damit gilt auch für Kinofilme, dass die Nachfrage bei Veröffentlichung am größten ist, entsprechend versuchen die Verleihfirmen, einen Film an seinem Startwochenende auf möglichst vielen Leinwänden gleichzeitig zu platzieren. Zu Beginn der neunziger Jahre sahen fast 60% der Zuschauer einen Film innerhalb der ersten vier Wochen nach dem Veröffentlichungstermin (vgl. Frank 1993: 43). Mittlerweile starten Filme auf einer stetig steigenden Zahl von Leinwänden, um eine effektive Werbung und eine schnelle Refinanzierung zu ermöglichen. Marich (2005: 160ff) nennt als Faustregel für Filme, die einen „wide release" bekommen, also auf vielen Leinwänden starten, einen Nachfrageverfall von 45% pro Woche. Einav (2007: 21) ermittelt für Filme, die zwischen 1985 und 1999 in den USA veröffentlicht wurden, dass in den ersten vier Wochen durchschnittlich 85% der Einnahmen aus der Kinoverwertung eingenommen werden. Auch die Verkürzung der Auswertungsfenster (vgl. von Rimscha 2006) trägt zur Verkürzung des Produktlebenszyklus eines Film bei.

Durch strukturelle und organisatorische Maßnahmen können einzelne Mediengattungen das Problem des kurzen Produktlebenszyklus abfangen, da für die Inhalte und das Trägermedium resp. die Art der Aufbereitung der Inhalte unterschiedliche Zyklen relevant sind. Der Produktlebenszyklus für das Layout einer Zeitung, das On-Air-Design eines Senders oder des Redaktionssystems ist bei weitem nicht so kurz wie jener der Inhalte. Für den Film sind solche strukturierenden Elemente allenfalls bei Filmreihen wie Star Trek möglich, bei denen auf Muster zurückgegriffen werden kann. Im Gegensatz zu Zeitungen, Zeitschriften und einem Gutteil des Fernsehprogramms haben Spielfilme in der Regel keinen periodischen Erscheinungsrhythmus, sondern sind einmalige Projekte. Die Produktion eines Films ist damit ein Einchancenspiel, Nachfrageschwankungen können nicht schon mit der nächsten Ausgabe ausgeglichen werden.

Auch wenn die Nachfrage nach einem Spielfilm im Kino schnell zurückgeht, ist der gesamte Produktlebenszyklus eines Films in der Regel weit länger als bei anderen Medien, weil die Filmbranche eine Zulieferbranche für das TV ist, in dem Spielfilme noch Jahre später ausgewertet werden. Der Anteil des Kinos am Gesamtumsatz eines Films ist seit den 1980er Jahren um zwei Drittel zurückgegangen (vgl. Epstein 2005: 20), die Auswertung und Refinanzierung in den folgenden Verwertungsstufen verlängert sich damit erheblich. Auch wenn der Produktlebenszyklus auf den einzelnen Stufen jeweils kurz ist, ist die Investition in einen Film eher eine langfristige (vgl. Dekom 2004: 103).

3.2.3 Synchronisation von Produktion, Distribution und Konsum

Für jenen Teil der Medienproduktion, der live gesendet wird, fallen der Prozess der Innovation und Produktion, die Distribution und der Konsum zeitlich zusammen (vgl. Kiefer 2001: 177). Solche Medienprodukte können weder gelagert noch transportiert werden, sie zeigen damit dieselben Eigenschaften wie die darstellenden Künste. Zwar können sowohl Livesendungen als auch Theateraufführungen aufgezeichnet werden, um sie zu einem späteren Zeitpunkt über einen anderen Kanal noch einmal anzubieten, allerdings dürfte der Unterhaltungswert dieser Aufzeichnung weit geringer sein als beim zeitsynchronen Erleben des Geschehens. Sportereignisse, die wegen der Zeitverschiebung mitten in der Nacht stattfinden sind, wenn sie zeitversetzt ausgestrahlt werden, weniger attraktiv, da das Ergebnis schon aus den Nachrichten bekannt ist. Doch auch jenseits von Livesendungen ist der ökonomische Wert von Medienprodukten zeitabhängig. Am Beispiel des werbefinanzierten Rundfunks beschreibt Kiefer (2001: 178), wie eine Sendung an Wert verliert, wenn sie zur falschen Zeit ausgestrahlt wird: Das Zuschauerinteresse ist abhängig von der Tageszeit, die Leistung also nicht frei transferierbar. Ähnliches gilt im größeren Rahmen auch für den Film. Die Nachfrage fluktuiert stark in Abhängigkeit von der Tageszeit, dem Wochentag und, wichtiger noch, der Jahreszeit. In Deutschland z.B. lag die Anzahl der Kinobesucher in den Jahren 2001-2005 im Juni um 22% unter dem Jahresdurchschnitt, im Dezember dagegen 27% darüber (vgl. FFA – Filmförderungsanstalt 2006a: 4f; und von Rimscha 2008a: 219). In den USA sind vor allem der Sommer und die Weihnachtszeit Jahreszeiten, in denen die Nachfrage nach Kinounterhaltung insgesamt hoch ist (vgl. Einav 2003: 9).

Die kurzen Produktlebenszyklen und die zeitliche Synchronisation von Produktion/Distribution und Konsum im Falle von Livesendungen verhindern, dass die Produktion an die qualitative wie quantitative Nachfrage angepasst werden kann. Vielmehr ist es notwendig, ein neues Produkt zu produzieren und auf den Markt zu bringen. Produktanpassungen sind immer erst für die jeweils nächste Ausgabe möglich. Dabei zeigt sich, dass dieses Problem für unterschiedliche Medienprodukte nicht im gleichen Maße relevant ist. Eine Nachrichtensendung im TV kann – vielseitige Sprecher und Redakteure vorausgesetzt – den Themenmix und die Moderation sehr kurzfristig ändern, Thema und Plot eines abgedrehten Spielfilms können durch einen Umschnitt des Materials nur bedingt angepasst werden.

3.2.4 Medien als duale Produkte

Medien sind duale Güter, da sie ein Bündel aus mindestens zwei sich ergänzenden Produkten darstellen, die auf jeweils unterschiedlichen Märkten angeboten werden (vgl. Picard 1989: 17ff). Im Falle von werbefinanzierten Medien ist dies einerseits der Inhalt, der den Rezipienten angeboten wird, und andererseits die aggregierte Aufmerksamkeit des Publikums, die der Werbung treibenden Wirtschaft angeboten wird.

Der Dualismus des Medienprodukts[20] macht doppelte Planungssysteme (vgl. Beyer et al. 2004: 10f) notwendig, da das Produkt Inhalt und das Produkt Rezipient zwar gut integriert sein sollen, jedes aber seine eigenen Optimierungsstrategien erfordert (vgl. Arrese Reca 2006: 184).

Auf den ersten Blick ist beim Spielfilm die Charakteristik des dualen Produkts nur sehr gering ausgeprägt. Anders als bei einer Zeitung mit Werbung und redaktionellem Inhalt auf derselben Seite, scheint es im Kino diese Verknüpfung nicht zu geben. Die Filmproduktion finanziert sich nicht aus Werbeerlösen, sondern allein durch Eintrittserlöse. Der Gewinn aus der Werbung vor dem Film fließt allein den Kinobetreibern zu, Verleih und Produktionsfirmen sind nicht beteiligt. Tatsächlich gibt es aber auch beim Film Anzeichen, die dafür sprechen, dass auch Filme duale Produkte darstellen.

Erstens kooperieren Filmproduktionsfirmen mittlerweile routiniert mit Werbung treibenden Unternehmen, um ihnen gegen Geld oder geldwerte Leis-

---

[20] Bedenkt man, dass durch den meritorischen Charakter des Medieninhalts die Gesellschaft einen dritten Adressaten darstellt, könnte man auch von „multiple products" (Arrese Reca 2006: 184ff) sprechen (vgl. dazu auch Kiefer 2005: 154ff).

tung Werbekontaktmöglichkeiten im Film in Form von Product Placements zu verkaufen. Daneben werden im Kontext der Marketingkampagne Filme und Markenprodukte kombiniert vermarktet (vgl. Galician & Bourdeau 2004; Lubbers & Adams 2004). Zweitens liegt im Spielfilm mehr als bei anderen Medien eine Kopplung aus wirtschaftlichen und künstlerischen Interessen vor. Ein Film soll im besten Fall gleichzeitig das künstlerische Sendungsbedürfnis der beteiligten Kreativen und die Renditeerwartungen der Investoren befriedigen. Als externer Effekt können durch die Produktion von Kultur Vorteile für die Gesellschaft als Ganzes entstehen.

Sowohl im Bereich der Informationsmedien als auch im Spielfilm als unterhaltendes Medium stellen die Inhalte zum Teil ein meritorisches Gut dar. Einigen Informationen, insbesondere politischen, wird eine solch hohe Relevanz für die Öffentlichkeit zugesprochen, dass ihre Verbreitung von allgemeinem Interesse ist. Private Produzenten haben gegebenenfalls ebenso wenige Anreize, Informationen bereitzustellen, die für die Gesellschaft insgesamt wichtig und förderlich sind, wie sie Anreize haben, unterhaltende Inhalte zu produzieren, die für das kulturelle Leben in der Gesellschaft insgesamt wichtig und förderlich sind. Bei einer Tageszeitung werden staatsbürgerlich relevante Informationen als meritorisches öffentliches Gut mit Unterhaltung in Human-Touch-Geschichten oder Wirtschaftsinformationen als privaten Gütern verknüpft. Röpke (1970) erklärt, dass privatwirtschaftlich organisierte Medien, um wirtschaftlich überleben zu können, selektive Anreize bieten müssen. Dies bedeute eine systematische Anpassung der Inhalte an Individualbedürfnisse der verschiedenen Rezipientengruppen, was notwendigerweise zu Lasten der meritorischen Medienleistung geht. Das Medium verwandle sich aus einem dualen Produkt aus meritorischen öffentlichen und privaten Anteilen in ein rein privates Gut.

Diese Unterscheidung lässt sich auch auf den Spielfilm übertragen: Das Unterhaltungskino kann als privates Gut bezeichnet werden, da es mit der Unterhaltung „nur" meritorisch nicht förderungswürdige Populärkultur enthält. Der Arthousefilm kann dagegen als duales Produkt aus dem meritorischen Gut (Eliten-)Kultur und dem privaten Gut Unterhaltung interpretiert werden.

In beiden Bereichen geht mit der Eigenschaft als duales Produkt ein drohendes Marktversagen einher, dem – zumindest in europäischen Ländern – durch das Engagement des Staats begegnet wird: Informationen werden in Rundfunknachrichten durch öffentliche Gelder aus Gebühren finanziert, genauso wie im Rahmen der Projektfilmförderung „künstlerisch wertvolle" Filme, die die Qualität des nationalen Filmschaffens steigern, von öffentlichen Geldern profitieren können (z.B. FilmFernsehFond Bayern 2001).

3.2.5 Versunkene Kosten

Collins et al. interpretieren Medienprodukte, z.B. jede neue Ausgabe einer Zeitung bzw. Zeitschrift, jede neue TV- oder Radiosendung, als Prototypen. Die Kosten für die Produktion der Inhalte stellen für sie entsprechend Ausgaben für Forschung und Entwicklung dar, die Analogie zur Produktion in anderen Branchen ist für sie die Reproduktion des Prototyps (vgl. 1988: 9). Wie in anderen Branchen auch, fallen die Kosten für Forschung und Entwicklung an, bevor ein Produkt auf den Markt gebracht werden kann, und falls sich aus der Entwicklungsarbeit kein Produkt ergibt, können die Ausgaben nicht rückgängig gemacht werden – die Kosten sind versunken. Bei seriell hergestellten fiktionalen Inhalten, wie z.B. einer Soap Opera im TV, mag es gewisse Lernkurveneffekte geben (vgl. Lilienthal 1996), beim Spielfilm sind solche Effekte eher auf der technischen Ebene zu beobachten, auf der inhaltlichen allenfalls auf einem sehr abstrakten Niveau.

Die Produktion von komplexen kreativen Gütern, wie z.B. einem Spielfilm, erfolgt in mehreren Phasen, wobei jeweils nur die Kosten der bereits durchlaufenen Phasen versunken sind und im Verlauf der Produktion jeweils neu entschieden werden kann, ob und wie in die nächste Phase eingetreten wird. Zwar ist die Nachfrage nach dem Endprodukt ex ante nicht eindeutig bestimmbar, doch können im Laufe des Produktionsprozesses Informationen auftauchen, die neue Schätzungen des erwartbaren Erfolgs zulassen. So kann etwa eine Naturkatastrophe oder ein Regimewechsel das Thema eines Films überholt oder unpassend erscheinen lassen. In kreativen Branchen ist es deshalb sinnvoll, wenn die Geschäftspartner aus späteren Phasen ihre Investitionsentscheidung noch einmal überdenken können. Daraus erklärt sich auch, warum im Filmbereich häufig zunächst Optionen zur Produktion gekauft werden, die nur dann eingelöst werden, wenn die Fortentwicklung der Rahmenbedingungen eine positive Publikumsresonanz erwarten lassen (vgl. Caves 2000: 3).

Nach Kiefer sind die speziellen Eigenschaften von Medien und Rahmenbedingungen für Medien bei den einzelnen Gattungen jeweils unterschiedlich stark ausgeprägt. Sie führt die Unterschiede dabei auf die Art der Verknüpfung zwischen materiellem Trägermedium und immateriellem Medieninhalt zurück (vgl. 2001: 179). Ein weiterer, unter Umständen noch gewichtigerer Unterschied, liegt in den Eigenschaften des immateriellen Medieninhalts begründet. Information und Unterhaltung unterscheiden sich erheblich voneinander. Spielfilme weisen, wie der vorangegangene Abschnitt zeigt, durchaus Unterschiede zu anderen Medien auf. Der für Unternehmer in der Branche relevanteste Unterschied dürfte indes nicht in den abweichenden Eigenschaften, sondern in der

Dimension liegen. Alle Medien haben das Problem der versunkenen Kosten, aber in keiner anderen Gattung sind die Beträge für einzelne Produkte so hoch.

3.3 Film als Kulturgut

„The Hollywood entertainment industry is a business whose product is art, and that causes the trouble. For art has several qualities that makes it a less-than-ideal object of commerce" (Prindle 1993: 4). Kulturelle Güter können nach Hirsch grob definiert werden als, *„ 'nonmaterial' goods directed at a public of consumers, for whom they generally serve an aesthetic or expressive, rather than a clearly utilitarian function"* (1972: 641f). Sinclair charakterisiert die Produkte und Dienstleistungen der Kulturbranche (cultural industries)[21] als Folie, auf der sich das soziale Leben einer Gesellschaft in Bild, Ton und Worten widerspiegelt (vgl. 1992: 3f). Sie bieten Begriffe und Symbole, um sich über soziale Unterschiede zu verständigen, sich in der Gesellschaft zu verorten und soziale Werte und Normen zu bekräftigen oder herauszufordern.

Der Wert von kulturellen Gütern leitet sich aus dem subjektiven Erleben der Nutzer ab, wobei Symbole für die Manipulation der Wahrnehmung und der Emotion dabei eine entscheidende Rolle spielen (vgl. Lampel et al. 2000: 264). Kreative Branchen wie die Medien und der Film produzieren symbolische Güter wie Ideen, Erfahrungen und Vorstellungen, die neben einem monetären Wert auch einen ideellen Wert haben, der jeweils von der symbolischen Bedeutung abhängt. O'Conner erklärt, der ökonomische Wert von symbolischen Gütern würde sich erst aus ihrem kulturellen Wert ergeben. Dieser Wert wird nicht allein durch die Produzenten bestimmt, sondern entsteht zum großen Teil erst durch die Rezeption und die Zuschreibung von Bedeutung und Wert durch die Nutzer (vgl. 1999: 5). Ob und inwieweit sich dieser ideelle Wert in monetäre Erlöse übertragen lässt, ist nicht sicher. Entsprechend sind die Produzenten von symbolischen Gütern nicht notwendigerweise nur finanziell motiviert (vgl. Bilton & Leary 2002: 50).

Wie die folgende Diskussion der wichtigsten Eigenschaften von kulturellen Gütern zeigen wird, bestehen große Ähnlichkeiten zu den vorher diskutierten Eigenschaften von Medienprodukten, nicht zuletzt deshalb, weil sich Medien, oder zumindest Unterhaltungsmedien, als Kulturgüter interpretieren lassen. Die grundlegende Einteilung orientiert sich weitgehend an der Zusammenfassung von Caves (2000).

---

[21] „Cultural industry" kann nicht korrekt mit dem Begriff „Kulturindustrie" übersetzt werden, da dieser Begriff im Deutschen durch die Arbeit von Horkheimer und Adorno (1969) stark normativ besetzt ist und damit nicht denselben Bedeutungsinhalt hat wie der englische Begriff.

3.3.1 Nachfrageunsicherheit

Wie oben für Medien beschrieben, besteht auch für kulturelle Güter eine große Unsicherheit bezüglich der Nachfrage aufgrund der Eigenschaften als Erfahrungsgüter. Vorhersagen über die Nachfrage sind damit schwer möglich: *„No one is capable of accurate forecasts in a business/art form where to be guided by logic is to deal in illusion"* (Valenti 2001). Im Gegensatz zu informierenden Medieninhalten, bei denen der Rezipient im Nachhinein die Nützlichkeit einer Information mehr oder minder objektiv bewerten kann, ist bei unterhaltenden Medieninhalten und kulturellen Gütern die durch die Nutzung erlangte Befriedigung immaterieller Natur und subjektiv. Ob z.b. eine Komödie als kurzweilig und lustig empfunden wird, bleibt größtenteils eine Frage des individuellen Geschmacks. Das Ziel von Produzenten kultureller Güter ist es, den Geschmack der Konsumenten durch aufwendige Methoden des Vertriebsmarketings und der Werbung zu beeinflussen (vgl. Lampel et al. 2000: 265; Gans 1974: 24). Im Bereich von kulturellen Gütern ist der Geschmack jedoch durch einen Rahmen von sozialen und kulturellen Einflussfaktoren determiniert, die sich dem Einfluss von einzelnen Firmen weitgehend entziehen und eine Strategie, die auf den kleinsten gemeinsamen Publikumsnenner abzielt, als sinnvoll erscheinen lässt. *„Der Charakter des kapitalistischen Films wird durch den Zwang zur größtmöglichen Popularität bestimmt"* (Balázs 2001[1930]). Doch selbst der aggregierte Geschmack des Publikums ist keine fixe Größe. So sieht Hirsch Veränderungen im Publikumsgeschmack als einen der wichtigsten Gründe für die Nachfrageunsicherheit nach Kulturgütern (1972: 654).

Ökonomisch gesprochen liegt eine Informationsasymmetrie mit versteckten Produkteigenschaften vor: Produzenten haben ein exaktes Wissen über den Entstehungsprozess des Produkts, wissen aber nicht, ob es den Nutzern gefallen wird. Die Nutzer hingegen wissen, was ihnen gefallen hat, aber nicht, wie es entsteht und wie sie es ex ante identifizieren können. Da somit auf beiden Seiten ein Informationsdefizit vorliegt, spricht Caves von symmetrischer Ignoranz, statt von asymmetrischer Information (vgl. Caves 2000: 3).

Die Nachfrageunsicherheit resultiert auch aus dem romantisierten inneren Antrieb, aus dem heraus Kreative handeln. Es besteht damit eine doppelte Unsicherheit bezüglich der Qualität eines Werkes: Erstens kann die kreative Vision an sich mehr oder weniger „gut" sein, zweitens stellt sich die Frage, wie „gut" es gelingt, sie in ein für andere Menschen sichtbares Werk umzusetzen (vgl. Caves 2000: 5). Das kreativste Werk muss dabei nicht das vom Publikum gewünschte sein. Marion konstatiert schon 1937 ein Publikumsbild, das noch heute oftmals Gültigkeit zu haben scheint: *„The screen story must contain elements that are emotionally satisfying. Something approaching the ideal life is what this audi-*

ence prefers to see, rather than the life as it actually knows it" (Marion 1937: 26f). Welche emotionale Befriedigung aktuell gesucht wird und wodurch sie ausgelöst werden kann, ist immer noch für jeden neuen Film ungewiss.

3.3.2 Horizontal differenzierter Output

Kreative Produkte sind in nahezu unendlicher Variation verfügbar, sowohl innerhalb eines Formats (z.b. die Zahl der lieferbaren DVDs), als auch zwischen den Formaten (Shakespeare auf der Bühne, als Film, als Hörspiel, als Buch, als Sketch, als Videospiel, als Lernsoftware, etc.). Dabei sind kreative Produkte auf Grund von unterschiedlichen Geschmäckern der Rezipienten häufig nicht eindeutig vertikal differenziert, im Sinne von Produkt A ist besser oder schlechter als Produkt B. Durch die Komplexität von kreativen Gütern und der großen Anzahl an Eigenschaften, in denen sie sich mehr oder weniger stark voneinander unterscheiden, ist die Differenzierung horizontal angelegt. Ein Film ist schwerlich eindeutig besser oder schlechter als ein anderer. Selbst wenn ein Großteil des Publikums in dieser Frage einen gemeinsamen Nenner findet, werden andere den vermeintlich schwächeren Film wegen bestimmter Eigenschaften dennoch bevorzugen. Obwohl Kreativität darin besteht, immer Neues zu schaffen, stellt sich in der Praxis das Problem, dass eine Vielzahl von wenig differenzierten Produkten um dieselben Adressaten konkurrieren.

Bei der Kinoauswertung von Spielfilmen wird diesem Problem durch eine umsichtige Planung der Veröffentlichungstermine begegnet, indem versucht wird, die Starttermine von ähnlichen Filmen, die das nämliche Zielpublikum ansprechen sollen, zu entzerren. Bei der Videoverwertung von Spielfilmen ist diese Entzerrung schwerer möglich, da die Auswahl von 20 Filmen über Flugzeugkatastrophen im Verkaufsregal nebeneinander platziert wird und für die Nutzer abgesehen von Vorlieben für einzelne Schauspielende vermutlich weitgehend austauschbar ist. Wenn viele austauschbare Variationen eines kreativen Produkts im Angebot sind, ist es für die Rezipienten nahezu gleichgültig, welches Angebot genutzt wird (vgl. Caves 2000: 6), was die Prognose der Nachfrage abermals erschwert.

Die Auswahl an kreativen Angeboten ist stets sehr groß, allerdings lassen sich nicht alle Angebote adäquat refinanzieren. Wenn die fixen und versunkenen Produktionskosten sich der summierten Zahlungsbereitschaft aller Nachfrager nähert, ergibt sich ein Organisationsproblem: Der Preis für die Nutzung kann schwerlich so festgelegt werden, dass die Kosten gedeckt werden, da die Preisdifferenzierung nicht fein genug vorgenommen werden kann, damit sich die theoretische Gesamt-Zahlungsbereitschaft auch tatsächlich abschöpfen lässt.

Solche kulturellen Produkte können nicht über den Markt finanziert werden, sondern müssen, wie etwa im Fall von Opernaufführungen, durch private Spenden (USA) oder staatliche Subventionen (Europa) finanziert werden.

3.3.3 Produktion unter Zeitdruck

Caves beschreibt zwei Aspekte, warum Zeit in der Produktion von Kulturgütern und insbesondere Spielfilmen wichtig ist (vgl. 2000: 8). Zum einen geht es um die zeitliche Koordination der Produktion, zum anderen um die prompte Verwertung der geschaffenen Werte.

Die Produktion von kreativen Gütern, für deren Entstehen die Zusammenarbeit mehrerer Kreativer notwendig ist, also etwa ein Theaterstück, ein Film oder eine Orchesteraufführung, ist immer auch ein Problem der zeitlichen Koordination. Bei der Spielfilmproduktion wird im Vorfeld ein Drehplan ausgearbeitet, der es erlaubt, sämtliche Dreharbeiten innerhalb kürzester Zeit und meist ohne Rücksicht auf die chronologische Reihenfolge im fertigen Film abzuschließen. Während dieses Zeitraums müssen die Schauspielenden und das gesamte kreative und technische Personal verfügbar sein. Genau wie in der Konsumption von Unterhaltung als Output, die an Tage oder Jahreszeiten gebunden sein kann, spielt auch bei der Produktion neben der Qualität die Verfügbarkeit des künstlerischen Inputs eine Rolle (vgl. Caves 2000: 8).

Caves sieht hier auch ein potenzielles Produktionsproblem, wenn ein unverzichtbarer Input, also z.B. Hauptdarstellende, durch höhere Gagenforderungen zur Unzeit die Dreharbeiten unmöglich machen.

Der Wert, resp. die versunkenen Kosten eines Filmprojekts, steigen mit fortschreitender Produktion stark an. Die Verschiebung eines Projekts im Drehbuchstadium bedeutet wenig finanziellen Schaden: Die Rechte an der Geschichte verfallen nicht und die bis zu diesem Zeitpunkt angefallenen Kosten sind vergleichsweise überschaubar. Sobald das Projekt aber in Produktion ist und an jedem Drehtag erhebliche Summen für Gagen, Mieten und Equipment anfallen, bedeutet jede Verzögerung einen negativen Effekt auf die Erlöse. Gegebenenfalls kann der geplante Veröffentlichungstermin nicht mehr gehalten werden, was zusätzliche Marketingausgaben erfordert, entscheidender ist jedoch, dass auch die Refinanzierung später beginnt. Je später Einnahmen von den Kinos zurück an den Produzenten fließen, desto höher sind die Zinskosten, die für die Zwischenfinanzierung des Projekts anfallen – bei Budgets im dreistelligen US$-Millionenbereich nicht zu unterschätzende Summen. Entsprechend gilt es, in der Produktion die Produkteinführungszeit so kurz wie möglich zu halten. Der Personalaufwand für einen Film fällt demnach stark konzentriert gegen Ende der

Produktion an. Prindle beschreibt den Druck auf das Personal so: *„Once a film or videotape is shot, those labouring to turn it into something marketable frequently must operate under extreme pressure, which makes their workdays unending"* (1993: 9).

3.3.4 Langlebigkeit

Aus der Perspektive der Medienökonomie erwähnt Kiefer einen wichtigen Unterschied zwischen Medieninhalten und Kulturgütern in Bezug auf die Zeit: *„Im Bereich der Hochkultur werden anerkannte kulturelle Innovationen mit Aufkommen von Neuem Teil der Tradition, was ihren ökonomischen Wert tendenziell eher steigert als schmälert. Im Bereich der Populärkultur, zu dem die Medienproduktion zählt, kommt die Rückstufung von der Innovation zum Altbekannten, Traditionellen hingegen einer ökonomischen Entwertung gleich"* (Kiefer 2001: 178).

Nachrichten beziehen ihren Wert neben der Exklusivität vor allem aus der Aktualität. Je länger ein Ereignis zurückliegt, umso weniger ist die Nachricht darüber von Belang. Vernachlässigt man Sehgewohnheiten und gewisse Moden, so ist ein Film aus den siebziger Jahren für Zuschauer, die ihn heute zum ersten Mal sehen, genauso unterhaltsam wie für Zuschauer bei der Erstausstrahlung.[22] Im Gegensatz zu informierenden Medienprodukten sind viele kulturelle Produkte langlebig und ermöglichen es den Produzenten, auch lange nach der Produktion eine ökonomische Rente zu erzielen, etwa durch Neuauflagen oder durch die Portierung auf ein neues Trägermedium.

Mehrere Autoren (z.B. Gans 1974: 21ff; Caves 2000: 8ff) verneinen die kategorische Unterscheidung zwischen Hoch- und Populärkultur, wie sie Bourdieu (1985), Greenberg (1969: 3ff) oder eben auch Kiefer vornehmen. Zwar gibt es in Bezug auf die Zahl und Heterogenität der Produzenten und Nachfrager Unterschiede, die grundlegenden Eigenschaften gelten jedoch in beiden Bereichen (vgl. auch O'Connor 1999: 5). Caves illustriert die Beständigkeit von kreativen Produkten mit einem Beispiel, das beide Bereiche gleichermaßen abdeckt: Zwar ist das einzelne Konzert (ob Pop oder Klassik) schnell verklungen, mit der Aufzeichnung kann aber noch Jahre später ein Umsatz generiert werden.

---

[22] Dabei stellt sich die Frage, inwieweit Moden, aber auch die technische Entwicklung vernachlässigt werden können. Ginsburgh, Pestieau und Weyers stellen fest, dass bei Filmen der Wert häufig nicht mit der Zeit steigt: *„Cinematographic techniques age, the fill itself fades out, mute films fall out of fashion, special effects and sound effects become unconvincing and obsolete"* (2006: 2). Sie empfehlen in diesem Fall ein Remake, womit sie implizit festhalten, dass die erzählte Geschichte an sich nicht an Wert verloren hat.

Solange Urheberrechte die Komposition schützen, fallen auch bei jeder neuen
Aufführung oder Ausstrahlung im Radio wieder Tantiemen an. Der Wert jeder
einzelnen Wiederaufführung oder Ausstrahlung ist dabei sehr gering, die Summe
über alle Nutzer gesehen kann aber durchaus einen relevanten Umsatz bedeuten
(vgl. 2000: 8ff). Die Langlebigkeit von Kulturgütern bringt damit die Probleme
des Schutzes und der Erfassung der fälligen Beträge mit sich. Verträge von
Produzenten mit den jeweiligen kreativen Inputgebern müssen darauf Rücksicht
nehmen und vorab klären, welche Einnahmen dieser Art erwartet werden, wie sie
erwirtschaftet und aufgeteilt werden sollen.

3.3.5 Internationale Verwertbarkeit

Beim Handel mit kulturellen Produkten wie Fernsehprogrammen oder Spielfilmen fällt nach McFadyen, Hoskins und Finn ein *„cultural discount"* (2000)
an, da die Rezipienten in anderen Märkten gegebenenfalls Probleme haben, sich
mit dem gezeigten Lebensstil, der Geschichte, den Institutionen, Werten und
Mythen und den geografischen Gegebenheiten zu identifizieren. Auch Sprach-
unterschiede sind ein Grund für den cultural discount, da sie eine Untertitelung
oder Synchronisierung notwendig machen. Damit sind Inhalte aus fremden
Kulturkreisen jeweils weniger attraktiv für Rezipienten und werden vermutlich
entsprechend weniger genutzt, als einheimische Produktionen (vgl. Hoskins &
Mirus 1988: 500). Wildman und Siwek (1993) verwenden das Modell des
cultural discounts, um den internationalen Handel mit fiktionalen Inhalten und
die US-Dominanz in diesem Mark zu erklären.

3.4 Zusammenfassung Gutseigenschaften

Spielfilme sind zugleich Unterhaltungsmedien und kulturelle Güter. In der Verwertungskette unterscheidet sich der Film nicht von anderen Medienprodukten,
in der Produktion und im Kino zeigen sich aber Eigenschaften, die den Film in
die Nähe von darstellenden Künsten rücken. Unterschiede zu Medien zeigen sich
insbesondere durch den Aspekt der Kultur, der sowohl Auswirkungen auf
Innovationsaspekte, als auch auf die Haltbarkeit des Produkts hat. Informationsmedien und Spielfilme sind gleichermaßen meritorische Güter: Wo bei ersteren
gut informierte Wahlbürger das Ziel sind, sind es bei letzteren die kultivierten
Bürger. Auf organisatorischer Ebene stellt sich sowohl für Informationsmedien
als auch für Spielfilme das Problem, dass mehrere Personen an der Produktion
beteiligt sind und jeweils eine große Identifikation mit ihrem Teilbereich haben.

Es gilt, das journalistische bzw. künstlerische Sendungsbewusstsein und kommerzielle Ziele des Managements in Einklang zu bringen. Lampel et al. benennen zusammenfassend die Aufgaben eines Managers in der Kulturbranche und greifen dabei die diskutierten Eigenschaften des Produkts noch einmal auf:

> „First, managers must reconcile expression of artistic values with the economics of mass entertainment. Second, they must seek novelty that differentiates their products without making them fundamentally different in nature from others in the same category. Third, they must analyze and address existing demand while at the same time using their imagination to extend and transform the market. Fourth, they must balance the advantages of vertically integrating diverse activities under one roof against the need to maintain creative vitality through flexible specialization. And finally, they must build creative systems to support and market cultural products but not allow the system to suppress individual inspiration, which is ultimately at the root of creating value in cultural industries" (Lampel et al. 2000: 263).

Für Spielfilme als Erfahrungsgüter gilt Nachfrageunsicherheit. Im Gegensatz zur seriellen Produktion von Inhalten im Print und im Rundfunk sind Spielfilme aber noch mehr als Unikate zu sehen. Der Output ist geringer und gleichzeitig jeweils kostspieliger, sodass die Unkenntnis über die Nachfrage schwerer wiegt.

Auch das Filmpackage ist ein Erfahrungsgut. Der Wert kann erst nach der Umsetzung festgestellt werden, vorab müssen Vertrauensmechanismen die fehlende Information kompensieren. Vertrauen baut dabei auf Reputation als einem strategischen Vermögenswert einer Firma auf (Weigelt & Camerer 1988; Rao 1994; Barney & Hansen 1994). Unabhängig von der Ebene der Analyse, ob Projekt oder Individuen, ist Reputation immer dann relevant, wenn unvollständige Informationen vorliegen (vgl. Kreps & Wilson 1982; Siegert 2006: 140ff). In der Filmproduktion ist die Reputation von Stars besonders relevant, da sie in der Lage sind, Zuschauer ins Kino zu locken und damit Umsatz zu generieren. Die kommerzielle Reputation eines Produzenten basiert auf seinem Gespür, die vielversprechendsten Filmprojekte zu entdecken und auf seinem Know-how, sie umzusetzen. Im Zeitverlauf sammeln die Produzenten Erfahrung und häufen damit Kompetenzen an (vgl. Dierickx et al. 1989), sodass sie geübter werden und das Potenzial für kommerziellen Erfolg ihrer Projekte steigt. Die künstlerische Reputation ist häufig nicht unmittelbar an einzelne Personen wie den Produzenten gebunden, sondern ergibt sich aus der Kombination der Talente und Fähigkeiten aller Beteiligten.

Im folgenden Kapitel werden die Marktbedingungen der Filmbranche beschrieben, um anschließend aus den Eigenschaften des Produkts und den Rahmenbedingungen seiner Produktion und Distribution die konkreten Risiken in der Filmbranche zu destillieren.

4 Marktcharakteristika in der Filmbranche

Nachdem die Gutscharakteristik des Films beschrieben wurde, soll nun die Charakteristik des Filmmarkts dargestellt werden. In Anlehnung an Picard (vgl. 2002a: 16) wird zunächst auf den Rezipientenmarkt fokussiert und die Größe des Markts und seiner Teilmärkte skizziert. Als Teil der Unterhaltungs- und Medienbranche haben Sekundärmärkte eine große Bedeutung. Der Beschreibung der Markteintrittsbarrieren folgt die Diskussion der Substituierbarkeit der Nutzung des Films und der Nachfrageentwicklung. Produzenten sind nicht direkt auf dem Rezipientenmarkt aktiv, sondern nur vermittelt über die Distributoren. Sie müssen jedoch über die Kunden ihrer Kunden orientiert sein, um sicherzustellen, dass sie Filme entwickeln, für die eine Publikumsnachfrage besteht. Die dargestellten Eigenschaften des Films als Wirtschaftsgut haben nicht nur auf dem Rezipientenmarkt Bedeutung, sondern sind auch auf dem Beschaffungsmarkt wirksam und beeinflussen mögliche Strategien zur Risikosteuerung. Deshalb sollen auch die wichtigsten Rahmenbedingungen der Beschaffungsmärkte (Stoffe, Schauspielende, technisches Personal etc.) dargestellt werden. Schließlich wird auch die Finanzierung eines Filmprojekts als Beschaffung des Budgets auf dem Kapitalmarkt betrachtet. Grundsätzlich stehen die Inputfaktoren auf den Beschaffungsmärkten allen Marktteilnehmern zu Verfügung. Unterschiedliche Teilmärkte haben jedoch eigene strukturelle Rahmenbedingungen, sodass für individuelle Produzenten nicht immer alle Angebote zur Verfügung stehen oder Finanzierungsformen realistisch umsetzbar sind. Im Folgenden soll jedoch zunächst der Markt allgemein dargestellt werden. Wo notwendig und sinnvoll, wird jeweils auch thematisiert, inwieweit bestimmte Optionen nur eingeschränkt zur Verfügung stehen. Es zeigt sich, dass die in Kapitel 3 skizzierte Eigenschaft als Erfahrungsgut sowohl auf dem Absatzmarkt als auch auf allen Beschaffungsmärkten ein Problem ist. Bei der Beschaffung können nur unvollständige Verträge geschlossen werden und es fehlen Sicherheiten, dass die Vertragspartner die in Aussicht gestellte Leistung erbringen. Die Darstellung der Marktcharakteristika der Filmbranche wäre deshalb nicht komplett, wenn mit der Reputation das entscheidende Substitut für die unvollkommenen Marktbeziehungen nicht ebenfalls dargestellt würde.

4.1 Rezipientenmarkt

4.1.1 Marktgröße und Teilmärkte

Wie viele Filme weltweit jährlich entstehen, ist nicht bekannt. Eliashberg et al.
vermuten mehr als 4.000 (vgl. 2006: 640), doch selbst in Ländern mit Statistiken
über die Filmproduktion sind die Daten unvollständig. In der EU sind zwischen
2000 und 2005 jährlich durchschnittlich 736 Filme entstanden, in Japan 356, in
den USA 699 (vgl. European Audiovisual Observatory 2006: 7). Filme, die zwar
produziert werden, aber keinen Verleih finden oder nur auf Festivals gezeigt
werden, tauchen in diesen Statistiken nicht auf. Tatsächlich dürfte die Zahl der
produzierten Filme ein Mehrfaches sein (vgl. Albert 2006).

Die hohen Fixkosten der ersten Filmkopie bedeuten starke Größenvorteile.
Große Märkte sind attraktiver und so scheint eine globale Auswertung vorteilhaft
(z.B. Andersson & Andersson 2006: 212). Insgesamt gibt es jedoch keinen
homogenen globalen Filmmarkt. Dieser setzt sich vielmehr aus Teilmärkten
zusammen, die sich geografisch und inhaltlich differenzieren lassen. Das Gros
aller weltweit produzierten Filme wird nie außerhalb des Produktionslands gezeigt, sie konkurrieren nur auf nationalen Märkten. Filme, die politische Grenzen
überschreiten, sind häufig dennoch an kulturelle Grenzen gebunden, die sich
durch Sprache und Werte definieren können. Für Komödien aus Hongkong gibt
es auch in Taiwan und Südkorea einen Markt, außerhalb dieser Region sind diese
Filme aber nur für die Diaspora interessant (vgl. Oh 2006). Der internationale
Filmmarkt wird von amerikanischen Unternehmen dominiert. In der Literatur
werden zahlreiche Gründe hierfür genannt (für eine Übersicht vgl. Thiermeyer
1994: 270ff). Amerikanische Produzenten hatten weniger unter dem Zweiten
Weltkrieg zu leiden und konnten dadurch ihre Marktposition gegenüber den bis
dahin führenden Franzosen verbessern (vgl. Guback 1969). Daneben wird der
große Heimatmarkt genannt, der vergleichsweise leichter die Refinanzierung von
Filmprojekten schon im Inland ermöglicht. Erlöse aus dem Export sind nahezu
vollumfänglich Gewinne. Damit wird der Export zu Dumpingpreisen möglich,
und die Gewinne können für den Aufbau von Eigenkapital verwendet werden,
das die Finanzierung von weiteren Projekten vereinfacht (vgl. Phillips 1975).
Hoskins et al. (1988) und parallel Wildman und Siwek (1988: 70ff) verfeinerten
die Erklärung des Begriffs Heimatmarkt, indem sie ihn als Sprach- bzw. Kulturraum definieren. Das Publikum bevorzugt jeweils Filme aus dem eigenen Kulturraum, fremde Produktionen hätten ein „handicap" (Wildman et al.) und litten an
einem „cultural discount" (Hoskins et al.). Die Tradition von 300 Jahren Ein-
wanderung machen den amerikanischen Film kompatibel mit einem globalen
Durchschnittsgeschmack (vgl. O'Regan 1990: 320) und die Konsum-

guteigenschaften des Films sorgen für eine stringente Ausrichtung am Publikumsgeschmack (vgl. Wasko 1982). Dazu betreiben Hollywoodstudios eine aufwendigere Projektentwicklung und eine stärkere Stoffselektion. In den USA sind 7% eines Produktionsbudgets für die Projektentwicklung reserviert, während es in Europa nur 1-2% sind (Finney 1996b: 120). Trotz Anstrengungen europäischer Produzenten dürfte dieser Unterschied auch heute noch bestehen. Jarothe erklärt die Vorherrschaft der Hollywoodstudios durch rein ökonomische Gründe: *„Kostenvorteilen der Auslastung regionaler und internationaler Geschäftsstellen mit mehreren Filmen"* und *„Größenvorteilen durch den Risikoausgleich im Kollektiv"* (1998: 201). Da Filme aus anderen englischsprachigen Ländern weit weniger erfolgreich sind als amerikanische, scheinen rein sprachlich begründete Argumente weniger stichhaltig. Als Reaktion auf die amerikanische Dominanz auf dem Weltmarkt gibt es in vielen Ländern staatlich unterstützte Bestrebungen, den Import zu erschweren oder die Produktion von einheimischen Filmen zu fördern. Moran (1996: 7f) sieht die Branche außerhalb der USA deshalb zweigeteilt: Distribution und Aufführung sind in der Hand von kommerziellen Unternehmen, die weitgehend auf den Import aus Amerika angewiesen sind. Die Produktion wird aktiv von staatlichen oder öffentlichen Institutionen gefördert. Moran sieht dies als duales System aus quasi Public Service Produktion und privater Distribution. Eine ähnliche Unterteilung nimmt Houcken (1999: 104ff) vor, der Teilmärkte für internationale Blockbuster, internationale Cross-over-Filme und nationale Spielfilme identifiziert. Im ersten, größten Markt, mit seinem kommerziellen Imperativ dominierten Hollywoodstudios. Auf den anderen beiden ist die (inter)nationale „Independent Community" maßgeblich, die unter finanziellen Zwängen um ein Maximum an Kreativität bemüht ist (vgl. Houcken 1999: 73).

Die Marktanteile der Produzenten ähneln der Verteilung des Kassenerfolgs der Filme. Wenige Marktteilnehmer haben einen großen Anteil, daneben existiert eine Vielzahl kleinerer Mitbewerber. Die sechs Hollywoodstudios *Warner, Disney, Universal, Columbia Tristar, Paramount* und *20th Century Fox* vereinen rund 90% des Verleihumsatz in den USA auf sich (vgl. Vogel 2004: 64). Auch in Deutschland liegt ihr Anteil bei rund 80%. In der Distribution können somit 8% der Firmen 80% des Umsatzes verbuchen (vgl. Spitzenorganisation der Filmwirtschaft 2006: 22ff). In der Produktion ist die Zahl der Unternehmen erheblich größer und der Erfolg breiter gestreut. Produzenten sind jedoch auf die Distribution ihrer Produkte angewiesen, die Distribution ist also der Flaschenhals der Branche.

4.1.2   Sekundärmärkte

Nach Squire können Filme nicht isoliert betrachtet werden: *„Rather they are an important piece in a complex mosaic of marketing and reincarnations into a variety of products, each using the movie's title or brand"* (2004: 2). Für Filme gibt es wichtige Sekundärmärkte, auf denen z.T. höhere Umsätze generiert werden können als in der Kinoverwertung. Durch die Verbreitung von Videogeräten (und später DVD-Playern) sowie den steigenden Bedarf aus dem TV-Markt ist der Anteil des Kinos am Gesamtumsatz eines Hollywoodfilms von 53% im Jahr 1980 auf 18% im Jahr 2003 gesunken (vgl. Epstein 2005: 20).[23] Einen Film allein durch die Kinoauswertung profitabel zu machen, ist mittlerweile kaum noch möglich. Wolf (1999: 228ff) sieht den Film als *„anchor product"*, das die Voraussetzung für eine Reihe von anderen Geschäften darstellt. Die zusätzlichen Erlöse sind die Voraussetzung für ein langfristig profitables Geschäft.

Der hohe Kapitalbedarf macht eine vertikale Integration in der Branche attraktiv. Wenn Produktion und Distribution unter einem gemeinsamen Konzerndach angesiedelt sind, ist die Aufteilung der Erlöse weniger problematisch, da sie in jedem Fall im Konzern verbleiben. Daneben ist eine Quersubventionierung der Produktion durch konzerninterne Presales möglich. Durch die Kombination von Produktion und Verleih ist gleichzeitig sichergestellt, dass nur solche Projekte produziert werden, die vom Verleih für absetzbar gehalten werden (vgl. Jarothe 1998: 201). Die amerikanischen Major Studios sind ausnahmslos Teil internationaler Unterhaltungskonzerne, die mindestens Produktion, Verleih, DVD Vertrieb und TV unter einem Dach vereinen. Häufig kommen auch noch Engagements im Bereich Videospiel, Kino und Merchandising, Buchverlag usw. dazu (vgl. Blanchet 2003). Die Kinofilmproduktion in Deutschland ist dagegen überwiegend gekennzeichnet von kleinen Unternehmen. Mit durchschnittlich elf Mitarbeitenden und 69 Freien werden pro Jahr 2.3 Filme produziert (vgl. Seufert 2002: 92). Firmen mit nur ein bis zwei Mitarbeitenden und einem unregelmäßigen Output an Kinofilmen von weniger als einem Film pro Jahr sind keine Seltenheit. Ein Merkmal dieser Unternehmensstruktur sind fehlendes Produktions- und Investitionskapital sowie Abhängigkeit von der Filmförderung. Eine Folge ist die Unfähigkeit, ein breit gefächertes Portfolio zu planen und zu realisieren. Erfolgreichere Produzenten verknüpfen jedoch auch in Deutschland Kino und TV und produzieren parallel

---

[23] Für deutsche Filme liegt im Jahr 2000 der Umsatzanteil der Kinoauswertung bei 22% – weniger als TV (28%) und Förderanteil (33%) (vgl. Seufert 2002: 90f).

für beide Märkte.[24] Das durch die Filmförderung und die EU-Richtlinie „Fernsehen ohne Grenzen" vorgeschriebene Engagement der TV-Sender in die Finanzierung von Spielfilmen hat in Europa zu einer Annäherung zwischen TV- und Kinoproduktionen geführt. Der Fernsehmarkt stellt im Vergleich zum Kinomarkt ein kalkulierbares Risiko dar. Die Fernsehsender vergeben jedes Jahr in erheblichem Umfang Auftragsproduktionen, die eine gute Planbarkeit mit sich bringen. Ein Auswertungsrisiko besteht nur bedingt, wenn der TV-Sender die Produktion nicht vollständig finanziert, dafür jedoch Rechte beim Produzenten verbleiben.

Die Tatsache, dass die Kosten der Filmproduktion komplett versunken sind, legt wiederum eine Auswertung über möglichst viele Kanäle nahe. Das Potenzial von weiteren Verwertungsstufen mag nicht beliebig groß sein, da ab einem bestimmten Punkt mit Substitutionseffekten gerechnet werden muss und jede weitere Verwertung durch den Erfolg des Films als Initialprodukt beeinflusst ist (vgl. Gaitanides 2001a: 79). Vogel spricht von der Vererbbarkeit des Filmerfolgs und erklärt: *„No matter how large ancillary markets grow, they cannot a golden goose of a turkey make"* (2004: 160). Produzenten in der Entwicklung können zwar bei der Werbung für ihr Package auf das Potenzial zusätzlicher Erlöse aus den Sekundärmärkten verweisen, die Höhe ist jedoch ohne das Wissen um den Kinoerfolg ungewiss.

4.1.3 Markteintrittsbarrieren

Markteintrittsbarrieren bestehen beim Film auf zwei Ebenen. Zum einen stellt der vergleichsweise hohe Kapitalbedarf eine Hürde dar, zum anderen wird der Zugang zu den Kinos als Auswertungsplattform durch eine kleine Zahl von Distributoren kontrolliert.

Produzenten von kleineren Filmen mit weniger Marktmacht können unter Umständen Probleme haben, für ihren Film eine gute Distribution zu realisieren, da ihr Produkt von den Distributoren als unwichtig angesehen wird. Etablierte Distributoren können bewusst potenzielle Wettbewerber für ihre bestehenden Vertragspartner ausschließen oder neuen Produzenten und ihren Filmen schlechtere Konditionen mit einer schlechteren Visibilität anbieten (vgl. Picard 2002a: 75; Prindle 1993: 29ff). Die großen Verleihgesellschaften sind alle Teil von größeren Medienkonzernen mit eigenen Produktionsfirmen. Man kann davon ausgehen, dass ein Filmverleih wie *Buena Vista Distributions* den Filmen

---

[24] Produktionsfirmen, die TV- und Kinoproduktion kombinieren, haben im Durchschnitt einen um 40 Prozentpunkte höheren Kostendeckungsgrad, produzieren 50% mehr Kinofilme und beschäftigen 60% mehr Personal (vgl. Seufert 2002: 92f).

aus den Konzernproduktionsgesellschaften *Walt Disney Pictures, Touchstone Pictures* und *Miramax* größere Aufmerksamkeit und bessere Konditionen bietet als Filmen, die im Auftrag von unabhängigen Produktionsfirmen vertrieben werden. Letztere werden in der Regel weniger beworben, mit einer kleineren Kopienzahl in die Kinos gebracht und insbesondere zu weniger attraktiven Startterminen veröffentlicht (vgl. Prindle 1993: 17). Während größere Produktionsfirmen ihre Kosten im Durchschnitt mehr als decken können, haben Produktionsfirmen mit sehr geringen Umsätzen (<=0.5 Mio. €) in Deutschland einen ruinösen Kostendeckungsgrad von nur 38% (vgl. Seufert 2002: 94).

Bis zur Entscheidung des US Supreme Court im Antitrust-Verfahren gegen *Paramount* 1948 waren auch die Kinos zum Großteil im Konzernbesitz. Die vollständige vertikale Integration von Produktion, Distribution und Aufführung stellte eine massive Marktbarriere für unabhängige Produzenten dar. Infolge des Urteils waren die Studios gezwungen, ihre Kinos zu verkaufen. Mit der Deregulierung in den USA in den 1980er Jahren wurde es den Konzernen wieder möglich, Anteile an Kinoketten zu erwerben (vgl. Compaine & Gomery 2000: 398). Mit der rückläufigen Bedeutung des Kinos als Auswertungskanal haben die Konzerne jedoch weniger Interesse an Engagements in diesem Bereich (vgl. Wasko 2003: 104ff), zumal sie auf den mittlerweile wichtigeren Auswertungsstufen DVD und TV eine große Marktmacht besitzen.

Time Warner, The Walt Disney Company, General Electric, Sony, Viacom und die *News Corporation* vereinen alle jeweils Produktionsfirmen, Filmverleih, DVD-Vertrieb und TV-Sender unter einem Konzerndach und können somit die Auswertungskette innerhalb des Unternehmens realisieren.

Tabelle 4   Kombinierte Marktanteile der sechs größten Entertainmentkonzerne in den USA

Geschäftsfeld	Marktanteil
Filmdistribution	96% der Verleihumsätze
Pay-TV	80% der Abonnenten
Prime-Time-TV	98% der Werbeumsätze (Network + Cable)

Quelle: Epstein (2005: 83)

Wie in Tabelle 4 erkennbar, sind der Filmverleih und der TV-Markt weitgehend unter den genannten Firmen aufgeteilt. Die Marktkonzentration erschwert es unabhängigen Produzenten, ihre Filme jenseits der Distributionsorganisationen der Konzerne auszuwerten. Entweder müssen sie für jeden Auswertungskanal einen Vertrag mit den Distributionsgesellschaften der Konzerne abschließen oder aber auf die Distribution durch unabhängige Gesellschaften mit weniger Marktmacht und schlechterer Infrastruktur zurückgreifen.

In Deutschland stehen 1'500 Produktionsfirmen nur 50 Verleihfirmen gegenüber (vgl. Wirtz 2006: 260).[25] Die Verleiher verfügen allein durch ihre Marktposition über eine erhebliche Verhandlungsmacht und können den Markteintritt von neuen Produzenten erschweren. Dabei ist jedoch zu berücksichtigen, dass Filmproduzenten in Deutschland in der Regel nicht allein auf den Absatz von Kinoproduktionen angewiesen sind, sondern aus der Produktion von TV-Inhalten weitere Einnahmen generieren. Im Durchschnitt macht das Kinoengagement selbst bei jenen Produzenten, deren Hauptaktivität in diesem Bereich liegt, nur 55% aus (vgl. Seufert 2002: 90).

Eine weitere Marktzutrittsbarriere stellt der große Kapitalbedarf für die Produktion von Filmen dar. Durch den Prototypcharakter des Films (vgl. Kap. 3.2.5) ist dieses Kapital komplett vorab notwendig und vergleichsweise schwer zu bekommen. Welche Optionen für die Beschaffung des notwendigen Kapitals zur Verfügung stehen, wird in Kapitel 4.2.4 ausführlicher diskutiert.

4.1.4 Konkurrenz und Substituierbarkeit

Ein Film im Kino ist auf drei Ebenen Konkurrenz ausgesetzt, die jeweils potenziell in der Lage ist, den Kinobesuch zu substituieren. Auf der ersten Ebene des einzelnen Films konkurriert die Kinoausstrahlung mit Distributionskanälen, wie der DVD-Verwertung oder der Fernsehausstrahlung. Will ein Rezipient einen bestimmten Film sehen, so kann er, statt ins Kino zu gehen, auch vier Monate warten, um sich dann die DVD zu besorgen. Die DVD könnte also den Kinobesuch substituieren. Dabei gilt es jedoch, die Perspektive zu beachten. Während das TV und Videotheken für das Kino eine Konkurrenz darstellen mögen (vgl. Macmillan & Smith 2001), ist es – gleiche Erlösteilung vorausgesetzt – für den Produzenten irrelevant, über welchen Kanal sein Film konsumiert wird (vgl. Collins & Hand 2005: 320). Solange der Erlös aus zusätzlichen Vertriebskanälen die Einbußen in bestehenden Vertriebskanälen mindestens kompensiert, sind Substitutionsmöglichkeiten zwischen Vertriebskanälen für den Produzenten kein Problem. Allenfalls kann die Verschiebung der Refinanzierung Auswirkungen auf die Zinskosten haben.

Auf der zweiten Ebene der Filme insgesamt konkurriert ein Film mit anderen gegebenenfalls um dasselbe Zielpublikum. Durch die Zuordnung zu unterschiedlichen Genres kann die Konkurrenz zwischen einzelnen Filmen

---

[25] Seufert unterscheidet Produktionsfirmen nach Hauptaktivitäten. Für das Jahr 2000 identifiziert er 453 der insgesamt 5'275 Produktionsunternehmen als Kinofilmproduzenten (2002: 60). Diese Zahlen weichen zwar erheblich von denen Wirtzs ab, das Zahlenverhältnis zwischen Produzenten und Distributoren steht jedoch außer Frage.

jedoch beschränkt werden. Ein Actionfilm kann nur sehr bedingt als ein Substitut für eine romantische Komödie angesehen werden. Substituierbarkeit ist demnach lediglich zwischen Filmen des gleichen Genres möglich. Für Produzenten bedeutet dies, das Konkurrenzumfeld bei Filmstart zu beobachten. Angenommen, es gibt unabhängig von der Qualität des einzelnen Films eine Grundnachfrage nach Actionfilmen, so kann ein Film, der ins Kino kommt, wenn kein anderer Actionfilm gezeigt wird, die komplette Nachfrage auf sich vereinen. Aufgrund der ständigen Konkurrenzbeobachtung kommt es höchst selten vor, dass ein Studio über einen längeren Zeitraum ein Exklusivangebot innerhalb eines Genres aufweisen kann.

Auf der dritten Ebene des Kinos konkurriert der Kinobesuch mit der Nutzung anderer Medien und mit anderen Freizeitaktivitäten. Anders als z.b. der TV-Konsum verlangt der Kinobesuch seit jeher einen Aufwand von den Nutzern. Sie müssen das Haus verlassen und die Programmauswahl beinhaltet größere Opportunitätskosten, da nicht unmittelbar umgeschaltet werden kann. Der Kinogänger kann also als aktiv und selektiv beschrieben werden (vgl. Katz & Foulkes 1962: 378). Die Entscheidung für den Kinobesuch muss also bewusst getroffen werden und die Wahl wird gegen andere Optionen abgewogen. Im Wettbewerb mit anderen Freizeitmöglichkeiten kommt das Kino in der Beliebtheitsrangliste der Deutschen im Jahre 2000 auf Rang 17 (vgl. Neckermann & Blothner 2001: 8). Der Kinobesuch fällt damit eindeutig hinter andere Massenmedien wie TV, Radio und Zeitung (Ränge 3, 2 und 1) zurück. Im Vergleich mit strukturell ähnlichen Freizeitaktivitäten wie dem Theaterbesuch weist das Kino jedoch eine deutlich höhere Besuchsintensität auf (149 Mio. Kinoeintritte vs. 36 Mio. Theatereintritte). Das wird durch allgemeine Freizeitorientierungen determiniert, die Neckermann et al. als *„ganzheitliche Muster von Wertungen und Einstellungen, die dafür ausschlaggebend sind, was man in der Freizeit unternimmt und was man unterlässt"* (2001: 20) beschreiben. Bezogen auf die Motive unterscheiden sie nach *„Entspannungs-bezogenen"* und *„Entdeckungs-bezogenen"*. Psychologisch können diese Lifestyle-Typen mit der unterschiedlichen symbolischen Ausstattung von Personen (vgl. Luger 1992: 429) erklärt werden.

Aus den unterschiedlichen Freizeitmotiven lassen sich Lifestyle-Typologien destillieren und auf abgrenzbare Zuschauergruppen schließen. Nicht für jede Lifestylegruppe hat der Kinobesuch einen Platz im Freizeitrepertoire und je nach Funktion des Kinos ist die Substituierbarkeit verschieden groß. Die Tradition der Uses-and-Gratifications-Forschung hat als Funktionen des Kinobesuchs für die Zuschauer insbesondere Unterhaltung, Eskapismus und Zeitvertreib identifiziert (vgl. Palmgreen et al. 1988: 1ff; Corbett 2001: 30). Pessimistisch beschreibt Olsen den Kinobesuch als eine Ersatzhandlung für andere Formen der Freizeitbeschäftigung im Kontakt mit Menschen (vgl. 1960: 108). In einer Sekundäranalyse von Daten zur Einstellung gegenüber dem Kino von Thurstone (1930) und aus eigenen Analysen kann Austin (1986) den Faktor „*relief of loneliness*" bestätigen, findet aber auch Nachweise für den sozialen Aspekt des Kinobesuchs, wie Geselligkeit und Anschlusskommunikation. In einer ähnlich angelegten Studie untersuchten Tesser, Millar und Wu (1988) neben den Funktionen des Kinobesuchs auch die jeweils genutzten Informationsquellen und den konkreten Auslöser des Kinobesuchs. Mit dem Faktor „*self-escape*" konnten sie die Ergebnisse zur Selbst- und Alltagsflucht bestätigen, während unter „*self-development*" die Variablen zusammengefasst werden können, die mit dem Bedürfnis nach dem Erleben starker Emotionen zusammenhängen. Im dritten Faktor „*Entertainment*" erkannten sie die Dimension, bei der der Kinobesuch als reine Unterhaltung betrachtet wird, also nicht im Zusammenhang mit dem eigenen Befinden bzw. den eigenen Emotionen steht, sondern eher als Freizeitbeschäftigung angesehen wird. Ebenso wie Tesser et al. (1988) können auch Palmgreen et al. (vgl. Palmgreen et al. 1988; Palmgreen & Lawrence 1991) zeigen, dass soziale und kommunikative Faktoren eine große Rolle spielen. Die Filmauswahl ist nicht als Information-Seeking modellierbar (vgl. Eliashberg & Shugan 1997: 69), vielmehr wird aus der Tatsache, dass rund 90% der Kinozuschauer in Begleitung ins Kino gehen (z.B. Rössler 1997: 40; Blothner 2003: 23ff) deutlich, dass die soziale Komponente bei der Entscheidung eine wichtige Rolle spielt. Es kann daher nicht von einem individuellen Entscheidungsprozess ausgegangen werden, sondern von einer Mehr-Personen-Entscheidung. Bei unterschiedlichen Vorlieben entstehen dabei Koordinations- und Kooperationsprobleme, die zum Teil durch das Motiv der Anschlusskommunikation gelöst werden können (vgl. Haucap 2001: 10f). In Bezug auf Filmstars als Gesprächsthema sieht Adler (1985) eine Nutzenmaximierung beim Besuch jener Filme gegeben, die den größten Aufbau von Konsumkapital bieten, um an der Anschlusskommunikation teilhaben zu können.

Der Kinobesuch befriedigt demnach sowohl soziale und kommunikative, als auch in der Rezeption selbst liegende, psychologisch orientierte Bedürfnisse. Die Nutzungsmotive unterscheiden sich damit klar von Medien, die zur Information und zur Orientierung im Alltag genutzt werden. Die Spannbreite möglicher Substitute ist größer einzuschätzen.

Nicht zuletzt wird die Entscheidung für den Kinobesuch auch von situativen Variablen wie dem Wetter beeinflusst. So ist z.B. der Besucherrückgang in deutschen Kinos im Sommer 2003 (vgl. FFA – Filmförderungsanstalt 2004: 3) um bis zu 33% auch und vor allem auf die im „Jahrhundertsommer" vergleichsweise größere Attraktivität von Badeseen und ähnlichen Abkühlungsmöglichkeiten zurückzuführen. Dewenter und Westermann nennen als Alternativen zum Kinobesuch allgemein andere Formen der Außerhaus-Unterhaltung wie Theater,

Oper, Sportereignisse (vgl. 2005: 215). Zusammengenommen lässt sich fest-halten, dass der Kinobesuch durch jegliche Formen von sozialem (oder para-sozialem vgl. Palmgreen et al. 1991: 39f) Austausch in der Freizeit substituiert werden kann. Das Spektrum an möglichen Konkurrenten für das Kino ist ent-sprechend groß. Zwar ist die verfügbare Freizeit und damit der potenzielle Markt für Kinounterhaltung seit 1970 um fast ein Drittel gestiegen (vgl. Vogel 2004: 5ff), doch ist im selben Zeitraum auch das Angebot deutlich ausgedehnt worden: Mehr Kinofilme konkurrieren mit mehr alternativen Freizeitmöglichkeiten um Aufmerksamkeit und Budget der Konsumenten.

4.1.5 Nachfrageentwicklung

Die Nachfrage nach Kinounterhaltung ist nicht stabil, sondern stark von einzel-nen Genres und Akteuren abhängig. Aus der Substituierbarkeit des Kinobesuchs durch andere Freizeitaktivitäten ergibt sich, dass die vom Publikum wahr-genommene Qualität der Filme eines Jahres maßgeblich die Gesamtnachfrage nach Kinounterhaltung beeinflusst. Zwischen 1996 und 2007 gab es z.b. auf dem deutschen Markt Schwankungen der jährlichen Zuschauerzahlen um bis zu 19% im Vergleich zum Vorjahr (vgl. FFA – Filmförderungsanstalt 2006a: 1). Auch auf dem amerikanischen Markt lassen sich Schwankungen um bis zu 11% be-obachten. Die Nachfrage ging 2005 deutlich zurück, da das Gesamtangebot an Filmen offenbar nicht die Zuschauererwartungen befriedigen konnte. Umgekehrt kann die Attraktivität von einzelnen Filmen den Markt für Kinounterhaltung in einem Jahr auch erheblich ausdehnen. Der Zuschauerzuwachs im Jahr 2001 in Deutschland z.B. ist auf den Erfolg von *Harry Potter and the Sorcerer's Stone (2001), The Lord of the Rings: The Fellowship of the Ring (2001)* und ins-besondere *Der Schuh des Manitu (2001)* zurückzuführen.

Insgesamt zeigt sich jedoch über die letzten zehn Jahre ein leicht negativer Trend (vgl. Abbildung 8), der auf eine Substitutionskonkurrenz von anderen Verwertungskanälen (z.B. DVD & VoD) oder Freizeitaktivitäten (z.B. Video-spiel) schließen lässt.

Hand (2002) kann zeigen, dass die aggregierte Nachfrage nach Filmen extrapoliert und ihre Entwicklung prognostiziert werden kann. Im Gegensatz zu einzelnen Filmen zeigt die aggregierte Nachfrage keine Heavy-Tail-Verteilung mit unendlicher Varianz. Die auftretenden Schwankungen lassen sich auf die Filmauswahl der Rezipienten zurückführen. Solange die Mundpropaganda nur dazu führt, dass Rezipienten einen bestimmten Film mit einem anderen substituieren, bleibt die Gesamtnachfrage gleich. Erst wenn, wie im Fall von *Der Schuh des Manitu (2001),* Menschen durch die Mundpropaganda motiviert werden, mit diesem Filmbesuch eine andere Freizeitaktivität zu substituieren, hat dies Auswirkungen auf die Gesamtnachfrage.

Abbildung 8   Entwicklung der Zuschauerzahlen im Vergleich zum Vorjahr

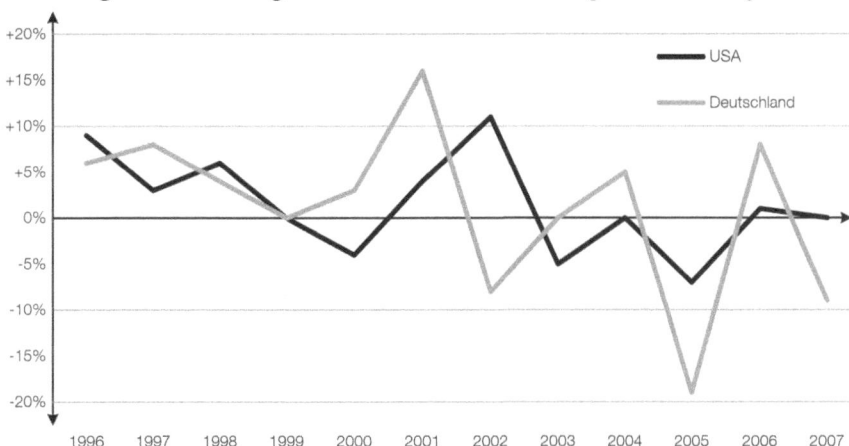

Quellen: Motion Picture Association (2008), FFA – Filmförderungsanstalt (2000, 2008b)

Maltby (2004) kann zeigen, dass die Nachfrage nach bestimmten Genres im Kino über die Jahre weitgehend konstant bleibt. In einem Langfristvergleich von 1930 bis 1980 sind für alle Genres die jeweiligen Zuschauermarktanteile konstant, einzig die Western verlieren zugunsten des Actionfilms.[26]

4.2 Beschaffungsmärkte

Bis ca. 1950 glich die Filmproduktion der routinierten Massenproduktion in anderen Branchen. Filme wurden von vertikal integrierten Unternehmen entwickelt, produziert, vertrieben und aufgeführt. Heutzutage werden die meisten Filme von unabhängigen Produktionsfirmen produziert, die kleine Spezialfirmen als Subunternehmer beschäftigen. Auch die so genannten Studios sind keine

---

[26] Betrachtet man nur die jeweils 20 umsatzstärksten Filme in den USA von 1967-2004, zeigt sich, dass die Genres Action, Thriller und Adventure auf Kosten der Dramen zunehmen (vgl. Lu et al. 2005). Der Trend zum Eventmovie führt dazu, dass Filme mit vielen Spezialeffekten und viel Pyrotechnik eher zu Blockbustern gemacht werden. Dramen können günstiger produziert werden, hier kann sich die Nachfrage auf mehrere kleinere Filme verteilen.

vertikal integrierten Unternehmen mehr, sondern beauftragen ihrerseits unabhängige Produzenten mit der Arbeit. Gründe dafür sind einerseits in kartell-
rechtlichen Entscheidungen zur Entflechtung der Branche zu sehen (z.b.
Conant 1981), anderseits in der stark arbeitsteiligen Organisation der Filmproduktion.
Da die Produktion von Filmen immer eine Unikatproduktion ist, kann auch die
Beschaffung der Produktionsfaktoren nur begrenzt standardisiert werden. *„The
need to innovate in the face of continual, unpredictable change requires the
rapid reconfiguration of resources and workers"* (Davenport 2006: 250). Je nach
Kontext können die Elemente eines Films jedoch durchaus standardisiert sein.
Für die Filmproduktion in Hollywood spricht Maltby von einer Manufaktur, die
aus der besonderen Kombination aus Standardelementen einzigartige Produkte
formt (vgl. 2004: 71). Anbahnungs- und Transaktionskosten können auch in
vertikal integrierten Produktionsunternehmen nur bedingt reduziert werden, da
die wichtigsten Produktionsfaktoren, kreatives Personal und Inhalt, nicht inhouse
vorgehalten werden. Die Vorteile eines Konzerns können auch durch Netzwerk-
strukturen erreicht werden (vgl. Wirtz 2006: 294). Storper spricht in diesem
Zusammenhang von einer *„flexible specialization"* (1989). Filme werden nicht
von einem integrierten Konzern produziert, sondern Produzenten koordinieren
die Produktion in einem Netzwerk aus *„small, flexible firms, capable of
responding quickly to changing market conditions and connected to the market
via contracts with other firms"* (Storper & Christopherson 1987: 105). Das
Produktionssystem als Ganzes ist flexibel, da jede Produktion als einzigartige
Kombination aus spezialisierten Firmen und Individuen organisiert werden kann.
Für Filmproduzenten in einem solchen Produktionssystem ist die Beschaffung
und Auswahl der auf diese Weise akquirierten Subunternehmer und Projektmit-
arbeitenden als Produktionsfaktoren entscheidend. Auch in diesem Bereich
können Risiken entstehen, z.B. wenn die Qualität der Produktionsfaktoren nicht
im Vorfeld überprüft werden kann. Für eine Analyse des Risikomanagements in
der Spielfilmentwicklung und -produktion ist es deshalb notwendig, sich die
Charakteristik und Besonderheiten der wichtigsten Beschaffungsmärkte zu vergegenwärtigen, um so allfällige Risiken zu identifizieren.

     Bei der Analyse von Produktionssystemen werden in der Regel vier ver-
schiedene Kategorien von Produktionsfaktoren unterschieden (z.B. Peters et al.
2000: 123ff; Weber & Kabst 2003: 86). Für die Erstellung einer Leistung sind
vier Faktoren notwendig:

- Arbeitsleistung – Einsatz von Menschen
- Betriebsmittel – Elemente, die nicht Teil des Endprodukts sind
- Werkstoffe – alle Teile des Produkts, die Teil des Endprodukts sind
- Dienstleistungen – immaterielle Elemente für die Leistungserstellung

Wie oben dargestellt, ist, abgesehen von den Zelluloidrollen, ein Film, wie jedes Medienprodukt, im Wesentlichen ein immaterielles Produkt. Der Wert ergibt sich aus dem Inhalt, nicht dem Trägermedium. Entsprechend spielen materielle Werkstoffe in der Beschaffung für die Filmproduktion keine Rolle, sie kommen allenfalls in der Produktion des Filmmaterials und im Kopierwerk vor. Die anderen drei Bereiche lassen sich in der Filmproduktion nicht immer sauber trennen. Kamera oder Lichtsetzen z.b. kann sowohl als Dienstleistung, als auch als Arbeitsleistung verstanden werden. Drehbuchautoren leisten menschliche Arbeit und schaffen ein Vorprodukt als Betriebsmittel. Die Frage ist dabei immer, ob die Arbeit innerhalb oder außerhalb des Produktionsunternehmens geleistet wird. Im Folgenden werden die relevanten Beschaffungsmärkte deshalb als Inhalts-, Arbeits- und Kapitalmarkt bezeichnet und ihre Besonderheiten in der Filmbranche diskutiert.

4.2.1 Inhaltsmarkt – Filmstoffe

Im Unterschied zum Journalismus müssen Filmproduzenten grundsätzlich exklusive Rechte an ihren Inhalten haben. Zwar gibt es auch in Zeitungen z.b. Exklusivinterviews, die keine andere Zeitung abdrucken darf, grundsätzlich sind die Inhalte aber aus der Realität gespeist und entsprechend allen Medienorganisationen gleichermaßen zugänglich. Beim Film ist es undenkbar, dass dasselbe Treatment oder gar Drehbuch die Grundlage für mehrere Filme von konkurrierenden Unternehmen darstellt.

Inhalte und Stoffe müssen entweder selbst kreiert, den Urhebern komplett abgekauft oder aber von den Urhebern lizenziert werden. Es kommt vor, dass Produzenten auch (Mit-)Autoren eines Drehbuchs sind. Dies ist insbesondere dann der Fall, wenn Autoren die Kontrolle über ihren Stoff behalten möchten oder Produzenten mit weniger erfahrenen Autoren zusammenarbeiten. Die Kombination aus Autor und Produzent in Personalunion findet sich vor allem im Autorenfilm, etwa wenn bei *Ace in the Hole (1951)* oder *Fitzcarraldo (1982)* Billy Wilder resp. Werner Herzog jeweils Regie, Drehbuch und Produktion auf sich vereinen. Selbst erfundene Geschichten stellen damit eher die Ausnahme dar: Lins identifiziert in einer nicht repräsentativen Umfrage *„eigene Ideen"* für 9% der Filme als Ausgangspunkt (2002: 59). Weit häufiger ist die Lizenzierung von Stoffen, die bereits in einem anderen Medium existieren und ggf. bereits erfolgreich waren. Clevé schätzt, dass 80-90% aller Hollywood-Filme auf bereits publiziertem Material basieren (vgl. 2005: 74). In diesen Fällen erwerben Produzenten nur das Recht, diesen Stoff zu verfilmen, die übrigen Rechte verbleiben in der Regel bei den Urhebern. Ein Beispiel wären die Verfilmungen von

Fantastic-Four-Comics aus dem *Marvel* Verlag. Stan Lee und Jack Kirby sind die Autoren des Comics, Bernd Eichinger hat vom *Marvel* Verlag die Rechte gekauft, den Stoff zu verfilmen, und Mark Frost und Michael France beauftragt, die Comics zu einem Drehbuch umzuarbeiten. Die Rechte am Stoff verbleiben jenseits des Films bei *Marvel*, die so weiterhin die Comics verkaufen oder andere Lizenzen, z.b. für ein Videospiel, basierend auf dem Stoff, an Dritte vergeben können.[27] Streng genommen handelt es sich bei Verfilmungslizenzen um Bearbeitungsrechte (vgl. § 23 UrhG), die die Umgestaltung eines Werks erlauben, die dann wiederum veröffentlicht oder verwertet werden soll und wegen der neuen geistigen Leistung eigenen urheberrechtlichen Schutz genießt. Rechtlich weiter zu beachten gilt, dass nicht nur die Verwertung gesichert sein muss, sondern auch keine anderen Rechte Dritter, z.b. Persönlichkeitsrechte, beeinträchtigt werden (vgl. Lee 2000: 73ff; Clevé 2006: 10).

Erprobte Stoffe gelten in der Filmbranche als eine Garantie für eine hohe Zuschauernachfrage und werden eingesetzt, um die Nachfrageunsicherheit zu reduzieren (vgl. Kallas 1992: 41). Einige Produzenten, wie z.b. Bernd Eichinger, verfilmen ausschließlich Bestsellerromane. Aus diesem Grund besteht ein großer Wettbewerb um erfolgreiche Vorlagen. Regelmäßig ist in der Presse von Bieterwettstreiten um die Verfilmungsrechte an erfolgreichen oder auch nur geplanten Romanen von namhaften Autoren zu lesen (vgl. Lins 2002: 61). Auf der anderen Seite haben es weniger bekannte Autoren meist schwer, Produzenten für ihre Stoffe zu interessieren. In der Regel akzeptieren Produzenten keine unaufgefordert eingesandten Manuskripte. *„Although there is an abundance of scripts, only a few are worth producing"* (Lee 2000: 126). Der Aufwand scheint zu groß, um in der Masse der Manuskripte vielversprechende Stoffe zu identifizieren. Stattdessen dienen Agenturen als Vermittler in der Beziehung zwischen Autoren und Produzenten. Sie versuchen, eine Übereinstimmung herzustellen, indem sie einerseits die Stoffe von Autoren vermitteln und jenen Produzenten anbieten, die für derlei Material Interesse haben könnten und andererseits für die Produzenten eine Vorauswahl treffen, indem nur relevante Stoffe von entsprechender Qualität vorgelegt werden. Lee sieht als weitere Quelle für Stoffe das *„private treasure house of folks"* (Lee 2000: 127) von Produzenten, also einen Freundes- und Bekanntenkreis, der auf informeller Ebene eine ähnliche Funktion wie die Agenturen übernimmt, aber dessen Loyalität klar beim Produzenten liegt. Aus dieser Quelle entsteht häufig die dritte Form der Beschaffung: Unter den bis zu 30 Stoffen, welche in der entsprechenden Abteilung einer größeren Produktions-

---

[27] Marvel tritt bei den Verfilmungen seiner Comics in der Regel als Koproduzent auf und verdient so vermutlich besser an den Filmen als durch eine hohe Lizenzgebühr alleine. Dies deutet auf eine mögliche Strategie zur Risikosteuerung hin: Der Produzent kann vorab Lizenzkosten sparen und damit die potenzielle Schadenshöhe reduzieren.

firma pro Woche[28] rezensiert werden, finden sich neben vielen wertlosen Stoffen auch solche, die es wert sind, erzählt zu werden, die aber schlecht geschrieben sind. Diese werden von Produzenten optioniert und erfahrene Autoren werden mit der Ausarbeitung des Stoffs beauftragt (vgl. Lee 2000: 77). Die Beschaffungsmärkte für menschliche Arbeit und immaterielle Werkstoffe überschneiden sich damit, da bereits in der Stoffentwicklung Personal akquiriert werden muss. Als dritte mögliche Quelle für Stoffe nennt Lins Stoffbörsen im Internet oder am Rande von Filmfestivals (vgl. 2002: 66ff). Sämtliche von ihr aufgeführten Internetstoffbörsen haben mittlerweile jedoch ihr Angebot wieder eingestellt. Die Märkte am Rande von Filmfestivals haben lediglich als Plattform für die Suche nach Koproduktionspartnern oder als Schaufenster für Talente von Filmhochschulen überlebt. Als Gründe, warum die in anderen Bereichen demonstrierte Leistungsfähigkeit des Internet als transparenter und effizienter Marktplatz hier versagt (z.B. in der Stellen-, Wohnungs- und Partnervermittlung), kann der Wunsch nach Exklusivität vermutet werden. Autoren möchten ihre Werke nicht allgemein streuen und fürchten ggf. um ihre Urheberrechte, Produzenten hoffen dagegen, die Top Story unter der Hand zu bekommen und wollen nicht auf dem allgemeinen Markt eine Geschichte kaufen, die die Konkurrenz genauso einsehen kann.

Der Beschaffungsmarkt für Stoffe gliedert sich somit in zwei Teile. Auf der einen Seite existiert ein Markt für Erfolg versprechende Stoffe: Auf diesem Markt herrscht Knappheit: Relativ viele Produzenten konkurrieren um das Angebot relativ weniger Autoren. Auf der anderen Seite ein Markt für unbekannte Stoffe: Hier herrscht Überfluss, aber auch Qualitätsunsicherheit. Eine Vielzahl von Autoren konkurriert um das Interesse relativ weniger Produzenten. Für Produzenten gelten auf dem Beschaffungsmarkt für Stoffe somit dieselben Bedingungen wie auf Finanzmärkten: Je sicherer ein Angebot, desto teurer ist es, je risikoreicher, desto billiger. Ein unveröffentlichter Roman ist günstiger zu lizenzieren, als einer, der die Bestsellerliste anführt. Je früher Produzenten einen Stoff erwerben, desto geringer die Konkurrenz.

4.2.2 Fremddienstleistungsmarkt – technische Dienstleister

Produzenten besitzen in der Regel keine eigene Produktionsinfrastruktur (vgl. auch Davenport 2006: 253). Die Beschaffung von Fremddienstleistungen in der Filmproduktion stellt sich allerdings nicht mehr oder weniger problematisch dar als in anderen Branchen. Die Produktion findet, von wenigen Ausnahmen (z.B.

---

[28] Lins nennt für die deutschen Produzenten eine Zahl von 38 pro Monat (vgl. 2002: 60).

der „*The Lord of the Rings*"-Trilogie (2001-3) oder Sequels zu *The Matrix (1999)*) abgesehen, in einzelnen Projekten statt. Anders als bei kreativen Produktionsfaktoren können technische Dienstleistungen, wie Scheinwerfer, ein Kamerakran, eine Trailervermietung oder der Filmmaterialtransport aber durchaus standardisiert werden und bieten sich für projektübergreifende Zusammenarbeit an. Die Leistung der Fremddienstleister ist klar messbar. Anders als beim kreativen Personal stellt sich somit nicht das Problem von unvollständigen Verträgen. Die Literatur zur Filmproduktion geht auf die Beschaffung von Fremddienstleistungen nicht dezidiert ein, es darf also angenommen werden, dass keine entscheidenden branchenspezifischen Besonderheiten vorliegen. Einzig die Praxis, dass Dienstleister durch Beistellungen zu Kofinanziers eines Projekts werden, scheint in der Filmbranche stärker als anderswo verbreitet.

4.2.3 Arbeitsmarkt – Personal

Seufert schätzt die Zahl der Mitarbeitenden in Kinofilmproduktionsunternehmen in Deutschland für das Jahr 2000 auf 10'900 (2002: 64).[29] Genauso wie für die Produzenten (vgl. Kapitel 1.1) gibt es auch für das Personal, das sie anstellen, nur selten klar definierte Ausbildungswege und eindeutige Berufsvoraussetzungen. Zwar gibt es spezialisierte Ausbildungs- oder Studiengänge für Regisseure, Schauspielende, Autoren, Dramaturgen, Kameraleute und einige der technischen Aufgaben in der Filmproduktion, doch sind diese Angebote keineswegs verpflichtend. Ein Großteil des Personals ist nicht speziell für seine Aufgabe ausgebildet, sondern hat sich die notwendigen Fähigkeiten im Rahmen der Berufserfahrung angeeignet. Einer Befragung von Ernst & Young aus dem Jahr 2006 zufolge herrscht im deutschen Film- und Fernsehmarkt kein Mangel an qualifiziertem Personal, die Nachfrage nach Engagement übersteigt deutlich den Bedarf der Produktionsfirmen (vgl. Moser 2006: 12).

Wie alle Medien ist auch der Film ein People Business. Das Personal hat eine erfolgskritische Schlüsselrolle in allen Mediensektoren: Sei es durch die Fachkompetenz und Seriosität der Redaktion einer Qualitätszeitung oder durch die Kreativität von Drehbuchautoren. Qualifiziertes und motiviertes Personal ist eine entscheidende Ressource von Medienunternehmen, die nur schwer substituierbar und imitierbar ist (vgl. Schumann & Hess 2006: 82f). Aus öko-

---

[29] Die Zahlen stammen aus der Studie Film- und Fernsehwirtschaft in Deutschland. Diese Studie im Auftrag der Landesmedienanstalten wurde 1997 und 2000 durchgeführt, danach jedoch nicht mehr repliziert. Aktuelle Daten zum deutschen Markt liegen deshalb nicht vor. Die Bundesagentur für Arbeit erhebt lediglich die Zahl der sozialversicherungspflichtigen Mitarbeitenden in der Film- und Fernsehbranche insgesamt.

nomischer Perspektive sollte Personalentscheidungen eine Kosten-Nutzen-Analyse vorausgehen, in der Medienproduktion sind Investitionen ins Personal aber notwendigerweise mit Unsicherheiten verbunden, da der Nutzen vorab nicht feststeht. Die projektbasierte Beschäftigung in der Filmbranche beeinflusst, wie mögliche Arbeitgeber den Wert ihres kreativen Personals abschätzen können. Die spezifischen Beiträge der einzelnen Kreativen zur Qualität des Produkts zu messen, ist schwierig, deshalb gibt es im Kontext der kommerziellen kreativen Produktion wenig Übereinstimmung darüber, was die Kompetenz des kreativen Personals ausmacht (z.b. Hirsch 1972). Entsprechend wird die Qualität der einzelnen Beiträge nachträglich anhand des kommerziellen Erfolgs des produzierten Produkts bewertet (DiMaggio 1977). In der Produktion von Filmen ist der greifbarste Indikator für die zukünftige Produktivität und Leistung das Engagement in vorangegangen erfolgreichen Projekten (Bielby & Bielby 1994). Die Karriere eines Kreativen kann demnach als *„succession of temporary projects embodied in an identifiable line of film credits"* (Faulkner & Anderson 1987: 887) beschrieben werden. Da weder Fähigkeit, noch die Produktivität eines Kreativen gut gemessen werden können, ist die Reputation das wichtigste Signal für die Stellung eines Kreativen auf dem Arbeitsmarkt (Powell 1990).

Neben der ökonomischen Perspektive auf die Personalwirtschaft hat sich auch die verhaltenswissenschaftliche Perspektive etabliert. Ihr geht es vor allem darum zu analysieren, welche Motivationen es für das Personal geben kann (z.B. Cyert & March 1963). In einer Filmproduktion gibt es viele unterschiedliche Aufgaben, die unterschiedliche Anforderungen an das Personal stellen und die unterschiedlicher Anreize bedürfen. Während Mitarbeitende im Vertrieb oder beim Catering vermutlich monetär motiviert werden können, legen Kreative meist großen Wert auf ihre künstlerische Freiheit. Im Folgenden soll dies zunächst durch das Konzept der Cost Disease dargestellt werden, das erklärt, warum das Personal der entscheidende Produktionsfaktor für Filme ist. Anschließend werden einzelne Eigenschaften des kreativen Personals behandelt, bevor ein Überblick über den Arbeitsmarkt in der Filmproduktion gegeben wird.

Cost Disease

Die Cost Disease (vgl. Baumol & Bowen 1966) beschreibt das Problem, dass sich die Produktion, resp. Bereitstellung von Dienstleistungen, im Vergleich zur Produktion von materiellen Gütern sehr viel weniger rationalisieren lässt. Im produzierenden Gewerbe können inflationsbedingt steigende Lohnkosten durch den Ersatz von Arbeitskraft durch Maschinen ausgeglichen oder sogar überkompensiert werden. Im Dienstleistungsbereich und insbesondere in den darstellenden Künsten ist eine solche Rationalisierung nur bedingt möglich (vgl. Heilbrun & Gray 2001: 139). Zwar kann man ein Beethoven-Konzert heute auch auf CD anhören, für eine Aufführung im Konzertsaal sind aber noch immer ebenso viele Musiker notwendig wie im Jahr 1820. Um die Qualität der Dienstleistungen auf demselben Niveau zu halten, müssen die Löhne für Musiker und alle anderen kreativ Schaffenden mit der allgemeinen Lohnsteigerung mithalten. Damit verteuern sich kulturelle Güter als arbeitsintensive Güter relativ zu anderen Gütern im Verlauf der Zeit immer mehr. Baumol und Baumol (1984) können zeigen, dass das Problem der Cost Disease auch für Medien besteht. Medien sind zunächst ein technischer Distributionskanal, der die Kosten für die Verbreitung von darstellender Kunst enorm reduziert (vgl. Baumol 1992: 4). Doch dieses Niveau an Rationalisierung kann langfristig nicht erreicht werden.

Abbildung 9 Langfristige Entwicklung der Kosten von kreativen Gütern

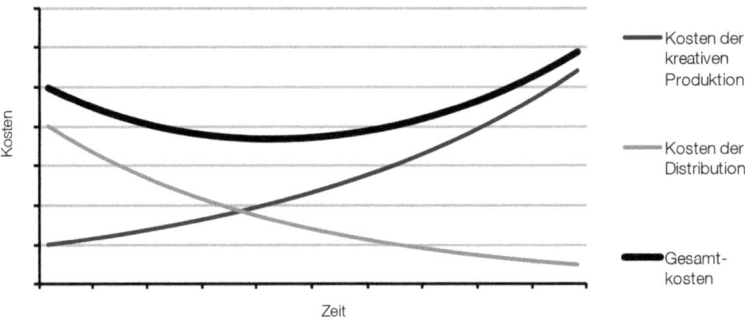

Quelle: Nach Baumol et al. (1984: 112)
Annahme: Kosten der Distribution sinken aufgrund von Rationalisierungen pro Zeiteinheit um 9%, Kosten der kreativen Produktion steigen jeweils um 7%.

Baumol et al. beschreiben die Gesamtkosten der Medienproduktion als Summe aus den Kosten für die kreative Produktion und den Kosten für die technische Distribution der Medieninhalte. Im Bereich der technischen Distribution ergeben sich dabei durchaus Rationalisierungsmöglichkeiten, so hat etwa die Digitalisierung der Medieninhalte eine erhebliche Reduktion der Distributionskosten ermöglicht. Im Bereich der kreativen Produktion der Medieninhalte ergeben sich jenseits einer seriellen Produktion und horizontalen Konzentration kaum Möglichkeiten für Rationalisierungen. Langfristig bedeutet dies, dass die Kosten der kreativen Produktion jene der technischen Distribution dominieren. Die Rationalisierungen im Bereich der Distribution fallen im Zeitverlauf immer weniger ins Gewicht und können die Kostensteigerungen in der kreativen Produktion nicht mehr kompensieren (vgl. Abbildung 9).

Kreative Motivation

„Motion picture and television production attracts many ambitious people who will work for practically nothing to showcase their talent. They work alongside others who are household names and command large compensation packages" (Paul & Kleingartner 1994: 666). Kreative Produzenten ziehen aus ihrer Arbeit und ihrem kreativen Schaffen nicht nur eine ökonomische Befriedigung. Es geht ihnen nicht nur um Gehalt und Arbeitsbedingungen, sondern auch um das Produkt, seine Originalität und künstlerisch handwerkliche Güte. Hierin gleichen Unterhaltungsproduzenten Journalisten, die neben ihrem Gehalt ebenfalls intrinsisch motiviert sind (vgl. Weaver et al. 2007: 56f) und in ihren Rollenselbstbildern ein Sendungsbewusstsein und einen Gestaltungswillen zum Ausdruck bringen, in dem auch die Gemeinwohlorientierung eine wichtige Rolle spielt (z.B. Marr et al. 2001: 118ff; Weischenberg et al. 2006: 97ff). Journalisten wie kreative Produzenten adressieren ihre Arbeit zum Teil nicht nur an das zahlende Publikum, sondern auch an sachverständige Kollegen. Besonderer Aufwand, etwa bei möglichst detailgetreuen Kostümen für ein Drama am französischen Hof, mag Kollegen oder einer Fachjury positiv auffallen, wird vom Publikum aber kaum bemerkt und finanziell nicht honoriert.[30] Im Extremfall kann die Konzentration auf die Kollegen oder die eigene künstlerische Vision dazu führen, dass der Bereich, der dem Publikum zugänglich ist, vernachlässigt wird und damit die Zahlungsbereitschaft des Publikums insgesamt abnimmt (vgl. Caves 2000: 3f). Künstlerische Fähigkeiten und Schaffenswille sind also einerseits notwendige Inputfaktoren in der kreativen Produktion, andererseits müssen sie gebändigt werden, um kommerziell verwertbar zu sein.

Kreativität ist an einzelne Personen gebunden, deren Input nur begrenzt kontrolliert und koordiniert werden kann und soll, denn für die kreative Entwicklung von Inhalten ist ein beträchtliches Mass an Freiraum notwendig (vgl. Gläser 2006: 584). Genau wie Journalisten sind Kreative in der Filmproduktion, die sich berufsethischen Vorstellungen über Kreativität verbunden fühlen, eine

---

[30] Falls es dem Publikum auffallen sollte, zeigte dies keinen Einfluss auf den Kinobesuch. In den jährlich von der FFA veröffentlichten Auswertungen über die Motive der Deutschen beim Kinobesuch spielen Einzelaspekte eines Films wie z.B. die Ausstattung keine Rolle (vgl. zuletzt FFA – Filmförderungsanstalt 2008a). Im Nachhinein können Filme wie *Rebel Without a Cause (1955), Grease (1978)* oder *Pirates of the Caribbean: The Curse of the Black Pearl (2003)* die Mode prägen, die ursprüngliche Filmauswahl ist davon jedoch unbeeinflusst.

schwer zu steuernde Mitarbeitendengruppe (vgl. Meckel 1999: 93). Aus der
Perspektive des Managements von Unternehmen im Bereich der kreativen
Produktion gilt es deshalb, eine Balance zu finden zwischen kommerzieller Verwertbarkeit und dem künstlerischem Anspruch, der dem kreativen Personal eine
nicht-monetäre Befriedigung verschafft (vgl. Lampel et al. 2000: 265).
Powdermaker vermutete dabei ein eher halbherziges Eingehen von Filmmanagern auf die Bedürfnisse von Kreativen: *„The god is profits, and
opportunism the ritual of worship"* (Powdermaker 1950; zitiert nach Maltby
2004: 9). Weiter glaubt sie, dass ein Film, der von den Kreativen geschätzt wird,
per se kein Geld verdienen könne. Die Erfahrung zeigt jedoch, dass dies durchaus gelingen kann. Wenn und soweit dies gelingt und trotz Nachfrageunsicherheit ein kommerzieller Erfolg erzielt wird, dann kann kreatives Personal als
vergleichsweise billige Arbeitskraft interpretiert werden, da sie nicht vollständig
für den eingebrachten Wert entlohnt werden muss (vgl. Caves 2000: 5).

Vertikal differenzierte Inputfaktoren und positionale Faktoren

Künstler, die für ein gemeinsames Projekt in Frage kommen, unterschieden sich
bezüglich ihrer Qualifikation, ihrer Originalität und ihres Könnens. Zwar lässt
sich im Einzelfall das Zusammenspiel der unterschiedlichen Künstler schwerlich
vorhersagen, dennoch ist davon auszugehen, dass sich das Können der beteiligten Künstler im Endprodukt, z.B. dem Film, niederschlägt. Caves beschreibt die vertikale Differenzierung der Inputfaktoren als eine Rangreihe derjenigen Personen, die für eine kreative Position in Frage kommen, sortiert nach
der jeweiligen Eignung. Diese Rangreihe ließe sich grob in eine A- und eine B-
Liste unterteilen – jene, die sehr gut für die Position geeignet wären und jene, die
auch geeignet wären (vgl. 2000: 7f).[31] Unterschiedliches Talent führt zur
Herausbildung von Stars (vgl. Rosen 1981). Die Aufgabe eines Filmproduzenten
ist es 1) die Rollen und Funktionen in der Produktion zu identifizieren, bei denen
es erfolgsentscheidend ist, dass eine Person aus der A-Liste gewählt wird; und 2)
die richtigen Kriterien heranzuziehen, um für die fraglichen Jobs eine aktuelle
Rangreihe bilden zu können. Wenn und soweit die Unterschiede im Talent der
Inputfaktoren dazu führen, dass zusätzliche Nachfrage für das Produkt entsteht,
wenn also ein Filmstar der Grund ist, warum Millionen zusätzliche Rezipienten
einen Film sehen wollen, bekommt die Qualität des Personals den Charakter
eines positionalen Guts (vgl. Borghans & Groot 1998). Ein positionales Gut ist

---

[31] Ulmer (2000) unterteilt in seinem Ranking von Schauspielenden noch kleinteiliger in A+, A, B+, B
und C. Für ihn ist allerdings weniger die kreative Leistung maßgeblich, als vielmehr die Verwend-
barkeit als Sicherheit bei der Finanzierung.

charakterisiert durch seinen vorderen Rang auf einer Qualitätsskala, wobei diese Rangeigenschaft und nicht die objektive Qualität besonders nachfragewirksam ist. Der Star kann nicht ohne weiteres durch einen anderen ersetzt werden oder in beliebig vielen Filmen gleichzeitig spielen. Damit kann der Star im „rat race" (vgl. Akerlof 1984: 23ff) um die Rangreihen sowohl die Nachfrage des Publikums, als auch jene der Produzenten auf sich konzentrieren (vgl. Wirtz 2006: 296). „Stars are mass-marketing tools designed to provide product consistency to as big a buyer base as possible, hence lessening investment risk" (Ulmer 2000: 18). Der Star bekommt die besten Projekte und sein Status als Star wird durch diese rekursive Schleife verfestigt (vgl. Gaitanides 2001b: 9f).

In gewisser Hinsicht gilt für die Produzenten dasselbe, wie für die von ihnen engagierten Schauspielenden. Auch ihre Qualität lässt sich aus ihren bisherigen Projekten ableiten (Track Record) und in eine Rangreihe bringen. Die Position eines Produzenten in der Rangreihe entscheidet maßgeblich darüber, wie gut es gelingt, personelle und finanzielle Ressourcen zu akquirieren.

Koordinationsbedarf beim kreativen Personal

Kreative Produktion findet häufig in einem kollektiven Prozess statt (vgl. Prindle 1993: 8).[32] Anders als bei einem Gemälde, das durch den Pinselstrich einer einzelnen Malerin entsteht, sind aufgrund der hohen Komplexität der Aufgabenstellung an einem Filmprojekt eine Vielzahl Menschen beteiligt, die in ihrem jeweiligen Verantwortungsbereich häufig ihre eigene Kreativität umsetzen möchten. Je komplexer die Projektaufgabe, desto heterogener muss dabei die Projektgruppe sein und umso mehr muss sie ein Abbild der vielfältigen Gesichtspunkte des Projekts darstellen (vgl. Gläser 2006: 585). „The result is an industry based on the work of frequently temperamental, often antisocial participants who are forced to cooperate and who, by doing so, compromise their deepest principles", beschreibt Prindle (1993: 8) die Branche. Die Aufgabe von Produzenten und Regisseuren ist es, die gegebenenfalls divergierenden Interessen zu einem gemeinsamen Werk zu formen. Dabei sind formelle Verträge wenig geeignet, einen Interessenausgleich zu leisten. Deshalb werden Entscheidungen bei kollektiver kreativer Produktion häufig durch den Rangordnungsmechanismus „clout" (Wallace et al. 1993) oder „muscle" (Caves 2000: 5) getroffen.

---

[32] Gleiches gilt auch für die Produktion von Informationsmedien durch Journalisten. Schon 1933 stellen Carr-Sanders und Wilson fest: „The modern newspaper is the joint product of many persons specializing in different directions" (1933: 265).

Bei der Produktion von normalen Gütern gilt bis zu einem gewissen Grad die Substituierbarkeit der Inputfaktoren Arbeit und Kapital in einer additiven Produktionsfunktion. Bei der Produktion von Bauholz kann ein Wald mit Hilfe von zehn Waldarbeitern mit Äxten gerodet werden oder es kann mit Kapital eine Motorsäge angeschafft werden, mit deren Hilfe ein Arbeiter die Bäume alleine fällen kann. Bei kreativer Produktion – und genauso auch bei der Produktion eines Informationsmediums wie einer Tageszeitung – entsteht der Output in einer multiplikativen Produktionsfunktion. Die Leistung eines Kreativen kann zwar durch einen Kreativen aus dem gleichen Fach ersetzt, aber nicht durch Kapitaleinsatz oder Mehrarbeit von fachfremden Kreativen substituiert werden (vgl. Kremer 1993). Das Gesamtprodukt kann mithin nur so gut sein, wie die Qualität der einzelnen Inputfaktoren: Fällt ein Kreativer aus, wird formal gesprochen die Leistung der anderen mit Null multipliziert. Oder plastischer ausgedrückt: wenn die Kameraleute das Bild nicht scharf stellen, ist das hervorragende Spiel der Darstellenden wertlos. Versuche, kreativen Prozessen betriebliche und organisatorische Disziplin aufzunötigen, schlagen häufig fehl (vgl. Brown & Duguid 2001). Kreative Arbeit kann nur begrenzt systematisiert und in festgelegte Prozesse gegossen werden. Sie lässt sich nicht in derselben Art und Weise fassen, wie andere Produktions- oder Organisationsprozesse. Ab einem gewissen Punkt können Effizienzvorteile nur auf Kosten der Kreativität realisiert werden. *„In all too many cases, imposing a neo-Taylorist managerial process on creative practice ends up killing the goose that lays the golden eggs"* (Lampel 2006: 53).

Kreative Arbeitsprozesse sind deshalb häufig eher informell und stark variabel organisiert, aber sie müssen mit einem vergleichsweise bürokratischen Produktions- und Distributionsprozess koordiniert werden. Die Verknüpfung leisten dabei zum einen die Produzenten, zum anderen eine Reihe von Agenten und Vermittlern. In diesen Arrangements können die individuellen Orientierungen und Werte von Künstlern geschützt und gleichzeitig die formalisierten Organisationen vor dem hohen Niveau der Unsicherheit in der Kreation abgeschirmt werden (vgl. Scott 2006: 19; Hirsch 1972).

In der Spielfilmproduktion muss allerdings nicht nur zwischen den Kreativen ein Ausgleich geschaffen werden, daneben ist auch der Input von administrativem und technischem Personal notwendig. Während sich letztere häufig an Bewährtem orientieren möchten, haben Kreative oft das Bedürfnis, sich in ihrem kreativen Schaffen von allen bekannten Vorbildern zu distanzieren. Die Schwierigkeit im Produktionsprozess liegt darin, die unterschiedlichen Interessen der Beteiligten zu befriedigen (vgl. Caves 2000: 4).

Personalmarkt

Je nach Häufigkeit und Regelmäßigkeit der Produktion kommen Filmproduktionsunternehmen mit einem Minimum an Personal und Produktionsinfrastruktur aus. Der Personalbedarf variiert projektabhängig erheblich. Bei großen Hollywoodproduktionen ist es keine Seltenheit, dass mehr als Tausend Personen engagiert werden, bei einer kleinen Low-Budget-Produktion reicht unter Umständen ein Team von weniger als zehn Personen. In beiden Fällen wird das Personal jedoch eigens für das Projekt angestellt. Seit dem Ende der Studioära in Hollywood und dem Zusammenbruch der staatlichen Filmproduktion in den sozialistischen Ländern verfügt kaum ein Produktionsunternehmen mehr über fest angestellte Autoren, Schauspielende und Regisseure. Auch der Betrieb von Aufnahme- und Postproduktionsstudios sowie Ausstattung und Maske sind in der Regel zu Subunternehmen ausgelagert, die jeweils für mehrere Produktionen arbeiten können (vgl. Davenport 2006: 253). Selbst die Buchhaltung kann an einen Collection Agent abgegeben werden (vgl. Alberstat 2004: 175ff, 230). Damit ist im Produktionsunternehmen nur noch ein minimaler Stab an Mitarbeitenden tätig, da neben den Produzenten alle anderen Arbeiten ausgelagert werden können.

Tabelle 5 Beschaffungsstrategien für „Kreatives Talent"

		Einzelverträge	Langfristige Bindung
Kreativer	Newcomer	▪ Geringe Gage ▪ Filmspezifische Besetzung ▪ Sehr geringe bzw. keine Popularität ▪ Hohes Misserfolgsrisiko	▪ Auch langfristig relativ geringe Gagen möglich ▪ Hohes Risiko hinsichtlich der künftigen Entwicklung der Schauspielenden
	Etabliert	▪ Filmspezifische Besetzung ▪ Geringes Misserfolgsrisiko ▪ Mittlere Gage ▪ Nur mittlere bzw. Nischen-spezifische Popularität	▪ Mittelbindung in gemäßigtem Ausmaß aufgrund mittlerer Gagen ▪ Hohes Risiko hinsichtlich der künftigen Entwicklung der Schauspielenden
	Star	▪ Best-fit-Strategie ▪ Minimiertes Misserfolgsrisiko ▪ Höchstmögliche Popularität ▪ Sehr hohe Gage	▪ Reduziertes Risiko hinsichtlich der künftigen Entwicklung der Schauspielenden ▪ Popularität zumindest mittelfristig auf sehr hohem Niveau ▪ Langfristig sehr hohe Gagen

Quelle: Wirtz (2006: 297)

Neben der Ungewissheit über die Kompetenz und Qualität der an einer Produktion beteiligten Personen spielt in diesem Zusammenhang auch der in der Kulturproduktion häufig vermutete Konflikt zwischen kommerziellen und kreativen Interessen und Zielen eine Rolle (vgl. DiMaggio 1977; Bielby et al. 1994; Caves 2003). Die Produktion durch Subunternehmer und externalisierte Beschäftigungsverhältnisse ist häufig die Antwort auf diese Probleme. Arbeitsverträge, die nur über die Laufzeit des jeweiligen Projekts geschlossen werden, erlauben es den Arbeitgebern bzw. Initiatoren der Projekte, schnell Personal mit hoch spezialisierten Fähigkeiten für einen kurzen Zeitraum zusammenzubringen: *„Today, the industry is entirely project based and virtually all crew and technicians work on a freelance basis"* (Davenport 2006: 250). Für die Beschaffung des Personals beschreibt Wirtz (2006: 297) in Abhängigkeit von der Erfahrung der Kreativen und der Laufzeit des Engagements sechs mögliche Strategien (vgl. Tabelle 5). Aus theoretischer Perspektive stellt sich diese Einteilung sehr stringent dar, für die Praxis von Filmproduzenten ist sie jedoch weitgehend irrelevant, da die skizzierten Strategieoptionen selten zur Verfügung stehen. Ein freier Produzent ohne den entsprechenden Track Record oder die Finanzkraft eines Konzerns im Rücken hat z.B. keine Chance, einen Star zu engagieren.[33] Unabhängig von der Einbindung in einen Konzern dürfte es keinem Produzenten gelingen, Schauspielende langfristig zu binden, allerdings ist dies in der Regel auch gar nicht gewünscht. Produzenten haben wenig Anreiz, langfristige Verträge anzubieten, da die jeweiligen Aufgaben schwer zu überwachen wären. Darüber hinaus sind die relevanten Fähigkeiten des kreativen Personals in der Regel projektspezifisch, nicht unternehmensspezifisch. Infolgedessen können Fähigkeiten und Talent durch langfristige Beschäftigung weder erworben, noch in diesem Rahmen verifiziert werden (Faulkner et al. 1987: 888f). Das Wissen wird nicht in einzelnen Unternehmen akkumuliert, sondern als Branchenwissen in sich ständig wandelnden Netzwerken basierend auf der Reputation der Individuen gepflegt und fortentwickelt (vgl. DeFillippi et al. 1998: 134ff; Davenport 2006: 250).

Eine gute Möglichkeit, in diesem Umfeld Personal zu beschaffen, ist das Bewerten von projektspezifischen Arbeitsproben. Das Casting, also das Vorsprechen für eine Rolle, gibt es jedoch nur für Schauspielende. Nur sie können ihre Fähigkeit ohne das Zutun von anderem Personal demonstrieren, bei Regisseuren oder Kameraleuten wäre die Herstellung von Probearbeiten schlicht zu aufwendig, da z.B. die Leistung eines Kameramanns ohne die Lichtsetzung

---

[33] Betrachtet man lediglich die Spalte „Einzelverträge", ist die Einteilung von Wirtz durchaus nützlich, indem sie zeigt, dass ein und dasselbe Drehbuch mit unterschiedlichem Personal verfilmt werden kann und dies sowohl die potenzielle Schadenshöhe (Gage) als auch die Schadenswahrscheinlichkeit (Misserfolgsrisiko) beeinflusst.

und dass etwas vor der Kamera passiert, schwer bewertet werden kann. Als Ersatz dienen Arbeitsproben und die Reputation aus anderen Projekten. In der ersten Hälfte des 20. Jahrhunderts – bei Arthousefilmen häufig auch heute noch – wurden die Schauspielenden unmittelbar von der Regie und den Produzenten im Rahmen des ‚face casting' ausgewählt (vgl. Yoakem 1958). Bei größeren Produktionen ist es dagegen üblich, das Casting einem Casting Director und seinem Team aus Assistenten und Talent Scouts zu überlassen. Das wirtschaftlichste Verfahren, Auftraggeber und -nehmer zusammenzubringen und Transaktionskosten zu minimieren, ist nach DiMaggio (1977) ein Maklersystem. Der Makler baut Reputation auf, indem er wiederholt erfolgreich Kreative und Projekte zusammenbringt (vgl. auch Hirsch 1972). Makler ermöglichen damit trotz Mehrdeutigkeit, Unsicherheit und Risiko die Entstehung eines Arbeitsmarkts (vgl. Gitlin 1994: 144). In Märkten, in denen ein Starsystem etabliert ist, wie z.B. den USA, sind Agenturen wichtige und einflussreiche Akteure. Für Schauspielende ist es bedeutsam, von welcher Agentur sie vertreten werden. Im besten Fall können sie an der Reputation der ebenfalls vertretenen Stars partizipieren. Produzenten dagegen sind auf die Agenturen angewiesen, wenn sie bestimmte Schauspielende oder auch Regisseure etc. unter Vertrag nehmen wollen. In Märkten ohne ein ausgeprägtes Starsystem – also den meisten europäischen Märkten – haben Agenturen eine andere Funktion. Hier treten sie nicht als Anbieter des knappen Gutes Star auf, sondern profilieren sich vielmehr durch die Dienstleistung, in einem großen und weitgehend gleichwertigen Angebot an potenziellen Schauspielenden die geeigneten Kandidaten zu identifizieren. Im ersten Fall geschieht das Matching zwischen Projekt und Personal durch den Reputationsmechanismus und Agenturen verwalten ein knappes Angebot, im zweiten Fall müssen die Agenturen zusammen mit dem Casting das Matching besorgen, d.h. sie verwalten eine knappe Nachfrage. Entsprechend ist eine der wichtigsten Koordinierungsplattformen in Deutschland keine Agentur mit einer überschaubaren Auswahl an wenigen Stars, sondern die Webplattform crew-united.com. Diese Onlinedatenbank hält Informationen und Profile von 25.000 Schauspielenden, 75.000 weiteren Filmschaffenden, 18.000 Firmen und über 60.000 Kino- und TV-Produktionen bereit.[34]

Anders als in Deutschland, wo der Organisationsgrad in der Filmbranche gering ist, haben in den USA die berufsbezogenen Gewerkschaften eine starke Position. Die Screen Actors Guild SAG vertritt rund 120.000 Schauspielende, die Directors Guild of America DGA rund 13.000 Regisseure, die Writers Guild of America WGA in zwei Teilorganisationen 11.000 Autoren. In Bezug auf das Personal jenseits der Stars leisten die Gewerkschaften einen großen Beitrag zur

---

[34] Die Zahlen beziehen sich auf den Datenbestand im Oktober 2008.

Koordination der projektbasierten Arbeitsverhältnisse in der Branche. Vornehmlich kümmern sie sich um die Einhaltung der Arbeitsbedingungen, z.T. bieten sie Produzenten jedoch auch die gezielte Onlinesuche nach geeigneten Mitgliedern (z.B. www.iactor.org der SAG) oder erleichtern ihren Mitgliedern die Suche nach geeigneten Agenten (z.B. die Agency List der WGAW).

Bielby et al. (1999) können in ihrer Untersuchung zeigen, dass Agenturen für Schauspielende und andere Kreative nicht nur das Problem der Unsicherheit auf dem Arbeitsmarkt lösen, sondern in einigen Fällen auch selbst Projekte initiieren, wobei sie mehr oder minder das gesamte Personal aus ihrer Kartei stellen. In gewisser Weise nehmen Künstleragenturen damit eine ähnliche Rolle ein, wie früher die Studios mit festangestelltem Personal. Für Filmproduzenten bedeuten sie einerseits eine Arbeitserleichterung, da das gesamte Personal aus einer Hand vermittelt wird und damit die Such- und Transaktionskosten beim Casting erheblich reduziert werden können. Andererseits muss jedoch davon ausgegangen werden, dass bei einer Paketlösung nicht für alle Rollen und Funktionen jeweils die bestmögliche Besetzung zu den bestmöglichen Konditionen gesichert ist. Das einfache Handling muss demnach ggf. mit Abstrichen bei der Qualität des Personals erkauft werden.

Die arbeitsteilige Produktion und die Spezialisierung einzelner Akteure auf bestimmte Teilaufgaben im Produktionsprozess zwingen zur Zusammenarbeit. Die Projektbeteiligten stellen die notwendigen Ressourcen, also insbesondere ihr Personal, jeweils nur zeitlich befristet bereit, so wie es die Produzenten für die aktuelle Produktion verlangen (Sydow & Windeler 2003). Die Auswahl des Personals durch die Produzenten erfolgt dabei nicht nur über das Marktkriterium Preis (Gage), sondern z.B. auch aufgrund des jeweiligen Beziehungszusammenhangs zu Kreativen und anderen Projektbeteiligten. Wichtig ist auch die Erfahrung aus früherer Zusammenarbeit und die Einschätzung, ob die Personen in der Lage sind, im aktuellen Projekt die ihnen zugedachten Rolle auszufüllen und die von ihnen erwartete Leistung im Rahmen des geplanten Budgets zu realisieren. Produzenten versuchen deshalb, interessante Akteure dauerhaft an sich zu binden und die Kontakte zu den wichtigsten Akteuren in der Produktion, zu Schauspielenden, Regisseuren, Kameraleuten und Autoren, auch außerhalb aktueller Projekte zu pflegen (vgl. Wirtz 2006: 280). Die Produktion in polyzentrischen Netzwerken aus komplex reziproken, kooperativen Beziehungen zwischen selbstständigen, aber wirtschaftlich voneinander abhängigen Unternehmen (vgl. Sydow 1992: 82) ist in der Filmproduktion jedoch weniger institutionalisiert als in der TV-Produktion (vgl. zur Netzwerkproduktion im TV ausführlich Windeler & Sydow 2001, 2004; Windeler 2004; Altmeppen et al. 2007; Lantzsch 2008). Zwar ist die wiederholte Zusammenarbeit sowohl im kreativen als auch im technischen Bereich keine Seltenheit, die produktspezifische Anforderung an die Arbeit der Projektbeteiligten unterscheiden sich jedoch stark. Insbesondere im kreativen Bereich differieren die einzelnen Produktionen zu stark, als dass die potenziellen Projektpartner häufig genug zusammenarbeiten könnten, um ein Projektnetzwerk zu institutionalisieren. Darüber hinaus bedeutet der insgesamt wesentlich geringere Output der Filmproduktion im Vergleich zur TV-Produktion, dass es deutlich weniger Gelegenheiten zur Zusammenarbeit und damit zur (Re)Produktion und Aktualisierung eines Projektnetzwerks gibt. Die von Windeler (2008: 136) für eine gelungene Koordination im Projektzusammenhang als entscheidend bezeichneten Beziehungszusammenhänge sind in der Filmproduktion häufig weit loser als in der TV Produktion. Es sind zwar die gleichen Reputationsmechanismen bestimmend, die Zusammenarbeit ist jedoch weniger institutionalisiert.

Für unterschiedliche Projekte sind jeweils verschiedene Beziehungen zwischen den Akteuren notwendig. Delmestriet et al. (2005) nehmen den italienischen Markt als Beispiel und untersuchen den Einfluss des Beziehungsnetzwerks in der Produktion auf den Erfolg. Die Verknüpfungen des Regisseurs innerhalb des Produktionsnetzwerks nehmen Einfluss darauf, ob die kommerzielle oder die künstlerische Erfolgsdimension stärker gewichtet wird. Vertikale Verbindungen zu Produzenten und Verleihern und die wirtschaftliche Reputation begünstigen dabei den kommerziellen Erfolg; horizontale Verbindungen zu anderen Kreativen und die kreative Reputation begünstigen den künstlerischen Erfolg.

4.2.4 Kapitalmarkt – Finanzierungsoptionen

Wie alle anderen Medienprodukte auch, zeichnet sich der Film durch hohe First Copy Costs aus, die im Zuge der massenhaften Distribution auf möglichst viele Kopien verteilt werden sollen. Bei der Filmproduktion handelt es sich jedoch weitestgehend um einen einmaligen Produktionsprozess (vgl. Kapitel 3.2). Im Vergleich zu anderen Medien sind die Fixkosten einer Filmproduktionsfirma als Gesellschaft mit nahezu ausschließlich projektbezogenen angestellten Mitarbeitenden sehr niedrig. In der Distribution fallen etwas höhere Fixkosten an, da zum einen für den Vertrieb der Filme eine leistungsfähige Marketingabteilung notwendig ist und zum anderen für die physische Distribution der Filmkopien eine Infrastruktur unterhalten werden muss. Im Vergleich zu einer Tageszeitung sind die Distributionskosten jedoch erheblich niedriger, da nicht pro Rezipient ein physisches Medium verteilt werden muss, sondern mit einer Filmkopie Tausende Zuschauer im Einzugsgebiet eines Kinos erreicht werden können. Während jedoch eine Zeitung die Kosten für das Layout oder das Redaktionssystem auf viele Ausgaben verteilen kann, lassen sich bei einem Film weder Requisiten, noch konkrete Organisationsstrukturen sinnvoll für weitere Projekte wiederverwenden. Das Problem der First Copy Costs wird in der Filmproduktion damit verschärft, weil diese Kosten komplett versunken sind. Dazu kommt die Tatsache, dass kein anderes Medienprodukt in seiner Herstellung so kostspielig ist wie ein Spielfilm. Im amerikanischen Markt hat sich deshalb eine stufenweise Finanzierung etabliert. Bei Erreichen bestimmter Milestones, z.b. Abnahme des Drehbuchs oder Festlegung des Cast, wird ein Filmprojekt jeweils neu evaluiert und entweder die Mittel zum Erreichen des nächsten Milestones freigegeben oder aber das Projekt abgebrochen (vgl. Vogel 2004: 143f).[35]

Die Herausforderung der Filmfinanzierung ist, 1) viel Kapital 2) innerhalb kurzer Zeit zur Verfügung zu stellen. Dabei ist 3) das eingesetzte Kapital komplett versunken und 4) der Umlaufzyklus des Kapitals durch die gestufte Auswertung vergleichsweise lang. Diese Eigenschaften machen ein Investment in Filmprojekte für einige Investoren unattraktiv. Für die Finanzierung eines Films müssen deshalb häufig mehrere Geldquellen und Finanzierungsmethoden kombiniert werden. Die Finanzierung aus weniger als drei Quellen ist die Ausnahme. *„For producers, the strategies and structures of financing arrangements are as numerous as the films that are made"* (Alberstat 2004: XIX). Grundsätzlich lassen sich die Finanzierungsformen in zwei Basisoptionen systematisieren: Wenn Eigenkapital vorhanden ist, kann die Produktion aus diesen Mitteln bestritten werden. Fehlen solcherlei Mittel, muss Fremdkapital akquiriert und den Kreditgebern resp. Investoren die entsprechenden Sicherheiten geboten werden. Für Produktionsfirmen in den meisten europäischen Ländern gibt es mit der Filmförderung noch eine besondere Variante des Fremdkapitals, bei der die finanziellen Sicherheiten durch den unterstellten kulturellen Wert substituiert werden. Die hier vorgestellten Finanzierungsoptionen entsprechen nicht vollständig den von Vogel (2004: 84) genannten 1) *industry sources*, 2) *lenders* und 3) *investors*. Vogel geht in seiner Einteilung eher von der Perspektive der Geldgeber und ihren Interessen aus, während für diese Arbeit die Perspektive der Filmproduktion geeigneter erscheint. Für den Produzenten ist es bis zu einem gewissen Grad jedoch unerheblich, ob das Fremdkapital von Banken (=lender), Fonds (=investor) oder TV-Sendern (=industry sources) zur Verfügung gestellt wird. Auch spielen aus Vogels primär amerikanischer Perspektive Fördergelder eine marginale Rolle, betrachtet man jedoch den europäischen Film, lohnt sich eine gesonderte Würdigung dieses Finanzierungsinstruments. Im Folgenden sollen die Optionen vorgestellt und zu den Eigen-

---

[35] Nach diesem Muster gibt es streng genommen nicht nur eine Green-Light-Entscheidung, sondern mehrere. Ein Filmprojekt wird nur dann umgesetzt, wenn es – um im Bild zu bleiben – eine Grüne Welle hat.

schaften des Films als Wirtschaftsgut in Bezug gesetzt werden. Dabei kann als Grundregel festgehalten werden: Der Akteur mit dem größten Anteil am Fertigstellungsrisiko und ggf. auch am Nachfragerisiko erhält den größten Anteil an den Erlösen des Films. In der Regel sind dies nicht die Produzenten, die das Filmpackage entwickeln.

Innenfinanzierung

Die Finanzierung eines Filmprojekts durch Eigenkapital ist weitgehend großen Filmstudios in Hollywood vorbehalten, da nur sie über die notwendigen Ressourcen verfügen. Selbst wenn in einem Projektunternehmen genügend Eigenkapital vorhanden wäre – etwa aus einem überraschend erfolgreichen Vorgängerprojekt – wäre es riskant, dieses Eigenkapital in nur einen einzigen Film zu investieren, dessen Erfolg nicht gesichert ist. Erst durch einen regelmäßigen und relativ hohen Output kommt ein Produktionsunternehmen in die Lage, Filme aus dem Eigenkapital, also aus dem Erlös von vorangegangenen Filmprojekten, finanzieren zu können. Bei einem Filmprojekt fallen die Kosten zum weitaus überwiegenden Teil vor Beginn der Auswertung, der Kinopremiere, an. Das gilt für die Entwicklungskosten, ebenso wie für die Dreharbeiten, die Post-Produktion und das Marketing. Der Beginn der Auswertung im Kino bedeutet aber noch nicht den Beginn des Erlöszuflusses, da die Kinoeintritte zunächst dafür verwendet werden, die Kosten von Kinobetreiber und Verleih zu decken. Erst wenn die zum Teil erheblichen Marketingkosten gedeckt sind, beginnen auch die Produzenten, an den Einnahmen zu partizipieren. Je nach Filmerfolg und Marketingbudget kann dies unter Umständen mehrere Monate dauern. Epstein (2005: 16f) rechnet für den Film *Gone in 60 Seconds (2000)* vor, dass selbst weltweite Kinoerlöse in Höhe von 242 Mio. US$ nicht ausreichten, um die Produktion und Distribution des Films zu refinanzieren. Bei einem Umsatzanteil der Kinos von 58% genügten die verbleibenden 102 Mio. US$ nicht, um das Produktions- und Marketingbudget von jeweils 103 Mio. US$ zu decken. Inklusive Overheadkosten schätzt Epstein den Fehlbetrag zum Ende der Kinoauswertung auf 160 Mio. US$. Ein ähnliches Beispiel zwölf Jahre früher findet sich bei Prindle (1993: 23).[36] Vereinfacht lässt sich der Saldo eines Filmprojekts wie in Abbildung 10 darstellen: Nach Start des Projekts zum Zeitpunkt (a) fallen zunächst relativ geringe Kosten für die Drehbuch- und Projektentwicklung an. Mit Beginn der Dreharbeiten (b) steigen die Ausgaben rapide, sodass auch Zins-

---

[36] Darüber hinaus führen Fragen nach der Anrechenbarkeit von Vermögenswerten zu einem Film und dem Zeitpunkt der Anrechnung zu einer traditionell „kreativen" Buchführung in Hollywood (vgl. Daniels et al. 1998; Vogel 2004: 132ff).

kosten eine Rolle zu spielen beginnen. Der Tiefpunkt im Saldo (d) liegt zeitlich hinter der Veröffentlichung des Films (c), da die Einnahmen zunächst nicht dem Produzenten zufließen. Erst wenn die Kosten der Distribution gedeckt sind, gelangen Erlöse zum Produzenten. Der Einnahmenrückfluss verläuft sehr viel langfristiger als die Ausgaben. Der Break-even (e), wenn alle Ausgaben wieder amortisiert sind, wird in der Regel erst mit deutlichem Zeitverzug erreicht, wenn auch die Erlöse aus der Verwertung auf DVD und im TV auflaufen (vgl. Dekom 2004).

Abbildung 10 Cashflow für ein einzelnes Filmprojekt

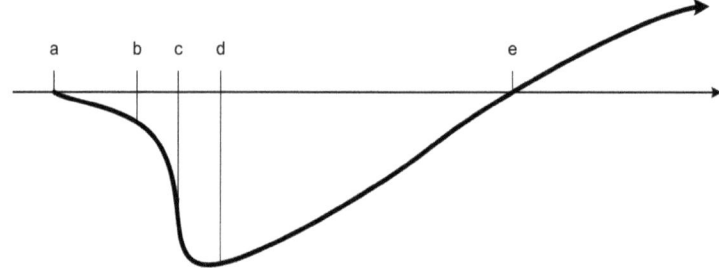

Quelle: Eigene Darstellung

Ein Filmstudio kann durch die Überlappung mehrerer Saldokurven von einzelnen Filmen die Zeitverschiebung ausnützen und die Erlöse aus anderen Filmen für die Finanzierung der Entwicklung und Produktion eines neuen Films nutzen. Der Risikoausgleich erfolgt nicht innerhalb eines Jahres, sondern intertemporal, d.h. die guten gleichen die schlechten Jahre aus. Die Einbindung der Majors in kapitalstarke Konzerne ermöglichte es ihnen, die Zeit, bis ein Film Gewinn einspielt, durch gut strukturierte Vertriebsnetze, Video- und Fernsehverträge zu verkürzen oder durch hohes Eigenkapital zu überbrücken. Houcken gibt ein Minimum von zehn bis zwölf Blockbustern an, um ausreichende Diversifikationseffekte zu erzielen (vgl. 1999: 124). Dabei spielt auch der Aufbau einer Filmbibliothek eine Rolle. Für Filme, die beim Publikum den Status eines Klassikers oder eines Kultfilms erreichen können, sind die Auswertungsmöglichkeiten nahezu unbegrenzt. Auch nach Jahrzehnten können, bei minimalen Kosten für den Erhalt der jeweiligen Masterkopie, noch Erlöse aus dem DVD-Verkauf oder einer abermaligen Ausstrahlung im TV erzielt werden.

Im europäischen Raum spielt die Eigenkapitalfinanzierung im Sinne einer Selbstfinanzierung kaum eine Rolle. Zwar sind sowohl Produktions- als auch Marketingbudgets erheblich niedriger, Gleiches gilt jedoch auch für die Erlöse. Im deutschsprachigen Raum haben selbst die großen Produktionsfirmen wie

Constantin oder *Senator* inklusive ihrer Tochterfirmen einen jährlichen Output von kaum zehn Filmen. In Anbetracht der Tatsache, dass von diesen Filmen nur wenige Erfolg haben, reicht die Frequenz für eine Selbstfinanzierung nicht aus. Gaitanides sieht die Relevanz der Selbstfinanzierung in Deutschland einzig im potenziellen Gründungskapital, das ein Unternehmen in eine Projektgesellschaft einbringen kann (vgl. 2001a: 84). Für Produzenten, die ein Filmpackage zusammenstellen, spielt die Innenfinanzierung keine Rolle. Als Ausnahmen sind allenfalls Low-Budget-Projekte vorstellbar, bei denen Produzenten gezwungen sind, eigenes Geld zu investieren. Daneben kann es für Produzenten sinnvoll sein, die Kosten der Entwicklung aus eigenen Mitteln zu finanzieren, um so mehr Rechte am Projekt zurückbehalten zu können.

Außenfinanzierung

Mit Ausnahme der von Konzernen getragenen Hollywood-Studios sind alle Produktionsunternehmen zwingend auf Außenfinanzierung angewiesen. Doch auch die Studios als Financier Distributor greifen häufig auf Fremdkapital zurück, um ihr finanzielles Risiko teilweise an Investoren oder Banken weiterzugeben (vgl. Amdur & Bing 2003: 11; Wasko 2003: 32).

Die Filmbranche ist dabei vorderhand jedoch weder für Investoren noch für Kreditgeber besonders attraktiv, da im Mittel nur Renditen von weniger als 6% erzielt werden können (vgl. Vogel 2004: 56)[37] und die Ausfallwahrscheinlichkeit von Krediten relativ hoch ist. Gründe, warum dennoch genügend Mittel für die Filmproduktion bereitgestellt werden, werden von mehreren Autoren in der Faszination des Produkts und im Glamour der Branche vermutetet (vgl. Garey 2004: 122; Vogel 2004: 161f). Lazarus erklärt *„The truth is that without some compelling reason other than love of movies, there are better places for investors to put their money than in independently financed films"* (2005: 59). Alberstat nennt als Anreize für Investoren z.B. Besuche am Set und Screen Credits (vgl. 2004: 212). Im Folgenden sollen die wichtigsten Quellen für Fremd- und Eigenkapital mit ihren Implikationen vorgestellt werden.

Fremdkapital

Kredite für Filmproduktionen zu beschaffen, ist nicht leicht: Die lange Umlaufzeit des Kapitals bedeutet, dass ein Kredit nur langsam getilgt wird. Durch die

---

[37] Der Wert bezieht sich auf den Zeitraum 1993-2002. Andere Quellen nennen höhere Renditen, beziehen dabei aber nur Firmen ein, die öffentlich gehandelt werden (z.B. Thiele 1997). Es ist anzunehmen, dass kleinere Firmen nicht zu den renditestärksten Unternehmen der Branche zählen.

Immaterialität des Produkts Film gibt es keine pfändbaren Sicherheiten. Eine Produktionsfirma, die nicht über eine Rechtebibliothek, eigene Aufnahmestudios oder Immobilien verfügt, kann einer Bank keine Sicherheiten anbieten, die einen Kredit in Millionenhöhe rechtfertigen. Banken gewähren in der Regel erst dann Kredite, wenn andere Akteure sich bereits dem Projekt verschrieben haben. Die Bank reduziert ihr Kreditausfallrisiko, indem sie das vertraglich fixierte Engagement dieser Akteure als Sicherheit nimmt (z.b. Presales, die eine fixe Summe bei Übergabe des fertiggestellten Films garantieren). Die Bank bietet lediglich eine Zwischenfinanzierung. Da die Garantiesumme jedoch nur dann fällig wird, wenn der Film tatsächlich und fristgerecht fertiggestellt ist, verlangt die Bank zusätzlich eine Fertigstellungsversicherung (Completion Bond), die das Produktionsbudget belastet. Über die Laufzeit eines Presalevertrags können sich die Rahmenbedingungen in der Kreditlandschaft (z.B. Wechselkursschwankungen) erheblich verändern und auch die Bonität der Distributoren, die im Presalevertrag die Abnahme zugesichert haben, kann verloren gehen (vgl. Daniels et al. 1998: 256f). Abhängig von der Bonität der Partner im Presalevertrag und ggf. weiteren Sicherheiten, sind Banken in der Regel nur bereit, einen Teil der Presalesumme zu beleihen (vgl. Sherr 2004: 47ff). *„Although they can play a vital role in the financing of a given production, banks do not invest in films"* (Alberstat 2004: XX). Aus Sicht der Produzenten kann die Finanzierung über Bankkredite dennoch attraktiv sein, da sie, anders als bei einem Vertrag mit einem Financier Distributor, ihre wirtschaftliche und insbesondere auch künstlerische Unabhängigkeit wahren können. Bankenkredite müssen im Gegensatz zu Investments auch im Falle eines Misserfolgs komplett zurückbezahlt werden, dafür müssen Produzenten im Erfolgsfall jedoch auch nur die geliehene Summe zurückzahlen und nicht den Gewinn teilen. Für etablierte US-Studios als Teil eines Konzerns ist die Kreditbeschaffung weniger problematisch. Sie nehmen Kredite nicht für einzelne Filme auf, sondern für die allgemeine unternehmerische Tätigkeit. Als Sicherheiten können sie nicht nur potenzielle zukünftige Erlöse aus einem Filmprojekt oder vertraglich zugesicherte Zahlungen von Abnehmern anbringen, sondern eine Vielzahl von möglichen Posten aus dem Anlagevermögen.

Neben Filmverleihern und Distributoren auf anderen Verwertungsstufen, die bereits vorab Garantiezahlungen für die Abnahme des Films zusagen, kann unter Umständen auch der Staat als Bürge und Treuhänder auftreten. In der Zwischenkriegszeit wurden in Deutschland verschiedene Versuche unternommen, eine Filmbank als Treuhandinstitution zwischen Filmbranche und Banken zu etablieren, um die Kreditvergabe und Abwicklung zu optimieren. Obschon aus Perspektive der Filmfinanzierung ein sinnvolles Modell, um die Filmproduktion zu stimulieren, wurde die Filmkreditbank zum finanziellen

Hebel bei der Gleichschaltung der Filmbranche im Dritten Reich (vgl. Spiker 1975: 94ff).[38]

Auch Schauspielende, Regisseure oder Drehbuchautoren können durch Gagenrückstellung einen Film mitfinanzieren. Gagenrückstellungen sind Sachleisterkredite in Form von Arbeitsleistung von Schauspielenden oder Filmtechnikern. Die Bedienung des Kredits erfolgt aus den Erlösen des Films. Wenn vertraglich kein fixer Betrag, sondern eine prozentuale Beteiligung an den Erlösen festgelegt ist, lässt sich die Gagenrückstellung auch als Investition von Eigenkapital interpretieren (vgl. Clevé 2004: 126). Gagenrückstellungen sind demnach ein Weg für Produzenten, ihr Risiko zu reduzieren und auf Cast und Crew abzuwälzen – um den Preis der Aufgabe von Erlöschancen (vgl. Weinstein 1998: 191ff; Chisholm 1997). Je nach Höhe des Budgets und der Bekanntheit der Schauspielenden können Gagenrückstellungen einen erheblichen Teil des Budgets eines Films tragen. Das Budget des Debütfilms *Exklus!v (1999)* des Schweizer Regisseurs Florian Froschmayer in Höhe von ca. 2.5 Mio. CHF konnte z.B. zu 16% aus Gagenrückstellungen der Schauspielenden und des technischen Personals finanziert werden (vgl. Baumann 1999). Bei geförderten Filmen wird die Gagenrückstellung häufig genutzt, um den von Fördereinrichtungen vorgeschriebenen Eigenanteil zu erbringen (vgl. Clevé 2004: 126). Die Reduktion der Produktionskosten durch Digitalisierung könnte es möglich machen, Low-Budget-Filme komplett durch Gagenrückstellungen und Sachleisterkredite zu finanzieren (vgl. Screen Digest 2002: 71). Momentan bedeuten Gagenrückstellungen bei Low-Budget-Produktionen häufig, dass die Schauspielenden de facto umsonst arbeiten (vgl. Weinstein 1998: 95ff; Daniels et al. 1998: 249f), weil der Film nach Abzug der Verleihkosten keinen Gewinn erwirtschaftet: *„A promise of net profit participation is often a hollow one"* (Sisto 2003: 27). Gagenrückstellungen von Hollywood-Stars, die eine Beteiligung am Bruttoumsatz des Films aushandeln können, führen dagegen unter Umständen dazu, dass der Star am meisten an einem Film verdient (vgl. Weinstein 1998: 195f; Chisholm 1997).

---

[38] Ziel der 1933 von der Spitzenorganisation der Filmwirtschaft (SPIO) mit Billigung des Propagandaministeriums ins Leben gerufenen Filmkreditbank war es, die Banken von den hohen Finanzierungsrisiken zu befreien. Die halbstaatliche Filmkreditbank sollte zur Finanzierung der Produktion einzelner Filme Wechsel auf sich ziehen und, mit ihrem Akzept versehen, einer Bank als Deckung für die benötigten Kredite übergeben. Die beteiligen Unternehmen übernahmen gemeinsam die Ausfallbürgschaft gegenüber den Diskontbanken. Es handelte sich also um eine formalisierte Form der Kofinanzierung mit Risikoteilung zwischen allen Beteiligten. Die Filmkreditbank überwachte die Ausgaben in der Produktion, eine Verleihtreuhandgesellschaft das Debitorenrisiko. Das Produktionsrisiko sollte über die Branche und den Wertschöpfungsprozess verteilt werden, um Banken zu Krediten zu motivieren, für die eine halbstaatliche Bank als Treuhänder auftritt. In der Praxis wurde die ökonomisch motivierte Überwachung der Produktion und Distribution mit einer politischen Überwachung und Zensur kombiniert. (vgl. Spiker 1975: 94ff)

Filmförderung

Während Film in den USA als Klassen versöhnende Populärkultur verstanden wird, findet sich in Europa häufig die Perzeption des Films als elitäre Kunstform (vgl. Jarothe 1998: 49; Kleinsteuber 1992: 145; ausführlich zum europäischen Film als Kunstobjekt vgl. Heller 1985). Analog zu den Unterschieden zwischen den USA und Europa bezüglich der Elitekultur im Bereich des Theaters und der Musik hat es sich in Europa der Staat zur Aufgabe gemacht, das denkbare Marktversagen zu adressieren und den Film als Kunst zu fördern. *„Aus wirtschaftlicher Sicht betrachten die europäischen Staaten den Film als öffentliches Gut, das durch eine staatliche Förderungspolitik vor Fehlallokationen geschützt werden muss, während in den USA seitens des Staats Film als privates Gut gesehen wird und den Marktmechanismen unterliegt"* (Jarothe 1998: 49). Seit der Mitte des 20. Jahrhunderts wurden in fast allen europäischen Ländern Programme zur Förderung der Filmproduktion und zum Teil auch des Verleihs, der Vorführung sowie weiterer Sekundärmärkte ins Leben gerufen. Daneben gibt es mit den *MEDIA* Programmen und *EURIMAGES* zwischenzeitlich auch Fördermaßnahmen auf paneuropäischer Ebene. Die jeweiligen Förderprogramme sind kulturellen, gleichzeitig aber auch ökonomischen Zielen verpflichtet. Häufig ist eine klare Zuordnung nicht möglich, da die Maßnahmen versuchen, zum Teil widersprüchliche Ziele gleichzeitig zu erreichen.

Im Bereich der ökonomischen Ziele soll die Position der nationalen Player in der internationalen Konkurrenz gestärkt werden. Die Förderung soll im Sinne einer Anschubfinanzierung den Produktionsfirmen die Bildung von Eigenkapital ermöglichen, wodurch sie langfristig in die Lage versetzt werden sollen, mit amerikanischen Financier-Distributor-Studios auf Augenhöhe zu konkurrieren. Daneben spielen auch standortpolitische Ziele eine Rolle, wenn eine Branche durch subventionierte Projekte gestützt wird, um so Arbeitsplätze im audiovisuellen Sektor zu erhalten oder anzuziehen. Durch die Filmförderung sollen Produktionscluster entstehen, die wiederum private Folgeinvestitionen anziehen. Die Förderung der Studios in Babelsberg zielte z.B. auch darauf ab, eine Infrastruktur aufzubauen, die auch von amerikanischen Großproduktionen genutzt werden kann, um so Auftragsproduktionen zu gewinnen und indirekt Standortmarketing für die Region Berlin-Brandenburg zu betreiben (vgl. Krätke 2002: 108ff).

In kleineren Märkten mit eigener Sprache können nationale Filmproduktionen häufig die Produktionskosten in den heimischen Kinos nicht wieder einspielen. Die Förderung soll einen Ausgleich für das Produktionskostendefizit bieten. Gleichzeitig sollen Fördermaßnahmen häufig auch einen

Hebel gegen das Außenhandelsdefizit darstellen. In allen europäischen Ländern hatten im Jahr 2004 amerikanische Filme jeweils einen Marktanteil von deutlich über 50% (vgl. Media Salles 2006: 135). Europäische Filme haben in den USA hingegen traditionell geringere Erfolgsaussichten und einen entsprechend marginalen Marktanteil. Ökonomisch motivierte Fördermaßnahmen für den Film zielen entsprechend auch auf den Ausgleich von Handelsdefiziten mit den USA.

Im angelsächsischen Raum steht dieser ökonomische Aspekt der Filmförderung im Vordergrund. Das Gesetz über die New Zealand Film Commission bestimmt z.B. als Funktionen der Förderinstitution *„(a) to encourage and also to participate and assist in the making, promotion, distribution, and exhibition of films, (b) to encourage and promote cohesion within the New Zealand film industry"* (New Zealand Film Commission Act 1978 § 17 Abs. 1). Die Förderung ist dabei von kulturellen Aspekten unabhängig. Gleiches gilt für Steuererlasse auf die Einkommensteuer des Personals einer Filmproduktion in Kanada. Einheimische Schauspielende und Filmtechniker sollen gefördert und internationale Koproduktionen veranlasst werden, in Kanada mit Kanadiern zu produzieren (vgl. Canada Revenue Agency 2006). Ähnliche Förderprogramme gibt es auch in einigen amerikanischen Bundesstaaten. Im kontinentaleuropäischen Kontext scheinen dagegen kulturell begründete Rechtfertigungen für die Filmförderung wichtiger. So werden in den Förderrichtlinien des Beauftragten der deutschen Bundesregierung für Kultur und Medien z.B. als Ziele formuliert: *„den künstlerischen Rang des deutschen Films zu steigern, zur Verbreitung deutscher Filme mit künstlerischem Rang beizutragen und die Entwicklung der Filmtheater als Kulturstätten zu fördern"* (Beauftragte der Bundesregierung für Kultur und Medien (BKM) 2005: 4). Analog wird im dänischen Filmgesetz (Lov om film) die Filmkunst und Kinokultur in den Mittelpunkt gestellt. In Art. 1 Abs. 1 heißt es: *„The Danish Film Institute is the national agency responsible for supporting and encouraging film and cinema culture and for conserving these in the national interest."* Parallel zum handelspolitisch motivierten Ziel der Nivellierung des Handelsdefizits gibt es auch kulturpolitische Argumente, die im Import amerikanischer Filme einen Kulturimport sehen und mithin einheimische Filme fördern wollen, um entsprechend ein kulturelles Gegengewicht zu schaffen.

Unabhängig davon, wie die Förderung motiviert und gerechtfertigt ist, stellt sie einen erheblichen Eingriff in den Markt dar. In Deutschland steht Kinoumsätzen von rund 870 Mio. € zwischen 2000 und 2005 (vgl. FFA – Filmförderungsanstalt 2006a: 1) jeweils eine Gesamtfördersumme von ca. 200 Mio. € verteilt auf unterschiedliche Institutionen und Förderbereiche gegenüber (vgl. Clevé 2004: 105). Seufert kommt in seiner Befragung aus dem Jahr 2000 sogar auf einen Förderanteil von einem Drittel am Gesamtumsatz (vgl. 2002: 90). Im Unterschied zu Bankenkrediten sind die Gelder der Filmförderung entweder von vornherein Zuschüsse oder bedingt rückzahlbar, d.h., die Darlehenssumme muss nur dann zurückgezahlt werden, wenn Gewinn erzielt wird, wobei als Erfolgsmaßstab ausschließlich Kinoeinnahmen in Deutschland innerhalb von zehn Jahren nach Veröffentlichung gewertet werden. Der Förderer übernimmt somit das komplette Ausfallrisiko für seinen Finanzierungsanteil. In Deutschland ist es üblich, dass nur ein Teil der Erlöse für die Tilgung der Darlehen verwendet werden müssen (Eggers 2003: 110), um die Eigenkapitalbasis der Produzenten zu stärken. Bei der FFA machten Rückzahlungen und Tilgungen zwischen 2001 und 2005 im Durchschnitt 10% der Fördersumme aus (vgl. FFA – Filmförderungsanstalt 2006b: 13). In der Praxis ist es eher die Ausnahme, dass eine Produktionsgesellschaft mit ihrem Film so erfolgreich ist, dass sie die Fördergelder tatsächlich zurückzahlen muss. Wenn es Filmen wie zuletzt *Good Bye, Lenin! (2003)* oder *Das Wunder von Bern (2003)* gelingt, durch den Erfolg an der Kinokasse die Fördersumme zu erstatten, fließt die Förderung nicht an die Institution zurück, sondern wird auf einem Produzentenkonto „geparkt" und steht dem erfolgreichen Produzenten bei Nachweis der Budgetierung für ein neues Projekt zur Verfügung (z.B. Richtlinien der Filmstiftung NRW Art. 3.2.8, vgl. auch Clevé 2004: 116).

Fördergelder machen für viele Filme, die in Deutschland produziert werden, den größten Posten im Budget aus. Der Bayerische Oberste Rechnungshof stellt in seinem Jahresbericht 2004 zur Filmförderung fest: *„Der geringe Eigenmittelanteil zeigt, dass weder Produzenten noch Banken unternehmerisches Risiko auf sich nehmen. Zudem ist das Interesse der Zuschussempfänger am wirtschaftlichen Erfolg des Films begrenzt. Dem Produzenten ist nicht so sehr die Marktgängigkeit seines Films, sondern die Zustimmung der Fördergremien wichtig"* (Bayerischer Oberster Rechnungshof 2004: 60).

Ziel der deutschen Filmförderung ist es, die Risiken der Filmproduktion abzufedern und gleichzeitig die Marktkräfte zu unterstützen, indem Erfolg belohnt wird. Auf diesem Wege soll mittelfristig die Eigenkapitaldecke der Produktionsfirmen gestärkt werden, um eine selbstständige Produktion zu ermöglichen. Neben der De-facto-Befreiung von der Rückzahlungsverpflichtung im Mißerfolgsfall spielt hier insbesondere die Vergabe von Referenzmitteln eine Rolle. Sie sollen eine kontinuierliche Produktion fördern, indem der Erfolg eines Films gemessen in Zuschauerzahlen mit nicht rückzahlbaren, aber zweckgebundenen Zuschüssen für Folgeprojekte der Produzenten belohnt wird. Diese zunächst rein ökonomisch orientierte Förderung, die geeignet wäre, die Marktkräfte zu potenzieren und so für eine Auslese unter den Produzenten zu sorgen, wird in den meisten Fällen um kulturelle Aspekte ergänzt. In Deutschland und der Schweiz reichen z.B. für Filme, die ihren kulturellen Wert im Rahmen von Filmfestivals bewiesen haben, niedrigere Zuschauerzahlen aus, um sich für die

Referenzförderung zu qualifizieren (vgl. § 22 FFG resp. Art. 41 FiFV). Zusammen mit dem niedrig dotierten Globalbudget für die Referenzförderung kann jedoch weder eine Stärkung der Eigenkapitalbasis noch eine Auslese induziert werden. Vielmehr besteht die Gefahr, das Referenzfilmmittel für Projekte verwendet werden, die sonst nicht produziert worden wären, weil sie weder kulturell so wertvoll sind, dass sie sich für die kulturelle Förderung qualifizieren, noch ökonomisch so vielversprechend, dass sie für private Investoren interessant sind. Die Referenzfilmförderung ist damit eben keine Anschubfinanzierung und kein Weg zur Etablierung von international konkurrenzfähigen Produzenten, sondern stellt eine dauerhafte Subventionierung einer Branche dar, die alleine kaum lebensfähig wäre. *„Dadurch, dass der Produzent nicht gezwungen ist, das Fördergeld zu refinanzieren, spielt eine marktorientierte Herangehensweise für ihn keine große Rolle"* (Lins 2002: 29). Die Filmwirtschaft bekommt einen ähnlichen Charakter wie die Landwirtschaft, Körte (2001) spricht von *„Artenschutz"*. Ihre Protagonisten sind wenig produktiv, werden aber vom Staat alimentiert, weil sie die Kulturlandschaft pflegen. In der Projektförderung werden auch solche Produzenten gefördert, die einen kommerziellen Misserfolg nach dem anderen herstellen (vgl. für die Schweiz Glur 1998: 18).[39] 2007 wurde in Deutschland mit dem DFFF ein neues Subventionsprogramm geschaffen, bei dem ein minimaler Kulturbeitrag und ein solider Finanzierungsplan dargestellt werden müssen, um in den Genuss von geschenktem Geld bis zu einem Viertel des Gesamtbudgets zu kommen. Das Ziel dieser Förderung ist, die Produzenten vom Einfluss der Kulturgremien zu befreien und sie durch das Geschenk eines Teils des Budgets zu motivieren, den Rest selbst zu akquirieren (vgl. vom Hofe 2007: 133). Duvvuri (2007) kommt für die Filmförderung zu einem ernüchternden Ergebnis: Es gibt kaum einen nachweisbaren positiven Fördereffekt, weder in Bezug auf den Publikumserfolg, noch in Bezug auf den kulturellen Erfolg, z.B. bei Festivals, noch in Bezug auf den Kapitalzuwachs in der Branche. Wer Fördergeld bekommt, spart bei anderen Inputelementen an Aufwand: So können Bagella und Becchetti (1999: 251) z.B. zeigen, dass geförderte Filme in Italien im Mittel eine wesentlich niedrigere Popularität des Personals aufweisen.

In mehreren europäischen Ländern wird die Filmförderung nicht aus dem Steueraufkommen finanziert, sondern über eine Abgabe, die auf jeden Kinoeintritt erhoben wird. Die Filmabgabe ist unabhängig von Herkunft und Erfolg eines Films fällig. Dadurch tragen amerikanische Blockbuster, die das Gros der Ein-

---

[39] Der Markt wird nicht nur in Europa und nicht Englisch sprechenden Regionen vernachlässigt. Auch die relative Schwäche australischer Produktionsfirmen ist auf die Produktorientierung der Produzenten zurückzuführen. Sie produzieren „Qualitätsfilme", die ihnen selbst zusagen, und kümmern sich zu wenig darum, den Geschmack des Publikums zu bedienen und fortzuentwickeln (vgl. Guild & Joyce 2006).

tritte auf sich vereinen, wesentlich zur Finanzierung der Filmfördereinrichtungen bei. Die Filmabgabe ist ein Instrument zur Umverteilung der Erlöse, wobei Produzenten von erfolgreichen Filmen indirekt Projekte von weniger erfolgreichen Produzenten unterstützen. Die Filmförderung nivelliert damit in beschränktem Rahmen die Erlöschancen und -risiken in der Branche, da schwächere Marktteilnehmer am Erfolg von stärkeren partizipieren und umgekehrt stärkere Marktteilnehmer ihren Wettbewerbsvorteil nicht voll kapitalisieren können, da ein Teil der Zahlungsbereitschaft der Rezipienten in die Förderung der Konkurrenz umgelenkt wird. Der ausgleichende Effekt dieser Maßnahme ist je nach Land unterschiedlich hoch einzuschätzen: In Deutschland beträgt die Filmabgabe lediglich 1.8 bis 3% des Kinoumsatzes (vgl. § 66 Abs. 2 FFG) und macht damit 21% der gesamten Fördersumme aus, in Norwegen ist die Filmabgabe mit 70% die Haupteinnahmequelle der Filmförderung (vgl. Lange & Westcott 2004).

In Bezug auf die Verfügbarkeit und den Zugang zu Mitteln aus der Filmförderung unterscheidet sich die Filmförderung erheblich von andern Kapitalquellen. Clevé beschreibt sie als einen Prozess, bei dem *„der Produzent vom Wohlwollen einer Vielzahl unterschiedlichster Personen abhängig ist, die nach künstlerischen, kulturellen und persönlichen Kriterien entscheiden"* (2000a: 184). Die Kriterien sind weniger eindeutig und im Gegensatz zu jenen, die Investoren anlegen, nicht berechenbar. Ein weiterer wichtiger Unterschied besteht im Objekt der Förderung, resp. der Investition. Förderungsbeiträge werden vorrangig für Werke vergeben, nur in Ausnahmefällen für Unternehmen. Jedes Projekt muss sich bei der Förderung einzeln bewähren. Ein Risikoausgleich erfolgt allenfalls branchenweit über die Filmabgabe. Die Kleinteiligkeit der Branche wird ermöglicht, da die Unternehmen nicht auf die Auswertung ihrer Produkte angewiesen sind, sondern durch die Förderung vom Produzieren selbst leben können. Aus diesen Erlösen können sich die Firmen zwar keine risikominimierenden Portfolios leisten (vgl. Clevé 2000b: 15f; Lins 2002: 28), benötigen diese aber auch nicht. Für Produzenten vor dem Green Light ist die Förderung damit ein wichtiges Element im Filmpackage, da die Aussicht auf Förderung das Risikoniveau eines Projekts massiv reduzieren kann und somit die Entscheidung für das Projekt begünstigt.

Presales

Presales können als Kredit des Kunden im Rahmen des betrieblichen Leistungsprozesses verstanden werden. Je nach Vertragsgestaltung können sie jedoch auch eine Beteiligungsfinanzierung durch Distributoren bedeuten. Presaleverträge werden abgeschlossen, bevor ein Film fertiggestellt ist, in der Regel bereits, bevor mit den Dreharbeiten begonnen wird. Der Distributor verpflichtet sich auf Basis des Drehbuchs und der Besetzungsliste, den fertigen Film abzunehmen und dafür, unabhängig vom späteren Erfolg, bei Drehbeginn oder spätestens bei Ablieferung der Filmkopie eine fixe Summe zu bezahlen. Spielt der Film weniger als die Garantiesumme ein, trägt der Distributor den eigenen Verlust. Presales sind ein Vorschuss auf den Filmerfolg, wobei der Distributor einen Teil des Erfolgsrisikos übernimmt. Sie verbinden für den Produzenten damit die Vorteile von Kredit- und Beteiligungsfinanzierung. Die Unabhängigkeit bleibt erhalten, obwohl das Risiko abgewälzt werden kann. Übersteigen die Erlöse die Garantiesumme, werden zunächst die Auslagen des Distributors abgezogen und darüber hinausgehende Gewinne geteilt. Da kein Verleiher ohne jegliche Sicherheiten Garantiezahlungen für einen Film vertraglich zusagt, ist dieses Finanzierungsinstrument nur dann einsetzbar, wenn das Filmpackage Elemente enthält, die dem Verleiher Qualität suggerieren. Das können in der Vergangenheit erfolgreiche Regisseure oder Schauspielende sein. Analog zur Bank, die das Engagement eines Verleihers voraussetzt, verlangt auch der Verleiher als Voraussetzung für eigenes finanzielles Risiko, dass sich bereits andere vertrauenswürdige Akteure dem Projekt verschrieben haben. Filmfinanzierung über Presales stellt sich als Commitment-Kaskade dar. Finanzielle Sicherheit wird zum Teil durch Vertrauen und Reputation substituiert. Die Kreditwürdigkeit eines Drehbuchs von unbekannten Autoren kann innerhalb kurzer Zeit um ein Vielfaches steigen, wenn es gelingt, bekannte und in der Vergangenheit erfolgreiche Personen für das Projekt zu gewinnen (vgl. Kurz et al. 2006: 40f). Produzenten können ihre Projekte mehrfach verkaufen, indem sie verschiedenen Distributoren jeweils nur die Auswertungsrechte in einem bestimmten Medium (Kino, DVD, TV) oder Territorium anbieten. Für Produktionen außerhalb der USA ist es allerdings schwierig, Distributionsrechte jenseits des Heimatmarkts vorab zu verkaufen. Bei Filmen aus europäischen Ländern besteht auf dem Weltmarkt ein Angebotsüberhang. Ohne Knappheit fehlt potenziellen Verleihern die Motivation, sich schon vorab einem Projekt zu verpflichten (vgl. Clevé 2004: 123f). Die Aussicht auf einen Presalevertrag ist für nicht konzerngebundene Produzenten ein unverzichtbares Element des Filmpackage, da dieser die Grundlage für Finanzierungsbeiträge von Banken und Förderern darstellt.

Eigenkapital

Im Vergleich zu Krediten oder Versicherungslösungen haben die Beteiligungsfinanzierungen den Vorteil, dass die Investoren mit den Erlöschancen auch das Ausfallrisiko übernehmen. Während bei einem Flop Kredite gleichwohl zu bedienen sind, haben Eigenkapitalgeber keinen Anspruch auf Rückzahlung ihres

Anteils (vgl. Gaitanides 2001a: 87). Grundsätzlich kann das Eigenkapital von beliebigen Investoren kommen, wichtige Quellen sind jedoch auch die Unternehmen und Individuen, die unmittelbar am Projekt beteiligt sind. Zunächst sollen allgemein Investoren vorgestellt werden, danach wird auf Koproduktionen als projektinterne Eigenkapitalquellen eingegangen.

Prinzipiell können sich Filmproduzenten Kapital über die Börse beschaffen. Die hohen Anlaufverluste eines Filmprojekts harmonieren jedoch nicht mit den häufig eher kurzfristig orientierten Interessen von Anlegern. Das Anlageversprechen von Filmaktien ist weniger finanzielle Solidität und Rendite, als vielmehr Aufregung, Risiko und Glamour (vgl. Vogel 2004: 85). Die Verfügbarkeit von Börsenkapital für die Filmbranche hängt damit davon ab, ob in der Wahrnehmung der Investoren der Glamour oder die Erinnerung an kürzliche Flops überwiegt (vgl. Daniels et al. 1998: 259ff). Da der administrative Aufwand für eine Aktienemission erheblich ist, werden Aktien in der Regel nicht für die Beteiligung an einzelnen Filmprojekten ausgegeben, sondern für Beteiligungen an mehreren Filmprojekten oder im Rahmen einer Kapitalerhöhung einer bestehenden Produktionsfirma. Aktienemissionen bieten den Investoren damit ein Mindestmaß an Risikoausgleich, indem sie ihnen die Risikoabsicherung in ihrem Portfolio zum Teil abzunehmen. Der Kauf solcher Aktien wird durch das Engagement in mehreren Projekten und durch vorhandene Vermögenswerte weniger spekulativ. Auch bei den Börsengängen der beiden deutschen Produktions- und Distributionsunternehmen *Constantin Film* und *Senator Film* im Jahre 1999 spielten neben den Renditeerwartungen aus der Programmproduktion insbesondere das Engagement als Filmverleih und die vorhandenen Filmrechte eine Rolle (vgl. Kögel & Hennerkes 2000: 201). In Combination-Deals können Aktien auch zusammen mit anderen Anlagegegenständen angeboten werden. Auf diese Weise kann ggf. ein breiterer Kreis von Investoren angesprochen werden und vorhandene Aktiva, wie z.b. eine Filmbibliothek oder ein Studiobetrieb, können kapitalisiert werden (z.B. Godenrath 2007). Für einzelne Projekte stellen Beteiligungsfinanzierungen über die Börse eine Ausnahme dar, die bei der Erstellung eines Filmpackage praktisch keine Rolle spielt.[40] Gleiches gilt auch für Finanzierungen über Fonds oder Wagniskapital. Investoren bevorzugen Engagements, bei denen ein Totalverlust ausgeschlossen ist und die Risiken schon innerhalb des Investments im Rahmen eines Portfolios aus mehreren Projekten abgesichert sind (vgl. Grogg 2004: 132). In der Vergangenheit haben Hedgefonds zum Teil erhebliche Summen in Filme investiert (vgl. Kelly 2006). Bis zum Wirksamwerden neuer Bestimmungen 2004 (vgl.

---

[40] 2004 versuchte Ethan Hawke ein Filmprojekt mit knapp acht Mio. US$ Budget durch Emission von 900.000 Aktien zu finanzieren (vgl. Delko 2004). Selbst die Reputation eines Oscarpreisträgers reichte jedoch nicht aus, um genügend Anleger zu überzeugen – das Projekt kam nie zustande.

Bundesministerium der Finanzen 2001) kamen auch Filmfonds als Beteiligungs-finanzierung häufiger zum Einsatz. Die Investoren waren nicht unmittelbar an der Produktion oder Verwertung des Films beteiligt und anders als bei der Börsenfinanzierung konnte das Risiko durch steuerliche Vorteile ausgeglichen werden.[41] Zwischenzeitlich sind die Steuersparmöglichkeiten durch Fonds nach deutschem Recht massiv eingeschränkt, sodass der Ertrag aus den Fonds tatsäch-lich allein aus dem Erfolg aus den mitfinanzierten Filmen resultiert. Filmfonds sind dem vollen unternehmerischen Risiko ausgesetzt und unterscheiden sich praktisch nicht von Venture Capital Fonds. Als Eigenkapitalgeber sind Fondgesellschaften als Koproduzenten an den Rechten am Negativ beteiligt, sie haben also ein Interesse daran, ein maximales Verwertungspotenzial voll auszu-schöpfen. Entsprechend werden weltweit vermarktbare Filme bevorzugt (vgl. Clevé 2000a: 186). Es ist nicht mehr möglich, den Fonds aus dem Tagesgeschäft herauszuhalten und als Produzent die komplette Leitung über das Filmprojekt zu wahren (vgl. Gaitanides 2001a: 90). Der Fonds als Mitunternehmer soll lediglich an Gewinn und Verlust der Produktion beteiligt werden. Streng genommen muss der Mitunternehmer nach deutschem Recht auch die Möglichkeit zur Mitunter-nehmerinitiative und zum Einfluss auf unternehmerische Entscheidungen haben, in der Praxis wird diese Mitsprache in der Regel durch die Einrichtung von Aufsichts- und Kontrollorganen kanalisiert und relativiert (vgl. Gaitanides 2001a: 91). Auch ohne die steuersenkende Verlustzuschreibung können Fonds attraktiv sein, da durch das Aktivierungsverbot für selbst geschaffene im-materielle Wirtschaftsgüter (§ 5 Abs. 2 EStG) die Herstellungskosten des Films unmittelbar bei Fertigstellung steuerlich komplett abgezogen und mit anderen Einkünften gleicher Art und gleicher Herkunft verrechnet werden können. Damit kann durch den Verlustvortrag eine Steuerstundung erreicht werden, die sich bei späteren Gewinnen auszahlt.

Analog zur Fondsfinanzierung ist in Amerika die Finanzierung über Limited Partnerships (Kommanditgesellschaften) üblich. Die Gesellschaft be-teiligt sich an einer Reihe von Filmen, wobei die Produktionsgesellschaften in der Regel mehrere Jahre Zeit haben, das Investment zurückzuzahlen. Die Rendite für die Anleger entsteht dabei allein aus dem Kassenerfolg der Filme, eine Ab-sicherung durch Steuervorteile ist nach mehreren Gesetzesänderungen seit den 1980er Jahren nicht mehr vorgesehen. Vogel beschreibt die Form des Invest-ments als nicht besonders renditestark und vermutet wiederum weiche Motivationsfaktoren in Bezug auf den vermeintlichen Glamour der Film-finanzierung (vgl. 2004: 86ff).

---

[41] Bis 1999 hatten Mitunternehmer in Deutschland die Möglichkeit, entstandene Verluste steuer-sparend mit anderen Einkünften zu verrechnen. Mittelbar waren Filmfonds damit eine Filmförderung primär amerikanischer Produktionen auf Kosten deutscher Steuerzahler.

Insgesamt sind Beteiligungsfinanzierungen durch branchenfremde Investoren kein geeignetes Mittel, um im Rahmen des Packagings von Produzenten
genutzt zu werden. Die genannten Optionen stehen für einzelne Projekte nicht
zur Verfügung und kommen somit erst infrage, wenn eine Produktionsfirma
mehrere Projekte bündelt und gemeinsam zum Green Light führt.

Wenn branchenfremde Eigenkapitalquellen schwer zugänglich sind, bietet
es sich für Produzenten an, die finanzielle Last auf mehrere Produktionsunternehmen zu verteilen (Koproduktion) oder an der Wertschöpfung im Projekt
beteiligte Unternehmen zu involvieren (Kofinanzierung). Der Unterschied besteht im Wesentlichen in der Rolle, die das Partnerunternehmen in der
materiellen Produktion übernimmt. Beiden Fällen gemein ist, dass das unternehmerische Risiko zwischen den beteiligten Unternehmen geteilt wird. Meist
wird dafür eine gemeinsame Tochterfirma gegründet (vgl. Gaitanides 2001a: 88).
Je nach Vertragsausgestaltung verfügt die gemeinsame Tochterfirma maximal
über die kombinierten Eigenkapitalmittel der beiden Partner. Herstellungskosten
werden genauso geteilt wie potenzielle Erlöse aus dem Filmprojekt. Als Nebeneffekt ergibt sich durch die Koproduktion ein Zugang zu spezifischem Know-
how, der Kenntnis möglicher Zielmärkte und nicht zuletzt auch die Qualifikation
für nationale Förderungsprogramme (vgl. Gaitanides 2001a: 84).

Ein Sonderfall der Koproduktion/Kofinanzierung ist die Zusammenarbeit
von unabhängigen Produzenten mit einem Major Studio als Financier-Distributor
(vgl. Garey 2004). Je nachdem, wie weit die Produzenten das Filmprojekt selbst
entwickeln, kann das Studio die Produktion komplett übernehmen, die
Produktion finanzieren oder aber lediglich die fixe Zusage der Abnahme des
fertigen Films garantieren. Je größer der finanzielle Aufwand für das Studio ist,
desto mehr Anteile an den Erlösen aus dem Film und häufig auch Rechte für
mögliche Fortsetzungen oder Spin-offs sowie für Merchandisingprodukte,
müssen Produzenten für die Sicherheit eines Produktions- und Distributionsver-
trags mit dem Studio abgeben (vgl. Eliashberg et al. 2006: 642).

Für die deutsche Branche beschreibt Clevé die Tendenz, dass Verleihunter-
nehmen nicht mehr Garantien abgeben, sondern mit Presales zunehmend die
Rolle eines Koproduzenten übernehmen. Hintergrund ist dabei weniger die
Orientierung am amerikanischen Modell des Financier-Distributors, sondern
vielmehr der Versuch der Verleihfirmen, auf diese Weise an den Mitteln der
Referenzfilmförderung partizipieren zu können (vgl. 2004: 123). Die
Finanzierungsbeteiligung von Teilhabern wird häufig nicht in Geldwerten ge-
leistet, sondern in Form von Sachleisterkrediten (vgl. Clevé 2000a: 186). Ein
Atelierunternehmen wird z.B. zum Kofinanzier, wenn es zugunsten einer Erlös-
beteiligung auf die Bezahlung der Dienstleistung für das Filmprojekt verzichtet.

Finanzierungsoptionen im Filmpackage

Mit Ausnahme der Filmförderung ist die Frage der Risikobeteiligung unmittelbar an die Rechtevergabe gekoppelt. Wenn ein Finanzierungspartner einen Teil des Risikos übernimmt, erhebt er auch Anspruch, durch die Rechtevergabe an den Erlöschancen beteiligt zu werden. Einzig bei Privatinvestoren ist ein Rechteerhalt trotz Risikobeteiligung möglich, da sie ggf. nicht nur den monetären Aspekt des Investments bewerten. Produzenten müssen ein Filmpackage entsprechend so gestalten, dass entweder die Risiken komplett auf die Kapitalgeber abgewälzt werden können oder aber nach der Finanzierung genügend Rechte beim Produktionsunternehmen verbleiben, um das Green Light trotz Risiko zu rechtfertigen. Für europäische Filmprojekte stellt Clevé eine Rangreihe der Attraktivität von Finanzierungsoptionen aus Produzentensicht auf, die nach dem Grad der Rechtevergabe gestaffelt ist (vgl. 2004: 141).

Tabelle 6 Produzentenpräferenz der Finanzierungsmodelle

	Finanzierung	Rechteerhalt
1	Nicht rückzahlbare Zuschüsse/Filmförderungen	keine Rechtevergabe
2	Bedingt rückzahlbare Darlehen/Filmförderungen	keine Rechtevergabe
3	Eigenkapital	keine Rechtevergabe
4	Nationale und internationale Vorverkäufe	begrenzte Rechtevergabe
5	Koproduktion	begrenzte Rechtevergabe
6	Privatinvestoren	Rechtevergabe verhandelbar
7	Bankenfinanzierung	keine Rechtevergabe
8	Bankeninvestment	Rechtebeteiligung
9	Filmfinanzierungsfonds	Rechtebeteiligung

Quelle: In Anlehnung an Clevé (2004: 141)[42]

Für den amerikanischen Markt beschreibt Garey einen analogen Zusammenhang im Verhältnis zwischen unabhängigen Produzenten und Major Studios als Financier Distributor (vgl. 2004: 121). Je früher Produzenten sich in der Projektentwicklung zur Zusammenarbeit mit dem Studio entscheiden resp. das Studio bereits zur Übernahme des Entwicklungsrisikos bewegen können, desto mehr Rechte müssen sie aufgeben und desto kleiner wird ihr Anteil an den Erlösen des Films und allfälligen Folgeprojekten. Tabelle 7 zeigt die Finanzierungsmatrix im Verhältnis zwischen Produzenten und Studio. Bei In-house-Produktionen sind Produzenten Angestellte des Studios und tragen keinerlei unternehmerisches Risiko. Wenn ein Studio aber nur für die Distribution gemietet wird, trägt es keinerlei Risiko, sondern stellt lediglich gegen Entgelt seine Dienstleistung und

---

[42] Clevé lässt in seiner Rangreihenfolge die Eigenkapitalfinanzierung aus, da sie im europäischen Raum eine unbedeutende Rolle spielt.

Infrastruktur zur Verfügung. Das Studio partizipiert nicht am Erfolg des Films, kann jedoch risikolos die Auslastung seiner Infrastruktur verbessern. Die Produzenten und ggf. ihre Koproduktionspartner und Investoren tragen das Risiko der Entwicklung und Produktion allein, behalten entsprechend aber auch alle Rechte.

Tabelle 7   Filmfinanzierungsmatrix in den USA

	Kosten für Entwicklung	Kosten für Produktion	Kosten für Distribution
In-house Production & Distribution	Eigenkapital des Studios	Eigenkapital des Studios	Eigenkapital des Studios
Production Financing & Distribution (PFD)	Fremdkapital vom Studio	Fremdkapital vom Studio	Eigenkapital des Studios
Negative Pickup / Acquisition Deal	Eigenkapital der Produzenten oder Fremdkapital	Fremdkapital aus anderen Quellen	Eigenkapital des Studios
Rent a Distributor	Eigenkapital der Produzenten oder Fremdkapital	Eigenkapital der Produzenten oder Fremdkapital	Eigenkapital der Produzenten oder Fremdkapital

Quelle: Ergänzte Darstellung in Anlehnung an Cones (1997: 30)

Beim Packaging eines Filmprojekts kommt es somit auf das Selbstverständnis und Geschäftsmodell der Produzenten und Produktionsfirmen an. In unternehmerisch orientierten Produktionsunternehmen bekommen Projekte mit einem großen Anteil an verbliebenen Rechten, aber eigenem Risiko eher ein Green Light, als in Produktionsunternehmen, die sich als Dienstleister und Zulieferer von Distributoren verstehen.

4.3   Reputation als entscheidender Marktmechanismus

Die in den vorangegangenen Kapiteln dargestellten Austauschbeziehungen auf den Beschaffungsmärkten und die Gutscharakteristika des Films machen den Preismechanismus als Ordnungsprinzip in der Filmbranche weniger wirksam. Weder kann der Erfolg eines Films beim Publikum ex ante gut abgeschätzt, noch kann der Beitrag von individuellen Schauspielenden oder Teammitgliedern festgestellt werden. Zwar kann theoretisch die Leistung des Personals inspiziert werden. Da ein Film jedoch aus der Zusammenarbeit von vielen einzelnen Kreativen entsteht, sind in der Praxis die Kosten für Probearbeiten zu hoch. Der Beitrag von Kreativen zu einem Filmprojekt muss deshalb als Vertrauensgut verstanden werden. Weder ist er ex ante fix, noch im Nachhinein genau zu quantifizieren.

Als Abhilfe für diese Marktschwäche bietet sich der Reputationsmechanismus an. Die Bewertung eines Angebots erfolgt nicht über den Preis für eine messbare Leistung, sondern über die Reputation, die sich ein möglicher Mitarbeitender in vorangegangenen Projekten erworben hat. Analog erfolgt auch die Entlohnung nicht allein pekuniär, sondern über die Zuschreibung des Projekterfolgs, also die Bestätigung oder Verbesserung der Reputation.

Eisenegger unterscheidet zwischen mehreren Variationen von Reputation: Die funktionale Reputation basiert auf der Fähigkeit, die Erwartung an die kompetente Erfüllung teilsystemspezifischer, funktionaler Rollenanforderungen zu erfüllen, soziale Reputation bezieht sich auf die moralische Integrität (Eisenegger 2005: 30). Unterschiedliche Anspruchsgruppen legen dabei unterschiedlich großen Wert auf diese beiden Varianten von Reputation. Je unmittelbarer der Kontakt, desto wichtiger wird vermutlich die soziale Reputation. Investoren ist primär die funktionale Reputation wichtig, angestellten Schauspielenden oder Kameraleuten vermutlich auch die soziale.[43] Weiter lassen sich sedimentierte und flüchtige Reputation unterscheiden (vgl. Eisenegger 2005: 38ff). Sedimentierte Reputation ist über einen längeren Zeitraum gewachsen und hat dadurch eine gewisse Persistenz gegenüber Umdeutungen und Irritationen. Produzenten, die seit drei Jahrzehnten immer wieder erfolgreiche Filme produzieren, verlieren durch einen mäßigen Film nicht umgehend und vollständig ihre positiv sedimentierte Reputation. Hierzu bedarf es einer fortgesetzten Erwartungsenttäuschung, z.B. mehrerer Flops oder eines Schlüsselereignisses z.B. eines Riesenflops, der vom Produzenten nicht als solcher anerkannt wird. Sedimentierte Reputation stellt einen Wettbewerbsvorteil dar, da nur Produzenten, die bereits eine Reihe von Filmen produziert haben, eine solche aufbauen können. Die flüchtige Reputation speist sich aus relativ spontanen Bewertungen aktueller Ereignisse, Leistungen und Stimmungseindrücke. Gerade bei Akteuren in der Filmbranche, die noch keinen eindrucksvollen Track Record aufweisen können, ist die Reputation damit stark schwankend. Blair legt nahe, dass die Reputation von Schauspielenden im Wesentlichen flüchtig ist: *„You're only as good as your last job"* (Blair 2001). Gleiches gilt analog auch für Produzenten am Anfang ihrer Karriere, bei denen es noch zu keiner Sedimentierung ihres Rufs kommen konnte und somit jeder Misserfolg schon ein Kippereignis darstellen kann (vgl. Faulkner et al. 1987: 881). *„A great deal of importance is placed on being able to trust and rely on the people who are*

---

[43] Die Diskussion um Corporate Social Responsibility zeigt jedoch, dass moralische Integrität auch als Teil der professionellen Rolle eines Unternehmers verstanden wird und damit auch im Austausch mit Investoren eine Rolle spielen kann (z.B. Gazdar et al. 2006).

worked with as a mechanism for reducing the uncertainty of new working rela-tionships and unsuccessful working relationships, all of which may affect the reputation of an individual and thereby future employment possibilities" (Blair et al. 2001: 182). Der Druck, individuell, wie auch als Team ständig seinen Ruf zu verteidigen, ist allgegenwertig (vgl. Blair 2001: 167).

Bei jedem Filmprojekt riskieren Filmproduzenten ihre Reputation. Je nach-dem, wie etabliert sie bereits sind, bedeutet dies 1) eine gute Reputation zu schwächen, 2) eine gute Reputation in einen schlechte zu verwandeln, 3) eine schlechte aufzubauen bzw. zu bestätigen oder 4) eine schlechte in eine gute zu verwandeln. Ggf. kann also auch das Nichterfüllen von Erwartungen das Ziel von Produzenten sein, nämlich in dem Fall, dass ihnen kein Erfolg (wirtschaft-licher bzw. kreativer) zugetraut wird.

Im Filmgeschäft gibt es zwar Reputation, echtes Vertrauen ist jedoch selten. Meyerson et al. (1996: 173f) beschreiben im Gegenteil die Erwartung von Bös-willigkeit als Grundhaltung in Hollywood. Sie zitieren den Geschäftsführer einer Produktionsfirma, der angibt, viele Freunde in der Branche zu haben, mit denen ihn ein reziprokes Interesse an den jeweiligen Angeboten oder Kontakten ver-bindet. Er erwartet jedoch, dass ihm seine „Freunde" jederzeit in den Rücken fallen können, sobald er nichts mehr anbieten kann, an dem sie Interesse haben und würde umgekehrt dasselbe tun. Häufig arbeiten Produzenten, Autoren, Regisseure und Kameraleute wiederholt als Team zusammen. Einerseits, um von ihrer gegenseitigen Reputation zu profitieren: Im Team wissen sie, was sie von-einander erwarten können. Andererseits haben sie nach außen eine Reputation als Team erworben, die sie im Kontakt mit den Anspruchsgruppen zur Risiko-reduktion und Profitmaximierung nutzen können (vgl. Faulkner et al. 1987: 879).

Allgemein können die folgenden Vorteile einer guten Reputation fest-gehalten werden (vgl. Larkin 2003: 2). Eine gute Reputation ...

- stellt Vertrauen und Glaubwürdigkeit bei den Anspruchsgruppen her.
- schafft ein positives Investitionsumfeld und ermöglicht Kapitalzugang.
- zieht die besten Mitarbeitenden, Lieferanten und Partner an.
- reduziert Spannungen zwischen Geschäft, Teilhabern und Kunden.
- ist Rechtfertigung für Premiumpreise für Produkte und Dienstleistungen.
- beseitigt Wettbewerbsbarrieren und ermöglichen die Markterschließung.
- reduziert Wahrscheinlichkeit strikter Regulierung und Rechtsstreitigkeiten.
- kann die Volatilität des Aktienkurses reduzieren.

Die beiden letztgenannten Eigenschaften treffen nur bedingt auf die Filmbranche zu und sind nicht für einzelne Produzenten und ihre Projekte, sondern allenfalls für Entertainmentkonzerne relevant. Alle übrigen Punkte sind für Produzenten von Bedeutung und müssen jeweils abgewogen werden, da nicht immer alle Anspruchsgruppen gleichermaßen adressiert werden können. Entscheidungen, welche die Erwartungen einer Anspruchsgruppe erfüllen, können denen einer anderen zuwiderlaufen. Für den langfristigen Erfolg ist ein guter Ruf sowohl bei Investoren als auch bei den Kreativen notwendig, da ohne Kreative kein Film entstehen kann, aber nur der kommerzielle Erfolg die Chance mit sich bringt, erneut einen Film zu produzieren. *„Studio executives seek, along with strictly commercial projects, projects that are likely to attract the sort of actors, directors, awards, and media response that will help them maintain both their standing in the community and their own morale"* (Epstein 2005: 131).

Für Produzenten lassen sich drei zentrale Anspruchsgruppen[44] identifizieren, bei denen die Reputation eine wichtige Rolle in der Interaktion und in den Aushandlungsprozessen hat. Diese Anspruchsgruppen verwenden unterschiedliche Bewertungskriterien für die Reputation, die jeweils auf direkte Erfahrungen im Umgang, allgemeine Eindrücke zum Geschäftsgebaren, vermittelte Information und Eindrücke aus sozialen Netzwerken angewendet werden (vgl. Bromley 2000). Die Elemente, die jeweils zur Reputation bei den Anspruchsgruppen beitragen, sind dabei nicht immer dieselben, beeinflussen sich aber gegenseitig:

1) Das kreative Personal. Die Reputation der Produzenten ergibt sich aus den Arbeitsbedingungen, dem Lohn, der Zuverlässigkeit, der Fähigkeit, ein erfolgreiches Projekt auf den Weg zu bringen und dem Grad an kreativer Freiheit, der gewährt wird. Es fällt schwer, die Reputation von verschiedenen Produzenten in eine Rangreihe zu bringen. Für einzelne Elemente lässt sich klar bestimmen, welche Ausprägung wünschenswert ist: Jeder Angestellte wird einen zuverlässig ausbezahlten und hohen Lohn einem verspätet ausgezahlten niedrigen Lohn vorziehen und in der Regel schätzen es Kreative, wenn ihnen gestalterischer Freiraum gewährt wird. Entscheidend ist jedoch die Kombination aus den verschiedenen Elementen: Es ist anzunehmen, dass ein zuverlässig ausbezahlter Lohn mit weniger künstlerischer Freiheit korreliert, da beiden Variablen die Organisiertheit und Kontrolle der Produzenten zugrunde liegen. Einzelne Kreative legen vermutlich mehr Wert auf die Verlässlichkeit, andere mehr auf die Freiheit. Damit kann es keinen Produzenten mit der besten oder schlechtesten Reputation geben, es kommt auf die Übereinstimmung der Erwartungen an. Der Begriff Reputation gleicht insofern dem generischen Risikobegriff, als dass er zunächst wertfrei ist. Das Risiko ist die Abweichung vom Erwartungswert nach oben wie nach unten; die Reputation ist die Erwartung an einen Akteur, positiv wie negativ.

---

[44] Zur Definition des Konzepts Anspruchsgruppe (=Stakeholder) allgemein z.B. Freeman (1984).

2) Die Investoren. Die Reputation ergibt sich wiederum aus der Fähigkeit, ein erfolgreiches Projekt auf den Weg zu bringen, der Zuverlässigkeit und der Rendite, die das Projekt erwirtschaftet. Im Einzelfall kann die Reputation beim kreativen Personal und bei den Investoren gegensätzlich sein. Ein größeres Maß an kreativer Freiheit kann ggf. die Zuverlässigkeit gegenüber den Investoren beeinträchtigen und die Rendite schmälern. Gegenüber den Investoren ist die Reputation einfacher zu fassen als gegenüber Kreativen, da die Erwartungen an den Produzenten weniger komplex sind und sich letztlich auf die Faktoren Kreditwürdigkeit und Rendite zurückführen lassen. Auch hier geht es wiederum um die Passung zwischen den Erwartungen der Investoren und der Reputation der Produzenten. Investoren können aus der Reputation von Produzenten die für ihr eigenes Risikomanagement entscheidenden Faktoren Schadenshöhe (Mit welchem Budget arbeitet die Person?) und Schadenswahrscheinlichkeit (Welche Floprate haben ihre Projekte?) ableiten. Ggf. ist es dabei sinnvoll, die Reputation kleinteiliger zu betrachten, also z.B. unterschiedliche Flopraten für unterschiedliche Budgetgrößenordnungen zu erfassen.

3) Die Distributoren. Die Reputation ergibt sich auch aus der Fähigkeit, ein erfolgreiches Projekt zu lancieren und zuverlässig termingerecht abzuliefern. Die Reputation gleicht damit jener gegenüber den Investoren, wird jedoch ergänzt um Erwartungen über die Fähigkeit von Produzenten, den Publikumsgeschmack zu antizipieren. Vermittelt über die Distributoren könnte auch das Publikum als Anspruchsgruppe der Produzenten betrachtet werden. Die Reputation ergibt sich aus dem Lustgewinn, der aus dem Konsum von Filmen der Produzenten gezogen wird. In der Praxis spielt die Reputation beim Publikum allerdings kaum eine Rolle, da das Publikum die Qualität eines Films nicht dem Produzenten attribuiert. In der Regel sind die Produzenten dem Publikum nicht bekannt. Somit kann die Reputation von Produzenten nicht die Entscheidungsunsicherheit des Publikums reduzieren, ob der Besuch eines bestimmten Films sich lohnen könnte. Vereinzelt mögen Produzenten wie Jerry Bruckheimer, Brian Grazer oder auch Bernd Eichinger dem Publikum bekannt sein, dass die Vermarktung eines Films auf den Namen der Produzenten abhebt, ist aber klar die Ausnahme.[45] Der Erwartungswert bei den Distributoren bezieht sich auf die Fähigkeit von Produzenten, das intendierte Publikum zu erreichen. Auch hier gilt wiederum, dass es keine absolute Rangreihe geben kann, sondern eine Übereinstimmung zwischen Reputation der Produzenten und jeweils von den Distributoren avisierter Zielgruppe geben muss.

---

[45] Selbst bei den in der Presse so betitelten „Bernd Eichinger Filmen" wie *Der Untergang (2004)* oder *Der Baader Meinhof Komplex (2008)* sind auf den Filmplakaten die Namen der Schauspielenden prominenter dargestellt. Die Filme werden über den historischen Bezug als der „Hitler-Film" oder der „RAF-Film" vermarktet (z.B. „*Der Untergang* verkauft sich im Ausland" 2004).

4.4 Zusammenfassung Marktcharakteristik

Der Markt für Filme ist heterogen und lässt sich in geografisch, zeitlich und inhaltlich definierbare Teilmärkte unterteilen. Produzenten, die für nationale Märkte produzieren, konkurrieren nur bedingt mit jenen, die für den internationalen Markt arbeiten. Im Vergleich zu Rundfunk und Presse ist der Bezug zu regionalen Märkten weit geringer. Anders als bei tagesaktuellen Medien und stärker als bei der Fernsehunterhaltung, gibt es für den Film große Sekundärmärkte, die Produktionsbudgets ermöglichen, die allein durch die Kinoauswertung nicht zu refinanzieren wären. Gleichwohl bleibt die Kinoauswertung für den Gesamterfolg des Films entscheidend. Die Sekundärmärkte führen zu einer Polarisierung des Marktes. Erfolgreiche Kinofilme sind auch in anderen Verwertungskanälen erfolgreich, Flops scheitern komplett. Indirekt verschärft die Existenz der Sekundärmärkte damit das Problem der hohen First Copy Cost. Zwischen einzelnen Produkten besteht innerhalb von Teilmärkten eine erhebliche direkte Konkurrenz, bei der die Filme sich gegenseitig substituieren können. Gebietsmonopole, wie bei Tageszeitungen, gibt es zwar auf Ebene der Kinobetriebe, nicht jedoch auf Ebene der Produktion und Distribution. Mehr als andere Medien zeichnet sich der Film durch soziale Aspekte der Nutzung in der Gruppe aus. Neben den Substitutionsmöglichkeiten durch die intramediale Konkurrenz gibt es deshalb mehr alternative Freizeitaktivitäten, die dieselben Funktionen für die Rezipienten übernehmen können als bei anderen Medien. Die Nachfrage ist auch auf aggregiertem Niveau vergleichsweise volatil, da sie von der relativen Qualität des Filmangebots im Set möglicher Freizeitalternativen abhängt. Im Gegensatz zum Hörfunk- und Fernsehmarkt bestehen auf dem Filmmarkt keine Markteintrittsbarrieren in Form von Regulierungsvorschriften oder Rangfolgeentscheiden bei Frequenzknappheit. Eine Knappheit an Aufführungsstätten ist nicht gegeben. Dennoch bestehen Markteintrittsbarrieren beim Zugang zu Distributionskanälen, die von wenigen Unternehmen kontrolliert werden, die zudem vertikal mit eigenen Produktionsfirmen integriert sind. Des Weiteren bestehen vergleichsweise hohe Markteintrittsbarrieren, weil Kinofilme unter allen Medienprodukten absolut die höchsten First Copy Costs aufweisen. Zwar sind die Fixkosten einer Produktionsfirma sehr niedrig, die Produktions- und Marketingkosten sind jedoch erheblich und fallen innerhalb einer kurzen Zeitspanne an. Durch die Aufführung vor größeren Gruppen von Rezipienten in den Kinos sind die Distributionskosten im Vergleich zur Presse erheblich geringer. Der Kapitalbedarf der Filmproduktion macht die Eigenkapitalfinanzierung von Filmprojekten für das Gros der Marktteilnehmer unmöglich. Der Prototypencharakter des Films macht klassische Kreditfinanzierungen unmöglich, da Sicherheiten fehlen. In der Filmfinanzierung wird deshalb auf verschiedene Formen der Beteiligungsfinanzierung zurückgegriffen, wobei Produzenten versuchen, eine möglichst große Streuung des Finanzierungsrisikos zu erreichen und gleichzeitig möglichst wenig Verwertungsrechte aufzugeben.

In mehreren Bereichen des Filmmarkts bestehen erhebliche Unsicherheiten: Investoren fehlen finanzielle Sicherheiten für ihr Engagement, aber auch mit dem kreativen Personal und den Distributoren können nur unvollständige Verträge abgeschlossen werden. Als Reaktion auf diese Marktschwäche hat sich in der Branche der Reputationsmechanismus etabliert. Projekte und die beteiligten Personen werden statt über den Preis für eine messbare Leistung durch die Reputation aus vorangegangen Projekten, bewertet. Leistung wird daher auch nicht allein pekuniär, sondern über die Zuschreibung des Projekterfolgs, also die Bestätigung oder Verbesserung der Reputation, belohnt.

5 Risiken im Filmprojekt und Steuerungsoptionen

In der Produktion und im Vertrieb von audiovisueller fiktionaler Unterhaltung treten grundsätzlich alle Risiken auf, die auch bei der Produktion von „normalen" Gütern eine Rolle spielen. Zusätzlich ergeben sich aus den besonderen Guteigenschaften der Produkte und der Organisation der Produktion Risikofaktoren, die sich, anders als z.b. ein Brand der Produktionsanlage, nicht versichern lassen. Traditionell werden in der Filmproduktion zwei wesentliche Risiken unterschieden (vgl. Bächlin 1945: 51ff): das Produktionsrisiko und das Konsumtionsrisiko. Daneben können für Produzenten zusätzlich Entwicklungs- und Reputationsrisiken identifiziert werden. In der Entwicklung besteht ein Risiko, dass ein Projekt kein Green Light bekommt und die Aufwendungen für die Entwicklung abgeschrieben werden müssen. Das Reputationsrisiko bezieht sich auf die nicht-monetären Folgen des Marktrisikos, also den möglichen Schaden am Ruf von Produzenten, wenn ein Projekt abgelehnt wird oder kommerziell bzw. künstlerisch nicht erfolgreich ist.

Seit der ersten Studie zu Erfolgsfaktoren von Spielfilmen von Litman (1983) haben zahlreiche Autoren (vgl. z.B. Prag & Casavant 1994; Albert 1998; Sedgwick & Pokorny 1998; De Vany & Walls 1999; Chang & Ki 2005; Hennig-Thurau, Houston & Walsh 2007) mit unterschiedlichen Methoden versucht, die Eigenschaften eines Films oder seiner Produzenten zu identifizieren, die über den Erfolg entscheiden. Das Gros dieser Arbeiten ist in der Marketingforschung entstanden und adressiert primär die Frage, wie ein fertiger Film optimal vermarktet werden kann.[46]

Trotz der mittlerweile vorliegenden Ergebnisse stellen Lampel et al. noch 2006 fest: *„Understanding why products succeed or fail remains forever in the realm of educated conjecture"* (291). Die Unsicherheit darüber, wie Daten über Produkterfolge zu interpretieren sind, schränkt die Möglichkeiten, rationale Ent-

---

[46] Eine gute Übersicht über die Erfolgsfaktoren von Spielfilmen aus Marketingperspektive bietet Clement (2004). Er strukturiert entlang der im Marketing verwendeten Felder Produkt-, Distributions-, Kommunikations- und Preispolitik. Für die vorliegende Analyse ist diese Einteilung nicht zielführend, da der Fokus auf dem Produzenten resp. der Produktionsfirma liegt und einige Einflussvariablen, die Clement betrachtet, nicht kontrolliert werden können und andererseits Spezifika wie etwa Prinzipal-Agent-Probleme zwischen Produzenten und Produktionsunternehmen nicht erfasst werden können.

scheidungen zu treffen, ein und stellt die Bedeutung von Erfahrung und Intuition heraus. Die Identifikation und das Management kreativer Inputs ist schwierig, da das Verhältnis zwischen kreativem Aufwand und Wert der Produkte nicht eindeutig ist. Der Fokus in der vorliegenden Arbeit liegt auf der Entwicklungsphase. Es geht um die Frage, wie die Produktentwicklung optimiert werden kann. Dabei wird diskutiert, inwieweit Studien zu Erfolgsfaktoren in der Produktions- und Distributionsphase in der Entwicklung Relevanz haben. Wie im Folgenden deutlich wird, besteht das Entwicklungsrisiko der Produzenten in der Ablehnung eines entwickelten Projekts. Um das Green Light zu erhalten, müssen sie Investoren und Distributoren vermitteln, warum ihr Projekt mit hoher Wahrscheinlichkeit ein Erfolg werden wird. Ein Projekt, das die aus der Erfolgfaktorenforschung als förderlich bekannten Eigenschaften aufweist, stellt für Green-Light-Entscheidungsträger ein geringeres Risiko dar. Die entsprechenden Prognosemodelle (z.B. Sawhney & Eliashberg 1996; Shugan 1998; Neelamegham & Chintagunta 1999; Eliashberg et al. 2000; Gaitanides 2001a: 66ff; Chang & Ki 2005; Hennig-Thurau et al. 2006; Delen et al. 2007) können verwendet werden, um einen Erwartungswert für den Zuschauererfolg und das Konsumtionsrisiko zu bestimmen. Im Folgenden werden die Risiken in der Produktion und Entwicklung von Spielfilmen aus den Charakteristika des Guts und des Markts hergeleitet und anschließend die in der Literatur beschriebenen Steuerungsoptionen diskutiert.

5.1 Entwicklungsrisiken

5.1.1 Bestimmung der Entwicklungsrisiken

Dem Entwicklungsrisiko liegt eine Unsicherheit über die Nachfrage der Investoren und Distributoren nach dem Filmpackage als Vorprodukt zugrunde. Analog zum Rezipientenmarkt können auch hier die Nachfrager nicht sicher sein, ob das Produkt ihren Erwartungen entspricht. Zwar können Drehbuch, Besetzungsliste und die geplante Finanzierung inspiziert werden, ob jedoch das Package weiterverkauft werden kann und ob im Endkundenmarkt eine Nachfrage besteht, ist nicht sicher. Das Filmpackage kann als Vertrauensgut verstanden werden. Distributoren müssen den Produzenten vertrauen, dass diese den Publikumsgeschmack antizipieren und bedienen können.

Um dieses Vertrauen zu gewinnen, müssen Produzenten bei der Entwicklung des Filmpackage in Vorleistung gehen und finanzielle, wie reputationale Ressourcen mobilisieren, um die Attraktivität zu optimieren. Damit ist jedoch nicht sichergestellt, dass ein Investor oder Distributor das geplante

Filmprojekt aufgreifen wird. Neun von zehn Projekten, die für Hollywood-Studios entwickelt werden, bekommen kein Green Light (vgl. Epstein 2005: 133f). Wird das Projekt nicht realisiert, müssen die Kosten für die Entwicklung abgeschrieben werden, da sie nicht auf andere Projekte übertragbar sind. Nur im Fall eines so genannten Turnaround erhalten Produzenten das Recht, einen entwickelten Stoff einer anderen Firma anzudienen. Distributoren oder Produktionsfirmen können Produzenten auch für ihre Entwicklungsarbeit ausbezahlen und das Projekt mit einem anderen Produzenten weiterentwickeln.

Abbildung 11 Entwicklungsrisiken in der Spielfilmentwicklung und -produktion

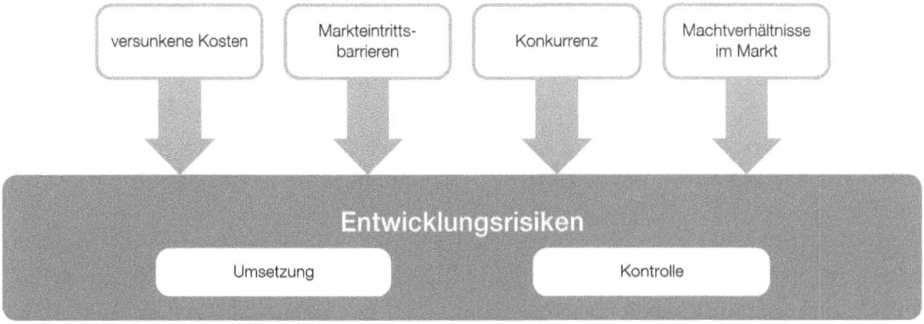

Quelle: Eigene Darstellung

Das Entwicklungsrisiko besteht darin, dass ein Projekt gar nicht oder jenseits der Kontrolle des entwickelnden Produzenten umgesetzt wird. Es entsteht aus versunkenen Entwicklungskosten und den Machtverhältnissen entlang der Wertschöpfungskette in der Branche. Die Verleiher als wichtige Finanziers und mit ihrer Kontrolle über die Distributionskanäle können ihre Forschungs- und Entwicklungsabteilungen ausgliedern und damit das Risiko von unzureichenden Produktentwicklungen auf die Produzenten verlagern. Die große Zahl an Produzenten im Verhältnis zu den Verleihern bedeutet eine starke Konkurrenz unter den Produzenten und, rein rechnerisch, eine reduzierte Wahrscheinlichkeit, ein Projekt tatsächlich durchführen zu können.

Das Entwicklungsrisiko ist ein Downside Risk, es gibt lediglich negative Abweichungen vom Erwartungswert. Der Erwartungswert ist, dass das Projekt mit dem Produzenten realisiert wird und der geleistete Aufwand verrechnet werden kann. Abweichungen können sein: Das Projekt wird gar nicht, in reduziertem Umfang oder mit anderen Produzenten realisiert. Die Schadenshöhe kann maximal die bis dahin aufgelaufenen Entwicklungskosten betragen.[47]

---

[47] Beispielsweise können die Entwicklungskosten für eine zehnteilige Märchenfilmreihe nur teilweise refinanziert werden, wenn nur einer der zehn entwickelten Filme realisiert wird.

Das Entwicklungsrisiko liegt vollständig bei den Produzenten, die so mit einem doppelten Nachfragerisiko konfrontiert sind: Einerseits müssen sie die Nachfrage der Verleiher antizipieren, andererseits wälzen diese durch erfolgsabhängige Vergütung und nicht kostendeckende Verträge ihr Nachfragerisiko auf die Produzenten ab. Filmverleiher können sich nicht auf die Serialität verlassen und die Auswertung in mehreren Verwertungsstufen bedeutet eine Potenzierung des Konsumtionsrisikos.

5.1.2 Steuerungsmöglichkeiten für Entwicklungsrisiken

Entwicklungsrisiken werden entlang der Wertschöpfungskette weitergereicht: Von den Distributoren zu den Produzenten. Zum Teil können diese das Risiko an freischaffende Kreative weitergeben. Diese Kette ist auf die Machtasymmetrie in der Branche zurückzuführen, ergibt sich aber auch aus den Eigenschaften von Kreativen (vgl. Kapitel 4.2.3). Da sie jenseits der monetären Gratifikation um das Produkt bemüht sind, engagieren sie sich mehr, als es in ihrer Position ökonomisch sinnvoll wäre. Sie tragen Risiken mit, die eigentlich nicht in ihren Tätigkeitsbereich fallen. Für die Überwälzung auf Kreative sind „Step-Deals" üblich, bei denen die Bezahlung teilweise von der Umsetzung abhängig ist. Im Rahmen eines 500.000-US$-Vertrags zwischen Produzent und Autor ist folgende Aufteilung denkbar: 75.000 werden bei Vertragsabschluss fällig und jeweils 75.000 für die erste und zweite Fassung des Drehbuchs. Die übrigen 275.000 werden nur ausbezahlt, wenn das Projekt ein Green Light bekommt (vgl. Epstein 2005: 134; Goldberg 1997; für Deutschland analog: Lins 2002: 48).

Jenseits dieser Praxis finden sich in der Literatur kaum Hinweise darauf, welche weiteren Steuerungsmöglichkeiten Produzenten zur Verfügung stehen. Lins kommt in ihrer Arbeit über Strategien der Stoffauswahl in Deutschland zu dem Schluss, dass die Zusammenarbeit zwischen Distributoren und Produzenten zu wenig ausgebildet ist. Gleichzeitig seien deutsche Produzenten zu wenig willens oder in der Lage, Aufgaben zu delegieren. Damit basiert das Geschäft vor allem auf dem persönlichen Engagement der Produzenten, die eben nicht in der Lage wären, ihr Entwicklungsrisiko abzuwälzen oder durch Teamwork zu reduzieren (vgl. Lins 2002: 89f). Es finden sich Hinweise darauf, dass 90% und mehr der Projekte nicht über das Packaging hinaus kommen. Was in diesem Fall zu tun ist und wie dies so gut wie möglich schon im Vorfeld verhindert werden könnte, wird jedoch nur vage behandelt. In der Regel wird schlicht empfohlen, das Filmpackage *„derart attraktiv, bekannt und hochkarätig zu gestalten, dass quasi die handwerklich-künstlerische Qualität garantiert ist, von der genug Anziehungskraft ausstrahlt, dass die möglichen Beteiligten bezüglich der*

Finanzierung und des Marketing sich einen künstlerischen, feuilleton-positiv-kritischen und möglicherweise finanziellen Publikums-Erfolg versprechen" (Clevé 2004: 19f). Für den US-Independent-Markt schlägt Lee vor, dass Produzenten eine Prioritätenliste haben müssen, welche Studios sie in welcher Reihenfolge angehen. Diese Liste soll abgearbeitet werden und, falls keines der vorher als sinnvoll erachteten Studios zusagt, soll die Entwicklung eingestellt werden (vgl. 2000: 133). Puttnam verweist für das Entwicklungsrisiko auf die Reputation: *„My advice is to bring in bargains, relatively inexpensive pictures on or under budget"* (2004: 17). Wenn Produzenten den Ruf haben, handwerklich sauber zu arbeiten, ist die Wahrscheinlichkeit, dass ihr nächstes Projekt nicht gutgeheißen wird, reduziert.[48]

Aus der Literatur lassen sich demnach folgende Steuerungsmöglichkeiten ableiten: Der gute Ruf reduziert von vornherein das Risiko der Ablehnung eines Projekts. Des Weiteren sollten die Elemente des Filmpackage die Konsumtionsrisiken adressieren, damit potenzielle Distributoren und Investoren beruhigt sind. Schließlich kann das Entwicklungsrisiko ggf. entlang der Wertschöpfungskette an die Kreativen weitergereicht werden. Ein solches Vorgehen kann jedoch unter Umständen den Ruf der Produzenten bei den Kreativen beeinträchtigen und somit zukünftige Projekte erschweren. Schließlich wird das Risiko bei Personen abgeladen, die nicht über die Möglichkeiten und Mittel verfügen, es zu tragen: *„the unpaid, aspirant and temporary workers at the bottom of the industry food chain"* (Bilton 2006: XIX).

5.2 Konsumtionsrisiken

5.2.1 Bestimmung der Konsumtionsrisiken

Das Konsumtionsrisiko ergibt sich aus der prinzipiellen Unsicherheit über die Nachfrage. Da der Konsum vom Geschmack abhängig ist und sich der Wert für die Nutzer erst bei der Nutzung erschließt, liegt das Konsumtionsrisiko bei Filmen höher als z.B. bei hochstandardisierten Konsumgütern. Der Absatz ist vom Produktionsbudget weitgehend unabhängig und kann vergleichsweise schlecht prognostiziert werden. Zwar lässt sich die Nachfrage auf aggregierter Ebene antizipieren, doch auch längerfristige Trends im Publikumsgeschmack sind veränderlich. Filme konkurrieren nicht nur mit anderen Filmen, sondern

---

[48] Puttnam sieht einen Unterschied zwischen dem amerikanischen und dem europäischen Markt: In den USA würde ein sauber produzierter Film auch dann gewürdigt, wenn er wider Erwarten kein Kassenerfolg ist. In Europa gelte die gute Umsetzung der Produktion ohne einen Erfolg beim Publikum oder der Kritik dagegen nichts.

müssen sich als eine unter vielen Freizeitmöglichkeiten auch gegen Konkurrenz jenseits des Mediums behaupten (vgl. Abbildung 12).

Produktions- und Konsumtionsrisiko betreffen unterschiedliche Wertschöpfungsstufen in der Filmbranche. Prinzipiell muss das Konsumtionsrisiko von den Distributoren, also den Kinoverleihern und DVD-Verkäufern, gesteuert werden, das Produktionsrisiko von den Produktionsfirmen. Formalistisch betrachtet, könnte eine Analyse des Risikomanagements in der Entwicklung und Produktion das Konsumtionsrisiko demnach vernachlässigen. In der Praxis spielt jedoch für Produzenten das Konsumtionsrisiko beim Publikum die wichtigere Rolle, da die Distributoren in ihrem Risikomanagement bestrebt und in der Lage sind, das Konsumtionsrisiko auf die Produzenten überzuwälzen (vgl. hierzu auch von Rimscha 2008b). Die oligopsone Marktstruktur, bei der eine Vielzahl von Produzenten als Anbieter von Filmen einer überschaubaren Anzahl von Distributoren als Nachfrager gegenübersteht (vgl. Kapitel 4.1.3), bedeutet größere Marktmacht auf Seiten der Distributoren und damit eine erleichterte Überwälzung.[49] Die Produktionskosten und damit die Lizenzkosten sind in der Regel so hoch, dass der Verleih nicht willens oder in der Lage ist, das Auswertungsrisiko alleine zu tragen. Verleihlizenzen sehen deshalb meist eine Risikoteilung zwischen Produzent und Verleiher vor. Es wird eine Garantiesumme vereinbart, die unter den zu erwarteten Erlösen liegt. Einnahmen, die über Garantiesumme und Herausbringungskosten des Verleihers hinausgehen, werden nach einem verhandelbaren Schlüssel zwischen Produzent und Verleiher geteilt (vgl. Eggers 2003: 51ff; Garey 2004). Obwohl selbst nicht im Publikumsmarkt aktiv, müssen Filmproduzenten folglich in ihrer Risikosteuerung den Publikumsmarkt mitbeachten. Auftragsproduktionen, bei denen der Auftraggeber das Konsumtionsrisiko komplett trägt, wie sie im TV-Bereich häufig vorkommen, sind im Filmbereich grundsätzlich nicht üblich. Zwar treten in Europa häufig TV-Sender als Koproduzenten auf, dies ist aber vor allem durch Förderreglements motiviert z.B. in der Schweiz der Pacte de l'audiovisuel, in Deutschland die Film- und Fernsehabkommen zwischen FFA und den öffentlichen und privaten Sendern. Die Initiative für die einzelnen Projekte geht in diesen Fällen von den Produzenten aus.

Unmittelbar aus dem Konsumtionsrisiko, als der Frage nach dem erwartbaren Erfolg, ergibt sich das Finanzierungsrisiko. Als immaterielles Gut, über dessen Nachfrage keine Sicherheit besteht, fehlen für ein Filmprojekt Sicherheiten, wie sie üblicherweise für die Finanzierung notwendig sind. Ziel der Produzenten muss es deshalb sein, schon in der Entwicklungsphase Schadens-

---

[49] Dieser Zusammenhang zeigt sich analog im TV-Bereich: Bei neuen Sendungen können Sender das Konsumtionsrisiko auf die Produzenten abwälzen, indem z.B. ein Pilot zu einer Serie auf eigene Kosten realisiert werden muss (z.B. Veronis Suhler Stevenson 2005).

wahrscheinlichkeit und -höhe soweit zu reduzieren, dass die Attraktivität für Investoren gewährleistet ist.

Abbildung 12 Konsumtionsrisiken in der Spielfilmentwicklung und -produktion

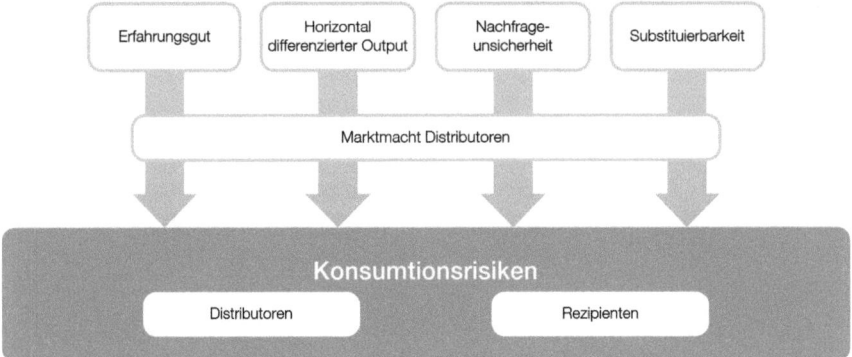

Quelle: Eigene Darstellung

Das Konsumtionsrisiko kann als zweiseitiges Risiko verstanden werden: Der Erwartungswert ist ein Filmerlös, der mindestens die Kosten deckt. Die maximale Schadenshöhe bei null Nachfrage ist die Summe aus Produktions- und Marketingkosten, höhere Erlöse stellen eine Chance dar. Die Schadenswahrscheinlichkeit lässt sich nicht fix bestimmen, sie kann aber durch die Attraktivität der Inputfaktoren beeinflusst werden. Vor dem Green Light stellt sich das Konsumtionsrisiko für die Produzenten nur als Downside Risk dar. Der Erwartungswert ist, dass die Elemente des Projekts genügend „Sicherheit" vermitteln, damit das Green Light gegeben wird. Der Schaden tritt ein, wenn das Green Light nicht gegeben wird. Die Schadenshöhe ist damit gleich der Entwicklungskosten. Das Konsumtionsrisiko der Distributoren ist die Grundlage des Entwicklungsrisikos der Produzenten (vgl. Kapitel 1.1).

5.2.2 Steuerungsmöglichkeiten für Konsumtionsrisiken

In wenigen Fällen kann das Konsumtionsrisiko teilweise versichert werden. Der Versicherungsschutz bezieht sich dabei jedoch nicht auf das Konsumtionsrisiko des Distributors, das dieser an den Produzenten weitergibt, sondern deckt vielmehr Verluste der Investoren im Projekt. Erlösausfallversicherungen, so genannte Shortfall Guarantees, sollen für Anleger in Filmfonds die Produktionskosten absichern, falls die finanzierten Filme floppen. Der Garantiegeber ver-

pflichtet sich, nach Ablauf eines vereinbarten Auswertungszeitraums einen Anteil der bis dahin prognostizierten, aber nicht realisierten Verwertungserlöse
auszubezahlen (vgl. Hübner 2000: 182f). Das Problem dieser Versicherung liegt
in der großen Schwankungsbreite um den Erwartungswert mit einer
Paretoverteilung aus wenigen Hits und vielen Flops. Eine seriös arbeitende Versicherung kann bei einer solchen Verteilung ihr Risiko nur schwer bestimmen
und muss die Prämien entsprechend hoch ansetzen. In der Regel wird nur ein
Teil des Ausfalls übernommen. Für Produzenten sind solche Versicherungen nur
bedingt attraktiv: Einerseits können sich risikoaverse Investoren ggf. leichter für
ein Projekt entscheiden, andererseits erhöhen die Versicherungsprämien das
Budget und damit die potenzielle Schadenssumme. In der Literatur spielen Erlösausfallversicherungen als Steuerungsoptionen keine Rolle. Der Fokus liegt
vielmehr auf den Elementen des Filmpackage, denen ein Einfluss auf den Erfolg
unterstellt wird. Grob lassen sich Steuerungsmöglichkeiten nach ihrem Bezug
auf inhaltliche oder personelle Aspekte unterscheiden. Die folgenden Abschnitte
folgen dieser Aufteilung und stellen die Steuerungsoption dar.

Steuerungsmöglichkeiten in Bezug auf den Inhalt

Durch die gezielte Auswahl des Stoffs kann die Wahrscheinlichkeit, dass
Kreative und Publikum den fertigen Film ablehnen, reduziert werden. Ziel der
Produzenten muss es sein, den Green-Light-Entscheidern zu vermitteln, dass
eine Nachfrage besteht und diese mit einiger Verlässlichkeit vorab bestimmt
werden kann.

   Aus der Perspektive des Ressourcenmanagements muss zunächst die Frage
beantwortet werden, ob der Wert eines Drehbuchs um einen durchschnittlichen
Erwartungswert streut oder ob prinzipiell jedes Drehbuch in Kombination mit
anderen Inputfaktoren erfolgreich sein kann. In der Praxis gilt das Drehbuch
allein als wertlos, erst als Baustein im Filmpackage bekommt es Relevanz. Der
Regisseur und Produzent John Landis erklärt, dass Green-Light-Entscheider ein
Drehbuch nicht absolut bewerten: *„If you can get Harrison Ford then it is a
good script. If you can't then it's a bad one"* (zitiert in Albert 1998: 249). Die
Qualität des Drehbuchs ist insbesondere für die Rekrutierung von fähigen und
beliebten Kreativen wichtig. Auch wenn sie in der Erfolgsfaktorenforschung
meist keine Rolle spielen, sind Drehbücher für Produzenten somit relevant.
Neuere Ansätze in der Erfolgsfaktorenforschung versuchen den Erfolg an der
Kinokasse auch direkt auf die Stoffauswahl einer Produktionsfirma zurückzuführen (vgl. Eliashberg et al. 2007). Zur Minderung des Risikos muss demnach
sichergestellt werden, dass das Drehbuch unmittelbar den Interessen und dem

Geschmack der Kreativen und der Distributoren entspricht und damit mittelbar jenem des Publikums. Im Folgenden werden verschiedene Möglichkeiten vorgestellt und es wird jeweils diskutiert, welche Ergebnisse über die Erfolgsaussichten vorliegen.

Zwang zur Innovation

Der Zwang zur Innovation ist als eine wesentliche Eigenschaft von Unterhaltungsgütern charakterisiert worden. Innovation wird im Kontext von Unterhaltungsgütern in der Literatur jedoch nicht grundsätzlich als positiv wahrgenommen. In der Stoffauswahl gilt: *„Innovation ist immer ein Risikofaktor"* (Lins 2002: 74). Der Erfolg eines Filmstoffs liegt in der Balance von Konvention und Innovation, da zwar einerseits neue Ideen und Erzähltechniken wichtig sind, um das Interesse zu wecken, andererseits aber gelernte Muster beim Publikum bedient werden müssen. Dies schließt Genrekonventionen ebenso ein, wie Erzählstrukturen. Langfristig im Kollektivgedächtnis der Zuschauer verankerte Konventionen erlauben es, ein Massenpublikum zu erreichen. Innovationen sollten beim Film nur inkrementeller Natur sein, um das Risiko einer Zurückweisung durch die Rezipienten zu vermeiden. Radikale Inhaltsinnovationen wie die Aufhebung eines linearen Ablaufs oder intensive Interaktion bedingen neben der Anpassung der technischen Infrastruktur auch eine Umstellung der Nutzungsgewohnheiten der Rezipienten. Die Erfahrungen mit nonlinearen und interaktiven Erzählstrukturen in Doppelkrimis, die *ARD* und *ZDF* zu Beginn der 1990er Jahre gleichzeitig ausstrahlten, deuten auf ein sehr träges Zuschauerverhalten hin (vgl. Opaschowski 2001: 123ff). Für Röscheisen (1997: 135) folgt daher aus der Entscheidung für oder gegen klassische Erzählkonventionen unmittelbar, für welchen Markt ein Film produziert wird, da ein Film, der Konventionen nicht bedient, nur eingeschränktes Publikumspotenzial hat. Jedoch müsse auch für so genannte Arthousefilme Kommerzialität und Individualität ins Gleichgewicht gebracht werden, um das Filmprojekt wirtschaftlich tragfähig zu machen. Lins fordert, inhaltliche und formale Aspekte getrennt, aber rekursiv zu betrachten. Formale Innovationen wären immer dann möglich, wenn die Geschichte inhaltlich konventionell aufgebaut sei. Umgekehrt verlange eine innovative Geschichte einen konventionellen formalen Rahmen (vgl. 2002: 85). Zwar wirkt diese Argumentation einleuchtend, einen empirischen Beleg liefert Lins jedoch nicht. Allgemeiner differenziert Bilton zwischen zwei Aspekten von Kreativität als einer Form der Innovation: Zur Neuheit müsse jeweils auch die Eignung kommen, ein Problem bzw. ein Marktbedürfnis zu adressieren: *„Creative ideas must demonstrate fitness for purpose"* (2006: 3). Simonton bringt die Suche nach dem richtige Maß an Innovation mit der Risikoneigung von Produzenten in Zusammenhang: *„Cautious moviemakers might minimize their risk by emphasizing the familiar – recreating with slight changes films that have proved successful in the past. More risk-oriented moviemakers, on the other hand might emphasize the original"* (1987: 154). Dabei könnte zu wenig Innovation ggf. ebenfalls ein Risiko bedeuten, da die Rezipienten durch zu viel Vertrautheit abgeschreckt werden könnten. Hennig-Thurau et al. (2001: 7) vermuten einen umgekehrt U-förmigen Zusammenhang, bei dem die Bekanntheit (= Symbolhaftigkeit) eines Stoffs bis zu einem bestimmten Vertrautheitsniveau positiv auf das Erregungspotenzial, den Lustgewinn und den Kassenerfolg wirkt. Wird dieses Niveau überschritten, verkehrt sich der Einfluss ins Negative, der Film gilt den Zuschauern als vorhersagbar und langweilig (vgl. Abbildung 13).

Abbildung 13 Symbolhaftigkeit und Kassenerfolg

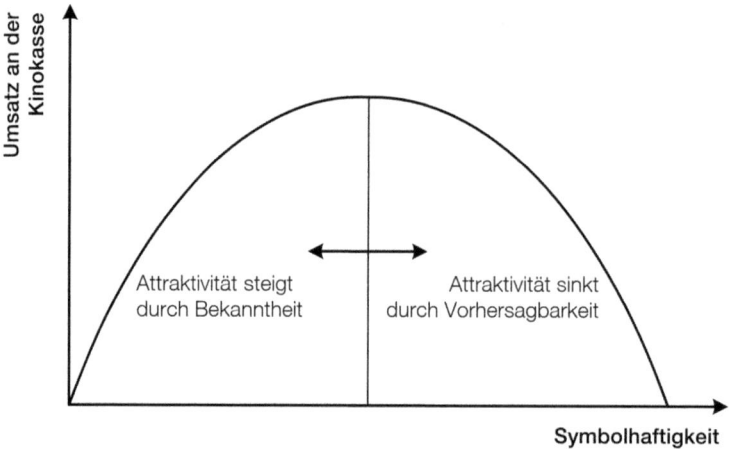

Quelle: In Anlehnung an Hennig-Thurau et al. (2001: 9)

Nach der pessimistischen Sicht der Frankfurter Schule bedeutet Risikominimierung bei der Stoffauswahl nichts anderes als eine Festschreibung des Status quo und einen Entwicklungsstillstand, denn industrielle Planung bedeutet die Reduktion von Varianz (vgl. Bendixen 1998: 166). *„Das Neue an der massenkulturellen Phase ist der Ausschluß des Neuen. Die Maschine rotiert auf der gleichen Stelle. Während sie schon den Konsum bestimmt, scheidet sie das Unerprobte als Risiko aus. Mißtrauisch blicken die Filmleute auf jedes Manuskript, dem nicht schon ein Bestseller beruhigend zu Grunde liegt. Darum gerade ist immerzu von idea, novelty und surprise die Rede, dem, was zugleich allvertraut wäre und nie dagewesen. [...] Es ist, als hätte eine allgegenwärtige*

Instanz das Material gesichtet und den maßgebenden Katalog der kulturellen Güter aufgestellt, der die lieferbaren Serien bündig aufführt. Die Ideen sind an den Kulturhimmel geschrieben, in dem sie bei Platon schon gezählt, ja Zahlen selbst, unvermehrbar und unveränderlich beschlossen waren" (Horkheimer et al. 1997: 156). Ob und inwieweit diese Kulturkritik zutrifft und eine Verarmung des geistigen Lebens bedeutet, soll hier nicht weiter diskutiert werden. Die Analyse, dass es gilt, Neues und Vertrautes gleichzeitig zu schaffen, ist in der ökonomisch orientierten Entwicklung von Spielfilmen jedoch in der Tat ein häufig verfolgtes Ziel von Produzenten. Im Folgenden soll diskutiert werden, inwieweit die Orientierung an Unterhaltungswerten, Genres, Erzählkonventionen etc. geeignet ist, den Erfolg beim Publikum zu beeinflussen und damit dem Produzenten als Argument für die Vergabe eines Green Light dienen kann.

Unterhaltungswerte

Im Kontext der Informationsmedien stellt sich die Stoffauswahl weit weniger problematisch dar. Die Stoffauswahl für Nachrichten lässt sich mit Hilfe des Nachrichtenwerts direkt aus der Nachrichtenlage ableiten. Die Nachrichtenwerttheorie (für eine Übersicht vgl. Maier 2003) betrachtet nicht ökonomische Faktoren oder Publikumsinteressen, sondern wurde im Kontext der Friedensforschung entwickelt (vgl. Östgaard 1965; Galtung & Ruge 1965). Galtung und Ruge versuchten, so die Berichterstattung über internationale Krisen zu erklären. Schulz (1976) überprüft die Theorie systematisch als journalistische Selektionsregeln einerseits und *„Strukturprinzipien der gesellschaftlichen Konstruktion von Wirklichkeit"* andererseits. Die Nachrichtenauswahl orientiert sich demnach weitgehend an einem *„allgemeinen Kanon von Selektions- und Interpretationsregeln"*. Die deutschsprachige Rezeptionsforschung hat Nachrichtenfaktoren auch zur Erklärung von Selektionsprozessen bei den Rezipienten herangezogen (vgl. Ruhrmann 1989; Donsbach 1991; Eilders & Wirth 1999). Vorkommen und Stärke der Nachrichtenfaktoren können Ursache für die Beachtung einer Nachricht sein. Die Nachrichtenfaktoren Kontroverse und Überraschung haben sich dabei als förderlich, Prominenz, Personalisierung und Schaden als akzentuierend und Faktizität, Reichweite und Nutzen als hinderlich für die Nutzung erwiesen (vgl. Woelke 2003: 158).

Für Filmproduzenten stellt sich die Frage, ob die Auswahlkriterien für Nachrichten auch für Unterhaltungsinhalte Relevanz haben, ob also Nachrichtenwerte auch Unterhaltungswerte sein können. Einen Anhaltspunkt liefert Höfner (2003), die den Einfluss von Nachrichtenfaktoren auf den wahrgenommenen Unterhaltungswert von politischen Zeitungsmeldungen misst. Als Relevanzindikatoren können Nachrichtenfaktoren für eine Emotionalisierung der

Rezipienten sorgen (vgl. 2003: 30ff). Unterhaltung im Sinne von Unterhalten-Sein stelle sich dann ein, wenn sich Rezipienten emotional beteiligten. Die Unterhaltungsmerkmale von Nachrichten, wie sie in der Infotainmentforschung beschrieben werden, lassen sich als Unterhaltungsfaktoren mit den Nachrichtenfaktoren abgleichen. Eilders vermutet, dass *„einige Nachrichtenfaktoren auch die Unterhaltungsselektion betreffen"* (1999: 36) und nennt in diesem Zusammenhang Personalisierung, Prominenz, Schaden und Erfolg. Wenner (1985: 176) entwirft für die Nutzung von Nachrichten eine *„media news gratification map"*, die als Bedürfnisse beim Nutzer Umweltorientierung (I), parasoziale Beziehungen (II), soziale Integration (III) und Para-Orientierung (IV) anführt. Die einzelnen Detailbedürfnisse lassen sich zum großen Teil auch auf die Nutzung von unterhaltenden Inhalten übertragen. Auch ein Film bietet „personal reference" und befriedigt „curiosity" (I), liefert „substitution" für Sozialkontakte (II), hat eine „interpersonal utility" in der Anschlusskommunikation (III) und liefert „dramatic entertainment" und „relaxation avoidance" (IV).

Die einzige Studie, die sich bisher explizit mit *„fiction-values"* und der *„fictionworthiness"* als Pendant zum Nachrichtenwert beschäftigt, liefert Buonanno (1993) für den italienischen TV-Markt. Er geht von Fiktionssendungen aus, die auf wahren Begebenheiten beruhen und fragt, welche Nachrichtenwerte ein reales Ereignis haben muss, um als Fiktionsthema erfolgreich sein zu können. Unterhaltungswerte beschreiben demnach die Eigenschaften, die ein Fernsehdrehbuch haben muss, um als interessant und signifikant zu gelten. Er unterscheidet dabei vier Kriterien:

- Substanzielle Kriterien: Sozialstaus der Protagonisten, Nähe, Aktualität
- Produktinhärente Kriterien: Verwendung von Standardplots
- Publikumsbezogene Kriterien: Orientierung an Nutzertypologien oder Catch-All Storys
- Konkurrenzbezogene Kriterien: Distinktion und Imitation

Buonanno stellt fest, dass Unterhaltungswerte weniger universell sind und sich sowohl temporär als auch geografisch und kulturell große Abweichungen ergeben können (1993: 182). Eine empirische Überprüfung der fiction-values sowie eine Generalisierung über den italienischen Markt hinaus ist bis heute leider nicht realisiert worden. Die am ehesten verallgemeinerbare Zusammenstellung von Unterhaltungsfaktoren bleibt daher die von Höfner (2003: 32):

- Kuriosität
- Prominenz, sozialer Status
- Personalisierung
- Nähe zum Lebensumfeld
- Schaden, Negativität, Sensation

- Erfolg
- Emotion
- Dramatik
- Sex

Die Relevanz einzelner Faktoren liegt für die Identifikation von potenziell erfolgreichen Filmstoffen auf der Hand: Ein nicht personalisierter Film ist schwer vorstellbar und in der Entwicklung der Geschichte sind Emotionen und Dramatik selbstverständlich notwendig. Bei anderen Faktoren sind die Bezüge weniger eindeutig und linear. Kuriosität und Nähe stellen ein Gegensatzpaar dar, das für verschiedene fiktionale Formate verschiedene Optima hat. Eine Daily Soap sollte eine große Nähe zur Lebenswelt des Publikums aufweisen, im Kino ist eher das Fremde und die Sensation gefragt. Faktoren wie Prominenz können eher auf beteiligte Stars bezogen werden, als auf ihre Rollen.

Für die Evaluierung des potenziellen Zuschauerinteresses an alternativen Drehbuchstoffen bieten die Nachrichten- bzw. Unterhaltungsfaktoren insgesamt zu wenig Distinktionspotenzial. Eine additive Auswahlfunktion scheint nicht angezeigt, da einzelne Faktoren, wie etwa die Personalisierung, auf jeden Fall erfüllt sein müssen. Eine multiplikative Funktion ist jedoch ebenso wenig angezeigt, da einzelne Faktoren wegfallen können (z.B. Sex) und die übrigen keinen linear positiven Einfluss haben. Unterhaltungswerte können allenfalls bei der Identifikation von definitiv ungeeigneten Stoffen handlungsleitend sein: Ein Drehbuch, das nicht emotionalisiert, sollte nicht verfilmt werden. Solange die Unterhaltungswertforschung nicht detailliertere Aussagen über die Selektion von fiktionalen Inhalten bei Filmverleihern und Rezipienten liefern kann, bleibt sie in der Stoffauswahl von Produzenten irrelevant. Altmeppen (2008) führt dies auf unterschiedliche Orientierungen zwischen Journalismus und Unterhaltungsproduktion zurück. Journalistische Arbeit sei von der Aktualität geprägt und an Ereignissen und ihrer gesellschaftlichen Relevanz orientiert. Die Selektion der Inhalte basiert auf der Relevanzzuschreibung durch Nachrichtenfaktoren. Für die der Unterhaltungsproduktion beschreibt er den Markterfolg als primären Orientierungshorizont. Die Selektion der Inhalte basiert auf erwarteten Ergebnissen. Wenn Nachrichten- resp. Unterhaltungswerte also eine Rolle spielen, dann in der Evaluation der erwarteten Resonanz auf den Output der Unterhaltungsproduktion.

Stoffauswahl und Lektorat

Aufbauend auf der Vermutung, dass die Drehbuchqualität Grundvoraussetzung für den Erfolg ist, haben sich mehrere Autoren mit der Stoffauswahl beschäftig (z.B. Kallas 1992; Finney 1996a). Simonton kann zeigen, dass das Drehbuch die dramatische Qualität eines Films determiniert und diese wiederum die Auszeichnung bei *Oscar-*, *BAFTA-* oder *Golden-Globe-*Verleihungen sowie eine gute Bewertung durch die Kritik nach sich ziehen kann (vgl. 2004). Für Kinobesucher ist die im Drehbuch bestimmte Handlung das wichtigste Qualitätsmerkmal eines Films (vgl. Linton & Petrovich 1988). Eine perfekte handwerkliche Umsetzung und hervorragende Schauspielende können Drehbuchschwächen nur bedingt ausgleichen (vgl. Kallas 1992: 42). Die Schwierigkeit bei der Stoffauswahl liegt darin, den Geschmack des Zielpublikums möglichst gut zu treffen, um den Film im Auswahlset des Publikums zu platzieren (vgl. Lins 2002: 88f). Entscheidend ist dabei der Zwang zur Innovation (vgl. Kap. 3.2). Innovation muss so dosiert sein, dass sie Neugierde weckt, aber nicht abschreckt. Menschen erleben ungern etwas völlig Neues, da dies statt als Unterhaltung als anstrengende Überforderung wahrgenommen wird (vgl. Schramm 2008). Zu wenig innovative Stoffe riskieren zu langweilen, zu wenig vertraute Stoffe riskieren zu überfordern. Risikosteuerung in der Stoffauswahl bedeutet, Kriterien zu finden, mithilfe derer sich das richtige Maß an Innovation bestimmen lässt.

Im Vergleich zur Distribution ist die Entwicklung und Auswahl von Filmstoffen schlecht dokumentiert. Produktionsfirmen in Hollywood investieren rund 10% ihres Umsatzes in die Stoffentwicklung, in Deutschland sind es 2%. Auf jedes verfilmte Drehbuch kommen zehn verworfene (vgl. Birkenstock 2002: 24ff, 102). Die Auswahlkriterien sind in der Regel nicht öffentlich, Studien, die den Prozess nachvollziehen, fehlen. Die Literatur ist dominiert von Ratgebern erfahrener Drehbuchautoren, die persönliche Einschätzungen weitergeben. Daneben findet sich ein Literaturstrang, der die Kommerzialisierung und Nivellierung der Stoffe und ihrer Auswahl beklagt (z.B. Hoberman 1985: 38; Monaco 1985: 280; Kallas 1992: 44; Forrest & Koos 2002: 4; Verevis 2006). Die Argumentation ist normativ und basiert auf Alltagswahrnehmungen, statt auf empirischen Untersuchungen. Zumindest für den deutschsprachigen Raum kann der Vorwurf, wonach Drehbücher in Überarbeitungen kommerzialisiert werden, nicht gelten, da hierfür meist das Geld fehlt (vgl. Birkenstock 2002: 10f).

Lins (2002: 78) identifiziert die vier wesentlichen Auswahlkriterien deutscher Produzenten, die nach der Festlegung des Zielpublikums die Auswahl lenken könnten: Qualität der Geschichte, finanzielle und logistische Realisierungsmöglichkeiten, Marktnachfrage und Möglichkeit zur Weiterentwicklung in neuen Geschäftsfeldern. Eine deutliche Mehrheit der Produzenten gibt jedoch an, dass subjektive Kriterien ausschlaggebend sind. An objektiven Kriterien sind vor allem Vorgaben eines beteiligten TV-Senders wichtig (vgl. Lins 2002: 84). Zehn der elf befragten Produzenten geben an, eine Risikominimierung zu betreiben. Wie diese aussieht, bleibt unklar (Lins 2002: 96).

In der Regel gibt es ein Überangebot an Drehbüchern, statt selbst zu entwickeln müssen Produzenten also aus dem breiten Angebot die besten herausfiltern. Sie beauftragen Lektoren, die eingereichten Drehbücher zu evaluieren und eine subjektive, von Geschmack und Erfahrung geleitete Empfehlung abzugeben, ob ein Drehbuch weiterentwickelt werden sollte (vgl. Kaufman 2004; Eliashberg et al. 2007: 881f).[50] Schütte (1999: 150) nennt als Kriterien, an denen Lektoren die Qualität festmachen können: Glaubwürdigkeit der Figuren, Struktur der Geschichte und Dialoge (Entwicklung und Ziel) sowie die Visualität und Marktchancen. Eine empirische Überprüfung liefert Schütte allerdings nicht. Macdonald fand bei einer Befragung von Lektoren in Großbritannien wenig Einigkeit über die relevanten Kriterien (vgl. 2003). Es wird großer Wert auf handwerkliche Fähigkeiten, Visualität, Originalität, eine klare Struktur und ein Bewusstsein für die Produktionskosten gelegt. Die Bekanntheit des Stoffs aus anderen Quellen oder die Verwendung von eingeführten Motiven wird hingegen als weniger wichtig angesehen. Das Lektorat als Instrument der Risikosteuerung ist geeignet, um Konkurrenz zu vermeiden (Originalität) und die potenzielle Schadenshöhe zu begrenzen (Bewusstsein fürs Budget). Die Eintrittswahrscheinlichkeit des Risikos kann allerdings kaum vermindert werden, da eingeführte Stoffe verschmäht werden. Die Sender und Verleiher als primärer Markt spielen zumindest für die Lektoren in dieser Studie keine Rolle. Das Lektorat ist eher geeignet, die Attraktivität der Stoffe bei den Kreativen, die sich nicht wiederholen möchten, sicherzustellen als beim Publikum. Das Lektorat hilft somit bei der Akquisition weiterer Inputfaktoren. Bei Distributoren und Publikum ist der Bezug auf eine bekannte Vorlage dagegen attraktiver. Es gab erwiesenermaßen bereits eine Nachfrage und es kann vermutet werden, dass diese Nachfrage wiederum bestehen wird. Produzenten sprechen von einer *„inbuilt audience"* (vgl. Maher 2002).

---

[50] In Deutschland ist der Einsatz von Lektoren weniger üblich. Ende der 1990er Jahre ließen nur 10% der Produzenten im Fiktionsbereich „grundsätzlich" Lektorate anfertigen, 60% „manchmal" und 30% „nie" (vgl. Ruschewitz 1998: 38). Birkenstock kommt 2001 auf eine weit größere Verbreitung von Lektoraten (vgl. 2002: 10), Keil schätzt aber noch 2004, dass 70% der deutschen Filme ohne Lektorat entstehen (vgl. 2004: 4).

Erwartbarkeit sicherstellen

Bereits Bächlin (1945: 163) empfiehlt, Produzenten müssten für die Risikover-minderung in der Stoffentwicklung *„die Grundelemente der vorherrschenden geistigen und emotionellen Bedürfnisse feststellen"*, um den Film entsprechend der Erwartungen ausrichten zu können. Vorlagen, die ein Drehbuch und die Nachfrage nach dem fertigen Film berechenbar machen sollen, können aus vielen Quellen stammen. Die Bekanntheit kann von fiktionalen Stoffen aus Büchern, Comics, Dramen, TV-Serien etc. übernommen werden (z.b. Kallas 1992: 41) oder sich aus der Adaption von realen Ereignissen ergeben. In einer Analyse der Stoffquellen deutscher Kinofilme kann Berauer (2007) zeigen, dass zwischen 1997 und 2006 Filme mit Vorlagen aus anderen Medien im Durch-schnitt klar mehr Umsatz generieren. Besonders ausgeprägt ist der Bezug auf Vorlagen bei Kinderfilmen, wo 94% der Filme auf einer Vorlage aus einem Roman, einem Hörspiel oder Ähnlichem basieren. Basuroy, Desai und Talukdar (2006) sehen in Sequels eine Signalingmaßnahme gegenüber dem Publikum, welche die Rezeption begünstigt und die Vermarktung erleichtert. Im Gegensatz zum TV werden Spielfilme nicht in Serie produziert. Die Steuerung des Konsumtionsrisikos durch Programmplanung und die Promotion ist damit ein-geschränkt. Starttermine werden entzerrt, um direkte Konkurrenz zu vermeiden (vgl. Filson 2005) und die Programmplanung resp. Marketingstrategie soll mit Prognosemodellen optimiert werden (vgl. Sawhney et al. 1996; Swami et al. 1999; Eliashberg et al. 2000; Eliashberg et al. 2001). Eine Zuschauersteuerung durch gestrippte Serien (vgl. Karstens & Schütte 2005: 134ff) ist im Kino nicht möglich. Die Produktionskosten im Kino sind ohne gesicherten Erfolg prohibitiv hoch. Erst wenn sich ein Film als Erfolg erweist, können mehrere Sequels in einem Produktionsprojekt zusammengefasst (z.B. *The Matrix Reloaded & Revolutions (2003)*) oder die Produktion von Sequels im Jahresrhythmus routinisiert (z.B. *Die Wilden Kerle 2-5 (2005-8)*) werden. Auch Remakes von erfolgreichen Filmen können Bekanntheit garantieren. Brian de Palma gilt das Remake als *„the only way of getting reliability and novelty in the same package"* (zitiert nach Rickey 1984). Vor der Etablierung des TV hatten Remakes und Filmserien im Kino einen großen Anteil: In den 1940er Jahren machten sie 23% der amerikanischen Filme aus. Filmserien wurden durch Fernsehserien abgelöst, doch als Ausgleich für die sinkende Planbarkeit des Geschäfts verdreifachte sich bis Ende der 1970er Jahre der Anteil von Sequels (vgl. Simonet 1987: 158).

Daneben ist es auf einem generischeren Niveau auch möglich, durch die Orientierung an Marken, Symbolen, und Erzählkonventionen einen Wieder-erkennungswert zur Risikosteuerung zu erreichen (vgl. Tulving & Craik 2000). Der Charakter des Films als Prototyp macht den Einsatz von Marken schwierig, einzelne Filme können *„prinzipiell nicht den Charakter eines Markenprodukts haben"* (Hediger & Vonderau 2005: 244), die Möglichkeiten das Marktrisiko bei Produkteinführungen durch den Transfer einer etablierten Marke zu reduzieren (vgl. Siegert 2000) sind beschränkt. Ausnahmen sind Filmreihen wie *Star Trek* oder *James Bond*, die auch jenseits der einzelnen Filme eine Markenidentität und ein Markenversprechen etabliert haben (vgl. Altman 1999: 116f). Auch der Rückgriff auf bekannte Elemente der Populärkultur kann als Annäherung an die Markentransferstrategie verstanden werden. Wie bei einer Brand Extension (z.b. de Ruyter & Wetzels 2000) ist es durch den Bezug auf Vorläufer leichter möglich, den Inhalt und die Attraktivität des Films zu kommunizieren und ggf. Merchandisingprodukte zu vermarkten. Bei Filmserien dient der Serientitel als Dachmarke für die einzelnen Filme in der Reihe. Hennig-Thurau et al. (Hennig-Thurau & Heitjans 2004; Hennig-Thurau et al. 2007) interpretieren Sequels als Markenerweiterung des Inhaltsbrands. Sood und Drèze (2006) warnen jedoch vor einer Übersättigung des Publikums für den Fall, dass eine Fortsetzung oder ein Spinn-Off zu sehr als vorhersagbare Wiederholung wahrgenommen wird. Sobald ein kritisches Bekanntheitsniveau überschritten ist, kann sich der positive Effekt umkehren (vgl. Abbildung 13). Mehrere Autoren haben den positiven Einfluss der Bekanntheit des Stoffs auf Kinoumsatz und Rentabilität empirisch bestätigen können (vgl. Prag & Casavant 1994; Sawhney et al. 1996; Ravid 1999; Hennig-Thurau et al. 2007). Die vermutete Effektumkehr kann in keiner Studie nachgewiesen werden, da der Variationsgrad gegenüber der Vorlage nicht gemessen wurde. Als Kinobesucher fallen einem jedoch diverse Beispiele ein, wo vorhersagbare Sequels gelangweilt haben und man für eine schlechte Mundpropaganda gesorgt hat. Ginsburgh, Pestieau und Weyers (2006) können zeigen, dass Remakes signifikant weniger Erfolg haben als das Original. Sequels und Remakes sind zwar im Vergleich zu allen Filmen überdurchschnittlich rentabel, da das Produktionsbudget durch die Ansprüche des Publikums und der Kreativen mit jedem Sequel steigt, sinkt jedoch die Rentabilität im Vergleich zum ersten Film einer Serie. Risikoaverse Sequelproduzenten akzeptieren eine geringere Renditechance und erkaufen sich so eine höhere Wahrscheinlichkeit, diese Rendite zu realisieren.

Jenseits von konkreten Vorlagen kann der Bezug auf Erzählkonventionen und etablierte Handlungsmuster eine Möglichkeit sein, die Eintrittswahrscheinlichkeit des Schadens zu steuern. Hierzu können Elemente aus dem kulturellen und dramaturgischen Kanon übernommen und variiert werden. Einige Drehbuchautoren versuchen, aus ihrer Arbeit allgemeine Regeln abzuleiten (z.B. Field 1984, 2005; Howard & Mabley 1995), andere beziehen sich auf die Archetypen der Psychoanalyse (vgl. Jung 2001 [1934]), um daraus die Basis für jede gelungene Erzählung herzuleiten (z.B. Campbell 1973; Vogler 1998). Der Gipfel der Standardisierung zeigt sich in Büchern, die „20 master plots" (Tobias 1993) oder „45 master characters" (Schmidt 2001) anbieten. Die genannten Darstellungen sind überzeugend, eine empirische Überprüfung fehlt jedoch, so dass allenfalls von Risikoverminderung durch Best-practice-Vorbilder gesprochen werden kann. Simonton (1986) untersucht den Einfluss von Inhaltsvariablen anhand von Theaterstücken. Am Beispiel von 37 Shakespeare-Dramen kann er einen Zusammenhang zwischen Popularität und den behandelten Themen herstellen. Popularität korreliert positiv mit tragischen Themen, mit Themen rund um Familien und die Kindserziehung sowie mit Stoffen, in denen emotional handelnde Personen im Mittelpunkt stehen.[51] Da in den untersuchten Dramen nur 46 von mehreren Hundert kategorisierten Topoi vorkommen, sind Rückschlüsse auf das allgemeine Erfolgpotenzial bestimmter Themen nicht möglich. Es stellt sich auch die Frage, ob das Publikum von Theaterstücken dieselbe Gratifikation erwartet wie von Filmen. Für die Identifikation von Erfolg versprechenden Stoffen ist das Vorgehen von Simonton mit seiner eng begrenzten Datenbasis nicht geeignet. Allenfalls lässt sich – wenig überraschend – ableiten, dass beim Rückgriff auf klassische Stoffe universelle Themen bevorzugt werden sollten. Mit großem Aufwand könnten Filme so kleinteilig erfasst werden, dass eine quantitative Überprüfung des postulierten universellen Plots (Vogler 1998) möglich wird. Ein erster Ansatz zur empirischen Prüfung findet sich bei Eliashberg et al. (2007), die den Einfluss von 22 Ploteigenschaften auf den Kassenerfolg messen.[52] Sie finden, dass ein klares Setting, ein logischer Schluss, eine frühe Offenlegung der Eigenschaften und Motive der Charaktere und die Vermeidung von zufälligen Wendungen den Erfolg begünstigen. Allerdings weisen sprachliche Kontrollvariablen wie Satzlänge und Passivgebrauch eine stärkere Erklärungskraft auf und die verwendete Methode erklärt keinen Wirkungszusammenhang. Aus wissenschaftlicher Perspektive ist dies bedauerlich, für die Risikoverminderung schmälert dies jedoch nicht die Nützlichkeit. Data Mining könnte helfen, das Risiko im Drehbuch zu reduzieren und die Intuition der Produzenten zu ergänzen oder ersetzen.

---

[51] Simonton übernimmt die Themen aus dem Syntopicum der Anthologie „Great Books of the Western World" (Adler & Gorman 1952). Konkret lautet das Thema der Familienstoffe *„The care and government of children: the rights and duties of the child; parental despotism and tyranny"*, das der emotionalen Stoffe *„Madness or frenzy due to emotional excess: excessively emotional or emotionally over-determined behavior"*.

[52] Da die Drehbücher oft nicht öffentlich zugänglich sind, beziehen sich Eliashberg et al. auf sogenannte Movie Spoiler, Zusammenfassungen, die von Fans im Internet veröffentlicht werden (www.themoviespoiler.com). Da Länge, Detailliertheit und Sprachstil der Spoiler stark variieren, sollten die Ergebnisse nicht überbewertet werden.

Künstlerischer Wert

Neben der Optimierung in Bezug auf kommerzielle Verwertbarkeit, kann die Steuerung des Risikos in der Stoffentwicklung auch auf die Optimierung der künstlerischen Aspekte fokussieren, z.b. um die entsprechende Reputation der Produzenten gegenüber den Kreativen zu pflegen. Simonton (2005) postuliert zwei getrennte Märkte für Film als Kunst und als Geschäft, die sich diametral gegenüberstehen. Dieselben Faktoren, die den Erfolg auf dem Kunstmarkt begünstigen, wirken sich auf dem kommerziellen Markt nachteilig aus und umgekehrt. Er kann zeigen, dass Autorenfilme signifikant weniger erfolgreich sind, und auch Theaterstücke als künstlerisch orientierte Vorlage einen negativen Einfluss auf den Umsatz haben.

Die Kunstphilosophie und Ästhetik beschäftigen sich mit der Bewertbarkeit von Kunstwerken. Zwar kann vom Wert eines Kunstwerks nicht unmittelbar auf seinen Erfolg geschlossen werden, doch lassen sich aus den Bewertungskriterien Rückschlüsse auf das Relevanzsystem von Kreativen ziehen. Vermazen (1975) und Dickie (1988, 2001) postulieren, dass die unabhängigen Eigenschaften von Kunstwerken keinen Vergleich erlauben, da dies eine schwer zu begründende relative Gewichtung der Eigenschaften voraussetzt. Ginsburgh und Weyer (2006) versuchen am Beispiel von Filmdrehbüchern aufzuzeigen, dass eine relative Gewichtung der Teilaspekte des künstlerischen Werts durchaus möglich ist. Sie wollen aus einzelnen Eigenschaften eines Kunstwerks eine Gesamtbewertung erstellen, um Kunstwerke in eine Rangreihe zu bringen. Sie fokussieren auf das Drehbuch als Eigenschaft eines Films. Bei der Gesamtevaluation der künstlerischen Qualität eines Films (operationalisiert als Oscargewinn) hat die Qualität des Drehbuchs (operationalisiert in Drehbuch-Oscars) nach der Regie die größte Erklärungskraft. Für Filmproduzenten, die den künstlerischen Wert optimieren möchten, kann abgeleitet werden, dass in diesem Fall das Drehbuch wichtiger ist als die Schauspielenden. Wie das Drehbuch konkret beschaffen sein müsste, um das Risiko eines künstlerischen Flops zu vermeiden, bleibt offen.

Genre

„Generic forms were one of the earliest means used by the industry to organize the production and marketing of films, and by reviewers and the popular audience to guide their viewing" (Gledhill 1999: 137). Genres entstanden aus dem Bedürfnis der Studios, eine Standardisierung und Produktdifferenzierung zugleich zu ermöglichen. Genres sind als Steuerungsmaßnahme sowohl des Produktions- als auch des Konsumptionsrisikos geeignet. In der medialen

Produktion spart ein standardisiertes Produkt Zeit und Mühe, hilft, spezialisierte Teams zusammenzustellen (vgl. Fabrizio Perretti 2007) und ist durch die Routine eine *„Teilgarantie gegen Misserfolg"* (vgl. Lippmann 1964: 241). In Bezug auf das Konsumtionsrisiko erlauben Genres Vorhersagen über Zuschauer-erwartungen. *„Genre movies are in a sense always ‚pre-sold'. Audiences enjoy anticipating and recognizing familiar generic features"* (Maltby 2004: 107). Genres entstanden aus dem Versuch, Erfolge zu wiederholen. Sie stellen eine erprobte, aber flexible Kombination von diversen Erfolgsfaktoren dar.[53] Während der Studioära ging die Standardisierung so weit, dass sich Studios auf bestimmte Genres beschränkten, um Skaleneffekte ausnutzen zu können (vgl. Gledhill 1999: 141). Als noch in festen Sets auf dem Studiogelände gedreht wurde, konnten so z.B. die Kosten für einen Westernset auf mehrere Filme verteilt werden. Doch auch heute folgen alle kommerziellen Filme Genrekonventionen, die Produktion, Distribution und Konsumption des Films mit steuern. Bei der Risikosteuerung mit Genres stellt sich nicht die Frage, ob Genres eingesetzt werden sollen, sondern inwieweit die Gesamtnachfrage nach einzelnen Genres berechenbar ist, um Zuschauerpotenziale ex ante abschätzen zu können. Weiter könnte untersucht werden, ob es vorteilhaft ist, sich streng an Genrekonventionen zu halten oder ob mit Genrekombination das Zuschauerpotenzial maximiert werden kann.

Gehrau untersucht, inwieweit Genres zu einer Reduktion von Unsicherheit im Umgang von Anbietern und Nachfragern mit einem bestimmten Medieninhalt beitragen. Durch die Zuordnung zu einem Genre werden einem Angebot bestimmte Eigenschaften zugeschrieben, andere werden ausgeschlossen. Der Umgang mit dem Angebot wird dadurch erleichtert, da der Inhalt zumindest grob erwartbar ist. Kernelement von Genres stellt dabei die Gleichartigkeit von Angeboten dar, die eine Anschlussfähigkeit an erfolgreiche Produkte und Publikumserwartungen ermöglicht (Gehrau 2003: 16). An anderer Stelle vergleicht Gehrau Genres mit Produktverpackungen, die beim Konsumenten Interesse wecken und Erwartungen bedienen sollen (vgl. 1999: 78ff), Hediger und Vonderau bezeichnen Genres als *„Blaupausen der Filmproduktion"*. Die Herausbildung von Genres ließe sich als das Herausarbeiten von kommerziellen Erfolg versprechenden Mustern der Programmierung von Unterhaltungsangeboten verstehen. In einem rekursiven Selektionsprozess werden nur jene Elemente aus erfolgreichen Filmen übernommen, die für den Erfolg maßgeblich scheinen. Für das Filmpublikum sind Genres *„Landkarten des Vergnügens"*, die

---

[53] Genres werden hier ökonomisch als Signaling gegenüber den Konsumenten und als Organisationshilfe in der Produktion verstanden. Auf die filmwissenschaftliche Auseinandersetzung mit dem Genrebegriff (z.B. Grant 1986, 2007; Dowd et al. 2006) und die entsprechenden Abgrenzungen (z.B. Geraghty & Jancovich 2008; Maltby 2004: 74ff) soll hier nicht eingegangen werden.

einen Überblick über die zu erwartende Unterhaltungsgratifikation bieten, aber Raum für Entdeckungen lassen (vgl. Hediger et al. 2005: 240). Für Genrefilme stellt sich das Problem der Erfahrungsguteigenschaft somit weniger. Genrefilme sind Suchgüter, wobei die Zuschauer aus Erfahrungen mit anderen Genrefilmen Kriterien destillieren können, die Erwartungstreue suggerieren und die Filmauswahl steuern. Das Genre ist über alle soziodemografischen Unterschiede hinweg das wichtigste Auswahlkriterium der Zuschauer bei der Entscheidung für einen Film (vgl. De Silva 1997: 153).

In der Stoffauswahl und -entwicklung werden mit dem Genre auch Zielgruppe und Besucherpotenzial festgelegt, ggf. kommen im Produktionsprozess Elemente aus anderen Genres hinzu, um die Zielgruppe zu erweitern. Mehrere Studien untersuchen den Einfluss des Genres auf den Erfolg individueller Filme. Trotz des recht konstanten Anteils verschiedener Genres am Gesamtzuschaueraufkommen (vgl. Kap 4.1.5) zeigt sich in Litmans Erfolgsfaktorenstudien über mehrere Jahrzehnte, dass der Einfluss von Genres auf den Erfolg Trends unterliegt (Litman 1983; Litman & Kohl 1989; Litman & Ahn 1998). Exemplarisch zeigt sich dies beim Genre Sci-Fi: Der positive Effekt auf den Umsatz, aus den 1970er verschwindet bis zu den 90ern. In weiteren Studien konnte ein positiver Einfluss des Genres Komödie auf den Umsatz festgestellt werden (vgl. Sochay 1994; Wyatt 1991). Chang und Ki (2005) zeigen einen negativen Einfluss des Genres Drama. Problematisch ist dabei die Frage, wie kleinteilig Genres erfasst und ob saisonale Effekte (z.B. Familienfilme zu Weihnachten) berücksichtigt werden. Ravid (2002) stellt fest, dass Genres mit viel Sex und Gewalt einen positiven Effekt auf den Umsatz, nicht aber auf den Gewinn haben. Für den europäischen Markt liegen kaum Studien vor, da Genrekonventionen hier weniger handlungsleitend sind. Lange (1999: 74ff) erklärt den Erfolg von amerikanischen Filmen in deutschen Kinos z.T. mit ihrem Genre. Während die Genres Komödie, Action, Musik und Thriller keinen signifikanten Einfluss aufweisen, werden Dramen und Kinderfilme beim deutschen Publikum offenbar besser aufgenommen. Mit einer unzureichenden Stichprobe identifiziert auch Gaitanides Komödien als erfolgsförderlich, relativiert um Produktions- und Marketingaufwand verkehrt sich der Effekt jedoch ins Gegenteil (vgl. 1999: 18). Bagella et al. (1999: 248) können auch im italienischen Markt einen positiven Effekt des Komödiengenres messen. Ebenfalls einen positiven Effekt, wenn auch weit weniger ausgeprägt, haben in dieser Studie sozialkritische, Horror- und Detektivfilme. Auch transnational betrachtet kann ein Zusammenhang zwischen Genre und Filmerfolg hergestellt werden. Neelamegham et al. (1999) gruppieren Länder nach Genrevorlieben: In den USA, Schweden, Deutschland und Südafrika sei „Romance" das beliebteste Genre, Japaner und Mexikaner würden „Thriller" bevorzugen, während die Länder des Commonwealth und Italien

„Action" favorisierten. Über alle untersuchten Länder hinweg sei jedoch „Thriller" das beliebteste Genre, während die Popularität im Genre „Romance" am stärksten zwischen den Ländern schwanke. Aus der Perspektive der Risikosteuerung könnte es sinnvoll sein, sich auf dieses Genre als globalen gemeinsamen Nenner zu konzentrieren.

Andere Autoren sehen nur einen geringen Zusammenhang zwischen Genre und Filmerfolg. In einer Clusteranalyse, die Filme in Erfolgsstufen einteilt, zeigt das Genre keinen Einfluss (vgl. Jedidi et al. 1998). Es fällt jedoch auf, dass im Cluster „fast fade", also jene Filme, deren Zuschauerzahlen sehr schnell zurückgehen und die insgesamt am wenigsten erfolgreich sind, die Genres „Crime", „Horror" und „Action" dominieren. Dieses Ergebnis widerspricht also der Feststellung von Ravid (2002), wonach Gewalt umsatzsteigernd sei.

Das Grundproblem aller Studien, die den Erfolg mit dem Genre erklären wollen, ist die Unschärfe des Genrekonzepts. Weder gibt es eine allgemein anerkannte und abschließende Liste von Genres, noch besteht Einigkeit darüber, welchen Genres ein bestimmter Film zugeordnet werden kann. Die Vergleichbarkeit von Studienergebnissen ist damit massiv eingeschränkt. Dennoch lassen sich zwei Punkte für die Risikosteuerung festhalten: Da es Unterschiede in der Erfolgsquote einzelner Genres gibt, bietet es sich für Produzenten mit größerem Output an, mit ihrem Portfolio unterschiedliche Genres abzudecken. Hierfür sollten fortlaufend Verschiebungen der aggregierten Genrepräferenzen analysiert werden. Zum Zweiten gilt es den Erfolgsmaßstab zu berücksichtigen. Aufgrund der Datenverfügbarkeit fokussieren die meisten Studien auf den Umsatz statt auf die Rendite. Da die Genres sich jedoch erheblich in ihren durchschnittlichen Produktionskosten unterscheiden, müssen die Ergebnisse relativiert werden. Bei der Entscheidung für ein Genre müssen die Publikumserwartungen als Kostentreiber in der Kalkulation berücksichtigt werden. Eine Komödie wie *There's Something About Mary (1998)* hat trotz Cameron Diaz nur rund 23 Mio. US$ Produktionsbudget gehabt (vgl. IMdB 1998). Ein Sci-Fi-Film mit demselben Budget wirkt in den Augen der Zuschauer vermutlich unterfinanziert. Die Konzentration auf beliebte Genres bedeutet im günstigen Fall die Maximierung der Zuschauernachfrage, nicht notwendigerweise jedoch auch die Maximierung der Rendite.

Zielgruppen und Altersbeschränkungen

Altersbeschränkungen sind nicht nur ein Instrument des Jugendschutzes, von den Zuschauern werden sie auch als Hinweis über die zu erwartende Inszenierung gelesen. Bei der Einführung von Altersbeschränkungen für Filme in den USA im

Jahr 1968 wurden die Altersfreigaben R und X^{54} einerseits als Handicap angesehen (z.B. Musun 1969), andererseits wurde eine Attraktivität des Verbotenen vermutet (vgl. Austin 1982). Ebenso widersprüchlich wurden die unbeschränkten Freigaben G und PG gesehen: Einerseits vermutete man sichere Kassenerfolge, andererseits aber auch Flops wegen eines möglichen „kindischen" Eindrucks bei erwachsenen Zuschauern (vgl. Austin et al. 1981: 28; Litman et al. 1998: 181f). Mittlerweile ist in zahlreichen Studien festgestellt worden, dass Filme mit den Freigaben G und PG im Mittel erfolgreicher sind (vgl. Austin et al. 1981; Medved 1992; Sawhney et al. 1996; Jedidi et al. 1998; Ravid 1999; De Vany & Walls 2002; Terry et al. 2005; Chang et al. 2005). Erwachsene können an einem G-rated-Film Gefallen finden, durch den Ausschluss von Teenagern als aktivste Kinobesucher ist das Zuschauerpotenzial von R-rated Filmen dagegen grundsätzlich eingeschränkt. Daneben können Familienfilme, insbesondere auf dem Videoverleihmarkt, gute Einnahmen erzielen und erfolgreiche Kinderfilm-Zeichentrickproduktionen haben zusätzlich ein großes Potenzial im Bereich der Merchandisingprodukte. Neben dem Zuschauerpotenzial spiegelt das Ergebnis die Bemühungen der Verleihfirmen, für ihre Blockbuster ein PG-Rating zu erreichen. Auch beschränkte Werbemöglichkeiten und Programmauflagen für Kinobetreiber (vgl. Prag et al. 1994; Litman et al. 1998) in Bezug auf R-rated Filme könnten zum relativen Misserfolg dieser Filme beitragen. Für europäische Märkte liegen keine entsprechenden Studien vor, die Altersbeschränkungen zu dem Filmerfolg in Bezug setzen. Da die Altersbeschränkungen zwischen den USA und europäischen Ländern zum Teil stark voneinander abweichen,[55] ist eine direkte Übertragung der Ergebnisse nicht möglich. Angenommen, alle anderen Faktoren könnten konstant gehalten werden, könnten Produzenten ihre Erfolgschancen verdoppeln, wenn sie für ihre Filme ein G, statt ein R-Rating erreichen können. In der Praxis ist dies nicht realistisch: Nicht jeder Stoff lässt sich kindgerecht aufbereiten, die Entscheidung für eine bestimmte Altersfreigabe beschränkt auch die kreativen Möglichkeiten. Es wird deshalb in relativ renditeschwache R-rated-Filme investiert, da die kreative

---

[54] In den USA werden Filme von der Motion Picture Association of America (MPAA) bewertet. Zwölf Laien, die alle Eltern sein müssen, können folgende Wertungen vergeben:
G General audience: All ages admitted
PG Parental guidance suggested:Some material may not be suitable for children
PG-13 Parents strongly cautioned: Some material may be inappropriate for children under 13
R Restricted: Under 17 requires accompanying parent or adult guardian
NC-17 (früher X): No one 17 and under admitted
[55] Unterschiede ergeben sich insbesondere in der Bewertung der Darstellung von Gewalt und sexuellen Handlungen. Während die MPAA Gewaltdarstellungen häufig für unproblematisch hält, ist z.B. die FSK in diesem Bereich eher restriktiv. Bei der Darstellung von Sexualität verhält es sich dagegen umgekehrt (vgl. McCarthy 2004: 36).

Gratifikation für die Macher ggf. den finanziellen Ausfall kompensieren kann. Daneben sind G-rated-Filme zwar überdurchschnittlich erfolgreich, bezogen auf die Anzahl haben sie jedoch einen kleinen Marktanteil. Wenn G-rated-Filme sich strukturell ähneln, so dass sie reziprok als Substitute dienen können, dann würde der durchschnittliche Erfolg von G-rated-Filmen mit steigender Anzahl sinken. Ravid und Basuroy (2002, 2004) sehen im Gegenteil im hohen Anteil von 58% aller in den USA veröffentlichten Filme (vgl. Motion Picture Association 2006: 13) mit R-Rating ein risikoaverses Verhalten der Studioleitungen. R-rated-Filme, die im großen Ausmaß Sex und Gewalt enthalten, haben höhere Umsätze und meist erfolgreiche Startwochenenden. Das Ziel der Profitmaximierung wird durch Umsatzmaximierung und Hedging ersetzt. Da im Gegensatz zur Rendite die Kennzahlen zu Umsatz und Startwochenende ausgiebig in der Fachöffentlichkeit behandelt werden, stellen sie für das Studiomanagement einen Leistungsausweis dar, der die eigene Position stärkt und für die Karriere reputationsfördernd ist.

De Silva (1997: 152f) kann zeigen, dass die Relevanz der Altersbeschränkung als Auswahlkriterium des Publikums mit der soziodemografischen Gruppe variiert. Für Singles und Kinderlose ist sie weitgehend irrelevant, für Eltern spielt sie eine weit wichtigere Rolle. Da das Gros der produzierten Filme nicht das gesamte Kinopublikum zur Zielgruppe hat, scheint eine Orientierung an Forschungsergebnissen, die sich auf die Gesamtheit aller Filme und Zielgruppen stützen, nicht sinnvoll. In der Risikosteuerung muss zunächst die Relevanz in der avisierten Zielgruppe abgeklärt und ggf. das Projekt an die bevorzugte Altersbeschränkung angepasst werden.

Marktforschung

Wenn die Nachfrage nach einem Produkt unklar ist, bietet es sich grundsätzlich an, durch Markforschung die Bedürfnisse und ggf. die Zahlungsbereitschaft von potenziellen Kunden zu erkunden. Für Produzenten in der Stoff- und Projektentwicklung gibt es zwei Adressaten, die erforscht werden können. Die Bedürfnisse der Verleiher als unmittelbare Abnehmer und die Bedürfnisse der Rezipienten können erforscht werden, um durch die Adressierung des Konsumtionsrisikos das Projekt für Investoren attraktiv zu machen (vgl. Bakker 2003: 101). Aus der Guts- und Marktcharakteristik ergeben sich jedoch mehrere Probleme: Sehgewohnheiten und Geschmäcker entwickeln sich weiter und Zuschauer sind nicht in der Lage zu sagen, ob sie sich einen Film ansehen würden, bevor sie ihn gesehen haben. Voss und Voss (2000) können für das Theater nachweisen, dass eine Orientierung am Publikumsgeschmack zu niedrigerem Umsatz und Gewinn führt, als eine Orientierung an der Konkurrenz oder dem Fokus auf innovative

Produktionen. Allgemein dient die Marktforschung in der Filmbranche deshalb eher dazu, die Vermarktung von fertigen Projekten zu optimieren. Yoder hält fest: *„Research is not used to design, create or produce movies"* (2004: 302). Daneben fehlt kleineren Produktionsfirmen in der Regel der Zugang zu Nutzungsdaten bzw. die Mittel für eigene Erhebungen. Markforschung kann von Distributoren somit als *„Herrschafts- und Verkaufswissen"* (Wirth & Sydow 2004: 141) eingesetzt werden. In der Branche gibt es ein tiefes Misstrauen gegenüber der Marktforschung und der Verlässlichkeit ihrer Ergebnisse (vgl. zuerst Handel 1953). Produzenten vertrauen eher ihrer Intuition als der Statistik.[56] Handel beschreibt, wie sich Hollywood einer systematischen Marktforschung widersetzt habe: *„In the race between intuition and the IBM machine the latter came in a poor second"* (1953: 304). Als Grund nennt er die Wahrnehmung des Films als künstlerisches Unternehmen. Als die Hollywoodstudios in den 1970er Jahren von branchenfremden Konzernen übernommen wurden, bekam die Marktforschung ein größeres Gewicht, da die neuen Eigentümer detailliertere und verlässlichere Erfolgsprognosen verlangten als das Bauchgefühl der Produzenten (vgl. Salamon 1991: 365). Daneben zwang das Aufkommen des „saturation release"[57] zur ex ante Produktoptimierung. Anders als beim „platform release", bei dem das Marketing je nach Publikumsreaktion angepasst werden kann, muss in diesem Fall der Auftritt schon zu Beginn perfekt sein (vgl. Wyatt 1994: 157).

Yoder (2004) unterscheidet drei Formen der Marktforschung für die Filmbranche: In Überblicksstudien im Auftrag von mehreren Distributoren werden nationale Kinomärkte mit ihren Rahmenbedingungen und der Häufigkeit des Kinobesuchs sowie Bewertungen des Filmerlebens skizziert. In „marketability"-Studien wird für einzelne Filme die Wirksamkeit des Marketingmaterials bewertet, während in „playability"-Studien geprüft wird, wie zufrieden die Zuschauer mit dem Erleben eines bestimmten Films sind. Für beide Varianten muss ein Film weitgehend fertiggestellt sein. Die Markforschung dient der Optimierung der Distribution, nicht des Produkts. *„Ideas for movies are never tested or discussed"* (Yoder 2004: 302). Eine andere Einteilung nimmt Wyatt (1994: 158) vor, der zwischen pre-production- und post-production-Studien

---

[56] Der Produzent David Puttnam vergleicht die Schwierigkeit, die Stoffauswahl zu begründen, mit dem Verliebtsein: *„It's impossible to explain why one story intuitively imposes itself on your imagination rather than another – a bit like trying to justify falling in love with one woman in a room in which many would seem equally attractive"* (Puttnam 2004: 16).

[57] „Saturation release" bezeichnet die Veröffentlichung eines Films auf möglichst vielen Leinwänden gleichzeitig. Zuschauer, die sich erst im Kino für einen Film entscheiden, sollen überall die Möglichkeit haben, den Film zu sehen. Ein saturation release wird mit einer massiven Werbekampagne vorbereitet, der Filmstart soll zum Event gemacht werden (vgl. dazu ausführlich Wyatt 1994; Hayes & Bing 2004; Jöckel & Döbler 2006).

unterscheidet. Vor der physischen Produktion können Konzept-, Casting- und Titeltests durchgeführt werden, in denen die Qualität der Zutaten zum Projekt getestet wird (ähnlich dazu auch Marich 2005: 32f). An Markforschung nach der Produktion nennt Wyatt Testscreenings mit Befragungen für den ganzen Film und Treatmenttests, um die Wirksamkeit der Werbemaßnahmen zu evaluieren. Der pre-production-Marktforschung wird vorgeworfen, direktiv zu sein und Kreativität durch quantitative Messwerte zu ersetzen. Hintergrund ist die grundsätzliche Schwierigkeit von Publikumsbewertungen im Kontext von Innovationen. Das Publikum tendiert dazu, bekannte Stoffe gut zu bewerten, innovative Stoffe jedoch abzulehnen. Konzepte für Filme, die sich strikt an Genrevorgaben halten, schneiden in Tests gut ab, in der Umsetzung werden sie jedoch ggf. als vorhersagbar abgelehnt. Analog werden Schauspielende in jenen Rollen gut gewertet, für die sie bereits bekannt sind. Markforschung kreeiert somit ein vertrautes, leicht vermarktbares aber ggf. unkreatives Produkt (Wyatt 1994: 160f). Kreativität und in Marktforschungsstudien getestete Kontinuität sind zyklisch verknüpft: Wird zu stark auf die Markforschung gesetzt, ergeben sich Misserfolge, da das Publikum ein innovatives Element vermisst. In der Folge betonen Branchenvertreter stärker die Bedeutung von neuen Ideen, die sich nicht testen lassen. Wenn sich auch unter den originellen Filmen die Misserfolge häufen, bekommt die marktforschungsgetriebene Wiederholung von Bekanntem wieder Auftrieb (vgl. Wyatt 1994: 176ff).

Die Marktforschung fokussiert auf das Verhältnis zwischen Distributor und Publikum: Es gibt umfangreiche Forschung dazu, wann und wie ein Film veröffentlicht wird (z.B. Hanson & Jeuland 1987; Krider & Weinberg 1998; Zufryden 2000; Eliashberg et al. 2000; Weinberg 2000) und wie die Filmwerbung gestaltet sein sollte (z.B. Kernan 2004; Elberse & Anand 2005). Das Verhältnis zwischen Produzenten und Distributoren, scheint in der Marktforschung jedoch keine Rolle zu spielen. Für die Risikosteuerung von Produzenten ist die Durchführung eigener Marktforschungsstudien als Argumentationshilfen gegenüber den Verleihern zu aufwendig und unzuverlässig. Nutzbar sind allenfalls allgemeine Studien, die aggregierte Besuchertrends aufzeigen (vgl. von Rimscha 2008a: 220).

Steuerungsmöglichkeiten in Bezug auf das Personal

Das Personal dient gegenüber den primären (Distributoren) und sekundären (Publikum) Nachfragern als Signal für die zu erwartende Machart und Qualität des Films.[58] Dieses Signaling kann nur von Schauspielstars, in seltenen Fällen auch von Regisseuren und Autoren und in Ausnahmefällen von Produzenten (z.b. Jerry Bruckheimer) und Kameraleuten (z.b. Christopher Doyle) geleistet werden. Auf den übrigen Positionen in der Produktion kann die individuelle Leistung vom Publikum in der Regel weder wahrgenommen noch gewürdigt werden. Die Literatur zu Erfolgsfaktoren fokussiert deshalb auf Stars, die einen positiven Einfluss auf die Vermarktbarkeit eines Films haben können und den Kassenerfolg erklären sollen (z.b. Kindem 1982; Litman 1983; Litman et al. 1998; Wallace et al. 1993). Stars können die Unsicherheit über die zu erwartende Unterhaltung reduzieren. Ähnlich einer Marke bedeuten sie ein Versprechen über den Inhalt. *„Stars serve to attenuate the risks associated with film production by locating new products in aesthetic and pleasure domains already familiar to audiences"* (Pokorny & Sedgwick 2001: 158). Versuchspersonen, denen ein fiktives Drehbuch vorgelegt wird, bewerten es deutlich besser, wenn ihnen suggeriert wird, dass es von einem gefeierten Autor stammt oder ein Star den Helden spielt (vgl. Levin et al. 1997). Pokorny et al. (2001) untersuchen anhand eines Datensatzes aus den 1930er Jahren den Einfluss von Stars auf die Rentabilität von Filmen und inwieweit der Einsatz von Stars eine erfolgreiche Strategie zur Risikominimierung war. Im Gegensatz zu Studien, die den Erfolg auf der Basis einzelner Filme erfassen (z.b. De Vany & Walls 1996; De Vany & Walls 1999; Ravid 1999; Albert 1998), betrachten sie den Output eines Studios und können damit Strategien identifizieren und bewerten, die Studios und Produzenten über ihr gesamtes Portfolio anwenden. Bei Filmen mit hohem Budget lohnt sich der Einsatz von Stars nicht, bei mittleren und niedrigen Budgets helfen Stars jedoch, den Markt zu stabilisieren und sorgen für konstantere und höhere Erlöse. Die Ergebnisse sind nur bedingt auf die heutige Marktsituation übertragbar, da in den 1930er Jahren Stars mit langfristigen Verträgen an die Studios gebunden waren.

Bei projektbasierten Anstellungen wird aus dem Track Record der Stars die Erwartung abgeleitet, dass die Person zum Erfolg beitragen kann, indem sie die in anderen Filmen generierte Anhängerschaft als verlässliche Zuschauerbasis mit einbringt. In der Hoffnung, die Erfolgswahrscheinlichkeit positiv zu beeinflussen, sind Produzenten bereit, im Vergleich zu unbekannten Schauspielenden höhere Kosten für einen Star zu tragen (vgl. Watson 2004: 403). Die primäre Bedeutung von Stars liegt nicht in ihrem Talent, sondern in ihrer Funktion als Instrument der Risikosteuerung. Produzenten stehen in einem Abhängigkeitsverhältnis zu den Stars, da Stars, die tatsächlich eine Risikominimierung bieten,

---

[58] Für Ulmer ist das Talent und die ggf. resultierende Qualität nicht entscheidend. Wichtiger ist die Zuschreibung von Erfolg. *„A star's acting talent is another criterion, but less critical to his or her ultimate market success"* (2000: 4).

ein knappes Gut sind. Die Risikoteilung zwischen Stars und Produzenten ist deshalb nicht ausgeglichen: Stars werden am Gewinn beteiligt, müssen Verluste jedoch nicht mittragen. Ob es Stars gelingt, bereits am Umsatz beteiligt zu werden, hängt vom Erfolg ihres letzten Films ab und ob sie in ihrer typischen Rolle gecasted sind oder einen neuen Typ verkörpern (vgl. Watson 2004). Ein kurz zurückliegender Erfolg und die Eindeutigkeit des Stars als Signal werden in die Güte der Risikominimierung und Verhandlungsmacht übersetzt. Stars können durch ihre Publikumsattraktivität als positionales Gut betrachtet werden (vgl. Gaitanides 2001b; Caves 2003: 80); in einer Rangreihe können sie nur mit Leistungs- und Qualitätseinbußen ersetzt werden. No-Name-Schauspielende durch Stars zu ersetzen, ist eine Risikominderung, allerdings wird die verminderte Eintrittswahrscheinlichkeit durch die Stargage mit einem erhöhten potenziellen Schaden erkauft. Zur Bewertung muss nicht die absolute Publikumsattraktivität, sondern der Grenznutzen betrachtet werden (vgl. Pomerantz 2007). Stars gelingt es häufig, den Mehrwert, den sie einbringen, komplett abzuschöpfen. Es besteht kein Zusammenhang zwischen Stars und der Rendite eines Films (vgl. Ravid 1999). De Vany et al. bezweifeln den Nutzen von Stars, da auch bei Starbesetzung Erfolge paretoverteilt sind: Stars verbessern die Chancen für ein positives, aber immer noch hochgradig unwahrscheinliches Ergebnis. *„We conclude that the studio model of risk management lacks a foundation in theory or evidence"* (1999: 286). In der Entwicklungsphase kommt Stars noch eine weitere Funktion zu, da sie auch für Investoren ein Qualitätssignal darstellen. Investoren können die Reputation von Stars als Quasi-Sicherheit für ihr Engagement verwenden. Produktionen mit Stars gelingt es leichter, Vorschüsse zu erhalten (vgl. Bart & Guber 2002: 110ff). Um ihren Marktwert zu sichern, wählen Stars die Projekte, an denen sie sich beteiligen, mit Bedacht aus. Sie beteiligen sich nur, wenn sie annehmen, dass die anderen Projektressourcen einen Erfolg erwarten lassen. Jenseits ihres eigenen Beitrags zur Reduktion des Konsumtionsrisikos dienen Stars somit als Control Agents der Inputqualität (vgl. Franck 2001: 204f; Franck & Opitz 2003).

Vorliegende Studien zur Steuerung des Konsumtionsrisikos durch die Auswahl des Personals geben ein gemischtes Bild. Stars können die Unsicherheit der Nachfrager über die Produkteigenschaften reduzieren und locken ein größeres Publikum an. Die Reduktion der Schadenswahrscheinlichkeit wird jedoch durch eine massive Erhöhung der potenziellen Schadenshöhe erkauft. Ob der Einsatz von Stars das Risiko einer Ablehnung des Green Light zu reduzieren hilft, hängt vom Erfolgsmaßstab ab. Soll der Umsatz statt des Gewinns im Kino maximiert werden, ist der Einsatz von Stars in jedem Fall sinnvoll. Daneben muss die Bedeutung von Stars zur Risikoreduktion für verschiedene Budgetgrößenordnungen differenziert betrachtet werden.

5.3 Produktionsrisiken

5.3.1 Bestimmung der Produktionsrisiken

Das Produktionsrisiko ergibt sich aus den Eigenheiten des Produktionsprozesses. Audiovisuelle Unterhaltung entsteht aus der Kombination von vielen Einzelleistungen, die koordiniert und kontrolliert werden müssen. Daneben kann die Produktion auch durch externe Faktoren wie z.B. das Wetter beeinträchtigt werden. Weiter trägt zum Produktionsrisiko bei, dass die Kosten der Produktion fix und versunken sind. Wird das Projekt abgebrochen, kann das investierte Kapital nicht mehr realisiert werden; erweist sich das Produkt als schwer verkäuflich, sind Anpassungen in der Produktion nicht mehr möglich. Das relevanteste Risiko in der Produktionsphase eines Projekts ist dagegen das Fertigstellungsrisiko, das eintritt, wenn die Produktion nicht fristgerecht und im Rahmen des Budgets abgeschlossen werden kann. Da eine vorzeitige Ablieferung nicht honoriert wird und Kostenunterschreitung seltene Ausnahmen sind, handelt es sich beim Fertigstellungsrisiko einseitig um eine negative Abweichung vom Erwartungswert (Downside Risk). Die Höhe des Risikos ist abhängig von der Vertragsstrafe resp. den Zinskosten, die bei Terminüberschreitungen anfallen. Im Fall von Kostenüberschreitungen stellt sich das Problem, wie zusätzliches Kapital akquiriert werden kann, um die unvollendete und damit zunächst wertlose Produktion abzuschließen.[59]

Entsprechend führt Adam als weitere Produktionsrisiken die *„Risiken der künstlerischen Gestaltung"* (1959: 51ff) auf. Die Zusammenarbeit unterschiedlicher Berufsgruppen mit verschiedenen Zielen kann zu Friktionen führen. Künstler, Techniker und Filmunternehmer folgen jeweils anderen Idealen. Da künstlerische oder technische Perfektion von der Masse des zahlenden Publikums laut Adam jedoch nicht honoriert würde, müsse bei Unstimmigkeiten stets der Unternehmer im Sinne einer bestmöglichen Rendite entscheiden. Diese Aussage darf in ihrer Grundsätzlichkeit bezweifelt werden, da Minderleistungen von enttäuschten oder verbitterten Beteiligten aufgrund der multiplikativen Produktionsfunktion die Qualität des gesamten Projekts in Mitleidenschaft ziehen können. Qualität darf dabei nicht einseitig als „künstlerischer Wert" verstanden werden, sondern ist die Kombination aus kommerziellen und kreativen Aspekten. Damit besteht das Produktionsrisiko nicht nur aus dem Fertigstellungsrisiko, das vor allem für die Geldgeber bedeutend ist, sondern auch aus

---

[59] Umgekehrt bedeutet der spekulative Charakter von Investments in Filmprojekte, dass Produzenten ggf. mit weniger solventen Investoren zusammenarbeiten müssen. Werden Finanzierungszusagen nach Beginn der Produktion nicht eingehalten, bedeutet dies erhebliche Mehrkosten, respektive Abstriche am Projekt, ggf. sogar das Scheitern des Projekts.

dem Qualitätsrisiko, das für die Abnehmer und damit für die Produzenten in der Entwicklungsphase bedeutsam ist (vgl. Abbildung 14). Das Qualitätsrisiko ergibt sich aus den Schwierigkeiten, kreative Individuen zu motivieren, zu koordinieren und auf ein gemeinsames Ziel zu fokussieren. Dies geschieht vor allem durch den Führungsstil während der Produktion. Geldgeber und Distributoren, die um das Qualitätsrisiko wissen, verlangen von Produzenten jedoch schon vor dem Green Light geeignete Maßnahmen, die erwarten lassen, dass die Probleme, die aus der Arbeit mit Kreativen entstehen können, kontrollierbar sind. Das kann z.B. die Vertragsgestaltung mit dem Personal betreffen oder das Engagement eines Teams, das erwartbar harmonieren wird. Konkrete Maßnahmen werden im folgenden Abschnitt zu den Möglichkeiten der Steuerung des Produktionsrisikos vorgestellt.

Abbildung 14 Produktionsrisiken in der Spielfilmentwicklung und -produktion

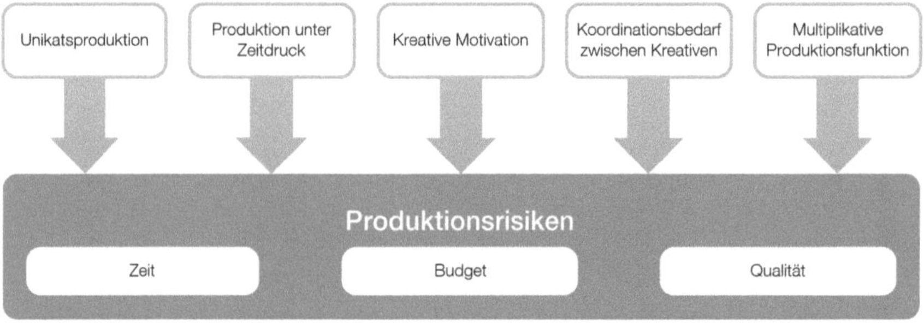

Quelle: Eigene Darstellung

5.3.2 Steuerungsmöglichkeiten für Produktionsrisiken

Die verschiedenen Produktionsrisiken können mit unterschiedlichen Methoden gesteuert werden. Das Fertigstellungsrisiko kann weitgehend versichert werden, das Qualitätsrisiko jedoch nicht. Hierfür bietet es sich insbesondere an, auf die Auswahl und Führung des Personals zu fokussieren. Das Finanzierungsrisiko kann schließlich mit Hilfe von Kofinanzierungsverträgen adressiert werden.

Versicherungen

Das Produktionsrisiko im engeren Sinn (Produktionsausfall wegen Krankheits-fällen oder technischem Versagen) lässt sich ebenso versichern wie mögliche

Copyrightstreitfälle oder das Wetter am Drehort (vgl. Lankenau 1985; Wade 2004; Hübner 2000; Clevé 2006: 161ff). In der Entwicklungsphase spielen diese Aspekte praktisch keine Rolle. Auch das Fertigstellungsrisiko kann versichert werden (vgl. Lee 2000: 67ff; Eggers 2003: 57ff; Alberstat 2004: 121ff), allerdings deckt ein Completion Bond das Risiko der Investoren, nicht jenes der Produzenten ab. Die Versicherung garantiert dem Investor, dass das Projekt innerhalb der kalkulierten Kosten und der vorgesehenen Zeit, unter Wahrung aller Rechte, fertiggestellt wird. Tritt während der Laufzeit eine Budgetüberschreitung oder ein nicht versicherbarer Schaden ein, übernimmt der Bond-Geber die zusätzlichen Kosten bis zur Höhe der Garantiesumme. Versichert sind die zusätzlich anfallenden Kosten für die Fertigstellung der Filmproduktion. Die Hauptfunktion eines Completion Bonds ist es, eine Bankfinanzierung zu ermöglichen. Produzenten müssen für ihre Projekte nachweisen, dass ein Versicherer bereit wäre, eine Fertigstellungsgarantie zu übernehmen. Daneben kann der Versicherungsgeber als externer Controller die Budgetierung und Planung prüfen und ggf. Verbesserungsvorschläge machen, von deren Umsetzung er sein Engagement abhängig macht. Ein Completion Bond dient Green-Light-Entscheidungsträgern als informiertes Gutachten darüber, ob es sich um ein solide geplantes Projekt handelt. Deshalb sollten Produzenten vermeiden, einen Completion Bond aufzurufen. Neben dem Rechteverlust ist dies ein deutliches Signal an alle Marktteilnehmer, dass ein Produzent nicht in der Lage war, ein Projekt wie geplant abzuschließen. Dies bedeutet eine nachhaltige Belastung der Reputation bei den Investoren. Die finanziellen Schwierigkeiten werden vermutlich auch zu kreative Inkonsistenzen führen und so auch die kreative Reputation schädigen. Der Qualitätsaspekt des Produktionsrisikos lässt sich nicht versichern. Die Steuerung des qualitativen Produktionsrisikos bezieht sich vor allem auf die Auswahl und die Koordination des Personals, da in der Produktion von immateriellen Gütern der Wert durch die Menschen bestimmt wird. *„The movie industry is the only industry in the world where all the assets walk out the door at night"* (Fadiman 1947: 40). Im Folgenden liegt der Fokus auf Forschungsergebnissen zur Frage, wie das richtige Personal ausgewählt und motiviert werden kann, um das qualitative Produktionsrisiko zu kontrollieren.

Risikosteuerung durch Rekrutierung und Führung des Personals

Durch eine bedachte Auswahl kann das Risiko, ungeeignetes, unmotiviertes oder ungenügendes Personal zu rekrutieren, reduziert werden. Dabei kann auf Branchenrankings (vgl. Ulmer 2000), Agenturen (vgl. Albert & Bradley 1997: 132ff; Wasko 2003: 19ff) und vor allem auf *„firsthand knowledge, word-of-*

mouth reputation, and conversations with other people in the business" (Morley & Silver 1977: 61) zurückgegriffen werden. Das Personal in der Filmproduktion schafft als kreative Wissensarbeiter immaterielle Werte. In anderen wissensbasierten Branchen bemühen sich Organisationen, ihre Mitglieder zu binden (z.b. Coff 1997) oder fähiges Personal der Konkurrenz abzuwerben (z.b. Rao & Drazin 2002), da vertraglich abgesicherte Verfügungsgewalt über die Leistung der wichtigsten Mitarbeitenden einen Wettbewerbsvorteil bedeutet. In der projektorientierten Filmproduktion (vgl. Weinstein 1998) sind langfristige Verträge jedoch weder üblich noch sinnvoll, da sich die Anforderungen mit jedem Projekt ändern. Sorenson und Waguespack (2003, 2005) warnen davor, den Nutzen wiederholter Zusammenarbeit überzubewerten. Verleiher bevorzugen Projekte mit vertrautem Personal und vermarkten diese besser. Sie produzieren den positiven Effekt selbst durch die Sonderbehandlung dieser Projekte als Überallokation von knappen Ressourcen. Miller et al. (1996) weisen nach, dass mit der Einführung der Projektproduktion die Relevanz von langfristigen Verträgen zurückgegangen, die Fähigkeit, Personal zu koordinieren dagegen bedeutender geworden ist (vgl. dazu auch Jones et al. 1997). Die Präsenz von Produzenten auf Festivals entspricht damit nicht nur dem Klischee vom „Schampusgelage" und „dicken Zigarren", sondern ist präventive Risikosteuerung. Es werden Kontakte zum potenziellen Personal gepflegt, deren Engagement das Risiko in zukünftigen Projekten vermindern soll (vgl. Frye 2008). Empirische Studien zur Rekrutierung in der Filmbranche, die Hinweise auf Erfolg versprechende Auswahlstrategien geben, sind rar. Baumann (2002) hat die Rekrutierung in der TV-Produktion in UK und Deutschland untersucht und kann zeigen, dass sich Produzenten vor allem auf bisherige Mitarbeitende stützen und auf das Netzwerk der Kollegen zurückgreifen. Stellenanzeigen gelten als unbrauchbar, da sie zu breit streuen und kaum geeignete Bewerber generieren. Produktionshandbücher mit Anbieterübersichten gelten ebenfalls als unbrauchbar, da die Berufsbezeichnungen und Begrifflichkeiten zu wenig standardisiert sind. Im Gegensatz zum amerikanischen Markt haben sich Agenturen noch nicht etabliert,[60] für standardisierte Jobs gelten sie jedoch als Arbeitserleichterung. Im Gegensatz dazu bieten wiederholte Engagements Sicherheit hinsichtlich der Qualifikation. Häufig reicht es aus, die Leitung eines Bereichs (Department Head), z.B. Kamera, Licht oder Ton, aus dem Kreis der Vertrauten zu wählen und die Auswahl der weiteren Mitarbeitenden dieser Person zu überlassen (vgl. analog auch Morley et al. 1977). Vorliegende Studien sind rein deskriptiv, eine Verknüpfung mit einem Erfolgsmaß gibt es nicht.

---

[60] Dies mag auch daran liegen, dass in Deutschland bis 1994 die Arbeitsvermittlung allein den Arbeitsämtern vorbehalten war und Agenturen nur mit Sondergenehmigung für künstlerische Berufe tätig sein konnten (vgl. Konle-Seidl & Walwei 2002).

Um die Schadenswahrscheinlichkeit durch die Leistung des Personals zu reduzieren, muss das Personal motiviert sein. Stars können die Qualität einer Produktion über ihren eigenen Beitrag hinaus fördern, da ihre Anwesenheit andere Beteiligte zu Höchstleistungen antreibt (vgl. Franck 2001: 48ff; Franck et al. 2003: 205). Morley et al. (1977: 63ff) beschreiben vier Motivationsquellen für das Personal einer Filmproduktion: Das Personal möchte Kompetenz demonstrieren, da kreative Individuen Befriedigung daraus ziehen, eine Aufgabe, die ihren Interessen und Fähigkeiten entspricht, gut auszuführen. So motivierte Kreative akzeptieren unter Umständen Gagen, die unterhalb der Opportunitätskosten einer Arbeit in einer anderen Branche liegen. Durch diese Einsparung kann auch die potenzielle Schadenshöhe reduziert werden. Eine zweite Motivation liegt im Bedürfnis nach Anerkennung und Wertschätzung, da Kreative gern für ihr Werk geschätzt werden. Kreative, die um der Kunst willen mitarbeiten, könnten jedoch zu sehr an individuellen Idealen orientiert sein. Eine dritte Motivationsquelle liegt in der professionellen Orientierung an Arbeitsstandards. Der wichtigste Motivationsfaktor ist jedoch das langfristige Karriereinteresse der Beteiligten. Durch fehlende objektive Leistungsmaßstäbe wird die Reputation des Personals durch die Motivation zur Arbeit und ihre Qualität bestimmt. Da die Reputation die Voraussetzung für die Rekrutierung ist, müssen Kreative immer ihre bestmögliche Leistung bieten. Für Produzenten bedeutet dies ein Schutz vor dem Qualitätsrisiko und eine Möglichkeit, das Konsumtionsrisiko auf das Personal abzuwälzen.[61] Doch trotz des Reputationsmechanismus können die Interessen von Produzenten und Kreativen nicht immer in Einklang gebracht werden. *„Although there may be times when the goals of the business side and the creative side intersect, most of the time there is a certain schism between the two sectors"* (Dominick 1987: 136). Auch Lampel (2006: 42) sieht einen Interessenkonflikt, wobei Kreative die Freiheit suchen, während die Geldgeber ihre Kapitalrendite optimieren möchten.[62] Chisholm sieht im Verhältnis zwischen Produzent und Kreativen ein Prinzipal-Agent-Problem, da die Leistung der Kreativen nicht überwacht werden kann (vgl. 1997, 2004). Die Interessendivergenz könnte durch eine Erfolgsbeteiligung zufriedenstellend aufgelöst werden. Sie untersucht die Verträge von US-Schauspielstars, um zu klären, inwieweit sich die Bezahlung durch eine Risikoteilung zwischen Produzent und Star erklären lässt. Sie findet weder bei Studios noch bei unabhängigen Produzenten einen Zusammenhang zwischen der Risikoneigung des Studios und

---

[61] Lampel bezeichnet das Reputationsrisiko der Kreativen als *„artistic risk"* (2006: 54). Künstler tragen das Risiko, ihre Reputation zu verlieren, wenn der Markterfolg ausbleibt und ihre Arbeit bei der Kritik durchfällt.

[62] Glynn (2000) illustriert diese Verhältnis anschaulich in ihrer Studie über einen Streik beim Atlanta Symphony Orchestra.

dem Einsatz von Verträgen mit Umsatz resp. Erlösbeteiligung. Risikoabwälzung scheint bei der Vertragsgestaltung mit Schauspielenden keine Rolle zu spielen, wichtiger ist die Schonung der Liquiditätsreserven, da erst nach Projektabschluss bezahlt werden muss.[63] Auch Weinstein (1998: 107) sieht Informationsasymmetrien zwischen den Vertragspartnern,[64] er widerspricht aber der Auffassung, dass ein Prinzipal-Agent-Problem vorliegt. Zum einen hält er die Leistung von Schauspielenden für durchaus überwachbar, zum anderen ist die Branche so klein, dass es sich Schauspielende nicht erlauben könnten, einen schlechten Ruf zu bekommen. Alleine die Reputationseffekte sollten für eine Disziplinierung sorgen. Der Anreiz von Erfolgsbeteiligungen ist begrenzt, da nur 10-20% aller Filme einen Gewinn aufweisen, der verteilt werden könnte. Solange sich Erfolgsbeteiligungen nicht auf den Umsatz beziehen, sind sie nicht attraktiv. Für Weinsteins Argument gegen ein Prinzipal-Agent-Problem ist die Beobachtung, dass Produzenten mit großer Wahrscheinlichkeit nicht, wie in der Incentive-Theorie angenommen, risikoneutral sind (vgl. 1998: 104ff). Produzenten und Studiomanager haben häufig eine kurze Verweildauer auf ihrer Position und einen hohen Erfolgsdruck. Sie wollen versunkene Kosten (=fixe Gage) in variable Kosten (=Erfolgsbeteiligung) verwandeln, insbesondere dann, wenn es sich um teure Schauspielende handelt. Sie verhandeln mit Stars, die weit wohlhabender sind und damit in der Lage, größere Risiken einzugehen, als sie selbst. Im Austausch gegen die Chancen besteht für Stars demnach eine Motivation, den Produktionsfirmen Risiken abzunehmen.

Fee (2002) betrachtet die Finanzierungsoptionen zwischen künstlerischem Anspruch und kommerziellem Erfolg und überprüft, inwieweit sich insbesondere auf kleinere Filme die Incomplete Financial Contracting Hypothese (vgl. Aghion & Bolton 1992) anwenden lässt. Der Wert des Projekts lässt sich in die zwei Komponenten finanzieller Ertrag und privater Nutzen aufseiten des Managers aufteilen. Die Ziele in den beiden Komponenten müssen nicht übereinstimmen, doch nur der finanzielle Ertrag ist für Investoren relevant. Wenn der Filmemacher großes künstlerisches Interesse an einem Filmprojekt hat, sollte die Finanzierungsentscheidung zugunsten einer unabhängigen Finanzierung fallen. Ist der künstlerische Anspruch gering, spricht nichts gegen eine Finanzierung durch ein Studio, wobei sich der Filmemacher dem Ziel der kommerziellen Verwertbarkeit unterordnen muss. Wenn Finanzierungsform und künstlerischer Anspruch des Filmemachers nicht harmonieren, ist ein suboptimales Ergebnis zu erwarten, da die Einflussnahme des Investors die Motivation des Filmemachers

---

[63] Bei nachträglicher Bezahlung der Gage kann man von einem Lieferantenkredit sprechen.
[64] Weinstein sieht eher ein Problem in verborgener Information aufseiten der Produktionsfirma, die bei Informationsvorteilen über den erwarteten Erfolg des Films Schauspielende mit einer fixen Gage übervorteilen könnten.

negativ beeinflussen kann. Fee kann empirisch nachweisen, dass die nicht typengerechte Finanzierung einen negativer Effekt auf den Erfolg hat. Ein Abgleich der Ziele der beteiligten Akteure im Sinne einer typengerechten Finanzierung ermöglicht es, das Risiko, das aus der Divergenz der Ziele entsteht, weitgehend zu eliminieren. Gleichzeitig zeigt Fee (2002: 686), dass künstlerischer und finanzieller Erfolg sich möglicherweise gegenseitig ausschließen: Filme, die auf den finanziellen Erfolg optimiert wurden, haben in seiner Studie eine Anlagerendite von 94%, Projekte, die den Machern kreative Freiheit gewähren, eine Rendite von -6%. Der vereinfachte Schluss für Investoren könnte lauten: „Investiere in große Filme, in denen das beteiligte Personal keine künstlerische Vision hat". Für Bilton et al. (2002) entspricht die Trennung zwischen „Creatives" und „Suites" nicht dem Wesen der Kreativität, da eine kreative Idee sowohl neu (Interesse der Kreativen) als auch nützlich (Interesse des Managements) sein muss. Bei einer Aufteilung in Schaffensprozess einerseits und Controlling und Marketing andererseits ist die Produktion häufig ineffizient, da kreative Ideen entwickelt werden, die nicht gebraucht werden. Kreativen fehlen die Informationen über die Publikumsnachfrage aus dem Marketing und Controller greifen aus falsch verstandenem Respekt zu spät ein. Bilton et al. empfehlen deshalb, Kreativität nicht in Personen, sondern in Prozessen anzusiedeln (vgl. hierzu das „Preparation-incubation-illumination-verification"-Modell von Wallas 1926). Um eine Idee vom Konzept zum Prototyp – im Fall des Films bereits das Endprodukt – zu entwickeln, müssen in mehreren Phasen Risiken eingegangen werden. Zu Beginn des Projekts können diese von einzelnen Personen getragen werden (z.B. Drehbuchautoren, die ihre Zeit investieren und Gage und Reputation riskieren), in späteren Projektphasen sind dagegen größere materielle Ressourcen notwendig. Für die Optimierung von kreativer Produktion gilt es bei den Managern, das Bild von hoch motivierten kreativen Individuen zu tilgen und stattdessen ein Bewusstsein für die Risiken zu entwickeln, die in der jeweiligen Projektphase relevant sind. Der Manager sollte als Kreativitätsmakler bemüht sein, eine Umgebung zu schaffen, in der Risiken eingegangen und Ressourcen mobilisiert werden können – persönliche wie materielle. Auf der individuellen Ebene sollte Kreativen ein *„risk space"* (Bilton et al. 2002: 59) eingeräumt werden, in dem sie sich frei von Einschränkungen bezüglich Zeit und Ressourcen, und ohne Angst zu scheitern, betätigen können. Erst so wäre es möglich, Risiko als Chance und nicht eingeschränkt als Gefahr oder Störung zu begreifen. In der Realität der kreativen Produktion wird dieser risk space ausgelagert. Freiräume sind reichlich vorhanden, allerdings müssen Kreative ihr individuelles ökonomisches Risiko selbst tragen, da sie nur belohnt werden, wenn die entwickelten Ideen aufgegriffen und umgesetzt werden.

5.4 Reputationsrisiken

5.4.1 Bestimmung der Reputationsrisiken

Eine Idee vom ursprünglichen Konzept zum fertigen Film zu entwickeln bedeutet, in den Phasen der Entwicklung und Produktion Risiken einzugehen. In den späteren Phasen müssen materielle Ressourcen investiert werden. Zu Beginn der Produktion ist das Risiko des Projekts jedoch noch an Personen gebunden. Autoren und insbesondere die Produzenten müssen Zeit und Aufwand in die Idee investieren und riskieren ihre Reputation im Versuch, ihr Projekt anderen Menschen zu erläutern und nahe zu bringen (vgl. Bilton et al. 2002: 59). Aber auch in späteren Phasen spielt die Reputation ein Rolle, da sie als Substitut für unvollkommene Information dienen kann. Mangels eindeutig messbarer Qualitätskriterien können in der Filmbranche nur unvollständige Verträge geschlossen werden (vgl. Caves 2000). Die vertraglich nicht regelbare Unsicherheit muss durch Vertrauen kompensiert werden. Wenn Qualitätsinformationen gar nicht oder nur zu prohibitiv hohen Kosten gewonnen werden können, macht die Marktunvollkommenheit einen Vertrauensvorschuss notwendig (vgl. Albach 1980: 5). Die Akteure vertrauen einander, dass die in Aussicht gestellte Leistung erbracht wird und den erhofften Wert hat. Dabei handelt sich jedoch nicht um „blindes" Vertrauen, bei dem ohne konkrete Anhaltspunkte, Kontrollmöglichkeiten und Sanktionsdrohungen angenommen wird, dass alles gut gehen wird oder allein auf Basis von Sympathie entschieden wird (vgl. Pelzmann 2005: 214). Vielmehr wird das Vertrauen aus der Reputation der jeweiligen Handelspartner abgeleitet. Vertrauen ist in diesem Kontext eine Reaktion auf eine spezifische Risikosituation und unterscheidet sich damit von der Zuversicht als genereller Reaktion auf die allgemeine und ständige Unsicherheit im täglichen Leben (vgl. Ripperger 2004: 36). Vertrauen ist ein Äquivalent zum Vertrag, um bei Transaktionen von hoher Komplexität die Verhaltensrisiken niedrig zu halten: *„Vertrauen ist die freiwillige Erbringung einer riskanten Vorleistung unter Verzicht auf explizit vertragliche Sicherungs- und Kontrollmaßnahmen gegen opportunistisches Verhalten, in der Erwartung, dass sich der andere, trotz Fehlen solcher Schutzmaßnahmen, nicht opportunistisch verhalten wird"* (Ripperger 2004: 45). Damit Reputation als Steuerungsmechanismus Wirkung entfalten kann, müssen Vertrauensenttäuschungen beobachtbar sein. Die Berichte darüber müssen glaubwürdig sein und potenzielle zukünftige Partner des Vertrauensnehmers erreichen (vgl. Nooteboom 2005: 49). Vertrauen kann so zur Reduktion der Komplexität genutzt werden, indem aus erfüllten Erwartungen Reputation als Sozialkapital entsteht (vgl. Luhmann 2000: 8). Durch den Reputationsmechanismus können Vertrauensgeber ihr Anreiz- und Sanktions-

potenzial gegenüber dem Vertrauensnehmer vervielfachen. Im Falle eines Ver-
trauensbruchs wird das Sozialkapital des Vertrauensnehmers getilgt und in Zukunft auch der Zugang zu Ressourcen erschwert: *„Vertrauen sammelt sich an als*
eine Art Kapital, das mehr Möglichkeiten zu weiterreichendem Handeln eröffnet,
aber auch laufend benutzt und gepflegt werden muss und den Benutzer auf eine
vertrauenswürdige Selbstdarstellung festlegt, von der er nur schwer herunter-
kommt" (Luhmann 2000: 84). Einschätzungen über die Vertrauenswürdigkeit
und Prestigeinformation diffundieren über den Geltungsbereich persönlicher
Sozialnetze hinaus an unbekannte Dritte (vgl. Eisenegger 2005: 24f; Ripperger
2004: 183; Bentele et al. 2005: 605), sodass vertrauensbildendes Handeln über
die aktuelle Austauschbeziehung hinaus Wirkung entfaltet. Voswinkel spricht
von vermittelter Anerkennung als *„Second-Hand-Impression"* (2001: 119).
Reputation hat eine entscheidende Rolle bei der Rechtfertigung der Vertrauens-
erwartung durch den Vertrauensgeber. Je häufiger und je umfangreicher Transaktionen sind, die nur auf Vertrauen basieren, desto entscheidender ist der Aufbau und die Pflege einer vertrauenswürdigen Reputation und damit der Anreiz
für Filmproduzenten, das in sie gesetzte Vertrauen zu honorieren (vgl. Ripperger
2004: 197). Umgekehrt gilt, dass *„je mehr die Erfahrung lehrt, dass ein*
reputiertes Unternehmen in der Vergangenheit Erwartungen erfüllt hat, desto
zuversichtlicher werden sich Bezugsgruppen (z.B. Kunden, Investoren) auf das
Unternehmen einlassen" (Eisenegger 2005: 37; vgl. analog Fombrun 1996: 3).
Diese Zusammenhänge gelten insbesondere bei Dienstleistungsunternehmen wie
Medien- und Unterhaltungsproduzenten, die immaterielle Güter herstellen, deren
Leistungen also primär durch Erfahrungs- und Vertrauensguteigenschaften ge-
kennzeichnet sind (vgl. Herger 2006: 50). Empfehlungen und Vertrauen sind die
Basis des Erfolgs: *„Word-of-mouth referals are the sine qua nons of success"*
(Fombrun 1996: 2).

Abbildung 15 Reputationsrisiken in der Spielfilmentwicklung und -produktion

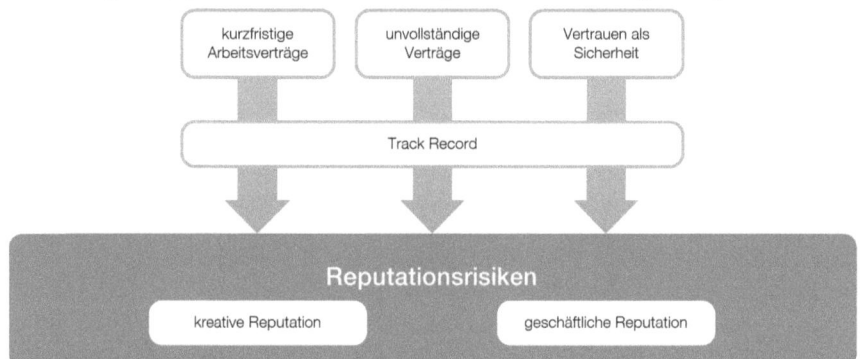

Quelle: Eigene Darstellung

Organisationen, Unternehmen und Individuen wie Produzenten mit positiver Reputation werden bevorzugt, da die Reputation in unsicheren Kontexten erwartungsbildend ist. Anspruchsgruppen müssen riskante Entscheidungen treffen und ziehen hierzu Erwartungen z.B. über Honorare, Dividenden, Service- oder Produktqualität etc. zurate. Die Reputation hilft, diese Erwartungen zu steuern und zu stabilisieren, also das Risiko der Anspruchsgruppen zu reduzieren. Die Folge einer positiven Reputation ist Vertrauen, das sich auf verlässliche Erwartungen stützen kann. Damit ist Reputation ein Wertschöpfungsfaktor, der den Erfolg einer Organisation, einer Produktionsfirma und eines individuellen Produzenten mitbestimmt (vgl. Larkin 2003: 1f; Herger 2006: 187).

Für Filmproduzenten können zweierlei Formen der Reputation unterschieden werden. Neben der Reputation als kosteneffiziente Projektmanager, die gegenüber potenziellen Investoren entscheidend ist, tritt auch die kreative Reputation. Produzenten müssen in ihrer Arbeit Offenheit gegenüber den Anliegen und Bedürfnissen der kreativen Mitarbeitenden gezeigt haben, um auch in Zukunft Zugang zu den kreativen Ressourcen des Personals zu bekommen. Damit ist klar, dass kreative und kommerzielle Reputation mittelfristig keinen Gegensatz darstellt. Wer den Ruf hat, stets zu Gunsten der produktiven Effizienz zu entscheiden, wird Schwierigkeiten haben, attraktives Personal zu akquirieren und damit trotz Kostendisziplin vermutlich an der Kinokasse sukzessiv weniger Erfolg haben.

Das Reputationsrisiko bezieht sich auf den Wert der Produzenten als „Sicherheit" im Rahmen des Filmpackage. Es stellt ein aggregiertes Risiko dar, insofern es sich aus dem Management des Produktions- und des Konsumtionsrisikos über mehrere Projekte hinweg ergibt. Wenn diese Risiken in der Vergangenheit gut gesteuert wurden, ist die Erwartungshaltung, dass sie wieder gut gesteuert werden. Für den Produzenten bezieht sich das Reputationsrisiko nicht auf sein aktuelles Projekt, sondern auf zukünftige. Die Performance des aktuellen Projekts steuert die Erwartungen an den Produzenten. Damit bekommt das Management des Produktions- und Konsumtionsrisikos in einem Projekt eine Bedeutung über den Tag hinaus und kann langfristig und nachhaltig einen Wettbewerbsvorteil darstellen.

5.4.2 Steuerungsmöglichkeiten für Reputationsrisiken

Ulmer beschreibt Hollywood als eine Stammesgemeinschaft: *„Besides money and the desire to see your best friend fail, nothing binds people together in Hollywood as securely as the knowledge of membership in a tribe"* (Ulmer 2000: 218). Die Position in einer Stammesgemeinschaft ergibt sich aus den Überlieferungen zurückliegender Heldentaten. Genau wie für die Schauspielenden, Regisseure und die Crew ist deshalb auch für Produzenten der Track Record von entscheidender Bedeutung. Investoren machen ihre Entscheidungen, sich an einem Projekt zu beteiligen, ebenso von der Reputation abhängig wie Schauspielende. Fehlen eigene Erfahrungen, wird die Reputation vor allem aus dem Track Record der abgeschlossenen Projekte abgeleitet.

Track Record der Produzenten

Faulkner et al. (1987) untersuchen die Bedeutung des Track Records für einzelne Produzenten, Regisseure, Kameraleute. Sie stellen fest, dass die Karriereentwicklung durch die Neigung, Verträge mit ähnlich erfolgreichen Partnern im anderen Fach einzugehen, bestimmt wird. Erfolglose Regisseure arbeiten meist mit erfolglosen Produzenten zusammen, während erfolgreiche Produzenten mit erfolgreichen Regisseuren zusammenarbeiten (vgl. 1987: 897ff). Die Varianz im Verleiherfolg wird zu 24% durch den Track Record von Produzent, Regie und Kameraleuten sowie der Präsenz von Stars erklärt. Dabei zeigt sich, dass bei Produzenten und Kameraleuten vorangegangene Oscarnominierungen und -auszeichnungen einen positiven Einfluss auf den Verleiherfolg nachfolgender Filme haben. Bei Regisseuren haben Auszeichnungen keinen signifikanten Effekt, der Einfluss von Nominierungen ist jedoch negativ. Faulkner et al. erklären dies mit der Orientierung: Regisseure, die sich durch große kreative Leistung auszeichnen (erkennbar an den Oscarnominierungen) vergrößern in nachfolgenden Filmen ihren Einfluss und vernachlässigen ggf. den Publikums-

geschmack (Faulkner et al. 1987: 904f). Sowohl bei Produzenten als auch bei
Regisseuren hat der Verleiherfolg vorangegangener Filme einen positiven, aber
marginalen Einfluss auf den zukünftigen Verleiherfolg. Für Personalentscheidungen in der Entwicklungsphase eines Filmprojekts lässt sich dies so deuten: In
Bezug auf den kommerziellen Erfolg lässt sich das Risiko minimieren, indem ein
Produzent ausgewählt wird, der finanziell, insbesondere aber bei den Oscarver-
leihungen, erfolgreich gewesen ist. Die Regie dagegen sollte finanziell leidlich
erfolgreich gewesen sein, jedoch nicht durch eine besondere Kreativität, die sich
z.B. in Oscarnominierungen ausgedrückt hat, aufgefallen sein. Produzenten
sollten sich durch finanzielle Erfolge eine kommerzielle Reputation erarbeiten.
Die kreative Reputation scheint dagegen zwiespältig, Preise werden zwar
honoriert, die Zusammenarbeit mit Kreativen jenseits des Mainstream jedoch
nicht.

Persönliches Risikomanagement von Filmmanagern

Gelegentlich geben Manager in Filmproduktionsfirmen Projekten ein Green
Light, die nicht geeignet scheinen, den Profit zu maximieren. Es kann vermutet
werden, dass diese Entscheidungen aus der Steuerung des persönlichen Karriere-
risikos der Manager resultieren (vgl. Ravid 1999; Ravid et al. 2004). Stars
werden engagiert, obwohl ihre hohen Gagen den Profit schmälern. *„Thus a star
may be hired simply because the industry faces extreme uncertainty and executives wish to be ‚covered' in case a project fails"* (Ravid 1999: 489). Ravid et al.
gehen von einem Prinzipal-Agent-Problem zwischen einem Studioeigentümer als
Prinzipal und dem Studiomanager als Agenten aus. Ziel der Eigner ist die Gewinnmaximierung, Ziel der Leitung, den Verlust so gering zu halten, dass sie
ihren Job behalten kann (vgl. auch Weinstein 1998). Wenn Manager davon ausgehen, dass sie nach ihrer Performance beurteilt werden, ihr Handeln aber nicht
beobachtet werden kann, sind sie versucht, sich abzusichern und zu geringe
Risiken einzugehen (vgl. DeMarzo & Duffie 1995). Die Filmbranche ist an
Marktanteilszahlen orientiert und verwendet Umsätze als Werbeaussagen. Der
Umsatz eines Films ist öffentlich zugänglich und wird selbst in General-Interest-
Medien verbreitet. Der Gewinn eines Films wird dagegen nicht öffentlich mit-
geteilt – im Gegenteil, die Buchführung in der Branche ist für ihre Intransparenz
berüchtigt (vgl. Daniels et al. 1998). Manager können somit einen Leistungsausweis aus umsatzstarken Projekten leichter belegen als einen aus renditestarken
Projekten. Darüber hinaus entscheiden Manager zwar über ein Projekt, verhandeln aber nicht die Beschaffung der Inputfaktoren. So können sie die Schuld
an einem Flop auf die schlechte Durchführung eines eigentlich Erfolg ver-

sprechenden Projekts schieben. Für die Risikosteuerung ist implizites Wissen von erfahrenen Managern nicht zwingend notwendig, da die Risikominimierung leichter durch explizites Wissen erreicht werden kann, das in der Branche akzeptiert wird. Implizites und kodifiziertes Wissen kann häufig schlecht artikuliert werden (vgl. Zack 1999), somit wäre es für die Leitungsperson schwierig, eine Entscheidung, die auf solchem Wissen basiert, zu erklären und durchzusetzen (vgl. Shamsie 2006: 187ff). Studioleitungen haben nicht die Gelegenheit, ihr eigenes implizites Wissen zu generieren und seine Effektivität und Spezifität durch Tests zu verbessern. Es ist deshalb anzunehmen, dass sie versuchen, die Mehrdeutigkeit und Unsicherheit in den Informationen über den möglichen Erfolg eines Projekts zu kontrollieren, indem sie die vermeintlich „sichere" Variante wählen. Dass bedeutet laut Shamsie (2006: 189):

- Sie folgen dem Markttrend, statt Trends zu setzen.
- Sie verlassen sich auf Imitation, statt Innovationen zu wagen.
- Sie konstruieren Filme nach Blaupausen am Reißbrett, statt dass sie wirklich eine Entwicklung ermöglichen.
- Sie halten sich an Branchenkonventionen, statt ihrer Intuition zu folgen.
- Sie betrachten Filmen als Erlösquelle, statt als etwas, dass das Publikum wirklich sehen möchte.

Für Shamsie besteht das Problem des Risikomanagements in der Spielfilmentwicklung darin, dass Entscheider nicht bereit sind, Risiken einzugehen und sich die Filme damit immer mehr ähneln. Unvergessliche Filme könnten jedoch kaum entstehen, wenn in der Entwicklung und Produktion keine Risiken eingegangen würden. Kommerziell orientierte Produzenten müssen sich mit ihren Projekten an den Anforderungen orientieren. Sowohl für eine Karriere im Management, als auch um die Chancen eines Projekts auf ein Green Light zu verbessern, ist eine Reputation in Bezug auf starbesetzte, umsatzstarke Filme wichtiger als eine Reputation in Bezug auf Profitmaximierung oder künstlerische Meisterwerke.

Auch Miller und Shamsie (2001) vermuten, dass die Vielfalt und der Erfolg des Outputs eines Studios mit der Risikoneigung der Studiogeschäftsführer zusammenhängt. Sie entwickeln ein Lebenszyklusmodell für die Amtszeit des CEO, das aus einer S-förmigen Lernkurve und einer invers U-förmigen Ergebniskurve besteht (ein ähnliches Modell findet sich jenseits der Filmbranche bereits bei Hambrick & Fukutomi 1991). Nach Amtsantritt befindet sich der CEO in der „Lernphase", er versucht Marktchancen zu entdecken und experimentiert mit unterschiedlichen Strategien und Produktsortimenten. Neue Talente werden engagiert, neuen Genres eine Chance gegeben und neue Produktionsmethoden ausprobiert. Da einige dieser Versuche scheitern, ist der finanzielle Erfolg in dieser Phase eher gering. Sobald der CEO sich auf die erfolgreichen Ansätze fokussiert und weniger experimentiert, beginnt die „Erntephase". Die Vielfalt des Outputs geht zurück, aber Erfolgquote und Gewinn steigen. Die letzte Stufe im Lebenszyklus eines CEO ist die „Niedergangsphase". Risikoaverse Manager, die nicht mehr lernwillig und experimentierfreudig sind, verlieren den Bezug zum Markt und halten starr an überholten Lösungen und Sortimenten fest, sodass der Erfolg rückläufig ist. Auch diese Studie legt also nahe, dass die Performance der Produktionsfirma und die Auswahl ihrer Stoffe nicht nur von der Beschaffenheit und Qualität der Projekte abhängen, sondern auch von der individuellen Situation der Entscheidungsträger. Wenn die Führungsriege in einem Produktionsunternehmen frisch im Amt ist und sich profilieren muss, haben Produzenten mit riskanteren Projekten bessere Chancen auf Umsetzung, als wenn sie dasselbe Projekt einem eingespielten Führungsteam mit ansehnlichem Erfolgsausweis pitchen.

Ein weiterer Grund für die Umsatzmaximierung, also die Maximierung des Publikums, könnte in der Eigenschaft des Films als Kulturgut liegen. Unternehmen im Non-Profit-Bereich der darstellenden Künste versuchen, ihre Besucherzahl zu maximieren, indem sie ein Repertoire präsentieren, das ihren eigenen Qualitätsansprüchen genügt und durch die Eintrittserlöse und andere Einnahmen die Kosten deckt (vgl. Throsby & Withers 1993: 15). Zwar sind Filmproduzenten keine Non-Profit-Unternehmer, gleichwohl gibt es auch in dieser Branche Menschen mit einem künstlerischen Sendungsbewusstsein, denen es ggf. wichtiger ist, dass möglichst viele Menschen mit einer Idee im Film konfrontiert werden, als dass nur solche Filme produziert werden, deren Profitpotenzial am höchsten ist.

5.5 Zusammenfassung der Steuerungsoptionen auf Projektebene

Die Übersicht der Steuerungsmöglichkeiten der relevanten Risiken in der Entwicklungsphase eines Spielfilms zeigt, dass für die vier behandelten Risikofelder (Produktion, Konsumtion, Entwicklung und Reputation) die Steuerung auf dieselben Elemente abzielt. Stets geht es darum, die drei Projektressourcen Inhalt, Personal und Finanzierung zu optimieren. Die im vorangegangen Kapitel diskutierten Steuerungsmöglichkeiten lassen sich unabhängig davon, welches Risiko adressiert wird, in eine Matrix bringen, die nach Ressource und Steuerungsansatz differenziert (vgl. Tabelle 8).

Tabelle 8   Überblick der Steuerungsmöglichkeiten nach Ressourcen und
Steuerungsstrategie

| | | Ressourcen | | |
		Inhalt	Personal	Finanzierung
Risikosteuerungs-möglichkeiten in der Entwicklungsphase	Vermeidung	Lektorat	Motivation	
	Reduktion	Marktforschung Standardisierung Imitation	Langfristige Verträge	Beteiligungs-finanzierung
	Transfer	Step-Deals	Gagen	öffentliche Finanzierung

Quelle: Eigene Darstellung

Das Feld oben rechts bleibt leer, bei der Produktion von Filmen lässt es sich nicht vermeiden, finanzielle Risiken einzugehen. Da die Produzenten, die ein Filmpackage entwickeln, nur in Ausnahmefällen eigenes Geld verwenden, ist es aus finanzieller Perspektive besonders attraktiv, die Risiken nicht nur zu reduzieren, sondern durch einen Transfer auf andere Akteure überzuwälzen. Im Kontext des Inhalts kann dies realisiert werden, indem Autoren durch Step-deals das Risiko eines jeden Projektschritts mittragen. Im Kontext des Personals kann dies durch erfolgsabhängige Bezahlung realisiert werden. Im Idealfall kann das Risiko auf Investoren übergewälzt werden, wobei nur öffentliche Geldgeber bereit sein dürften, ohne beleihbare Sicherheiten Risiken zu übernehmen. Im Gegensatz zu den Transferoptionen ist die Reduktion in jedem Fall mit Nachteilen oder der Aufgabe von Chancen verbunden. Beteiligungsfinanzierungen bedeuten, dass Rechte an Investoren abgetreten werden müssen und langfristige Verträge reduzieren die Flexibilität. Gravierender für kreative Produzenten sind jedoch die Nachteile der Risikoreduktion im Kontext des Inhalts. Risikoreduktion heißt ggf. Kreativität zugunsten von erprobten Konzepten aufzugeben. Im positiven Fall bedeutet dies, der Kreativität einen Rahmen zu geben, in welchem sie wirksam werden kann; im negativen verwandelt sich der Beruf zu einem der steten Wiederholung. Die Risikovermeidung als Steuerungsoption scheint eine Grundvoraussetzung im Produzentenberuf zu sein. Es geht weniger darum, Projekte zu optimieren, sondern bereits im Vorfeld jene Projekte auszuschließen, die auch nach Optimierung nicht genügend attraktiv werden können. Das Lektorat z.B. findet keine guten Drehbücher, siebt aber schlechte heraus.

Bevor nun die Steuerungsmöglichkeiten auf Ebene der einzelnen Projekte im Risikomanagementprozess der Spielfilmentwicklung verortet werden, soll im folgenden Abschnitt noch auf jene Möglichkeiten eingegangen werden, die sich zusätzlich auf Unternehmensebene ergeben. Produzenten, die in Unternehmen eingebunden sind, in denen mehrere Projekte parallel entstehen, können und müssen beim Packaging ihrer Projekte darauf achten, welche Wechselwirkungen mit anderen Projekten bestehen. In der Kombination von mehreren Projekten können Risiken ausgeglichen werden, andererseits ergeben sich ggf. Interessenkonflikte, die aus Perspektive der Investoren zu suboptimalen Ergebnissen führen können.

5.6 Steuerungsmöglichkeiten auf Unternehmensebene

Neben der Risikosteuerung auf Ebene des einzelnen Projekts bietet sich je nach Organisation auch eine Risikosteuerung auf Unternehmensebene an, um Risiken zwischen Projekten auszugleichen. Wie sollte ein Engagement und Investment auf unterschiedliche Filmtypen, die sich nach Budget und Inhalt unterscheiden können, verteilt werden, um insgesamt das Ergebnis zu optimieren? In Übereinstimmung mit der Portfoliotheorie legt die Literatur nahe, dass eine Vielzahl von inhaltlich diversen, aber niedrig budgetierten Filmen die beste Risikokontrolle darstellt. Im Folgenden sollen diese beiden Aspekte dargestellt werden, wobei klar wird, dass diese Optionen für einzelne Produzenten entweder nicht zur Verfügung stehen (Portfolio) oder aber der Markt nicht zulässt, dass alle Produzenten eine Low-Budget-Strategie verfolgen.

5.6.1 Investitionsrisiko und Höhe des Filmbudgets

Einzelne Risikosteuerungsmaßnahmen sind von der Höhe des Budgets abhängig oder je nach Budgethöhe unterschiedlich wirkungsvoll. Entscheidungsträger über das Green Light sollten deshalb wissen, ob es einen Zusammenhang zwischen Budgethöhe und Erfolg gibt. Statistiken über Kinoeinspielergebnisse zeigen, dass Filme sowohl mit großem als auch kleinem Budget sehr erfolgreich sein können. Hennig-Thurau (2004) untersucht, ob die Anlagerendite mit der Höhe des Budgets variiert und welche Budgethöhe eine optimale Anlagerendite[65] ver-

---

[65] Hennig-Thurau definiert die Anlagerendite als Verhältnis des Produzentenanteils am Kino- und Videoerlös zu den Kosten für das Filmnegativ und das Marketing für die Kino- und Videoveröffentlichung. Die reale Anlagerendite weicht von diesem Wert ggf. erheblich ab: Einnahmen an der Kinokasse fließen nicht komplett dem Produzenten zu. Der Kinobetreiber behält durchschnittlich 46% ein, vom verbleibenden Betrag behält der Verleih je nach Vertrag den größeren Teil für sich, sodass nur ein Bruchteil der Einnahmen zur Refinanzierung der Produzenten dienen können (vgl. Marich 2005: 178ff). Wenn Verleih und Produktion unter einem Konzerndach vereint sind, kann der Anteil höher liegen. Daneben sind Erlöse aus weiteren Verwertungskanälen, wie TV, Merchandising

spricht. Für den amerikanischen Markt kommt er zu dem Schluss, dass ausschließlich No-Budget-Filme mit maximal fünf Mio. US$ Produktionsbudget im Durchschnitt eine positive Anlagerendite (+34%) aufweisen. In allen anderen Kategorien ist die durchschnittliche Anlagerendite deutlich negativ, wobei mit steigendem Budget die Rendite sinkt und erst für Großproduktionen mit über 100 Mio. US$ Produktionsbudget wieder leicht steigt. Der Anteil der Filme, für die die konstruierte Anlagerendite einen positiven Wert aufweist, liegt in der Kategorie No-Budget bei 42%, für Low-Budget bei 31%, für Medium-Budget bei 19% und für High-Budget bei 4% (Hennig-Thurau 2004: 179). Die Schlussfolgerung, wonach Investoren und Produktionsfirmen sich auf Filme mit Minimalbudget fokussieren sollten, greift jedoch zu kurz. Zum einen haben auch Genrekonventionen mit ihren Folgen für das Budget und die Erwartungen des Publikums einen Einfluss auf die Rentabilität eines Films. Im Actiongenre sind High-Budget-Filme im Gegensatz zur Betrachtung aller Genres im Durchschnitt profitabel (+26%), während Low-Budget-Filme extrem unprofitabel sind (-457%). Offensichtlich können sie die hohen Erwartungen an Spezialeffekte in diesem Genre nicht befriedigen. Zum anderen erscheint es nicht praktikabel, die Investitionssumme für einen Film von 100 Mio. US$ auf 20 Filme zu verteilen. Es entstehen erhebliche Transaktionskosten bei der Verwaltung und Distribution von 20-mal so vielen Projekten. Die kreative Kapazität der Branche könnte bei einer solchen Angebotsausweitung eine gleichbleibende Qualität der Stoffe kaum gewährleisten. No-Budget-Filme sind auch deshalb günstig, da viele Beteiligte ihr Engagement als Wechsel auf die Zukunft verstehen und nur deshalb für geringe Gagen arbeiten, weil sie sich für höher budgetierte Projekte empfehlen wollen. Das gleiche Personal wird kaum dauerhaft bereit sein, zu diesen Konditionen zu arbeiten, wenn keine Aussicht auf besser bezahlte Engagements besteht (vgl. Hennig-Thurau 2004: 186). Das Distributionssystem ist für die Bündelung der Nachfrage auf wenige Produktionen ausgelegt und könnte eine Vervielfachung des Angebots nicht verkraften. Schließlich verlangen Investoren häufig nach Quasi-Sicherheiten, die die Kosten in die Höhe treiben: digitale Effekte, Stars und eine Produktion an teuren Drehorten. Auch Ravid stellt dar, dass Filme mit kleineren Budgets im Durchschnitt eine bessere Rendite versprechen: *„Small budget is better than big budget"* (Ravid 1999: 486). Er leitet aus diesen Ergebnissen ab, dass die Filmbranche nicht von gut unterrichteten Insidern geführt wird, die große Investitionen auf sich nehmen, um Aussenstehenden Qualität zu signalisieren. Vielmehr müsse man davon aus-

---

und Freizeit-Parks unberücksichtigt, die nicht linear mit der Budgethöhe oder dem Kassenerfolg zusammenhängen. Die erste Vereinfachung führt zur massiven Überschätzung der Anlagerendite, die zweite Vereinfachung bedeutet eine systematische Unterschätzung. Die Ergebnisse müssen deshalb mit Vorsicht interpretiert werden.

gehen, dass die Filmbranche geleitet wird von *„uninformed insiders who guess and often fail in projecting the success of a movie"* (Ravid 1999: 484). Zusammenfassend lässt sich festhalten, dass niedrige Budgets im Durchschnitt die sichersten und höchsten Renditen bieten. Eine Fokussierung auf diese Budgetkategorie scheint aber nur begrenzt möglich. Mittlere Budgets scheinen am unattraktivsten, da sie weder die Kostenkontrolle eines No-Budget-Films auf der Ausgabenseite, noch die publikumsattraktiven Schauwerte von High-Buget-Filmen auf der Einnahmenseite aufweisen können.

5.6.2 Portfolio

Portfolios entstehen, sobald ein Unternehmen mehr als ein Produkt produziert und am Markt anbietet. Sie tragen zur Risikosteuerung bei, falls der Erfolg der verschiedenen Produkte nicht von denselben Risikofaktoren bestimmt wird und die Risiken der einzelnen Produkte möglichst wenig miteinander korrelieren. *„Creating a portfolio of products helps reduce the risk of product failure, diminished demand, business cycles, market disruptions, or events that interfere with production and distribution"* (Picard 2005a: 2). Medienökonomische Studien zu Produktportfolios fokussieren meist nicht auf Inhaltsangebote, wie z.B. Filme, sondern betrachten die Möglichkeiten des mediengattungs- und länderübergreifenden Engagements von Medienorganisationen (z.B. Norbäck 2005; Ots 2005; Hang 2005). Die Diversifikation wird auf Konzernebene untersucht, nicht auf Produktebene. Van Kranenburg (2005) untersucht den Zusammenhang zwischen Diversifikation und Erfolg am Beispiel von Verlagskonzernen. Er kommt zu dem Schluss, dass fokussierte Konzerne stark diversifizierte in ihrem Ergebnis übertreffen und führt dies vor allem auf die Möglichkeit zurück, Synergien zu nutzen. Die Übertragbarkeit des Ergebnisses ist jedoch fraglich. Zum einen ist der zugrundeliegende Untersuchungszeitraum prohibitiv kurz, zum anderen kann ein Portfolio von Verlagsaktivitäten nur bedingt mit einem Portfolio aus Filmprojekten verglichen werden. Für die Filmbranche halten mehrere Autoren die Ausdehnung der Produktpalette für die beste Möglichkeit, dem Risiko zu begegnen (z.B. Bächlin 1945: 102; Kallas 1992: 34; Thiermeyer 1994: 29). Filme unterschiedlicher Genres weisen in ihrem Markterfolg allenfalls eine geringe positive, ggf. sogar eine negative Korrelation auf (Lange 1999: 44f). Der Einsatz von verschiedenen Genres entspricht also exakt dem Konzept des Hedgings als Risikobegrenzung. Eine Analyse der von US-Verleihfirmen in Deutschland veröffentlichten Filme zeigt, dass diese Strategie angewendet wird: Die Firmen bieten ausnahmslos einen breiten Genremix, wobei jedoch Schwerpunkte erkennbar sind (z.B. *Buena Vista* im Bereich der Kinderfilme, *Columbia* bei den Dramen und *Warner Bros.* bei den Thrillern) (vgl. Lange 1999: 45). Für Anderson et al. bedeutet die Orientierung am Weltmarkt eine Reduktion der Erfolgswahrscheinlichkeit, da die Konsumentenpräferenzen transnational nicht homogen sind. Dies müsse durch eine steigende Anzahl von Filmen ausgeglichen werden (vgl. 2006: 212f). Tatsächlich ist die Zahl der von Hollywoodstudios produzierten Filme rückläufig. Ziel scheint es zu sein, ein Portfolio aus wenigen Filmen zu optimieren. Auch wenn Filmstudios mittlerweile Teil von gattungsübergreifenden Medienkonzernen sind, müssen sie ihre eigene „Entwicklungspipeline" so steuern, dass ein Filmportfolio entsteht, das unterschiedliche Filmtypen kombiniert und durch die Variation von Genre, Plot, Altersbeschränkung, Starpower etc. eine Absicherung gegen Schwankungen im Publikumsgeschmack und in der -nachfrage bietet (vgl. Eliashberg et al. 2006: 643). Die großen Studios in Hollywood bilden eine Portfolioorientierung auch in ihrer Organisationsstruktur nach: Spezialisierte Tochterfirmen fokussieren jeweils auf bestimmte Filmtypen. *NBC Universal* hat mit *Focus Features* eine Tochter, die den Markt für Arthousefilme bearbeiten soll, die Tochter *Rogue Pictures* ist dagegen auf Low-Budget-Action- und Horrorfilme spezialisiert. Die einzelnen Firmen innerhalb des Konzerns sollen ihren Output nicht diversifizieren, die Diversifikation findet auf Unternehmensebene durch die Gründung oder Akquisition von spezialisierten Tochterfirmen statt. Eine geringe Genrevarianz ermöglicht es Unternehmen, ihre Ressourcen dort einzusetzen, wo sie Erfolg haben. So kann vermieden werden, dass sich Unternehmen in Bereichen engagieren, in denen ihnen Expertise fehlt (vgl. Porter 1980, 1985). Diese Fokussierung erlaubt Lernkurveneffekte durch Spezialisierung, Routinen und Konzentration (vgl. Lancaster 1975, 1990). Die Konzentration auf ein enges Sortiment, also ein Genre, ist für Produzenten dann riskant, wenn zu viele Ressourcen auf ein enges Sortiment fokussiert werden, das nicht (mehr) auf die notwendige Nachfrage trifft (vgl. Kekre & Srinivasan 1990). Da in der Filmbranche ein Hit viele Flops kompensieren muss, ist es für Produzenten ggf. sinnvoll, mehr Lose in der „Blockbuster-Lotterie" zu kaufen (vgl. Raubitschek 1988). Miller et al. (1999) fordern, dass für eine strategische Entscheidung über die Breite der Produktpalette Unsicherheitsfaktoren auf den Ebenen Branche, Organisation und Projekt berücksichtigt werden müssen. Die allgemeine Unsicherheit in der Branche darüber, welche Filme und Genres erfolgreich sein werden, führt eher zu einer größeren Genrevielfalt im Output. *„Production variations give firms a better chance of hitting an obscure or moving target"* (Miller et al. 1999: 100). Die Unsicherheit auf Organisationsebene besteht in der Frage, inwieweit Veränderungen in der Branche das eigene Unternehmen betreffen. Unternehmen mit Kontrolle über wichtige Ressourcen und Distributionskanäle können eher Variationen von erfolgreichen Produkten erfolgreich im

Markt platzieren. Je besser die Ressourcenausstattung, desto größer die Genre-vielfalt, auch wenn diese ggf. in Tochtergesellschaften realisiert wird. Auf Projektebene beeinflusst die Unsicherheit über den Effekt einer Entscheidung die Genrevielfalt. Je größer die Unsicherheit und je mehr für den Produzenten auf dem Spiel steht, sei es Geld oder Reputation, desto weniger wird er gewillt sein, unterschiedliche Genres auszuprobieren, sondern bei seinen bewährten Konzepten bleiben.

Auch durch Kofinanzierungen kann das Projektportfolio einer Produktions-firma gesteuert und das Risiko eines Projekts zwischen mehreren Produktions-firmen geteilt werden. Palia et al. (2006) finden eine eindeutige positive Korrelation zwischen dem Risiko, das einem Projekt innewohnt und der Ent-scheidung, eine Allianz zu bilden. Studios, die eine Vielzahl unterschiedlicher Filme produzieren, entwickeln ihre sichersten Projekte tendenziell intern. Für andere risikobezogene Motive, wie z.B. dem Pooling von Ressourcen, also der Kostenteilung bei großen Projekten, kommen sie zu keinem eindeutigen Ergeb-nis. Produktionsfirmen, die häufiger Allianzen eingehen, unterliegen tendenziell größeren finanziellen Einschränkungen. Gardini (2005) stellt einen gekrümmten Zusammenhang zwischen der Budgethöhe und der Neigung zur Kofinanzierung fest. Mit Aussicht auf ein größeres Erlöspotenzial wird das Risiko von hoch budgetierten Filmen eingegangen. Die Wertmaximierung steht dabei im Vorder-grund. Auch Goettler und Leslie (2005) untersuchen, inwieweit die Ko-finanzierung als Risikosteuerung interpretiert werden kann. Im Gegensatz zu Palia et al. (2006), stellen sie fest, dass nicht besonders riskante Filme ko-finanziert werden, sondern vor allem solche, die einen großen Anteil des gesamten jährlichen Produktionsbudgets des Studios ausmachen. Auf diese Weise vollzieht das einzelne Studio auf Unternehmensebene nach, was ein Finanzinvestor durch den Kauf von Aktien von mehreren Studios macht: Das Portfoliorisiko wird durch das Gesetz der großen Zahlen reduziert. Der Grund für risikoaverses Hedging im einzelnen Unternehmen kann in einem Prinzipal-Agent-Problem zwischen den Firmen und risikoaversen Managern liegen (vgl. Lambert 1986). Studiomanager entscheiden sich für weniger lukrative, aber risikoärmere Projekte, um ihren Posten zu behalten. Goettler et al. finden keinen Beleg dafür, dass Studios riskantere Filme kofinanzieren, um so das Gros ihrer Investitionen auf weniger riskante Produktionen zu verlagern. Die Varianz der Anlagerendite zwischen kofinanzierten und eigenfinanzierten Filmen unter-scheidet sich nicht, sie können als gleich riskant gelten. Es zeigen sich auch keine Kovarianzen zwischen verschiedenen Genres. Eine Kofinanzierung dient demnach nicht der Portfoliooptimierung mit verschiedenen Filmtypen, sondern soll mit dem Fokus auf teure Projekte das Gesamtrisiko des Portfolios reduzieren.

6 Risikosteuerung in der Spielfilmentwicklung

Ein strukturiertes Risikomanagement, wie in Kapitel 2.3 beschrieben, ist für die Filmbranche nicht dokumentiert. Entweder ist die Branche zu klein, um die Aufmerksamkeit von Wissenschaftlern und Beratern zu wecken oder Identifikation, Bewertung und Steuerung der Risiken laufen tatsächlich wenig strukturiert ab. Forscher und Branchenvertreter betonen stets das hohe Risiko im Zusammenhang mit der Filmproduktion und die hohe Belohnung für erfolgreiche Risikoträger, erklären aber gleichzeitig, wie schwer die Bewertung des Risikos sei. *„The industry actively encourages [...] the perception that the production process is akin to alchemy, in that it is incapable of precise specification"* (Pokorny et al. 2001: 157). Es darf jedoch vermutet werden, dass trotz dieser Außendarstellung das Ausmaß an Risiko in der Spielfilmproduktion bei den Akteuren zu einem bewussten Umgang mit diesem führt. Die so gebildeten Heuristiken können den Charakter eines Risikomanagements annehmen, ohne dass die Akteure es selbst als solches erkennen und entsprechend benennen. Was für Praktiker Routinen sind, kann bei analytischer Betrachtung als strukturierter Prozess dargestellt werden.

6.1 Modell des Risikomanagementprozesses

Die diskutierten Eigenschaften des Films, des Produktionsprozesses und der relevanten Märkte erschweren die Quantifizierung des Risikos aus Schadenshöhe und Eintrittswahrscheinlichkeit. Selbst der Erwartungswert kann nicht immer fixiert werden. Hinsichtlich des Absatz- bzw. Konsumtionsrisikos erschwert die Erfahrungsguteigenschaft die Fixierung eines Erwartungswerts ebenso, wie die Bestimmung der Eintrittswahrscheinlichkeit. Bei den Produktionsrisiken kann die Schadenshöhe gut bestimmt, die Eintrittswahrscheinlichkeit aber nur bedingt quantifiziert werden. Die Steuerung der Prozessrisiken wird nach dem Green Light weitgehend an Herstellungsleiter delegiert. Auch die Diskussion der Steuerungsmöglichkeiten zeigt, dass Risikomanagement in der Spielfilmentwicklung nur qualitativ anhand von Risikoklassen umsetzbar ist. Produzenten und ggf. weitere Experten im Unternehmen bewerten auf einer Ordinalskala die Wahrscheinlichkeit von sehr gering bis sehr hoch. Analog wird auch die

Schadenshöhe auf einer Ordinalskala von niedrig bis existenzbedrohend bewertet (vgl. Abbildung 5). Da Erwartungswert, potenzielle Schadenshöhe und Eintrittswahrscheinlichkeit nur bedingt fixiert werden können, bietet es sich für die Risikobewertung an, die Elemente eines Filmpackages als Ressourcen zu verstehen. Lee kondensiert das Risikomanagement von Spielfilmproduzenten auf drei Fragen, die es zu beantworten gelte: *„Is the story worth being told? Who are its target audiences? What are the production and marketing costs?"* (2000: XIII). Er benennt damit den Inhalt, die Publikumsnachfrage und die Finanzierung als die entscheidenden Ressourcen. Für die Entwicklungsphase kann das Publikum zunächst vernachlässigt werden, da es nur mittelbar über die Distributorennachfrage eine Rolle spielt. Verknüpft mit der Publikumsnachfrage ist jedoch die Personalattraktivität. Die in den vorangegangenen Abschnitten diskutierten Inputs aus den Bereichen Inhalt, Personal und Finanzierung können als positionale Güter verstanden werden, die in eine Rangreihe gebracht werden können. Stars können zwar substituiert werden, jedoch immer nur von weniger begabten und beliebten und damit weniger Erfolg versprechenden Schauspielenden. Diese Eigenschaft als positionales Gut bietet sich auch für die Bewertung des Risikos an. Statt eines Erwartungswerts, um den das Ergebnis normal verteilt mit einer positiven Abweichung als Chance und einer negativen als Risiko schwankt, handelt es sich hier jedoch um ein einseitiges Risikomaß. Ausgehend von den besten Vertretern als Projektressource mit Wettbewerbsvorteil bedeutet jede Substitution durch einen in der Rangreihe weiter hinten angesiedelten Vertreter eine Abweichung nach unten und damit ein erhöhtes Risiko.

Das Risikomanagement von individuellen Produzenten, die auf das Green Light hinarbeiten, kann sich erheblich von dem der Produktionsunternehmen unterscheiden. Für Produktionsfirmen ist je nach Gestaltung des Verleihvertrags in der Regel der Erfolg an der Kinokasse das entscheidende Unternehmensziel. In diesem Fall sind Abweichungen vom Erwartungswert nach oben und unten möglich. Für den Produzenten ist das Ziel zunächst das Green Light, also die Entscheidung, dass ein Projekt tatsächlich verwirklicht wird. Der Ergebnisraum besteht nur aus den zwei Optionen: Green Light oder Abbruch. Bei diesem Risiko handelt es sich um ein einseitiges Risiko. Der Erwartungswert der Produzenten ist, dass sie ein Green Light bekommen, anderenfalls wäre ihre Arbeitskraft vergeudet.[66] Die Ablehnung des Projekts bedeutet eine negative Abweichung vom Erwartungswert. Ein Projekt wird dann abgelehnt, wenn die Entscheidungsträger über das Green Light die Risiken im Projekt für inakzeptabel hoch halten. Um die Ablehnung zu verhindern und ihr Risiko zu steuern, müssen Produzenten ihre Projekte so gestalten, dass es für die Green-

---

[66] Teilerfolge sind nicht möglich, allenfalls kann ein Projekt in Überarbeitung gegeben werden, muss sich dann jedoch erneut einer Green-Light-Entscheidung stellen.

Light-Entscheidungsträger nur solche Risiken für ihr Unternehmensziel „Rendite durch Filmauswertung" enthält, die sie zu akzeptieren bereit sind. Wenn Produzenten ihr eigenes Risiko steuern wollen, müssen sie demnach gleichzeitig das Risiko der Green-Light-Entscheidungsträger adressieren, also die Risiken des Projekts insgesamt reduzieren, indem sie geeignete Maßnahmen zur Vermeidung und Verminderung des Risikos und zum Transfer auf Dritte einleiten.[67] Ein Green Light ohne vorausgegangene Risikosteuerung ist nur dann denkbar, wenn die Risiken in einem Projekt von vornherein so gering sind, dass eine zusätzliche Steuerung nicht nötig ist oder aber in einer kleinen Produktionsfirma Produzent und Green-Light-Entscheidungsträger dieselbe Person sind. In dieser Konstellation ist es denkbar, dass risikoaffine oder stark künstlerisch motivierte geschäftsführende Produzenten Projekte ohne ausreichende Risikosteuerung in Angriff nehmen (vgl. Abbildung 16).

Für die Risikosteuerung kommen alle in den vorangegangenen Abschnitten diskutierten Ansätze infrage. Diese lassen sich nach Art des adressierten Risikos systematisieren (vgl. Kapitel 1.1). Für die Praxis scheint diese Einteilung jedoch wenig nützlich. Hier ist eher eine Systematisierung nach den Elementen des Filmpackages zu erwarten. Die Risikosteuerung der Produzenten unterscheidet nicht speziell danach, welches Risiko für wen gesteuert wird, sondern impliziert möglichst alle Risikoaspekte in der Steuerung des Entwicklungsrisikos. Das Entwicklungsrisiko der Produzenten ist gleichbedeutend mit der Wettbewerbsfähigkeit des Filmpackage. Durch die Zusammenstellung eines möglichst attraktiven Filmpackage aus den Elementen Inhalt, Personal und Finanzierung wird die Wahrscheinlichkeit erhöht, dass das Package ein Green Light bekommt. Gleichzeitig werden die Voraussetzungen für eine erfolgreiche Risikosteuerung in späteren Projektphasen geschaffen. Die Elemente des Filmpackage sind dabei durch eine multiplikative Produktionsfunktion miteinander verknüpft. Wenn eines der Elemente ausfällt oder von minderer Qualität ist, schlägt sich das unmittelbar in der Qualität des Filmpackages nieder. Nur wenn in allen drei Bereichen das strategische Risiko gesteuert, also der bestmögliche Input gesichert

---

[67] Streng genommen können Produzenten die Konsumtionsrisiken nicht direkt steuern, sondern lediglich im Filmpackage die Voraussetzungen dafür schaffen, dass bestimmte Steuerungsmöglichkeiten zu Verfügung stehen. Ob, wie und von wem in späteren Phasen eines Filmprojekts auf die Voraussetzungen durch geeignete Projektelemente zurückgegriffen wird, kann von den Produzenten häufig nicht beeinflusst und soll deshalb in dieser Arbeit nicht weiter berücksichtigt werden. Der Produzent soll nur in seiner Rolle als Entwickler betrachtet werden. Die in diesem Kontext naheliegende Vermutung, wonach erst der Erfolg in der Auswertung für den Track Record und damit die Reputation des Entwicklers wirksam ist, muss bezweifelt werden. Green-Light-Entscheider sind Brancheninsider, die sehr wohl zwischen der Leistung der Produzenten als Entwickler und jener des Marketings differenzieren können. Es darf also vermutet werden, dass für die Entscheidung nicht auf einen rein quantitativen Track Record zurückgegriffen wird, vielmehr geht es darum, ob es Produzenten in der Vergangenheit gelungen ist, die Voraussetzungen für den Erfolg zu schaffen.

wird und die Bereiche sinnvoll koordiniert werden, kann ein wettbewerbsfähiges Filmpackage entstehen. Je größer die Wettbewerbsfähigkeit des Filmpackage, desto niedriger die Wahrscheinlichkeit, dass dem Projekt das Green Light verweigert wird, die Entwicklungsarbeit der Produzenten also vergeblich war.

Abbildung 16 Risikomanagementprozess in der Spielfilmentwicklung

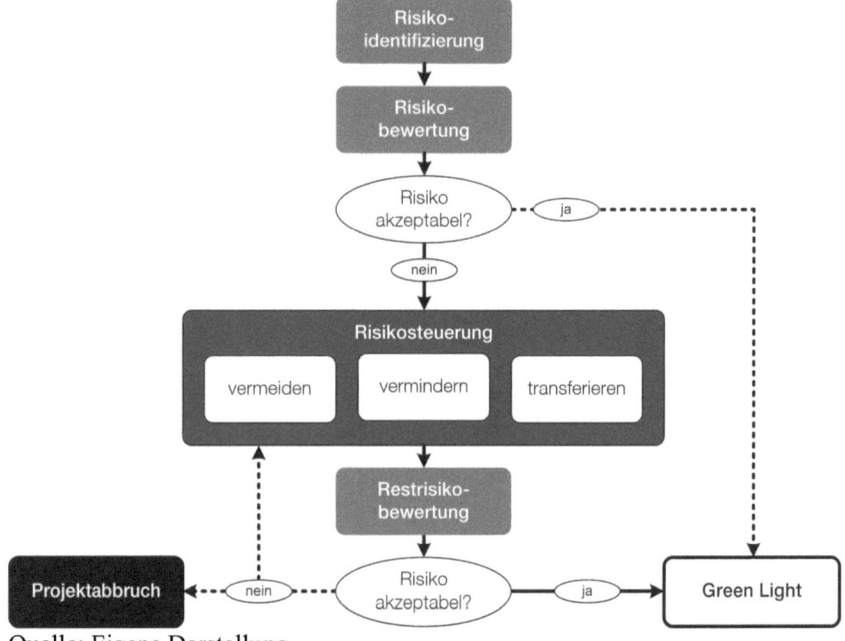

Quelle: Eigene Darstellung

Die Risikosteuerung der Produzenten in der Entwicklungsphase kann somit drei Risikofeldern zugeordnet werden, in denen jeweils Forschungsergebnisse über Erfolgsfaktoren in Bezug auf den Projektinput als Basis für Steuerungsmaßnahmen verwendet werden können (vgl. Abbildung 17).

Abbildung 17 Risikomanagement in der Spielfilmentwicklung

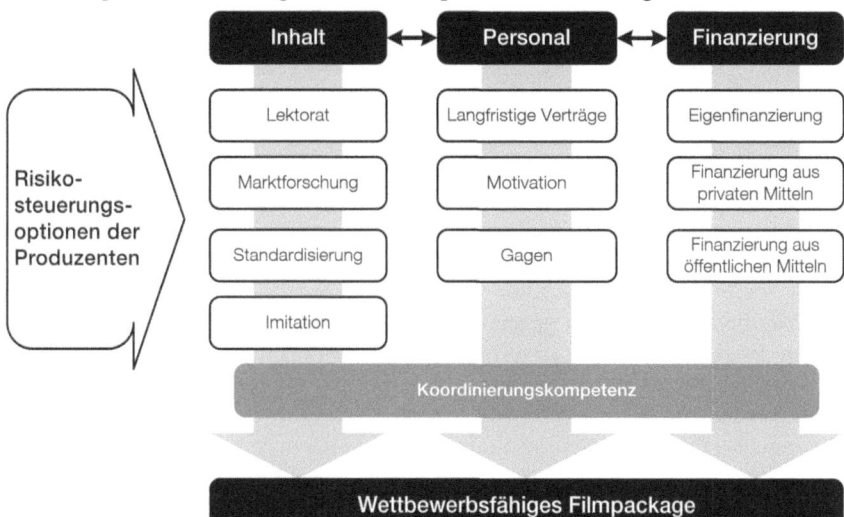

Quelle: Eigene Darstellung

Bis hierher ist eine Systematisierung der Risiken in der Spielfilmentwicklung geleistet worden und es wurde aufgezeigt, wie sich diese Risiken ggf. steuern lassen. Offen ist jedoch die Frage, inwieweit die Darstellung den Erwägungen und Prozessen in der Praxis entspricht.

6.2 Fragestellung

Die vorangegangenen Kapitel haben gezeigt, dass sich die medienökonomische Forschung zur Filmbranche vor allem um die Erforschung der Rahmenbedingungen und Strategien in der Distribution von Filmen kümmert. Die Analyse der Produktionsphase wird der ökonomisch oder soziologisch orientierten Organisationsforschung oder gar den Lobbyisten der Filmförderung überlassen. Die vorliegenden Forschungsergebnisse zur Entwicklungs- und Produktionsphase betrachten in der Regel entweder aggregiert Handlungsoptionen auf Unternehmensebene oder sie fokussieren wie die Filmwissenschaft auf kreativ-künstlerisch orientierte Filmemacher.

Die wichtige Rolle der Produzenten wird in der Forschung vernachlässigt: Sie sind nicht wie die Schauspielenden auf der Leinwand zu sehen, ihnen wird nicht wie der Regie die kreative Urheberschaft des Werks zugesprochen und sie müssen sich ihre Projekte von der jeweiligen Geschäftsleitung absegnen lassen. Ein Gutteil der Eigenschaften und damit der Qualität eines Films wird jedoch bereits in der Entwicklungsphase festgelegt, wenn die Inputfaktoren für das Projekt ausgewählt und kombiniert werden.

Es stellt sich also die Frage, wie ein Projekt von vornherein gestaltet sein muss, damit es überhaupt das Potenzial hat, ein Erfolg zu werden, wenn bei der Realisierung das Produktionsrisiko und das Konsumtionsrisiko optimal gesteuert werden. Der Fokus liegt also auf dem Entwicklungsrisiko, das eintritt, wenn ein Projekt entwickelt wurde, also die Inputfaktoren arrangiert und koordiniert sind, die Entscheidungsträger jedoch keine Zustimmung zum Produktionsbeginn geben – wenn also das Green Light verweigert wird.

Wie die Ausführungen gezeigt haben, hängt das Entwicklungsrisiko direkt mit dem Produktions- und Konsumtionsrisiko zusammen: Je besser Produzenten den Entscheidern über das Green Light vermitteln können, dass diese Risiken bereits in der Anlage des Projekts adressiert werden, desto bessere Chancen haben sie, das Projekt tatsächlich realisieren zu können.

Produzenten sind somit gezwungen, sich bei der Entwicklung von Projekten mit Problemen auseinanderzusetzen, die eigentlich nicht zu ihren Kernaufgaben gehören. Durch die Machtverhältnisse entlang der Wertschöpfungskette können Distributoren jedoch die Adressierung des Konsumtionsrisikos auf die Produzenten abwälzen. Nun stellt sich die Frage, inwieweit die Produzenten in der Lage sind, diese Aufgabe zu bewältigen. Die forschungsleitende Frage lautet entsprechend:

> Welche Strategien zum Risikomanagement wenden Spielfilmproduzenten an und warum?

Konkret geht es darum, ob und inwieweit die Forschungsergebnisse zu Steuerungsoptionen für die Risiken in der Produktion und Konsumtion bekannt sind und in konkrete Handlungen umgesetzt werden.

Daneben gilt es zu klären, welche Motive oder Rahmenbedingungen dazu führen, dass bestimmte Risikomanagementstrategien angewendet werden oder nicht. Hier gilt es zwischen individuellen Motiven und solchen, die sich aus der Akteursrolle ergeben, zu differenzieren. Darüber hinaus ist die forschungs-leitende Frage so offen gehalten, dass auch bisher in der Forschung unberück-sichtigte Strategien erfasst werden sollen. Das folgende Kapitel diskutiert, wie diese Fragen empirisch untersucht werden können und stellt die verwendete Methode im Detail vor.

7 Methodisches Vorgehen

Im empirischen Teil der Arbeit wird die theoriegeleitete Bewertung des Markts und der potenziellen Risiken mit ihren Steuerungsmöglichkeiten durch die tatsächlichen Handlungen und Motive der Produzenten kontrastiert. Während zur Filmdistribution umfangreiche Daten vorliegen und das Schaffen von zahlreichen Regisseuren im Detail dokumentiert ist, fehlen Datenquellen zur Projektentwicklung und den Produzenten. In der Filmgeschichte tauchen mit großen Flops wie *Heaven's Gate (1980)* eher gescheiterte Versuche der Risikosteuerung auf, als dass erfolgreich abgewendete Risiken bekannt werden. Die vorliegenden Daten über den Output der Branche erlauben keine Rückschlüsse auf die Strategien der Produzenten bei der Entwicklung und Produktion ihrer Filme.

Zur Untersuchung des Risikomanagements in der Spielfilmproduktion bieten sich grundsätzlich drei empirische Herangehensweisen an:

1) Anhand von gescheiterten Filmen kann rekonstruiert werden, welche Probleme in Entwicklung und Produktion aufgetaucht sind, wie reagiert wurde und warum das Risiko nicht kontrolliert werden konnte. Diese Herangehensweise ist auf bekannte Fälle beschränkt, da nur hier Informationen überliefert sind. Es ist mit einer gewissen Legendenbildung zu rechnen, keiner der Beteiligten möchte als „Schuldiger" dastehen. Auch hier dürften wesentlich mehr Informationen über die Produktionsphase vorliegen als über die Arbeitsschritte vor dem Green Light. Insgesamt dürften die Ergebnisse eher anekdotischen Charakter haben und nur bedingt verallgemeinerbar sein.[68]

2) Im Rahmen von Fallstudien können Unternehmen oder Produzenten über einen längeren Zeitraum hinweg begleitet werden. Die Einsicht in interne Unterlagen würde eine konkrete Analyse des Erfolgs der in mehreren unterschiedlichen Projekten angewendeten Strategien der Risikosteuerung erlauben. Zweifel an der Verallgemeinerbarkeit sind denkbar, das Vorgehen scheitert jedoch daran, dass kaum ein Produzent oder eine Produktionsfirma bereit sein dürfte, diesen Einblick zu gewähren.[69]

---

[68] Ein unterhaltsames Beispiel für diese Herangehensweise stellt *Lost in La Macha (2002)* dar, ein Making of über einen Film, der nie fertiggestellt werden konnte.

[69] In den für diese Studie durchgeführten Interviews haben zwei Produzenten dieses Vorgehen zwar vorgeschlagen, waren jedoch selbst nicht bereit, einen solchen Einblick zu gewähren. Ribera und Sieber konnten diesen Ansatz im spanischen Markt umsetzen (vgl. 2009).

3) Schließlich ist eine Befragung von Produzenten zu ihrem konkreten Vorgehen in ihren Projekten möglich. Durch die entsprechende Auswahl der Befragten kann mit diesem Vorgehen eine Verallgemeinerbarkeit der Ergebnisse erreicht werden, rückblickende Analysen sind jedoch auch hier wegen möglicher Verzerrungen durch selektives Erinnern oder ex post Rationalisierungen ggf. nicht akkurat. Grundsätzlich ist sowohl ein standardisiertes quantitatives, als auch ein qualitatives Vorgehen denkbar. In Anbetracht der Tatsache, dass es sich bei jedem Projekt um eine Unikatproduktion handelt, dürfte es jedoch schwierig sein, einen Fragebogen zu entwickeln, der auf die Besonderheiten der jeweiligen Produktion genügend Rücksicht nimmt. Ein qualitatives Vorgehen beschränkt aufgrund der geringen Fallzahl und der bewussten Auswahl der Interviewpartner zwar wiederum die Verallgemeinerbarkeit, bietet jedoch den besten Kompromiss zwischen Breite und Tiefe der Analyse.

Aus diesem Grund wurde für diese Studie eine qualitative Befragung von Produzenten im Rahmen von Leitfadeninterviews gewählt. Die forschungsleitende Frage lautet dabei, ob Produzenten die dargestellten Strategien des Risikomanagements tatsächlich anwenden und inwieweit ihre Anwendung als erfolgsdeterminierend angesehen wird. Das Forschungsdesign erlaubt keine unmittelbaren Rückschlüsse auf den Einfluss bestimmter Risikomanagementmaßnahmen auf den Markterfolg, es sind jedoch Erkenntnisse darüber möglich, warum Produzenten bestimmte Strategien einsetzen oder eben nicht. Es werden Produzenten und Executives im Bereich der Entwicklung und Produktion in unterschiedlichen Marktsituationen befragt. So soll auch der Einfluss unterschiedlicher Marktbedingungen und Finanzierungsformen, insbesondere in Bezug auf die Bedeutung der Filmförderung, erfasst werden.

7.1 Angemessenheit der Methode und Expertenbild

In der vorliegenden Arbeit geht es zunächst darum, Wissen über die Projektentwicklung in der Spielfilmproduktion und das risikobezogene Handeln der Produzenten zu generieren. Ein offenes Vorgehen liegt also nahe. Konkret wurde eine qualitative Befragung mit Hilfe von Leitfadeninterviews durchgeführt. Dem qualitativen Paradigma entsprechend wird in der Studie von der sozialen Konstruktion der Wirklichkeit ausgegangen und ein verstehender Zugang gesucht. Der Differenziertheit des Untersuchungsobjekts entsprechend wird ein eher induktives Vorgehen gewählt, das auch in der Lage ist, subjekt- und situationsbezogene Aussagen zu erfassen. Der Forscher lässt sich auf „die Praxis" ein und unternimmt seine Untersuchung bezogen auf den Einzelfall und eine daraus abgeleitete Typenbildung (vgl. Garz & Kraimer 1991: 13). Experteninterviews erweisen sich immer dann als sinnvolle Erhebungsmethode, wenn die Motivationen und das Handeln der Akteure im Fokus stehen und sich ihre Strategien nicht am Output ablesen lassen. [70]

Mit Leitfadeninterviews können im vorliegenden Fall die subjektiven Wahrnehmungen der Risiken und die durchgeführten Steuerungsmaßnahmen erfasst werden. Dabei werden die Expertenaussagen nicht als gesetzt betrachtet, sie sind, um mit Kromrey zu sprechen, *„nicht schon Ausprägungen der interessierenden Merkmale [...], sondern nur Indikatoren für ihr Vorliegen"* (Kromrey 1998: 335) und müssen vor dem Hintergrund der jeweiligen institutionellen und situationalen Rahmenbedingungen bewertet werden. Die Aussagen aus den Interviews sollen interpretiert und kontextualisiert werden. Es geht demnach nicht um eine Hypothesenbildung bzw. -überprüfung, sondern um ein besseres Verständnis der Akteure und ihres Handelns. Ein solches Vorgehen ermöglicht, die soziale Praxis der Akteure in ihrer Komplexität zu erfassen und auf die subjektive Rationalität der Akteure einzugehen. Durch die relativ geringe Zahl von Interviews ist die Verallgemeinerbarkeit jedoch eingeschränkt und quantifizierende Aussagen über das Handeln der Produzenten als Akteure sind nicht möglich. Eine Quantifizierung kann im Sinne einer Methodentriangulation erfolgen (vgl. Flick 2005: 331ff, 2004; Lamnek 2005: 161ff), indem Ergebnisse aus der Interviewstudie in einen standardisierten Fragenbogen überführt werden, der an eine repräsentative Auswahl von Produzenten verschickt würde. Eine solche zusätzliche Validierung der Ergebnisse durch eine quantitative Anschlussstudie ist nicht Teil dieser Arbeit. In dieser Arbeit wurden ausschließlich leitfadengestützte Interviews durchgeführt, um das Handeln und die Motivation von Produzenten zu ergründen.

Grundsätzlich können Leitfadeninterviews sowohl zur Generierung, wie auch zur Prüfung von Hypothesen herangezogen werden (vgl. Meuser & Nagel 2005: 85). Das teilstrukturierte Vorgehen mit dem Leitfaden basiert auf Vorrecherchen und Definitionen, die ein Grundgerüst bilden, das im Laufe des Interviews ggf. ergänzt oder angepasst werden kann. Vorkommen, Formulierung und Reihenfolge der Fragen sollen dem Interviewpartner und der Situation angepasst sein (vgl. Diekmann 1999: 451). Der Leitfaden dient zur Orientierung des Interviewenden und stellt durch seine Struktur ein Mindestmaß an Vergleichbarkeit zwischen den Antworten sicher (vgl. Meuser et al. 2005: 78). Die Methode der leitfadengestützten Interviews bringt durch die Konstruktion der Fragen und Interviewsituation Probleme mit sich, die in der Durchführung mehr oder weniger schwer wiegen und ggf. die Ergebnisse verzerren können. Leitfaden-

---

[70] Einen Überblick über den Einsatz von Methoden der qualitativen Sozialforschung in der Kommunikations- und Medienwissenschaft allgemein bieten die Beiträge in Mikos und Wegener (2005).

182   7 Methodisches Vorgehen

gestützte Interviews haben andererseits jedoch auch klare Vorteile. Die relative Offenheit des Leitfadens erlaubt, das Gespräch flexibel zu gestalten und auf den Interviewpartner einzugehen. (vgl. Bortz & Döring 2002).

Gummesson bezeichnet qualitative Methoden als *„powerful tools for research in management and business subjects, including general management, leadership, marketing, organization, corporate strategy accounting, and more"* (2000: 1). Die Literatur zu qualitativen Methoden in der Ökonomie ist dünn gesät, der Fokus liegt auf Fallstudien. Teilweise wird eine mangelnde theoretische Auseinandersetzung mit der Methode konstatiert, insgesamt werden die Vorzüge jedoch betont (Wai-Chung 1995; Welch et al. 2002). Für die Methoden ist ein Rückgriff auf die Soziologie notwendig, die in der Regel jedoch von andersartigen Untersuchungsobjekten ausgeht (z.B. Lebensgeschichte delinquenter Jugendlicher vs. geschäftliche Handlungsweisen international agierender Manager) (vgl. Gummesson 2000: 4f; Welch et al. 2002: 612). Nach dem qualitativen Paradigma muss sich die Sozialforschung an den im Feld vorherrschenden Strukturen der Alltagskommunikation orientieren, Anpassungen bezüglich der Untersuchungsobjekte sind also notwendig. Trinczek (2005) nutzt dieses Argument, um den Einsatz von leitfadengestützten Experteninterviews im Kontext von Interviews mit Managern zu verteidigen. Die Strukturiertheit eines Leitfadens entspricht dem Standardgesprächsmodus von Managern. Dieses Argument kann bei einer Befragung von Produzenten jedoch nur bedingt gelten, da sich Produzenten nicht nur als Medienmanager, sondern auch als kreative Medienschaffende verstehen.

Häufig wird in der Kommunikations- und Medienwissenschaft bei qualitativen Befragungen mit Leitfaden von „Experteninterviews" gesprochen. Dabei wird nicht immer exakt abgegrenzt, wer als Experte gilt und wie sich die Definition ggf. vom alltagssprachlichen Expertenbegriff unterscheidet (z.B. Kistner et al. 2007: 35). In der Regel stehen Experten nicht als Subjekte im Mittelpunkt des Forschungsinteresses, sondern stellvertretend für bestimmte Handlungsbereiche (vgl. Lamnek 2002: 176). Grundsätzlich lassen sich drei Zugänge zum Begriff unterscheiden (vgl. Meuser & Nagel 2003; Gläser & Laudel 2004; Bogner & Menz 2005a): 1) Der voluntaristische Expertenbegriff sieht alle Menschen als *„Experten für ihre eigenen Bedeutungsinhalte"* (Mayring 2002: 49). 2) Der konstruktivistische Expertenbegriff sieht Expertise als Zuschreibung entweder durch die Gesellschaft (sozial-repräsentational) oder durch das Forschungsinteresse (methodisch-relational). Experten haben damit eine *„institutionalisierte Kompetenz zur Konstruktion von Wirklichkeit"* (Hitzler et al. 1994). 3) Der wissenssoziologische Expertenbegriff hebt auf sozial notwendiges Sonderwissen von Berufsrollen ab, das reflexiv verfügbar ist und dem Experten eine relative Autonomie erlaubt.

In der vorliegenden Arbeit erfolgt der Zugang zu den Interviewpartnern als eine Mischform aus dem methodisch-relationalen Ansatz und dem voluntaristischen Ansatz. Sie wurden ausgewählt, weil sie relevantes Wissen über die Entwicklung, Finanzierung und Produktion eines Projekts haben. Damit sind sie als Beispiele für Rollenträger in bestimmten Kontexten relevant. Daneben interessieren auch die Individuen, die ihre Akteursrolle auf bestimmte Weise ausfüllen. Mehrere Autoren (Meuser et al. 2005; Bogner et al. 2005a) legen nahe, in diesem Fall statt von Experten von „Betroffenen", „Einzelfällen" oder „Sample" zu sprechen. Es geht nicht nur um Expertenwissen, sondern auch *„die eigene Problemsicht des Befragten"* (Witzel 1982: 70). Der den Interviewpartnern unterstellte Expertenstatus bezieht sich nur auf die Anforderungen an ihre Berufsrolle und ihre konkrete Position, nicht auf die Branche allgemein. Es handelt sich um „interne" Experten, die in der Lage sind, Betriebswissen zu kommunizieren. Auf eine Befragung von „externen" Experten, die Kontextwissen ergänzen könnten (zu dieser Differenzierung vgl. Meuser et al. 2005: 75f) wurde verzichtet, da das Kontextwissen auch über die Literatur und Branchenpresse erschlossen werden kann (vgl. Kapitel 1).

7.2 Rekrutierung und Sample

In der Methodenliteratur werden Experteninterviews häufig in Bezug auf Forschungsökonomie und Motivation der Interviewten gelobt (z.b. Bogner & Menz 2005b: 8f; Krafft & Ulrich 1995: 29; Abels & Behrens 2005: 178ff). Bei der Rekrutierung der Produzenten für diese Studie konnte dies nicht nachvollzogen werden. Eliten sind per Definition um Abgrenzung bemüht (Hertz & Imber 1993), Zugang also *„Researcher's No. 1 problem"* (Gummesson 2000: 25). Die für den Fernsehbereich konstatierte Unzugänglichkeit (vgl. Harrington & Bielby 2005: 906) gilt bei Filmproduzenten, die tagtäglich von mehr oder minder Kreativen mit Filmideen bedrängt werden, analog. Die Hürde für den Erstkontakt ist hoch. Es geht darum, *„Motivation zu schaffen, wo sie primär fehlt"* (2003: 104). Die Bereitschaft zur Teilnahme an der Studie war gering, wobei sich ein deutliches Gefälle zwischen den Anfragen in Deutschland und in den USA gezeigt hat. Dies mag mit der Größe der Unternehmen und der Höhe der verantworteten Budgets zusammenhängen: Produzenten in großen Hollywood-Studios haben vermutlich tatsächlich einen dichteren Zeitplan und einen höheren Stundenlohn als ein deutscher Nachwuchsproduzent.

Trotz mehrfachen Nachhakens konnten in den USA aus 116 Interviewanfragen nur zehn Interviewzusagen generiert werden, wobei letztlich nur vier (3.4%) Interviews zustande kamen. Die übrigen wurden kurzfristig abgesagt, ohne dass ein Ersatztermin angeboten wurde oder bereits gegebene Zusagen wurden zurückgezogen. Insbesondere stellte sich der Zugang zu Produzenten bei den Majors als schwierig dar, da der administrative Apparat eine direkte Ansprache über Post, Telefon und Email nahezu unmöglich macht und so gestaltet ist, dass Anfragen von nicht bekannten Personen, ob Autoren, Schauspieler oder Forscher, konsequent abgewimmelt werden. In Deutschland konnten aus 47 Anfragen 14 Interviewzusagen generiert werden. Zwei Zusagen ließen sich nicht realisieren, sodass insgesamt zwölf (25.5%) Interviews durchgeführt werden konnten.

Die von Ostrander (1993: 12) empfohlene Bezugname auf einen einflussreichen „Sponsor" war nicht möglich, da es zu Beginn nicht gelang, eine Branchenikone zu gewinnen, auf die Bezug genommen werden konnte.[71] Gleichwohl fiel insbesondere in den USA auf, dass häufig nachgefragt wurde, von welchen Kollegen bereits Interviewzusagen vorlägen, offenbar um abzuschätzen, ob diese Studie etwas sei, bei dem man dabei sein sollte. Dieselben Routinen, die verwendet werden, um die Reputation von Drehbuchautoren und Schauspielenden einzuschätzen, scheinen also auch für die Bewertung von Interviewanfragen angewendet zu werden.

Das vorliegende Sample stellt eine breite Auswahl von Berufsvertretern mit umfangreicher Erfahrung dar. Die 16 Interviewpartner haben insgesamt 245 Filme[72] produziert und decken dabei das Spektrum vom eingetragenen Kaufmann bis zur Leitung einer Geschäftseinheit eines globalen Medienkonzerns ab. Trotz der teilweise prekären Rekrutierungssituation erfolgte die Auswahl bewusst. Die Produzenten wurden gestaffelt kontaktiert, sodass je nach Rücklauf die Rekrutierungsanstrengungen in die eine oder andere Richtung forciert oder gebremst werden konnten. Die befragten Produzenten stammen sämtlich aus Deutschland und den USA. Dies ist allein auf den Feldzugang zurückzuführen, ein eigentlicher Ländervergleich wird nicht angestrebt. Varianz soll vielmehr in der unterschiedlichen vertikalen Integration entlang der Wertschöpfungskette audiovisueller Inhalte abgebildet werden. Einerseits werden Produzenten befragt, deren Unternehmen sich nur auf die Produktion beschränkt, andererseits solche, deren Unternehmen weitere Einnahmequellen hat, sei es vorgelagert als technischer Dienstleister oder nachgelagert als Verleiher. Auf diese Weise

---

[71] Jenseits der Zugangsprobleme in der vorliegenden Studie birgt das Schneeballsystem ein strukturelles Problem: Der „Sponsor" empfiehlt vor allem Kollegen, die ähnlich antworten. Bei Personen, die gänzlich andere Ansichten vertreten, hat ein Empfehlungsschreiben ggf. sogar negative Wirkung. Insgesamt reduziert das Schneeballsystem die Varianz im Sample.

[72] Die Zahl beruht auf den bei imdbpro.com gelisteten Filmen bis 2007. Es wurden nur Producer und Executive Credits berücksichtigt. Die tatsächliche Projekterfahrung der Befragten liegt weit höher, da nicht alle deutschen Filme gelistet werden, die TV-Produktionen nicht systematisch erfasst sind und nicht alle Tätigkeiten im Rahmen der Produktion einen Credit bekommen.

können unterschiedliche Möglichkeiten der Risikominderung durch Diversifizierung auf Konzernebene abgebildet werden. Meist geht dieses Merkmal mit der Position der Befragten einher: In kleinen, nicht integrierten Produktionsfirmen sind Produzenten häufig auch Eigentümer, in integrierten Unternehmen sind Produzenten angestellt und riskieren somit nicht ihr eigenes Geld. Ein weiteres Merkmal, auf dem Varianz abgebildet werden soll, ist die potenziellen Schadenshöhe. Eine größere Schadenshöhe, repräsentiert durch ein höheres Produktionsbudget, könnte andere Risikominderungsstrategien erfordern. Hierbei spielt auch die Verfügbarkeit von Filmförderung eine wichtige Rolle. Vertreter von amerikanischen Unternehmen werden vor allem deshalb in die Untersuchung integriert, weil sie mit deutlich höherem Budget operieren und weil sie, wie im Fall der großen Hollywoodstudios, im höchsten Maße eine vertikale Integration aufweisen. Abbildung 18 verortet die Interviewpartner anhand der Dimensionen Budgethöhe und Integration.

Bei einzelnen Unternehmen zeigt sich eine Diversifizierung der Geschäftsbereiche nicht im Rahmen eines Konzerns, sondern in den persönlichen Portfolios der Geschäftsführer. Andreas Richter z.B., der sich im Interview als dezidiert kreativ orientierter Filmproduzent zeigte, ist gleichzeitig geschäftsführender Gesellschafter der *Janus TV GmbH*, die mit Doku- und Edutainment-Produktionen vor allem für *kabeleins* und *ProSieben* im Jahr 2007 ca. 32 Mio. € umgesetzt und einen eindeutig kommerziellen Fokus hat. Auch jenseits der Dimensionen Integration und Budgethöhe weist das Sample einige Varianz auf: Der jährliche Output an Kinofilmen reicht von weniger als einem bis neun. Werden Produktionen von Tochter- oder Schwesterunternehmen sowie fürs TV mitgezählt, ist der Output zum Teil auch erheblich höher. Die Mitarbeitendenzahl variiert von zwei bis 50. Die stark arbeitsteilige Produktion, die Aufgliederung in unterschiedliche Konzerngesellschaften und die projektorientierte Arbeitsweise führt auch bei auch bei großen Produktionsfirmen zu einer überschaubaren Anzahl fester Mitarbeitender.

Abbildung 18 Interviewpartner nach Budgethöhe und Grad der vertikalen
Integration

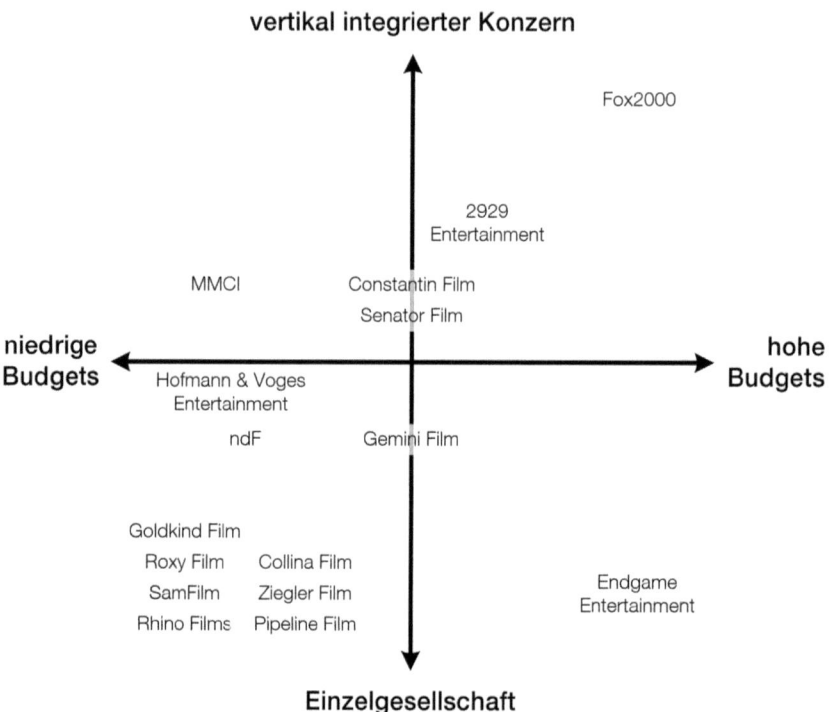

Quelle: Eigene Darstellung

Das Gros der Interviewten hat an Filmhochschulen eine Ausbildung im Bereich
Produktion absolviert, es finden sich jedoch auch ein ehemaliger Banker, ein
promovierter Betriebswirt, ein Schauspieler, ein Psychologe, ein Jurist und ein
Historiker. Drei Interviewpartner haben, bevor sie Produzent wurden, für
Künstleragenturen gearbeitet. Das Sample spiegelt somit die Facetten des
Produzentenberufs, wie er in Kapitel 1.1 thematisiert wurde. Ansatzweise wird
auch die Ausdifferenzierung des Berufs deutlich, da die befragten Produzenten
unterschiedliche Schwerpunkte in ihrer Tätigkeit haben oder parallel in anderen
Bereich arbeiten. Hartmut Köhler bringt die Perspektive des Line Producers ein,
Douglas Hansen die des Financial Producers, Carla Fox die des Head of
Production, während andere sich als Creative Producer beschreiben.

Tabelle 9 Interviewpartner für die Leitfadengespräche

	Name	Position/Funktion	Organisation
1	Sven Burgemeister	Geschäftsführender Gesellschafter, Produzent	Goldkind Film
2	Maren Elbrechtz	Produzentin	MMC Independent
3	Carla Hacken	Executive VP Production	Fox2000
4	Douglas Hansen	COO, President	Endgame Entertainment
5	Ewa Karlström	Geschäftsführende Gesellschafterin, Produzentin	SamFilm
6	Hartmut Köhler	Herstellungsleiter, Produzent	Ziegler Film
7	Ulrich Limmer	Eigentümer, Produzent	Collina Filmproduktion
8	Christoph Müller	GF Produktion, Produzent	Senator Film
9	Stephen Nemeth	Eigentümer, Produzent	Rhino Films
10	Andreas Richter	Geschäftsführender Gesellschafter, Produzent	Roxy Film
11	Couper Samuelson	Director of Development	2929Entertainment
12	Gisela Schäfer	Leitung Animation & Produzentin	Neue deutsche Filmgesellschaft
13	Gerhard Schmidt	Geschäftsführender Gesellschafter, Produzent	Gemini Film
14	Julian Schwantes	Assistent des Vorstands,Produzent	Constantin Film
15	Sebastian Storm	Eigentümer, Produzent	Pipeline Film
16	Philip Voges	Teilhaber, Produzent	Hofmann & Voges Entertainment

7.3 Pretest und Interviewsituation

Der Pretest wurde mit Experten durchgeführt, die den Markt und die Kollegen kennen, jedoch selbst nicht unmittelbar am Markt teilnehmen. Für die deutschsprachigen Interviews wurde der Pretest mit Peter Reichenbach, Film- und Fernsehproduzent und Miteigentümer der C-Films AG, Zürich, durchgeführt. Für die englischsprachigen mit Denise Mann, der Leiterin der Produzentenausbildung an der University of Califonia, Los Angeles. In beiden Fällen ergaben sich Verbesserungen im Detail, insbesondere in Bezug auf branchenübliche Bezeichnungen und Formulierungen. Ein weiteres Ergebnis des Pretests war es, die Fragen zur Personalakquisition und -führung mehr an die Rahmenbedingungen eines People Business anzupassen.

Berry (2002) beklagt, dass bei Experteninterviews in der Feldarbeit zu wenig auf Konsistenz geachtet würde. Die Typologie der Interviewenden (vgl.

Bogner et al. 2005a: 50ff) reflektiert sechs mögliche Herangehensweisen (vgl. Tabelle 10).

Tabelle 10 Interviewendentypologie

Typ	Charakteristik	Vorteil	Nachteil
Koexperte	Gemeinsame Wissensbasis	Engagement des Interviewten Vorläufige Ergebnisse ins Feld zurückspiegeln	Fachgeplänkel möglich Praxisblindheit
Experte einer anderen Wissenskultur	Fachliche Kompetenz unterstellt	Betonung der Besonderheiten	Didaktik, Belehrung, Simplifizierung
Laie	Unterstelltes Unwissen Paternalismus	Narrenfreiheit Didaktischer Vermittlung Zugang zu verborgenen Wissensebenen	Oberflächlichkeit Inhaltsleere
Autorität	Evaluation	Legitimations- und Rechtfertigungsmuster erfassen	Hierarchisches Setting
Potenzieller Kritiker	Unterstellung, Ergebnisse unlauter zu verwenden	Belehrende Argumentation. Ggf. Legitimierung des Handelns	Mangelnde Antwortbereitschaft
Komplize	Vermutete Identität der normativen Grundhaltung	Offenheit bis zur Vertraulichkeit	Normative Prämissen bleiben implizit

Quelle: In Anlehnung an Bogner und Menz (2005a: 62f)

Die Ansätze Autorität, Komplize und Koexperte konnten oder sollten nicht angewendet werden. Ziel war es, als Experte einer anderen Wissenskultur wahrgenommen zu werden. Welsh (2002: 625) bezeichnen den *„informed outsider"* als Königsweg. Wenn es um Fragen zu Wechselwirkungen zwischen dem Risikomanagement auf persönlicher und Firmenebene geht, also persönliche Verhaltensmuster und Systematisierungen interessieren, wäre ein Komplizenverhältnis wünschenswert. Da dies jedoch nicht zur Verfügung steht, erscheint ein Ansatz als Laie, der allenfalls durch seine Naivität provokant fragen kann, am geeignetsten. In den Interviews konnte die Laienrolle weitgehend durchgehalten werden. Einzelne Reaktionen auf Fragen wie: *„Ich sehe, du kennst dich aus...",* deuten jedoch darauf hin, dass es zum Teil gelungen ist, als informed outsider anerkannt zu werden.

Die Interviews fanden zwischen Mai und Oktober 2007 statt. Zwölf Interviews konnten persönlich durchgeführt werden, vier weitere am Telefon. Da die nonverbale Kommunikation nicht entscheidend in die Auswertung einfließt, ist es unproblematisch, die Interviews zu vergleichen. Keiner der Interviewpartner war dem Autor vorab bekannt, einige Interviewpartner boten jedoch unmittelbar zu Gesprächsbeginn das „Du" an. Die Anrede hat keinen erkennbaren Einfluss auf den Interviewverlauf gehabt. Fünf Interviewpartner wollten vorab über die Fragen informiert werden. In der Interviewsituation konnte kein Unterschied zwischen diesen Interviews und jenen ohne vorher bekannte Fragen festgestellt werden.

7.4 Leitfaden und Transkription

Unabhängig von der Position im Unternehmen und dem Typ der Produktionsfirma wurde in allen Interviews derselbe Leitfaden verwendet. Der Leitfaden gliedert das Gespräch in vier Bereiche. 1) Im einleitenden Teil soll der grundsätzliche Umgang mit den Risiken geklärt werden und welche Bereiche für das Risikomanagement in der Spielfilmentwicklung und -produktion in Bezug auf das Green Light selbst für relevant gehalten werden. Falls hier Bereiche auftauchen die nicht bereits im Leitfaden enthalten sind, sollten diese unmittelbar behandelt werden. Die folgenden drei Teile orientieren sich direkt an den relevanten Ressourcen 2) Stoff, 3) Personal und 4) Finanzierung. Fragen, die sich aus Besonderheiten der Position der interviewten Produzenten ergeben, wurden nicht in den Leitfaden aufgenommen, sondern direkt ergänzt. Hierzu zählen Fragen, die klären sollen, ob sich in der Produktion von Animationsfilmen für Kinder (vgl. Gisela Schäfer) oder aus der Kombination von TV und Kinoproduktion (vgl. Hartmut Köhler) besondere Risiken und Chancen ergeben. Für jeden der drei Bereiche wurde abgefragt, ob die aus der Literatur bekannten Möglichkeiten der Risikosteuerung oder ggf. andere genutzt werden und ob die Steuerung als erfolgreich gilt. Der Leitfaden kann auf Wunsch beim Autor angefordert werden.

Die aufgezeichneten Interviews wurden durch den Autor und einen Helfer transkribiert. Es wurde positivistisch davon ausgegangen, dass der Inhalt der Antworten vollständig und aufrichtig die Meinungen und Handlungen des Interviewten wiedergibt (vgl. Lapadat 2000). Entsprechend gestaltete sich die Transkription als vergleichsweise unproblematischer „mechanischer" Prozess, da keine Übersetzungsleistung (vgl. Tilley & Powick 2002; Poland 1995) notwendig war. Da das ökonomische, nicht das soziale Verhalten im Vordergrund steht, kann der „*Mythos*" des objektiven Transkripts (Green et al. 1997) aufrecht erhalten werden. Um Unterschiede zwischen den Transkribierern zu vermeiden, wurde die Arbeit von ausführlichen Gesprächen über das Projekt begleitet, um

die Vertrautheit mit dem Thema zu verbessern. Des Weiteren wurde an mehreren
Terminen über die Probleme, die bei der Transkription auftauchen können, gesprochen und eine Liste verbindlicher Konventionen erstellt (vgl. Tilley et al.
2002: 305f; Lapadat 2000: 204ff). Alle Transkripte wurden vom Autor überprüft
und nachbearbeitet. Die Transkription erfolgte mit der Software *f4*.

7.5 Güte der Untersuchung

Die aus der quantitativen Sozialforschung bekannten Gütekriterien Reliabilität,
Objektivität und Validität können nicht unmittelbar auf qualitative Studien angewendet werden. Während z.b. ein Codebuch von unterschiedlichen
Codierenden auf dasselbe Material angewendet zuverlässig zu denselben Ergebnissen führen sollte, liegt es in der Natur des Leitfadengesprächs, dass es je nach
Intervention der Interviewenden zu unterschiedlichen Ergebnissen kommt. Ein
Leitfaden kann nicht mit so vielen detaillierten Erläuterungen versehen werden,
dass jeder Interviewende an derselben Stelle mit demselben Ergebnis lenkend in
die Ausführungen der Interviewten eingreift. Daneben spielen auch situative
Aspekte eine Rolle, die nicht kontrolliert werden können (Diekmann 1999:
382ff). Flick fordert deshalb für die qualitative Forschung das Kriterium der
Reliabilität anders zu fassen und die Verlässlichkeit durch eine detaillierte Offenlegung der Vorgehensweise und der Genese der Ergebnisse sicherzustellen
(2005: 322).

Für Leitfadeninterviews gilt die Validität dann als gegeben, wenn die Interviewten wahrhaftig geantwortet haben (vgl. Bortz et al. 2002: 327). Der Verlauf
der Interviews gibt keine Hinweise, dass Aussagen verfälscht worden wären oder
Produzenten bewusst Falschaussagen machen wollten. Nicht verhindert werden
kann, dass einzelne Produzenten ggf. in ihren Antworten eine von mehreren
Rollen mehr berücksichtigen als andere. Eine Interviewsituation ist eine Gelegenheit zur Selbstdarstellung und ggf. möchten sich einzelne Produzenten eher
als Kreative denn als Medienmanager inszenieren. In diesem Kontext könnte die
Validität unter Umständen eingeschränkt sein. An Stellen, an denen widersprüchliche Aussagen im Interview auf unterschiedliche Rollen zurückgeführt
werden können, ist dies in der Auswertung vermerkt.

Das Kriterium der Objektivität, wonach beliebige Forscher, die denselben
Zusammenhang mit derselben Methode bearbeiten, auch zu mindestens annähernd identischen Ergebnissen kommen sollten, ist in einer qualitativen Studie
schwerlich einzuhalten. Eine dynamische Situation, wie sie das Interview darstellt, kann nicht beliebig objektiviert werden. Durch eine stärkere
Standardisierung der Interviews kann dies nur begrenzt geleistet werden, da die

Standardisierung der Fragestellung nicht notwendigerweise auch das Verständnis der Fragestellung vereinheitlicht (vgl. Bortz et al. 2002: 327). Das Kriterium der Objektivität, respektive der intersubjektiven Nachvollziehbarkeit, kann nicht abschließend bewertet werden. Interessierten Lesern stehen die Transkripte der Interviews zur Verfügung, sodass die hier vorliegende Auswertung und die daraus gezogenen Schlüsse überprüft werden können.

Insgesamt kann die Güte der Studie als gut bezeichnet werden, mit Einschränkungen, was den Bezug auf die Gültigkeit für Produzenten von sehr hoch budgetierten Filmen in stark vertikal integrierten Unternehmen betrifft, da es nicht gelungen ist, eine größere Anzahl von Produzenten zur Teilnahme an der Studie zu bewegen.

7.6 Auswertungsstrategie

Objekt der qualitativen Forschung ist die soziale Wirklichkeit. Diese kann nicht direkt beobachtet werden, die Interviewaussagen stellen eine Interpretation der Realität dar. Die Datenauswertung stellt insofern eine Reinterpretation durch die auswertende Person dar (vgl. Hollstein 2006: 16). Grundlage der Analyse sind die Transkripte – sie, nicht die soziale Wirklichkeit, sind das eigentliche Objekt der Interpretation (vgl. Meuser et al. 2005: 82). Damit stehen für die Auswertung prinzipiell alle qualitativen und quantitativen Verfahren der Inhaltsanalyse zur Verfügung. Für die qualitative Datenauswertung wie sie in dieser Arbeit umgesetzt ist, finden sich in der Literatur diverse Ansätze, von der Inhaltsanalyse nach Mayring (zuletzt 2007) über die objektive Hermeneutik (vgl. Oevermann et al. 1979; für eine Übersicht Reichertz 2002) bis zur Theorie generierenden und prüfenden Grounded Theory (Glaser & Strauss 2005; Strauss 1994). Allgemein ist der Anspruch an die Auswertung, dass die Analyse intersubjektiv nachvollziehbar und erschöpfend sein muss (vgl. Bortz et al. 2002: 295; Meuser et al. 2005: 83). Darüber hinaus kann es kein für jede Studie anwendbares und allgemeingültiges Auswertungsverfahren geben, da sich die Auswertung am Erkenntnisinteresse, dem Untersuchungsgegenstand und der Erhebungsmethode orientieren muss (vgl. Lamnek 2005: 11).

Konkret wurden in der vorliegenden Arbeit die aufgezeichneten und transkribierten Interviews in der Auswertungssoftware *NVivo* bearbeitet. Zwei zufällig ausgewählte Interviews wurden zunächst induktiv (offen) codiert, d.h. die Interviews wurden nach Sinneinheiten aufgeteilt und die Sinneinheiten benannt. In einem zweiten Schritt wurden alle Interviews deduktiv (geschlossen) codiert, d.h. die relevanten Interviewaussagen wurden einem vorher vorbereiteten theoriegeleiteten Kategoriensystem zugeordnet. Die Kategorienbildung lehnt sich dabei an den Leitfaden an, die teilstandardisierte Erhebung erlaubt eine teilstandardisierte Auswertung (vgl. Aufeinanger 1991: 39; Meuser et al. 2005: 84). Anhand der doppelt (offen & geschlossen) codierten Interviews wurde die Güte des Kategoriensystems geprüft. Alle offen vergebenen Codes ließen sich sinnvoll dem vorbereiteten Kategoriensystem zuordnen, dieses gilt für die Auswertung damit als brauchbar. Die einer Kategorie zugeordneten Textpassagen wurden zusammengefasst und, wo möglich, generalisiert, sodass wörtliche Zitate nur mehr als Belege für die so generierten Ergebnisse dienen sollen.

Allen Interviewpartnern wurde Anonymität angeboten, jedoch wurde dieses Angebot von keinem genutzt. Die Produzenten erlaubten alle die Verwendung ihres Namens, wenn sie die Möglichkeit haben, ihre Aussagen vor Publikation noch einmal zu überprüfen. Dies kann als weiterer Hinweis auf die große Bedeutung der Reputation in der Branche verstanden werden. Anonyme Aussagen bringen keine Reputation. Auch die Änderungswünsche betrafen primär Passagen, die von Branchenkollegen als Kritik aufgefasst werden und somit reputationsschädigend sein könnten.

8 Risikosteuerung aus Produzentenperspektive

Im Folgenden werden die Aussagen der Interviewten gegliedert nach den Risikosteuerungsoptionen zusammengefasst dargestellt. Zur Verbesserung der Lesbarkeit werden die Interviewpartner nicht namentlich angegeben, sondern mit der ihnen zugeordneten laufenden Nummer aus Tabelle 9. Alle Aussagen in diesem Kapitel stammen aus den Interviews, allfällige Kommentierungen durch den Autor sind kenntlich gemacht. Die befragten Produzenten hatten die Möglichkeit, ihre Zitate zu prüfen und vor einer Autorisierung Änderungen anzubringen. Zum Teil machten die Produzenten extensiv von dieser Möglichkeit Gebrauch. Es wurden jedoch keine Aussagen verändert oder zurückgenommen, sondern lediglich konkrete Beispiele oder Namen gelöscht, um die zukünftige Zusammenarbeit mit Kollegen, Förderinstitutionen und Kreativen nicht zu belasten.

Bevor analysiert werden kann, welche Risikosteuerungsmaßnahmen eingesetzt werden, beschäftigen sich die Kapitel 1.1 und 8.2 zunächst mit der Frage, ob und wie die Interviewten die Risiken in ihrer Arbeit identifizieren und bewerten. Hierdurch soll dargestellt werden, dass die Produzenten ein Bewusstsein für die relevanten Risiken haben, das Problembewusstsein als Grundvoraussetzung für ein strategisches Handeln also vorhanden ist.

8.1 Risikoidentifikation

Alle befragten Produzenten stimmen überein, dass die Bereiche Stoff, Personal und Finanzierung die wichtigsten Komponenten bei der Steuerung des Risikos in einem Projekt sind. Mehrere Produzenten betonen jedoch, dass diese häufig nicht sequenziell in der genannten Reihenfolge bearbeitet werden. Personal oder die Finanzierung können auch Ausgangspunkt sein und in der Regel müssen die drei Aspekte in Kombination behandelt werden. Einig sind sich die Produzenten darin, dass immer Risiken in der Filmproduktion bestehen, da nur so Raum für Kreativität gegeben sei. *„Ein Kinofilm ist ein Gamble, das ist der Reiz, der Kitzel"* (8). Ziel sei es, die Risiken so gut wie möglich zu kontrollieren. *„Es geht nicht ohne Risiko. Film ist ein tägliches Risikomanagement"* (13).

Auffällig ist die Orientierung am einzelnen Projekt: Keiner der Befragten konnte oder wollte darüber hinaus grundsätzliche Risikoaspekte hinzufügen.

Ausbildung und Reputation der Produzenten wurden nicht explizit als Risikofelder thematisiert, sondern lediglich im Kontext der drei genannten Bereiche.
    Je nach individueller Position der Interviewpartner wird das Konsumtions-
risiko oder das Produktionsrisiko als wichtiger eingeschätzt. Produzenten, die
gleichzeitig Geschäftsführer ihrer Produktionsfirma sind, fokussieren stärker auf
das Konsumtionsrisiko (5, 7, 9, 16). Produzenten, die auch in die physische
Produktion involviert sind, fokussieren auf die Produktionsrisiken (2, 6, 12).
Produzenten, die in eine Konzernstruktur eingebunden sind, versuchen auch über
das Green Light hinaus die Distribution mit zu berücksichtigen (3, 8, 14).

8.2 Risikobewertung

„The key issues that producers really have to do are valuation and execution"
(11). Dennoch findet eine Risikobewertung als Quantifizierung nur bei einem
kleinen Teil der befragten Produzenten statt. Zum Teil hoffen sie auf einen Über-
raschungserfolg (2) oder verstehen die Filmproduktion als ein Glücksspiel: *„This
business more than any other business is a gamble* (11). Zwei der vertikal
integrierten Unternehmen haben systematische Bewertungsroutinen, die sich
insbesondere auf Schätzungen der Distributionsabteilungen im Konzern stützen
(3, 14). Bei *Fox* wird die Risikobewertung *„running the numbers"* (3) genannt:
Die Leiter der jeweiligen Distributionseinheiten (Kino US, Home Video, Kino
Ausland, etc.) geben die Höhe des erwarteten Erlöses in ihrem Vertriebskanal an.
Die Addition wird mit dem Budget verglichen und bildet die Basis der Entscheidung. Umgekehrt kann auch bestimmt werden, welcher Umsatz notwendig
wäre, um mit einem Projekt den Break-even, respektive bestimmte Gewinn-
margen zu erreichen. Ähnlich wird auch bei *Constantin* vorgegangen, wenn man
sich auf die Einschätzung des eigenen Verleihs und der Konzernmutter *Highlight
Communications* im Bereich Home Entertainment stützen kann. *„So kommen wir
auf eine notwendige Zuschauerzahl und können entscheiden, ob dieses Ziel unter
den gegebenen Parametern realistisch ist"* (14). Wenn sich wichtige Elemente
des Projekts wie z.B. die Darstellenden ändern, wird die Bewertung wiederholt.
Die Ergebnisse gelten als erstaunlich akkurat und haben entsprechend großen
Einfluss. Schwächen zeigt das System immer dann, wenn ein Film nicht ins
gewohnte Raster passt (vgl.3). Carla Hacken ist es z.B. nicht gelungen, den
Kollegen in der Distribution zu vermitteln, dass die Zielgruppe für *The Devil
Wears Prada (2006)* breiter sei. Entsprechend hätte sie für diesen Film das Green
Light nur mit einem reduzierten Budget erhalten.
    Die Quantifizierung der Absatzchancen ist die entscheidende Risiko-
bewertung für das Green Light. Vorgelagert, und weit weniger formalisiert und

institutionalisiert, wird an mehreren Stationen in der Entwicklung bereits auf Basis von Ad-hoc-Produzentenbewertungen ausgewählt: *„Wenn die Geschichte interessant klingt, gibt es vielleicht ein ‚Ja‘, wenn sie total uninteressant klingt, nicht"* (14).

Für manche Produzenten dient eine frühe Risikobewertung auch dazu, den passenden Auswertungskanal (Kino, Direct-to-DVD oder TV) für ein Projekt zu identifizieren (2, 6). Daneben scheinen die Produzenten aus den kleineren, nicht vertikal integrierten Produktionsunternehmen in der Regel keine systematische Bewertung des Risikos vorzunehmen. Mehrere Produzenten betonen jedoch, dass eine Risikobewertung nicht ohne das Wissen um die Höhe des Einsatzes möglich ist. Die Forderung lautet: Risiko und Einsatz müssen im richtigen Verhältnis stehen. Wenn der Einsatz niedrig ist, kann das Risiko, bzw. seine Eintrittswahrscheinlichkeit hoch sein (4, 9).

8.3 Risikovermeidung

Bei *Fox2000* bestimmt die Risikobewertung unmittelbar über den Fortgang eines Projekts. Ergibt die Risikobewertung im Konzernkontext ein zu geringes Umsatzpotenzial, wird das Projekt gestoppt oder ggf. überarbeitet. *„If it looks too risky on paper they just don't do it"* (3). Entsprechend werden auch in der Vermarktung Risiken vermieden. Die Entscheidung, welche Risiken vermieden werden, liegt dabei nicht bei den Produzenten, sondern der Studioleitung. Auf den Produzenten bezogen bedeutet Risikovermeidung dagegen, im Vorfeld Projekte herauszufiltern, für die sie vermutlich kein Green Light erhalten werden, z.B. weil der Stoff nicht attraktiv ist.

Übereinstimmend nennen mehrere Produzenten den Filmstoff als wichtigstes Element der Risikosteuerung (6, 8). *„Drehbuch ist das Allerwichtigste"* (10) heißt es oder: *„Die Wahrheit liegt im Drehbuch"* (1). Für eine Risikovermeidung in der Stoffauswahl ist es essenziell, ein Drehbuch adäquat zu bewerten. Daneben kann auch bereits im Vorfeld durch die Auswahl des Personals Risiko vermieden werden.

8.3.1 Risikovermeidung in der Stoffakquisition

Literaturverfilmungen und andere Vorlagen aus den Medien sind eine beliebte Strategie, um schon im Drehbuchstadium das Risiko zu vermindern. Die Popularität des Romans oder der Vorlage wird als Maßstab für den möglichen Erfolg des Projekts herangezogen (6, 7, 9, 12, 14, 16). Verlage können präzise

Angaben über die Verbreitung eines Buchs machen. Auslandslizenzen lassen Rückschlüsse auf das internationale Vermarktungspotenzial des Projekts zu (12). Entscheidend ist jedoch die Bekanntheit, nicht die Verkaufszahl. Der „Baader Meinhof Komplex" (Aust 1985), der 2007/08 von *Constantin* verfilmt wurde, hat absolut keine besonders hohe Auflage, gilt jedoch als Standardwerk zur RAF. Für Julian Schwantes gibt es deshalb *„kein festes Schema, dass man sagt, erst ab einer Mio. verkaufter Exemplare lohnt es sich für uns, darüber nachzudenken"* (14). Einzelne Produzenten sind sich der Reduktion der Schadenswahrscheinlichkeit sehr sicher: *„Diese Leser habe ich fest"* (6). Die wichtigste Quelle für Stoffe sind Adaptionen von literarischen Werken (3, 6, 7, 8, 12). Der Kontakt mit Verlagen oder Autoren ist jedoch meist nicht formalisiert. First-Look-Deals, die einem Produzenten exklusiven Zugriff auf neue Bücher ermöglichen würden, sind nicht üblich (5, 7, 8, 12). Es gibt allenfalls eine moralische Verpflichtung, dass Autoren von erfolgreich verfilmten Büchern in Zukunft wieder an dieselben Produktionsfirmen herantreten. Für einzelne Produzenten ist deshalb der Aufbau von belastbaren, freundschaftlichen Beziehungen zu den Autoren wichtiger, als zu den Verlagen, da die Autoren schlussendlich über den Zuschlag bestimmen und mehr auf die Reputation der Produzenten achten als auf die Höhe der gebotenen Lizenzgebühr. Als Kreativen liegt den Autoren am Ergebnis, der Erlös ist nicht das alleinige Kriterium (8). Ein anderer Produzent versucht dagegen, zu den Verlagen ein gutes Verhältnis zu kultivieren (6). In jedem relevanten Verlag gäbe es eine Person als Ansprechpartner, zu der auch eine freundschaftliche Beziehung besteht.

Produzenten müssen möglichst frühzeitig von einem Buch erfahren, um sich Verfilmungsrechte zu sichern. Hierzu werden persönliche Kontakte genutzt, um vorab Druckfahnen einsehen zu können (6, 8). *„Wenn man ein gewisses Standing hat, dann ist man auch gut vernetzt und kriegt mit, wo was liegt oder wo was grade geschrieben wird"* (6). Umgekehrt gibt es auch Vermarktungsbemühungen der Verlage, die an die Produzenten herantreten, um den Verkauf der Filmrechte abzuschließen, bevor sich mit der Veröffentlichung des Buchs Wertanpassungen ergeben (6, 7, 12). Ulrich Limmer beurteilt diese Angebote als zwiespältig, da Verlage den Kinomarkt schlechter einschätzen könnten als Produzenten. Häufig würden stumpfe Nachahmerprojekte empfohlen: *„...wie Harry Potter eine Welle von Nachfolgeprojekten nachgezogen hat. Plötzlich waren überall Zauberer und mystische Welten, weil Autoren und Verlage dachten, das sei ein Rezept"* (7). Auch warnt er davor, sich auf Verkaufsranglisten zu verlassen, denn *„auch wenn es in den ersten zehn ist, muss es nicht verfilmbar sein"* (7). Analog heißt es: *„Just because everyone loves the book does not mean the movie will work"* (3). Die vermeintliche Publikumsgarantie gilt als *„gamble"* und einige Produzenten verzichten deshalb auf die Adaption von Romanen (11). Die Frage der Verfilmbarkeit steht am Anfang jeder Projekt-entwicklung (1, 3, 4, 5, 7, 6, 8, 9, 13). Die Antwort kann vom Ergebnis aus-gehend beantwortet werden, indem man versucht, sich einen Trailer zum Film vorzustellen (4). Oft ist die Frage der Verfilmbarkeit weniger kreativ als hand-werklich (2, 7). Kann die Geschichte in ein Aktschema mit Spannungsbogen gegossen werden? Bei bekannten Vorlagen muss die Erwartungshaltung des Publikums berücksichtigt werden. Wenn die Inszenierung z.B. zu weit von den Illustrationen in einem Kinderbuch entfernt ist, erkennt das Publikum die Vor-lage ggf. nicht oder ist enttäuscht (7). Bei Produzenten, die sowohl fürs Kino wie auch fürs TV arbeiten, muss das passende Medium identifiziert werden (5, 7, 13). Aus dieser Entscheidung ergibt sich, welcher Budgetrahmen angestrebt werden kann, welche potenzielle Schadenshöhe maximal vorliegen kann. Daneben hat die Frage nach der Verfilmbarkeit auch einen pragmatisch-rechtlichen Aspekt: Nur solche Stoffe sind verfilmbar, zu denen die Rechte zu bezahlbaren Konditionen verfügbar sind. Häufig werden deshalb nur Stoffe mit freien Rechten gelesen (6).

Es ist selten, dass Verfilmungsrechte noch verfügbar sind, wenn ein Titel auf der Bestenliste auftaucht (7, 8, 14), d.h., die Rechte müssen in der Regel zu einem Zeitpunkt erworben werden, zu dem die Resonanz des Buchs noch nicht klar ist. *„Du musst den Riecher haben, ob das möglicherweise ein Bucherfolg wird"* (8). Mehrere Produzenten geben an, routinemäßig neu erscheinende Bücher zu scannen oder Buchmessen zu besuchen, um so ggf. an günstige Rechte von Erfolg versprechenden Storys zu gelangen und einen Eindruck von Trends im Markt zu bekommen (6, 8, 12). Bei der erfolgreichen Akquisition von Bestsellern spielen auch Zufall und Glück eine erhebliche Rolle (7, 8). Christoph Müller kannte den Autor von *Vollidiot (2007)* persönlich und die beiden verein-barten die Verfilmung dieses Debütromans, bevor er im Buchhandel ein Erfolg wurde (8). Dabei konnte Müller sich nicht auf die Zugkraft des Autors verlassen, da dieser vorher als Gagschreiber für die *Wochenshow* nur TV-Insidern bekannt war. Der Fokus auf Bestseller ist somit keine risikovermeidende Strategie, da die Akquisition zu einem Zeitpunkt stattfinden muss, da der Erfolg noch offen ist, also kein Risiko vermieden wird. Anders sieht es aus, wenn Rechte an neuen Werken von Erfolgsautoren vorab gekauft werden. Die Risikovermeidung wird in diesem Fall nicht durch den Erfolg des Buchs erreicht, sondern durch die Reputation der Autoren.

Einige Produzenten versuchen, sich der Konkurrenz um aktuelle Bestseller zu entziehen, indem sie sich um die Rechte an länger zurückliegenden Best-sellern bemühen, die bisher nicht verfilmt wurden (6, 8, 9, 14). Es besteht zwar das Risiko, dass die Popularität für den Film nicht mehr reaktivierbar ist, immer-hin hat der Stoff aber schon mal sein Potenzial bewiesen. Auch Bücher, die nie auf Bestenlisten auftauchten, aber über viele Jahre verkauft wurden, können vielversprechend sein. Der lange Erfolg zeigt, dass es sich nicht um einen Hype handelt, der zum Kinostart bereits vergessen ist. Durch die lange Verbreitungszeit kommen mehrere Alterskohorten als Filmpublikum in Frage.

Neben Romanen nennen einzelne Produzenten zusätzliche Quellen für Vorlagen aus der Populärkultur (1, 9, 14). Videospiele und TV-Shows sind dabei analog zu literarischen Vorlagen zu sehen: Auch hier sind Bestseller rar und teuer. Etwas anders sieht es aus, wenn reale Schicksale oder Ideen aus Zeitungsartikeln als Vorlage für Biopics verwendet werden. In Einzelfällen gibt es hier auch große Konkurrenz um die Filmrechte (vgl. „Natascha Kampusch hat über Filmrechte nicht entschieden" 2006), insgesamt schätzen die Befragten den Wert solcher Vorlagen jedoch geringer ein. Bei realen Schicksalen können Produzenten nur auf der Bekanntheit aufbauen, es ist mehr Entwicklungsarbeit notwendig (9). Dazu kommt ein größerer Aufwand bei der Abklärung von Persönlichkeitsrechten realer Personen (9, 13).

Die Orientierung an Trends oder eine gesellschaftliche Bewegung bietet in gewisser Weise eine generische Vorlage, die wiederum Sicherheit bieten kann (1, 2, 5, 8, 9, 16). *Soloalbum (2003)* baute auf dem Erfolg des Romans von Benjamin von Stuckrad-Barre auf, konnte aber auch allgemein an den „Popliteratur" Trend anknüpfen (8), analog *Erkan und Stefan (2000)* und die „Türkendeutschwelle" (16). Es geht um den Abruf einer Fanbasis durch Werte und Symbole. Die Sicherheit ist geringer, aber es müssen keine Marken- oder Verfilmungsrechte erworben werden (5). Bei Filmen im Musikkontext bietet sich diese Strategie besonders an, um eine Fangemeinde abzuholen und Vermarktungsoptionen zu erschließen (9). Um erfolgreich an eine Bewegung anzuknüpfen, muss diese breit genug sein. Sven Burgemeister wollte mit *Wholetrain (2006)* die Graffitiszene adressieren, meint rückblickend jedoch, dass die Bewegung zu begrenzt ist, um die notwendige Aufmerksamkeit zu generieren und den Film zu einem wirtschaftlichen Erfolg zu machen (1). Eine spezielle Variante des Anknüpfens an einen Trend stellen Parodien und Spoofs dar. Mehrere erfolgreiche Kultfilme werden verulkt, um ohne Rechtekosten von der Popularität der Originale zu profitieren. Zwingende Voraussetzung für einen möglichen Erfolg ist eine große Bekanntheit der parodierten Filme, da eine Parodie nur einen Bruchteil des Publikums der Originale erreicht.[73] Stephen Nemeth hoffte mit *Plump Fiction (1997),* seiner Persiflage auf *Pulp Fiction (1994), Reservoir Dogs (1992)* und *Braveheart (1995),* 1% der Zuschauer von *Pulp Fiction (1994)* zu erreichen. Wenig für einen Blockbuster-Film, aber eine relativ verlässliche Größe, um mit einem niedrig budgetierten Film mit wenig

---

[73] Die Parodien *Der Schuh des Manitu (2001)* und *(T)Raumschiff Surprise – Periode 1 (2004),* die mehr Zuschauer erreichten als die Originale, sind die Ausnahme von der Regel.

Risiko Gewinn zu erzielen. *„I can tell you there are freaks out there for this material that will go and see the parody of this material. [...] I knew it was good enough and cheap enough to find its audience. [...] I knew it would make money"* (9). Mit einem Produktionsbudget von knapp einer Mio. US$ konnte er Einnahmen von mehr als sechs Mio. US$ generieren.

Auch Fortsetzungen und Neuverfilmungen gelten als Möglichkeit, Erfolg zu wiederholen und über die Zeit oder den Kulturraum zu transportieren. Dieselbe Geschichte kann dem Zeitgeschmack angepasst neu erzählt werden oder erfolgreiche Filme mit universellen Konfliktsituationen, aber kulturspezifischen Settings können an andere Kulturräume angepasst werden (8). Ewa Karlström beschreibt die Erfahrung mit fünf Teilen der *Wilden Kerle* als große Arbeitserleichterung. Sowohl Publikumserwartung als auch das Team sind stabil und eingespielt, sodass die Produktion einfacher und schneller zu realisieren ist (5). Trotz des großen Erfolgs der *Wilde-Kerle*-Serie erklärt die Produzentin, dass es für sie bei einem Stoff nicht wichtig ist, ob er Potenzial für eine Fortsetzung hat. Nach fünf Teilen ist sie des Themas müde und fordert, dass sich eine Fortsetzung sinnvoll anbieten und glaubwürdig sein muss. *„Wenn wir eine Fortsetzung machen, dann wollen wir es toppen und weiterführen und nicht melken"* (5). Zum erfolgreichen Weihnachtsfilm *Es ist ein Elch entsprungen (2005)* gab es keine Fortsetzung, da die Geschichte zu Ende erzählt gewesen sei. Man könne nicht schon, bevor man den ersten Teil abgedreht hat, auf eine Fortsetzung spekulieren: *„Ich glaube, wenn man zu sehr darauf berechnet und kalkuliert, geht es eher schief, als wenn man jetzt frei Bauch ran geht und naiv sagt: ‚Super Ding machen wir!'"* (5). Maren Elbrechtz, die an den *7-Zwerge*-Komödien beteiligt war, klärt dagegen bei geeigneten Stoffen schon vorab die Sequelrechte ab: *„wenn der Erste funktioniert, kann und soll es weitergehen"* (2). Andreas Richter findet Sequels für Produzenten aus kreativer Perspektive uninteressant: *„Es ist unsere Lebenszeit und wir wollen einfach was machen, was uns wirklich begeistert"* (10).

Neben der Funktion, eine gewissen Sicherheit durch die Bekanntheit zu schaffen, haben Vorlagen auch eine Funktion im Marketing. Sie dienen als Marken, die helfen, die Unsicherheit der Rezipienten, der Distributoren und der Investoren zu reduzieren und durch die Steuerung der Erwartungen das Risiko vermindern (5, 7, 8, 9, 10, 12, 16). Der Markenbegriff wird von den Produzenten dabei sehr weit verstanden und reicht von Goethe (8) über konkrete Kinderbuchfiguren, wie *Sams* und *Felix* (5, 12), TV-Figuren und Sendungen (7, 16) und Kultfilme (9) bis zum eigenen Unternehmen (9). Es geht nicht um die Schützbarkeit einer Marke, sondern das Abrufen von etablierten Assoziationen bei den Rezipienten. *„Ich muss dir gar nicht lang erzählen [... das] gibt sofort ein Bild bei dir"* (8). Es geht um Anknüpfungspunkte für die Werbekampagne, die Vermarktungsbotschaft, den Marketing Hook (5, 9, 11, 13). *„Knowing that you have a marketing hook going into the movie is completely synonymous with risk management"* (9). Einzelne Produzenten dehnen das Konzept fast bis zur Beliebigkeit, wenn sie Genrebezeichnungen wie *„Weihnachtsfilm"* (5) oder *„gay romantic comedy"* (9) als einzigartigen Marketing Hook bezeichnen. Bei etablierten Marken, die schon vor der Verfilmung auf Hörbüchern und Lizenzprodukten präsent waren, gibt es mittlerweile einen Nachschubmangel. Die bekannten Figuren sind abgegrast und weniger bekannte lösen beim Publikum keinen Wiedererkennungseffekt aus (5). Marken neu zu kreieren, wie es *Pixar* mehrfach gelungen ist, verlangt erhebliche Marketingausgaben und ist deshalb großen Studios vorbehalten (5, 7). *„Das wäre so ein großes Risiko: Ohne eine Marke oder dass es bei den Kindern und Eltern schon im Markt bekannt ist, zu vermarkten, ist Wahnsinn"* (5). Der Marketing Hook ist der Grund, warum ein Film gemacht werden sollte und die Distinktion zwischen einem Liebhaber- und einem kommerziellen Projekt (9). Entsprechend erklären Produzenten wie Andreas Richter, die aus einer kreativen Position argumentieren, dass sie an Marken kein Interesse haben.[74]

Risikovermeidung in der Stoffakquisition könnte heißen, dass nur Projekte mit Vorlage entwickelt werden. Eigenentwicklungen sollten wegen der schlechteren Berechenbarkeit als zu großes Risiko vermieden werden. Einige Produzenten betonen jedoch die Wichtigkeit von eigener Entwicklungsarbeit (1, 3, 5, 10). *„Content is king, so you need to control it"* (3). Nur mit Eigenproduktionen kann man wegweisende Projekte aufgleisen und selbst Trends setzen. *„Ein gutes Drehbuch findet man nicht, das macht man selber"* (10). Im Regelfall bedeutet dies, dass Autoren mit einer knappen Idee, einem Story-Outline oder einem Treatment an die Produzenten herantreten und diese aktiv mitentwickeln – ggf. über Jahre und mit *„40 substanziell unterschiedlichen Drehbuchfassungen"* (10). Im Einzelfall kann der Impuls auch von Sendern oder Verlagen kommen (12, 15). Eigenentwicklungen entsprechen dem dezidiert kreativen Selbstverständnis einiger Produzenten (5, 7, 10): *„Wir sehen uns als kreative Produzenten, die nicht nur die Finanzierungsgehilfen sind und eine Firma zu Verfügung stellen. Wir geben auch sehr viel Input"* (5). Sie bringen eigene Ideen ein und coachen ihre Autoren. Die intensive Entwicklungsarbeit wird als Erfolgsfaktor und Alleinstellungsmerkmal gesehen (10). Produzenten können so ihre eigene Handschrift entwickeln (5, 7, 10) um sich nicht als *„Vollzugsdepp des Regisseurs"* (10) wiederzufinden.

---

[74] Als Geschäftsführer der *Janus TV GmbH* setzt Richter sehr wohl auf Marken, etwa bei den diversen *Abenteuer xy...* Magazinen für *kabeleins*. Insofern erscheint der doppelköpfige Janus als Namensgeber passend.

Bei Eigenentwicklungen können ggf. weitere Risiken auftauchen, da der Stoff nicht bereits einer Prüfung z.b. von Seiten des Verlags unterzogen wurde. Denkbar sind rechtliche Risiken, die sich aus Persönlichkeitsrechten ergeben (13). Für Produzenten (6, 13) ist dies ein Grund, die Realität als Anregung, nicht jedoch konkrete Ereignisse zur Vorlage zu nehmen.

Bauchgefühl und persönlicher Geschmack

Das am häufigsten genannte Kriterium bei der Bewertung von Drehbüchern ist das Bauchgefühl, die Intuition, der Instinkt oder die Spekulation (2, 3, 5, 9, 10, 12, 13, 15). *„Wir sehen uns als kreative Produzenten und gehen deshalb eher vom eigenen Geschmack aus und davon, dass wir einen guten Film machen wollen, der uns selbst gut gefällt"* (5). Der persönliche Geschmack garantiert zwar keinen Erfolg, ist nach Aussage der Produzenten aber das einzige, auf das sie sich in einem kreativen Geschäft wirklich verlassen können (5, 10, 15). *„The risk is in creative thinking and it is not quantifiable"* (3). *The Devil Wears Prada (2006)* ist ein Hit geworden, weil die Frauen in der Produktion sich mit ihrem Bauchgefühl über die Attraktivität von Meryl Streep gegen die zweifelnden Männer in der Firma behaupten konnten, die mit mäßigen Beliebtheitswerten argumentiert haben (3). Produzenten glauben aus dem Bauch heraus zu wissen, was funktioniert: *„Bei einem Projekt fühlt man einfach, ob es gemacht werden muss oder nicht"* (5). Ausgangspunkt ist die Frage *„Was will ich selber sehen?"* (5) und so wird selbst beim Kinderfilm der eigene Geschmack zur Grundlage gemacht. In der Kombination aus Risiko und Bauchgefühl sehen Produzenten den Reiz ihres Berufs: *„Das ist das Risiko, das ist das, was Spaß macht, es geht immer wieder darum, zu ahnen was wohl funktioniert"* (13). Mit Begriffen wie Spekulation (5, 15) und Gamble (11) ziehen sie Parallelen zum Börsenhandel und Glücksspiel.

Die Bedeutung des Bauchgefühls geht über die anfängliche Einschätzung eines Projekts hinaus. Das Bauchgefühl als tiefe innere Überzeugung gilt als notwendige Voraussetzung, die vielen Menschen zu überzeugen, die für die Verwirklichung und Finanzierung gebraucht werden (2, 7, 10:. *„Es gibt so viele Leute, die man dann überzeugen muss, dass es ohne diese Flammen nicht geht"* (5). *„...ohne Vision schaffen Sie gar nichts"* (13). Durch Begeisterung zu überzeugen gilt als effektiver, als durch Argumentation oder Marktforschungsergebnisse. Allerdings muss der persönliche Geschmack anschlussfähig sein, Produzenten müssen einen Verleiher finden, der ihren Geschmack teilt (15). Der Humor einer Komödie muss auch von den Beteiligten an der Produktion geteilt werden und an der Kinokasse mehrheitsfähig sein (1). Ein zu starker Bezug auf den eigenen Geschmack stellt ein Risiko dar und kann zu finanziell nicht lohnenswerten Projekten führen. Im Rückblick bezeichnet z.b. Sven Burgemeister den Film *Wholetrain* (2006), der ihm persönlich am Herzen lag, als Luxus: *„Das ist ein Film, den haben wir uns geleistet"* (1). Einzelne Produzenten warnen davor, sich zu sehr auf das Bauchgefühl zu verlassen. Wenn es keinen Aufhänger für eine Marketingkampagne gibt, bringt es nichts, wenn Produzenten intuitiv handeln (9). Professionelle Produzenten müssen in der Lage sein, ein Projekt einzuschätzen und zu entwickeln, auch wenn es nicht dem eigenen Geschmack entspricht (2).

Der Geschmack der Produzenten kann nur dann als Risikosteuerung verstanden werden, wenn er in der Produktion als Motivation wirkt und sich in der Auswertung als publikumskompatibel erweist. Ein vehement vertretener Geschmack kann zu Unfrieden in der Produktion führen und attraktives Personal vom Projekt fernhalten. Ein nicht massenkompatibler Geschmack kann im besten Fall zu einem Kritiker- und Festivalerfolg führen, im schlimmsten zu einem kommerziellen Desaster. Der Fokus auf den persönlichen Geschmack und das Bauchgefühl ist keine systematische Risikovermeidung, sondern Ausdruck der Verunsicherung der Produzenten über die Unberechenbarkeit des Geschäfts. Auch im Hinblick auf die Reputation sollte die Begeisterung der Produzenten für ihre Projekte nicht überschätzt werden. Begeisterung kann ansteckend sein, schafft aber nur bedingt Vertrauen. Zu große Begeisterung kann bei potenziellen Partnern zu der Befürchtung führen, dass der analytische Blick auf das Projekt zu kurz kommt. Investoren wollen nicht mitgerissen werden, sondern suchen Erwartungstreue, um im unsicheren Umfeld Vertrauen in das Projekt zu finden. *„Zweckbestimmtes Vertrauen setzt keine Sympathie voraus, sondern es beruht auf gegenseitiger Berechenbarkeit"* (Pelzmann 2005: 214).

Risikovermeidung zwischen Innovation und Imitation

Als wichtigste Aspekte der Risikovermeidung bei der Stoffakquisition nennen Produzenten ihre Intuition und die Orientierung an Vorlagen. Diese beiden Konzepte stehen im Widerspruch zueinander: Die individuelle Intuition ist eher geeignet, innovative Inhalte zu generieren, Vorlagen führen eher zur Imitation und Replikation von bekannten Inhalten. Keine der beiden Strategien kann in Reinform Erfolg haben. Ein Drehbuch, das nichts Neues bietet, langweilt, ein Drehbuch, das keinen Anknüpfungspunkt bietet, überfordert das Publikum. Entsprechend versuchen Produzenten, beide Strategien zu kombinieren (3, 5, 11, 16). *„You try to make movies that have both some kind of familiar saleable component but also – in theory – broaden that genre or do something somewhat*

different so that it can be positioned slightly differently in the marketplace" (11).
Eine Basis-Vertrautheit wird als Voraussetzung angesehen (1, 3, 6, 7, 9). *„Vertrautheit muss man von vornherein liefern"* (5). Einzelne Produzenten zeigen
sich enttäuscht, dass der mechanistisch replizierende Ansatz immer wieder
Erfolg hat und deshalb weiterverfolgt wird (3). Grundsätzlich will man von der
Sicherheit eines eingeführten Themas oder eines Standardplots profitieren, aber
„man darf es halt nicht zu weit auswälzen" (5). Vertraute Vorbilder aus dem TV
müssen um ein neues Element ergänzt werden (7). *„Kino muss immer auch ein
Tabu brechen, es muss immer einen Schritt weiter gehen"* (16). Produzenten sind
in einer ähnlichen Lage wie das Publikum: Zwar bietet ein vertrauter Stoff Vorteile und einen *„Risikoausschluss"*, Neues ist jedoch spannender: *„Der größere
Reiz liegt darin, ein Werk aus der Taufe zu heben, das vorher keine Sicherheiten
geboten hat und eine eigene geworden ist"* (1).

Ein Produzent bekennt sich dagegen klar zu einer Imitationsstrategie und
erklärt, dass sich ein gewinnorientiertes Unternehmen an Vorbildern orientieren
muss und nicht auf Innovationen setzen kann. Dieses Risiko könnten nur
Produzenten eingehen, die sich komplett durch die Filmförderung finanzieren.
*„Experimente kann man dann machen, wenn man sein Geld verdient hat, bevor
die erste Klappe gefallen ist. [...] Wenn man einen Apparat finanzieren muss und
Gewinne machen möchte, kann man sich weniger Experimente leisten"* (14).
Auch bei Sequels darf es nicht zu viel Innovation geben: Fans haben klare Er-
wartungen und wollten ihre geliebten Charaktere genauso wiedererkennen (5).

Die Definition von Innovation bleibt in den Aussagen der Produzenten
vage. Innovation ist *„trying to find things that feel new and fresh and zeitgeisty"*
(3). Ein Drehbuch darf nicht wie ein Amalgam aus den besten Ideen der letzten
Jahre wirken (3). Ein anderer Produzent definiert Innovation als *„Finding a fresh
way to look at something or at a different subject"* (4). Es gilt als innovativ,
Klischees nicht zu bedienen, eine Geschichte gegen gängige Erwartungen zu
entwickeln oder ein Tabuthema aufzugreifen (8, 13, 16). *„Das muss in irgend-
einer Form spektakulär sein. [...] Es muss etwas sein, worüber man reden kann
und warum man den Film weiterempfiehlt"* (13). Als Animationsfilmproduzentin
verortet Gisela Schäfer Innovation vor allem im technischen Bereich (12). Beim
Inhalt könne es keine wirkliche Innovation geben. Hier geht es eher um die
Frage, welcher Erzählstil aktuell nachgefragt sei. Es ist nachvollziehbar, dass
Produzenten nicht Willens sind, mit ihrer Innovationsdefinition ihr vermeint-
liches Erfolgsgeheimnis auszuplaudern. Wenn jedoch Menschen, die unter
permanentem Innovationszwang arbeiten und die ihre Fähigkeit, Erfolg versprechende Stoffe zu identifizieren als Kernkompetenz beschreiben, bei der
Definition von Innovation nicht über ein „irgendwie neu" hinauskommen, kann
von einem strategischen Vorgehen und einer bewussten Adressierung des

Risikos keine Rede sein. Die Produzenten inszenieren sich in den Interviews als kreative Lottospieler, die mit Glück und Gefühl Erfolg haben.

Daneben ist es vom eigenen Standpunkt abhängig, was als Innovation bezeichnet werden kann (7, 16). Der Import von etablierten Filmkonzepten aus anderen Märkten kann im eigenen Markt eine Innovation sein. So können amerikanische Vorbilder im Horrorbereich für den deutschen Markt adaptiert (16) oder der zeitlose Familienfilm als Genre popularisiert werden (7). Komplett neue Geschichten zu erzählen, gilt als unmöglich (1, 4, 7, 8, 12, 13, 14, 15). *„Every piece of art is quoting its predecessors with the exception of a couple of total path breakers"* (11). Erzählstrukturen lassen sich auf Vorbilder aus der griechischen Mythologie (1, 8), die ersten Höhlenzeichner (7) oder in 100 Jahren gelernte Filmkonventionen (15) zurückführen, die nur mehr variiert werden können. In diesem bekannten Rahmen sollen dem Publikum Konflikt-konstellationen gezeigt werden, zu denen es sich in Bezug setzen kann. Der Produzent hat dabei die Sicherheit, dass seine Geschichte zugänglich ist: *„You can make people understand what the basic conflict is in that world"* (11). Neben Grundmythen können auch Genrekomponenten (13) oder ein *„familiar trope"* (11) die Vertrautheit sicherstellen. So können Erwartungen abgerufen werden und das Publikum muss nicht eingeführt und „unterrichtet" werden. Die Beschränkung auf ein endliches Set an möglichen Geschichten macht für einzel-ne den Reiz des Filmemachens aus: *„You can make it as interesting and different as you possibly can within the limitations of the genre"* (11). Die Innovation liegt in der Umsetzung von bekannten Geschichten. *„Die Innovation ist nichts, was per se eine Qualität ist, sondern sie ist dann eine Qualität, wenn sie das Geschichtenerzählen größer, reicher, lebendiger macht und nicht nur die Form an sich verstärkt"* (7). Bei der Beschreibung ihrer aktuellen Projekte stellen Produzenten heraus, dass sie sich mindestens durch einzelne Aspekte deutlich von bekannten Filmen oder Klischee-Erwartungen absetzen (3, 8). Bei großen Erfolgen insistieren sie auf der Originalität und reden die Ähnlichkeit zu mög-lichen Vorbildern klein (5, 10).

Die von Lins (2002: 86) als notwendig bezeichnete Balance zwischen Inhalt und Stil, wonach ein Film nur in einem der beiden Bereiche innovativ sein dürfe, um das Publikum nicht zu überfordern, wird von den befragten Produzenten nicht einheitlich beurteilt. Einige stimmen rundheraus zu (6, 12, 14). Andere lehnen eine solche Balance ab (11, 15, 16), da sie wie ein *„Weichspülen"* (8) einer Idee wirke. Mit Beispielen, die ohne eine Balance erfolgreich waren plädieren sie für radikalere Filme (8, 11, 15). Diese Statements müssen als kreative Selbstdarstellung verstanden werden: Weder zeichnet sich das Schaffen dieser Produzenten bisher durch besondere Radikalität aus, noch entspricht sie der Positionierung der jeweiligen Arbeitgeber. Ggf. zeigt sich hier ein Einfluss der Hierarchiestufe. Eine Produzentin auf dem Senior Level gibt an, mehr Faktoren in ihre Entscheidung für oder gegen ein Projekt einzubeziehen, als es Einsteiger in der Regel täten. Für sie ist die Balance zwischen Innovation und Vertrautheit wichtiger als für Einsteiger, für die die Frage im Vordergrund steht, was neu und angesagt ist (3). Ulrich Limmer hält die Frage nach dem Ausmaß von Innovation in der Inszenierung letztlich für künstlich: *„Ich denke, die Geschichte sagt schon, welche Innovation sie braucht"* (7).

8.3.2 Risikovermeidung in der Personalakquisition

Die Kriterien, nach denen das Personal bei der Akquisition beurteilt wird, ähneln jenen bei der Stoffakquisition. Die Intuition nimmt dabei eine wichtige Rolle ein: Durch *„Menschenkenntnis"* (10) und Bauchgefühl (3) soll bestimmt werden, ob eine Person für das Projekt geeignet ist. *„Do you think you have the right talent for the job? For that you have to consult your gut"* (3). Produzenten müssen wissen, was sie berührt, wenn sie Darstellende sehen (10). Für viele Berufe in der Filmproduktion gibt keine klare Ausbildung, was zur größeren Unsicherheit über die Fähigkeiten führt (8, 10, 12). *„Jeder ist irgendwie irgendwas"* (8). In einem Projekt wird eine Vielzahl von Berufen gebraucht, deren Fertigkeiten Produzenten häufig nicht im Detail einschätzen und bewerten können. Produzenten müssen ihren Mitarbeitenden primär vertrauen (8, 11). Die bedachte Auswahl des Personals ist für den Projekterfolg essenziell, da ein Austausch nach Beginn der Produktion schwer möglich ist und zu Mehrkosten führt (5, 14, 16). Das wichtigste Kriterium bei der Auswahl des Personals ist für Produzenten die persönliche Erfahrung (2, 3, 5, 7, 9, 10, 11, 12, 13, 14, 16). Produzenten versuchen wiederholt mit demselben Personal zusammenzuarbeiten, um Vertrauen zu nutzen. Das *„Zusammenwachsen"* (1) mit Kreativen führt zu einer *„moralischen Verbindung"* (8) und bringt Erwartungssicherheit. Produzenten wissen, dass die Zusammenarbeit funktioniert und welche Qualität sie erwarten können (1, 2, 3, 4, 7, 8, 9, 11, 12, 16). *„We would definitely hire someone we worked with and had a good experience with. That gives some sense of security and continuity"* (11). Neben der Regie gelten Herstellungsleitung, Kamera und Schnitt als die Positionen, zu denen ein Loyalitäts- und Vertrauensverhältnis bestehen muss. Zur Risikovermeidung wird versucht, mindestens einen Teil dieser Positionen mit vertrauten Personen zu besetzen (2, 7, 8).

Fehlende eigene Erfahrungen können mit Hilfe vertrauenswürdiger Kollegen substituiert werden. Da persönliche Beziehungen Erfahrungsberichte verzerren können, gelten sie weniger als eigene Erfahrungen (7), *„Man kann aber zumindest dadurch das Risiko minimieren"* (2). Dazu gehören Recherchen bei Kollegen und Empfehlungen (4, 5, 7, 11, 12, 13, 16), in einigen Fällen aber auch Branchengerüchte (2, 5): *„...bei einigen weiß man einfach, dass sie am Set schwierig sind"* (2). Das Wissen um die Qualitäten wichtiger Mitarbeitender wird, obschon ggf. ein Wettbewerbsvorteil, von den Produzenten nicht zurückgehalten und exklusiv genutzt, sondern in der Branche geteilt (5, 11, 12). *„Alle Produktionsfirmen kennen sich untereinander – wir sind sehr gut miteinander vernetzt"* (12), *„It is a very provincial world"* (11). Auch schlechte Erfahrungen, die in finanziellen Schaden münden, werden weiterkommuniziert (4, 16). Transparenz scheint sich für Produzenten zu lohnen. Die Informationen der Kollegen haben offenbar mehr Wert als die Bewirtschaftung exklusiver Informationen. Die Interviewpartner bestätigen damit Weinstein (1998: 101), wonach die überschaubare Größe der Branche bedeutet, dass es sich die Mitarbeitenden nie leisten können, ein Engagement nur halbherzig zu erfüllen, weil sie unter ständiger Beobachtung sind und Minderleistungen sich sofort herumsprechen (2, 4, 5, 13). *„If they come in and blow it they will have more difficulties in getting their next job. Therefore, there is some sort of self-discipline"* (4).

Jenseits von Empfehlungen basiert die Personalauswahl vor allem auf dem Track Record. Es werden Filme herangezogen, an denen die fraglichen Personen mitgearbeitet haben (2, 3, 4, 7, 8, 9, 11, 13, 14, 15) und Datenbanken wie *IMDb* konsultiert, um den Kassenerfolg und die Beliebtheit vorausgegangener Projekte in den Zielmärkten zu erheben (3, 4, 11). Neben messbaren Zuschauerzahlen spielt auch der Geschmack der Produzenten eine Rolle: *„We wanted the best costume designer which was the woman who did Sex and the City"* (3). Die Kriterien für die Bewertung der Personals sind handwerkliche Fähigkeiten, Sozialkompetenz (12), Dialogbereitschaft (7, 12), Budgetbewusstsein (2, 4, 7, 16), Verständnis für die Position der Produzenten (4), Flexibilität (7), die Bereitschaft, sich den Anforderungen des Fördersystems zu beugen (7), eine geteilte Vision über das Projekt (1, 3) und Zugkraft auf dem Zielmarkt. Neben positiven Erfahrungswerten geht es auch um den im Track Record dokumentierten Stil eines Regisseurs, der zum geplanten Projekt passen muss. Nur so ist gewährleistet, dass eigene oder vermittelte Erfahrungen auf das aktuelle Projekt übertragbar sind (1, 2, 3, 8, 10, 14, 15). So vermutet ein Produzent, dass *Creep (2004)* floppte, weil die Fans von Franka Potente keinen Horror mögen und Horrorfans keine Franka Potente. Potenzielle Regisseure oder Autoren für ein Projekt müssen unbedingt persönlich kennengelernt werden (1, 2, 3, 8, 15). *„Man muss sich ihnen prüfend nähern und klären, wie sie über den Stoff reden und die Arbeit skizzieren, welche Kriterien sie an den Tag legen, was für sie wichtig ist"* (1). Sicherheit bietet jedoch auch das nicht: Ein Regisseur der *„all the right answers"* (3) gibt, kann in der Umsetzung enttäuschen. Auch die persönliche Nähe zu einem Projekt kann hilfreich sein, etwa wenn wie bei *Die*

Wilden Kerle (2003) Regisseur und Produzentin jeweils eigene Kinder haben, die auch zur Zielgruppe des Films gehören (5).

Für einige Produzenten ist das Personal zum großen Teil austauschbar. Bei Schauspielenden und Regisseuren wird ein hohes Niveau an handwerklichem Können vorausgesetzt, so dass kaum differenziert wird (2, 14). *„Cast ist eine Komponente des Films, die oft austauschbar ist"* (2). Die Besetzung gilt nicht als erfolgsrelevant und wird entsprechend der Herstellungsleitung überlassen (2, 4, 16). In Bezug auf den Bekanntheitsgrad und den Markenwert der Person ist das Personal jedoch nicht beliebig austauschbar. Ein Star ist nicht notwendigerweise schauspielerisch besser, aber leichter zu vermarkten. *„You can put Brad Pitt in it and that helps you market it. That helps you to make it commercial"* (4). Im Einzelfall entscheiden sich Produzenten dagegen für Regisseure mit einem Ruf als Künstler, da diese einen *„Qualitätsstandard, der uns gut zu Gesicht steht"* (1) ins Projekt einbringen. In der Auswahl des Personals wird der positionale Charakter dieses Inputfaktors deutlich. Die Qualität des Personals lässt sich in zweierlei Hinsicht messen: Anhand der Qualität oder der Kosten (7, 16). Das beste Personal kostet mehr und verursacht mit seiner Arbeit zusätzliche Kosten, da es durch seine Reputation teure Lösungen durchsetzen kann (5, 16). Produzenten versuchen entsprechend *„das bestmögliche Personal zu bekommen, das aber auch kontrollierbar ist"* (16). Es wird ggf. auf die am besten geeignete Person verzichtet, wenn zu einer ebenfalls geeigneten Person ein Vertrauens-verhältnis besteht (5, 11): *„It helps me to go into experience and immediately having confidence in the people instead of having to develop a relationship and get to a level of confidence, which can be time consuming and nerve wrecking"* (11). Stars spielen als Erfolgsgarant vor allem bei den größeren integrierten Produktionsunternehmen eine wichtige Rolle (3, 8, 11, 14). Risikoverminderung durch den Einsatz von Stars ist für kleinere und finanziell weniger potente Produzenten nicht möglich. Sie wählen Stoffe, bei denen Stars keinen Vorteil bieten (10) oder wetten auf kommende Stars: *„You don't spend 20m $ on Julia Roberts, but try to get the next Julia Roberts, like pennies on the dollar. You end up with the same concept you just let orders of magnitude brought down"* (4). Einzelne Produzenten verzichten bewusst auf die vertraute und vermeintlich beste und naheliegendste Besetzung, um keine vorhersehbaren und langweiligen Filme zu kreieren: *„Es gibt immer wieder die Überlegungen, nicht nur den Besten zu holen, sondern, wen hat man noch nicht geholt, wer hat noch nicht jedes Mal das gleiche gemacht"* (10). Auch sollte man sich in der kreativen Zusammenarbeit gut Pausen geben (1).

Die befragten Produzenten betrachten die Auswahl des Personals klar als qualitatives Risikomanagement. Einer Quantifizierung des Werts stehen sie skeptisch gegenüber. Berechnungen des Preis-Leistungsverhältnisses von Schauspielenden (z.B. Pomerantz 2007) seien nicht verlässlich, da Schauspielende immer nur Teil eines Teams sind (2). Die Dichotomie bekannt/nicht bekannt reicht zumindest in Deutschland aus. Personen, die allgemein bekannt sind, werden auch von Investoren registriert, unbekannte Personen müssen gegenüber den Investoren gerechtfertigt werden (2). Eine systematische Erhebung der Bekanntheit gibt es nicht, die Anzahl der Fanbriefe muss als Anhaltspunkt dienen (5).

Festanstellung

Wenn das Personal als so wichtig erachtet und die wiederholte Zusammenarbeit bevorzugt wird, läge es nahe, Personal fest anzustellen, wie es z.B. in der Studio-Ära in Hollywood oder in der staatlichen Filmproduktion in sozialistischen Ländern üblich war. Die Filmbranche ist wissensbasiert: Techniker haben Spezialwissen, Kreative ein spezielles Talent. Projektbasierte Arbeitsverträge bedeuten, dass Wissen und Fähigkeiten des Personals nicht langfristig gebunden werden. Selbst der Zuwachs an Wissen und Fähigkeiten, den das Personal im Rahmen des Projekts erwirbt, kommt nicht dem Produzenten zugute, sondern steht allen Wettbewerbern auf dem Faktormarkt zur Verfügung (5, 10, 13). Dies lässt sich nicht unterbinden und wird entsprechend hingenommen: *„Das ist exakt das Schicksal der Filmbranche. [...] Da darf man nicht geizig sein"* (10). Denn umgekehrt wird Personal engagiert, das andere Produzenten „weitergebildet" haben (2, 5, 10, 13). Offenbar beinhaltet eine Festanstellung neue Risiken, die die Risikovermeidung für die Produzenten überlagern.

Produzenten in kleinen, nicht vertikal integrierten Unternehmen wollen die Zahl der Mitarbeitenden möglichst klein halten, um hohe Fixkosten zu vermeiden (6, 7, 9). *„I am protected by my size"* (9). Lediglich die *„lebenswichtigen"* Positionen Produzent, Herstellungsleitung, Dramaturgie und Buchhaltung werden in-house besetzt (6). Die Firmen funktionieren als *„accordion company"* (9), die nur bei Bedarf Projektmitarbeitende anstellt. Andernfalls wäre man gezwungen, am Fließband auch fürs TV zu produzieren, um Umsatz zu machen und müsste so notwendigerweise die Qualität vernachlässigen (7).

Autoren und Regisseure dauerhaft ans Unternehmen zu binden oder fest anzustellen, gilt als zu teuer und allenfalls bei der TV-Serienproduktion als sinnvoll (2, 6, 9). Nur ein Produzent hat einem jungen Regisseur eine *„kreative Heimat"* mit fortlaufender Bezahlung angeboten. Der Deal scheiterte auch an der Agentur des Regisseurs, die entsprechend ihrem Auftrag auf höhere Verdienstmöglichkeiten in projektbasierten Verträgen setzen muss (10). Reputierte Kreative können sich ohne Vertragsbindung jeweils die lukrativsten Projekte aussuchen.

Nur Berufseinsteiger lassen sich ggf. auf langfristige Verträge ein, aber die ersten Filme von Regisseuren sind meist weder kommerziell ausgerichtet, noch kommerziell erfolgreich (16). Rahmenverträge sind nur bei regelmäßiger Geschäftsbeziehung sinnvoll. Das Produktionsvolumen der kleinen Produzenten genügt nicht, um Mitarbeitende auszulasten (2, 5) und auch durch projektabhängig wechselnde Anforderungen gibt es selbst bei den Großen keinen kontinuierlichen Bedarf. Rahmenverträge engen die kreative Freiheit von Produzenten und Kreativen ein und legen sie auf bestimmte Stoffe und Rollen fest. Es können nur Stoffe entwickelt werden, die zum vertraglich gebundenen Personal passen (1, 5, 14). *„Die meisten Kreativen wollen für alles offen bleiben und nicht wegen eines Rahmenvertrags ein attraktives Projekt fahren lassen"* (5). Rahmenverträge sind deshalb nicht üblich (2, 5, 9, 12, 14). *„Die Sicherheit eines Rahmenvertrags bringt nicht genug Vorteil, weil es anderseits einschränkt"* (2). Die Leistung von Autoren kann schwanken und Produzenten möchten auf Basis des individuellen Stoffs entscheiden (15).

Gute, gemeinsame Erfahrungen mit gegenseitigem Austauschverhältnis vorausgesetzt, braucht es keinen formalisierten Rahmen, um wieder zusammenzuarbeiten (2, 5, 10). *„Die meisten sind treue Seelen und wollen weiter mit denen zusammenarbeiten, mit denen sie gut gearbeitet haben. Es ergibt sich sowieso als Folge einer guten Zusammenarbeit, weil es eine gewisse Sicherheit bietet. Sonst ist es ‚Big nasty World' und so hat man ein bisschen Nestwärme. Da suchen irgendwo alle danach. Der Film ist ein bisschen familienorientiert"* (5). Das Vertrauen gilt als fruchtbarer als ein vertraglicher Zwang, der die notwendige Leidenschaft für die Umsetzung eines Projekts nimmt (1, 5, 13). *„Ein Autor, der Not leidet, schreibt auch besser, weil, das nächste Buch ist entscheidend, das muss ein Erfolg sein"* (1).

Rahmenverträge sind nicht geeignet, um die Kosten zu kontrollieren, da sich die Gage eher aus dem Projekt als aus dem Track Record des Kreativen ergibt (9, 12). *„Beim Kinofilm bekommen die Leute mehr als bei einer TV-Serie"* (12). Bei langjähriger Zusammenarbeit muss die Gage entsprechend der Position steigen. Ein Rahmenvertrag, der die Person auf das Einstiegsgehalt festlegt, wäre unethisch (7, 13). Auch die Option auf den Einsatz muss bezahlt werden, da das Personal keine anderen Aufträge annehmen kann. Wenn Personal austauschbar ist, gilt die Option auf eine Person als wertlos: *„Why would I pay to keep a cinematographer waiting?"* (9).

Auch bei technischen Dienstleistern, deren Arbeit objektiv überprüft werden kann, sind Rahmenverträge nicht üblich *„Wir müssen nicht zusammenarbeiten, das ist eher Tradition"* (2). Produzenten wollen flexibel bleiben (1, 2, 7, 12) und ihren Auftragnehmern weder Volumen, noch Zeitpunkt der Arbeit garantieren (5, 7, 12). *„Wenn ich es garantiere, müsste ich Ausfallentschädigung*

zahlen. Wenn dann die Finanzierung des Films nicht geschlossen werden kann,
bin ich ruiniert" (7).

Agenturen

Die meisten Produzenten arbeiten bei der Personalakquisition mit Agenturen
zusammen. Bei Stars, da ein Kontakt nur so möglich ist (5, 6, 14, 16), bei Neben-
rollen und technischem Personal, um das Casting auszulagern und den Aufwand
zu reduzieren (2, 6, 12, 13, 14, 16).

Die Zusammenarbeit mit Agenturen gibt Produzenten und Kreativen
Sicherheit, da Agenturen als Vermittler und Schlichter auftreten (6, 12). Die
Zusammenarbeit mit Agenturen dient auch zur Marktbeobachtung und zum Entdecken von neuen Talenten (13). Produzenten schätzen es jedoch nicht, wenn
Agenturen von sich aus neue Talente vorstellen, da für die Sichtung die Zeit fehlt
und die Personalakquisition nicht fortlaufend, sondern projektbezogen stattfindet
(2, 5, 6, 12, 13). Die Zusammenarbeit mit Agenturen bedeutet in gewisser Weise
ein neues Risiko, da diese primär die Interessen ihrer Klienten verfolgen, die sich
nicht notwendigerweise mit jenen der Produzenten decken müssen (5, 6, 11, 16).
„They are 100% working for somebody else. The incentive of the agent is never
going to be in line with my own incentive as a producer" (11). Einige
Produzenten befürchten, die Agenturen könnten die Gagen nach oben treiben (5,
11),. *„Je mehr Geld zur Verfügung steht, desto mehr Begierde wird beim*
Agenten geweckt" (14). Allerdings wird die Macht der Agenturen durch die
Kreativen beschränkt. Wenn Schauspielende bei einem bestimmten Projekt dabei
sein möchten, wird die Agentur dies möglich machen (8, 11). Im deutschen
Markt bedeutet der Mangel an Stars eine schwächere Verhandlungsposition der
Agenturen, da sie nicht den exklusiven Zugriff auf ein rares und wertvolles Gut
kontrollieren (5, 6). In Deutschland gibt es lediglich zehn bis 15 Stars, die für
Agenturen ein Pfund zum Wuchern darstellen können und die Produzenten mit
Forderungen nach größeren Wohnwagen und einer Entourage nerven (16).

8.3.3   Risikovermeidung durch Marktforschung

Auf den ersten Blick erscheint Marktforschung als naheliegende Methode zur
Risikovermeidung, da so im Vorfeld das Angebot an die Nachfrage angepasst
werden kann. Die Produzenten benennen drei Märkte, die in der Entwicklung
eines Projekts eingeschätzt werden müssen: das Publikumsinteresse als der
mittelbare Nachfragemarkt, das Distributoreninteresse als der unmittelbare Nach-

fragemarkt und das Interesse der Kreativen als ein wichtiger Beschaffungsmarkt. Eine standardisierte Marktforschung findet auf keinem der drei Märkte
statt. Angesichts der Guteigenschaften des Films zeigen sich grundsätzliche
Probleme: Rezipienten können aufgrund der Erfahrungsguteigenschaft erst im
Nachhinein erklären, warum ihnen ein Film gefällt und Vorlieben und Ge-
schmäcker ändern sich häufig und unvorhersehbar. Das Gros der interviewten
Produzenten lehnt Marktforschung in der Entwicklung klar ab (5, 6, 10, 12, 13,
15). *„Das ist einfach Quatsch. Man kann nur sich selber vertrauen. Das ist das
Einzige, was zählt"* (5). Dabei thematisieren sie Probleme, die sich aus der
Erfahrungsguteigenschaft ergeben (3, 5, 7, 8, 15). Marktforschung bildet
Interesse ab, das bei Veröffentlichung des geplanten Films nicht mehr bestehen
muss. *„Die, die der Marktforschung hinterher rennen, rennen eben hinterher"*
(5). Projekte, die auf Marktforschungsergebnissen aufbauen, könnten vom
Publikum als berechenbar abgelehnt werden (5, 8): *„Man kauft keine Sicherheit
ein"* (8). Rezipienten sind nicht in der Lage, auf Basis von Drehbuch und Besetzungsliste zu bewerten, ob ihnen ein Film gefallen könnte (8, 15). Hierzu
müssten *„visuelle Fakten"* (8) geschaffen, also ein Trailer gedreht werden (7).
Das Abfragen von Wunschschauspielenden ist nicht praktikabel, da es keine
Einigkeit unter den Befragten gibt (8) und Schauspielende eher wiedererkannt als
benannt werden können (15). Es ist schwierig, ein repräsentatives Sample zu
befragen, da in der Entwicklung die Zielgruppe häufig noch nicht festgelegt ist
(8).
Die Marktforschung widerspricht dem kreativen Selbstverständnis der
Produzenten. Sie wollen nicht den kleinsten gemeinsamen Publikumsnenner
bedienen, sondern aus ihrem Sendungsbewusstsein heraus eigenständige Stoffe
mit gesellschaftlicher Relevanz produzieren (10). *„Es geht danach, was man
selber, was der Markt und was der Zuschauer will"* (15). Der „richtige Riecher"
gilt als entscheidende Kompetenz (7, 9, 10, 12, 14), der Bezug auf Marktforschungsergebnisse als Eingeständnis des eigenen kreativen Unvermögens.
Daneben sind Produzenten nicht im Endkundengeschäft: *„At the end of the day
we are not going to be responsible for putting the product in front of eyeballs"*
(11). Marktforschung beim Rezipienten wird deshalb als Aufgabe der Distributoren gesehen (1, 2, 3, 5, 6, 11, 12, 14). Allerdings müssen Produzenten
potenziellen Distributoren das grundsätzliche Interesse des Publikums am geplanten Projekt deutlich machen (vgl. von Rimscha 2008b). Die Eingrenzung des
Zielpublikums ist demnach ein wichtiger Aspekt (3, 5, 11). *„Das Publikum hat
einen sehr maßgeblichen Einfluss"* (6). Die Orientierung an Genremarktanteilen
im Sinne einer Marktpotenzialabschätzung (z.B. Deiseroth 2005) gilt als eine
Alternative zur Marktforschung für einzelne Projekte. Erfolgreiche Filmtypen
sollen identifiziert und mit den Ressourcen des Unternehmens und den Fähig-

keiten der Produzenten abgeglichen werden (16). So wird dann nicht das erfolg-reichste Genre Action bedient, da der Produktionsaufwand zu hoch ist, sondern, auf traditionell erfolgreiche, der nationalen Kultur verpflichtete und vergleichs-weise günstigere Komödien oder Kinderfilme fokussiert (5, 13, 15, 16). Auch Krimis und Thriller gelten bei deutschen Produzenten als problematisch, da die Publikumsnachfrage durch hochwertige TV-Produktionen weitgehend gedeckt ist (5, 15, 16). Manche Zielgruppenbeschreibungen (*„zwischen 16 und 21 Jahre alt"* (6)) sind in ihrer Beliebigkeit allerdings wertlos. Die konkrete Vorstellung über das Zielpublikum ist wichtig, um das Projekt anzupassen: *„You go for what is best for your movie, best for your core demographic, who you are trying to please, first and foremost the people who would likely see this movie"* (9). Allerdings muss eine Geschichte auch jenseits einer eingeschworenen Fan-gemeinde bestehen können, sie muss eine *„stand-alone cool story"* (9) sein. Die Risikovermeidung durch eine breite Zielgruppe (1) und die Gefahr einer Ver-wässerung der Story müssen ausbalanciert werden. *„You are going to alienate the people you are targeting, if you are trying to please too many"* (9). Mehrere Produzenten erklären, dass ihr Filmportfolio nicht das Ergebnis von Markt-forschung ist: *„...was nicht geht, ist, dass man sich am Anfang des Jahres hin-setzt und sagt, dieses Jahr machen wir fünf Liebesfilme und drei Kriegsfilme und zwei Actionfilme"* (14). Studien über Marktsegmente und Genrepräferenzen werden nur für die Entscheidung zwischen mehreren gleichwertigen Projekten herangezogen (14, 15): *„Das Portfolio entsteht erstmal angebotsgetrieben und dann gleichen wir es mit der Nachfrage ab"* (14). Der eigene Geschmack wird in der Entscheidungsfindung höher gewichtet als die Statistik, die Konzentration auf ein Genre mit dem Geschmack, nicht mit der Risikosteuerung, begründet (15). Einige Produzenten sind vom Publikum enttäuscht, da neue und spannende Themen nicht nachgefragt und honoriert werden. *„I am constantly disappointed to see how much the audience seems to want the same thing ever and ever again"* (3). Die Diskrepanz zwischen Produzenten- und Publikumsgeschmack wirft Zweifel auf, ob es Produzenten, die ihrer Intuition folgen, gelingen kann, die Interessen des Publikums zu bedienen.

Um die Nachfrage der Distributoren zu erheben, betreiben Produzenten (4, 12, 15) eine *„meta-analysis"* (11). *„Die entscheidende Marktforschung ist das Gespräch mit den Verleihern"* (13). Anders als im TV-Bereich, wo mit den Redaktionen Projekte maßgeschneidert werden (6, 12, 13), geht es im Kontakt mit Verleihern um grundsätzlichere Parameter wie Budgethöhe und Anzahl der Leinwände (11). Ziel ist es, zu klären, *„was läuft und warum es läuft"* (13) und die Projekte mit den potenziellen Distributoren abzugleichen (12). Allerdings treten Kinoverleiher gegenüber dem Publikum nicht als Marke auf, ihr Film-angebot ist damit weniger konsistent. Ein Produzent glaubt deshalb, es sei sinnvoller, Geldgeber durch den Track Record zu überzeugen, als im Vorfeld Wünsche zu antizipieren und adressieren (8).

Die Schauspielenden sind ein dritter Markt, der erforscht werden muss. Wenn für ein Projekt Stars notwendig sind, muss im Vorfeld eine *„artistic talent taste analysis"* (11) durchgeführt werden. Diese gilt als ebenso wichtig wie die Analyse der Rezipienten. *„Hollywood is half about anticipating your audience and half about anticipating people who are in charge of anticipating the audience"* (11). Der Wert eines Stoffs ist ist von der Attraktivität des Cast abhängig, also muss dieser überzeugt werden. *„It would be a bad risk if you spend a large sum on something that you love, and you go on spending two years developing it and you finally get a great script but you realize Tom Hanks won't do it"* (3). Schauspielende sorgen sich um ihr Image und wägen ab, in welchen Projekten sie sich engagieren wollen (16). Sie sind dabei z.T. konservativer als die Produzenten. *„Actors love doing the same things repeatedly"* (3). Schauspielende setzen einen Rahmen, welche Stoffe umsetzbar sind, die Erfassung der Nachfrage von Seiten des Personals erfolgt allerdings nicht systematisch.

Angewandte Marktforschungsmethoden

Marktforschung gilt unter den Produzenten als teuer (1, 6). Neben Carla Hacken von *Fox2000* erforscht nur ein Produzent bereits in der Projektentwicklung den Markt. Sven Burgemeister versucht in Zusammenarbeit mit dem Lehrstuhl für Marketing und Medien der Universität Weimar (Prof. Hennig-Thurau), das Vermarktungspotenzial in der Entwicklungsphase zu optimieren. In Publikumsbefragungen sollen Stärken und Schwächen identifiziert und Vermarktungsalternativen bewertet werden. Da noch kein Projekt aus dieser Zusammenarbeit veröffentlicht wurde, ist die Effektivität dieser Maßnahme offen (1). Carla Hacken lässt auf Drängen des Studios Passanten befragen, welche Schauspielenden sie schätzen und sich für ein Projekt vorstellen könnten. Die Ergebnisse sind meist ernüchternd: Die geplante Besetzung ist unbekannt oder unbeliebt, die vorgeschlagenen Alternativen nicht verfügbar oder unpassend (3).

Die übrigen Produzenten betreiben lediglich eine unstrukturierte Recherche, welche die Bestätigung der eigenen Einschätzung zum Ziel zu haben scheint: *„Marktforschung kann man auch immer ein bisschen faken, um ein Ergebnis zu bekommen, das man selber möchte"* (8). Es werden Freunde befragt oder die Kassiererin an der Supermarktkasse bemüht (8). Publikumsreaktionen bei Filmpremieren, Fanpost und die Resonanz in der *BRAVO* (5) ersetzen systematische Erhebungen. Allenfalls Verkaufszahlen von Vorlagen und Zuschauerzahlen von Referenzfilmen werden exakt erhoben (2, 7, 16). Die Bewertung des Marktpotenzials muss ggf. nicht von den Produzenten geleistet werden. Autoren versuchen ihre Stoffe gegenüber den Produzenten durch eine Marktpotenzialanalyse aufzuwerten: *„People send me packages with market research together with their movie proposals"* (9).

Konkurrenzbeobachtung

Anstelle der Marktforschung tritt für einige Produzenten die Beobachtung der Konkurrenz. Dadurch kann der Markt segmentiert und abgeschätzt werden, gegen welche Konkurrenz ein Projekt antreten muss. Julian Schwantes kommt auf diese Weise zu einem relevanten Markt von 20 Filmen pro Jahr, gegen die sich seine Projekte behaupten müssen (14). Problematisch wird es, wenn mehrere Produzenten parallel an denselben Themen arbeiten (3, 6, 8, 9, 11). In der Regel wird eine direkte Konkurrenz vermieden. Abhängig vom Macht- bzw. Freundschaftsverhältnis zwischen den Produzenten bieten sich drei Lösungen an: Kooperation in einem gemeinsamen Projekt (8), Entzerrung der Veröffentlichungstermine (11) oder Blockade des Projekts des schwächeren Produzenten mit mehr oder minder großem finanziellen Schaden (9).

8.4 Risikobegrenzung

Wenn das Risiko nicht vermieden werden kann, so sollte es begrenzt werden. Hier zeigen sich zwei Gruppen von Produzenten: Innerhalb von Konzernen ist eine vertikale Diversifikation entlang der Wertschöpfungskette oder eine horizontale Diversifikation in mehrere Schwesterunternehmen, die auf derselben Wertschöpfungsstufe arbeiten, möglich. Produzenten mit großem Output können innerhalb ihres Outputs diversifizieren, kleinere Produzenten haben praktisch keine Möglichkeit, zu diversifizieren. Kleine Produzenten können über die Vor- und Nachteile nur spekulieren. Größere Produzenten haben auf die Diversifikation auf Firmenebene in der Regel keinen Einfluss. Es können sich jedoch Einschränkungen für ihre Arbeit ergeben, z.B. wenn eine klare Aufgabenteilung zwischen verschiedenen Konzerneinheiten festgelegt ist. Im Folgenden sollen zunächst die Aspekte der Diversifikation auf Firmenebene und anschließend die potenziell für alle Produzenten verfügbaren Möglichkeiten behandelt werden, innerhalb des Outputs, also des Filmportfolios, zu diversifizieren.

8.4.1 Risikobegrenzung durch Diversifikation auf Firmenebene

Unabhängig vom konkreten Projekt kann das Engagement einer Produktionsfirma im TV-Bereich eine Sicherheit für Investoren darstellen. Die Diversifikation des Geschäfts suggeriert die Möglichkeit, Risiken innerhalb des Unternehmens auszugleichen und trägt zur Reputation der Produzenten bei, wenn sie
durch vielseitige Erfahrungen Verständnis auch für die weiteren Auswertungsstufen zeigen. Es ist jedoch eher die Ausnahme, dass Engagements in TV- und
Kinoprojekte gebündelt an Investoren herangetragen werden (14).

Alle in Deutschland befragten Produzenten sind auch mit der Produktion
von TV-Sendungen beschäftigt, für einige macht dies sogar das Gros ihrer Arbeit
aus. Die in den USA befragten Produzenten arbeiten ausschließlich fürs Kino.
Das heißt nicht, dass deutsche Produzenten mehr Wert auf Diversifikation und
Risikomanagement auf Firmenebene legen, vielmehr sind Output und Margen in
der Filmverwertung in Deutschland im Durchschnitt erheblich geringer.
Produzenten, die sich vollständig auf das Kino konzentrieren, können damit
nicht langfristig Erfolg haben. Maren Elbrechtz gibt an, dass trotz mittlerweile
erheblicher Umsätze die Kinoproduktion innerhalb des Unternehmens gewisser-
maßen das „Bonusprojekt" ist, das man sich nur leisten kann, weil im TV-
Bereich genügend Umsätze generiert werden (2).

Das TV-Engagement wird von einigen Produzenten kritisch gesehen: Die
TV-Produktion gilt als weit weniger risikoarm als häufig unterstellt (4, 7) und
bei TV-Produktionen sind Produzenten in der Regel gezwungen, alle Rechte
komplett und dauerhaft an den Sender abzugeben. Es besteht keine Chance, am
Erfolg durch gute Einschaltquoten und häufige Ausstrahlungen zu partizipieren.
TV-Produktion ist nur dann risikoärmer, wenn es um Serienproduktion geht. Der
Versuch, eine Serie zu platzieren, ist jedoch ebenso kostspielig und unsicher wie
die Kinoproduktion (4, 7). Die Verknüpfung der Geschäftsbereiche ist unter
Umständen wenig ausgeprägt: „Das sind zwei Sachen, die laufen parallel und
einmal im Jahr macht man die Bilanz und dann geht es im nächsten Jahr weiter"
(14). Tochterfirmen in der Filmproduktion spielen jedoch in der Planung durchaus eine Rolle. Inhaltliche Überschneidungen sollen vermieden werden. Im
Zweifel haben die Töchter, mit ihrer knapperen Personaldecke, Vorrang (14).

Philip Voges hat seine Hoffmann & Voges Entertainment GmbH 2007 als
Tochter in die Odeon AG eingebracht. Die Aktivitäten der Schwestergesell-
schaften überschneiden sich wenig, in Zukunft soll es aber noch eine stärkere
Koordination und Aufgabenteilung innerhalb des Konzerns geben (16).

Diversifikation wird als Signal an potenzielle Investoren verstanden (8, 12).
Mehrere Geschäftsfelder sollen es erlauben, das Risiko innerhalb des Unternehmens auszugleichen und ein Investment weniger spekulativ erscheinen zu

lassen. *„Diversifizierung ist ja immer eine Absicherung, weil Kino ein Risiko-geschäft ist"* (8). Das Ziel der Portfoliostrategie, das unterschiedliche Invest-ments nicht miteinander korrelieren, kann häufig jedoch nicht erreicht werden, da die Diversifikation innerhalb der Unterhaltungsbranche stattfindet. *„It is still the same business, so the risks do correlate. If the film business really started cratering, it would effect distribution, exhibition, and everything"* (11). Auch Film- und TV-Produktion sind eng verwandt, der Vorteil liegt hier vor allem in den unterschiedlichen Erlösquellen: Während ein Filmproduzent selten von der Produktion allein leben kann, ist dies im Bereich der TV-Produktion in Deutsch-land (4) die Regel (1, 8, 13). Die Overheadkosten der Produktionsfirma können durch die relativ sicheren Einnahmen aus dem TV-Geschäft gedeckt werden (1, 12, 13). Die TV-Erlöse reichen jedoch nicht aus, um dauerhaft Verluste aus riskanten Projekten im Kinogeschäft zu kompensieren (13). *„Wenn Sie im Kino zu viele Risiken tragen, zieht das immer die Bilanz nach unten. Was das Risiko angeht, muss man die Bereiche eigentlich voneinander trennen"* (13).

In seltenen Fällen ist es möglich, TV-Geschäft und Kinoproduktion direkt zu kombinieren, z.B. wenn parallel eine TV-Serie und ein Kinofilm entwickelt und produziert werden. Investoren können sich in beiden Projekten gleichzeitig engagieren und von den möglichen Synergien (12) oder vom Risikoausgleich im Projektportfolio (14) profitieren.

Diversifikation muss nicht im Unternehmen umgesetzt werden, sondern ist auch im persönlichen Portfolio der Eigentümer möglich. Die Eigentümer von *2929Entertainment*, Mark Cuban und Todd Wagner, haben den Erlös aus dem Verkauf eines Internet-Start-ups genutzt, um sich ein Portfolio aus Unternehmen zusammenzustellen, die die gesamte audiovisuelle Wertschöpfungskette ab-decken: *HDNet Films* (Filmproduktion), *Mangnolia Pictures & Home Enter-tainment* (Film- und DVD-Distribution), *Landmark Theater* (Arthouse Kino-kette), *HDNet* und *HDNet Movies* (Kabel-TV-Sender). Daneben besitzen sie eine Minderheitsbeteiligung (ca. 8%) an *Lionsgate Entertainment*, ein wiederum diversifizierter und vertikal integrierter Film- und TV-Produktions- und Dis-tributionskonzern. *2929Entertainment* ist jedoch nicht Teil eines vertikal integrierten Auswertungssystems. Die Filme werden nicht über die Distributions-firmen der Eigentümer vertrieben: *„Although the chairmen's company network is vertically integrated, we do not need to feed the pipeline and we do not"* (11). Ziel scheint in diesem Fall nicht Synergie und die Reduktion von Transaktions-kosten zu sein, sondern tatsächlich die Risikostreuung im Portfolio. Im kleineren Maßstab findet sich die Diversifikation in der Person des Eigentümers auch bei Andreas Richter und Sven Burgemeister. Neben ihrer Tätigkeit als geschäfts-führende Gesellschafter in ihren Filmproduktionsfirmen haben sie jeweils die gleiche Funktion auch bei den TV-Produktionsgesellschaften *Janus TV GmbH*

(Richter) und *TV60-Filmproduktion GmbH* (Burgemeister). Im Fall von Richter ist das zweite Engagement essenziell: *„Ich lebe bisher überwiegend von meiner zweiten Firma"* (10). Er möchte seine Produzententätigkeit aber nicht als teures Hobby verstanden wissen. Die Absicherung durch ein zweites Engagement erlaubt es ihm, kreativ weniger kompromissbereit zu sein und sich auf Projekte zu konzentrieren, die er inhaltlich gut findet.

8.4.2 Risikobegrenzung durch vertikale Integration

Fox ist als Tochtergesellschaft der *News Corporation* Teil eines Medien- und Unterhaltungskonzerns, der die gesamte Wertschöpfungskette abdeckt. Dies beeinflusst die Arbeit der Produzenten bei *Fox*: Der Vorstand des Studios muss die Konzernperspektive einnehmen und versucht, Aufwand und Output zwischen den Konzerneinheiten zu koordinieren. Der Fokus einer Unternehmenseinheit wie *Fox2000* auf ein bestimmtes Marktsegment entwickelt sich ständig weiter, auch in Abhängigkeit von dem Erfolg der Projekte. In der Regel impliziert das keine konkreten Vorgaben, welche Stoffe entwickelt werden sollten, im Falle eines Erfolgs in einem Marktsegment bittet das Management die Produzenten jedoch, dafür zu sorgen, dass im folgenden Jahr dasselbe Marktsegment wieder bedient wird: *„What do we have that could be the similar movie for the same niche next summer? It is not an explicit order, it is a question"* (3). Daneben haben Auswahlentscheidungen Einfluss auf die gesamte Wertschöpfungskette im Konzern. Carla Hacken hat von ihrem Chef gelernt: *„You have to think outside the four walls of your office and you have to understand that every single person who works for Fox Filmed Entertainment all around the world, people you never even think of: They only eat what you kill! They will starve to death if you do not kill the food for them. It really makes you wake up, and you realize it is a huge responsibility"* (3). Diese Konzernperspektive hat ihre Arbeit verändert: Als Führungsperson könne sie sich die idealistische Vorstellung, einfach nur gute Filme machen zu wollen, nicht mehr erlauben. Neben der Risikobegrenzung im Portfolio bedeutet Integration im Konzern auch eine Disziplinierung der Mitarbeitenden. Synergien im Konzern sollten jedoch nicht zu einer *„Corporate Homogenisierung"* (8) führen. Der Umgang mit der Arbeit der jeweils anderen Unternehmenseinheit sollte professionell sein, aber auch eine kreative Streitkultur erlauben. Andernfalls gibt es die Gefahr, auch weniger gelungene Projekte anzugehen, da man sich des Verleihs sicher sein kann (8). Nichtsdestotrotz bedeutet die vertikale Integration eine Erleichterung der Arbeit, weil die Zusammenarbeit mit dem hauseigenen Verleih Transaktionskosten spart (14).

Die *MMCI* setzt nicht auf die Vorwärtsintegration der Distribution, sondern auf die Rückwärtsintegration der Produktionsdienstleistung. *„Je mehr wir auch Dienstleister sind, desto sicherer. [...] Unsere Firmenkonstruktion mit einem großen TV-Bereich und mit Studios und Dienstleistern gibt uns Sicherheit"* (2). *MMCI* ist als Produktionstochter eines der größten Studiobetreiber in Europa (*Magic Media Company*) gegründet worden. Jedes Projekt aus der Produktion bringt auch der Dienstleistung Umsatz. Dies ermöglicht Freiheit in der Projektentwicklung und die Planung von Nischenprodukten. Die unmittelbare Kontrolle über die Produktion erlaubt es, Budgetposten umzuschichten, also z.b. im Setbau gespartes Geld in der Postproduktion zu nutzen, um so für das gleiche Budget höhere Schauwerte zu generieren (2)[75].

Anbieter wie *Studio Babelsberg* und *MMCI* können Produktionsaufträge von Hollywoodstudios akquirieren, die kaum über eigene Produktionsstätten verfügen. Die eigentliche Produktion ist ausgelagert: *„Studios are getting of the production business"* (11). Unabhängige Produzenten werden als Zulieferer beauftragt oder bei Bedarf werden fertige Filme eingekauft. *We Own the Night (2007)*, eine Produktion von *2929Entertainmet*, wurde in Ermangelung eines eigenen Highlights für den Herbst 2007 von *Sony* eingekauft (11). Für *Sony* steht die Ausrichtung als integrierter Distributionskonzern im Vordergrund. Bei einem Überangebot an Projekten muss die Produktion nicht integriert werden.

Durch vertikale Integration kann das Risiko eines Projekts nicht begrenzt werden. Die Vorteile ergeben sich auf Firmenniveau: Produktionsdienstleistung und Distribution sind weniger riskante Geschäftsbereiche, als Entwicklung und Produktion. Neben den erfolgsabhängig variablen Einnahmen ergeben sich aufwandsabhängig berechenbare Einnahmen. Bei einem Flop können Verluste abgefedert, bei einem Hit die Einnahmen im Konzern gehalten werden.

8.4.3   Risikobegrenzung durch Slate Financing

Slate Financing – die Paketfinanzierung von mehreren Projekten – ist bei der Mehrheit der Befragten weder im Development, noch in der Produktion üblich (4, 6, 8, 12, 13, 14, 15), auch wenn Einzelne es als Ziel angeben (1, 13, 14). Auch die Kombination von Kino- und TV-Projekten in einem Finanzierungspaket ist die Ausnahme (1, 14, 15). Entsprechend ist eine längerfristige Zu-

---

[75] Seit Gründung der MMC 1999 gab es mehrere strategische Neuausrichtungen zwischen Produktion und Dienstleistung mit unterschiedlich stark ausgeprägter Risikoneigung. Seit 2008 werden keine eigenen Projekte mehr entwickelt, sondern man bietet sich ähnlich wie *Studio Babelsberg* als Kombination aus Finanzierungspartner und ausführender Koproduzent an.

sammenarbeit mit Investoren nicht üblich (13). Dadurch wird der Reputationsaufbau im Sinne einer positiven Bonitätsgeschichte erschwert.

Zwei der befragten amerikanischen Produzenten beschaffen sich Kapital
grundsätzlich für das Unternehmen, um frei in unterschiedliche Geschäftsbereiche (4) oder in eine Anzahl von Projekten (9) investieren zu können. In
Anbetracht des Aufwands, Investoren zu akquirieren, gelten Slates als Win-Win-
Lösung: *„If I can get one person that will back me on slate of films than we all
win"* (9). Beide Seiten sparen Transaktionskosten und gewinnen Sicherheit.
Douglas Hansen hält aus seiner Erfahrung als Banker in der Filmfinanzierung
wenig von detaillierten Modellen, die das Risiko innerhalb einer Slate ausgleichen sollen. Durch die Unsicherheit in der Produktion würde der Plan
spätestens mit dem ersten Projekt hinfällig und hätte eher den Charakter eines
„Lügenmärchens" für Investoren. Folglich könne es auch keine Mindestanzahl
Projekte in einer Slate geben, ab der von einem diversifizierten Filmportfolio
gesprochen werden könnte (4). Auch ein Mindestoutput pro Jahr ist nicht notwendig, denn es gibt keinen Zwang, die Projekte in einer Slate parallel und
innerhalb eines Jahrs durchzuführen.

Jürgen Schwantes wünscht sich statt einer vollständigen Slate-Finanzierung,
ein dauerhaftes Beteiligungsmodell für Investoren, in dem er eine 20%-
Beteiligung an den nächsten fünf Filmen anbieten könnte (14). Kontinuität kann
auch der Abschluss von Rahmenverträgen mit Verleihern bringen. Für Verleiher
ist das Risiko begrenzt und für Produzenten im gewissen Rahmen eine Überwälzung möglich (15, 16). Nur wenige Produzenten in Deutschland verfügen
jedoch über einen solchen Vertrag mit Verleihern (7, 16).

Der zurückhaltende Einsatz von Slate-Finanzierungen wird häufig mit dem
Prototypcharakter und den kreativen Anforderungen von Projekten erklärt (1, 8).
Selbst wenn Summen akquiriert werden, die für mehr als ein Projekt ausreichen,
wird jedes Projekt einzeln behandelt. *„We have money that we have raised that
is about to do a number of pictures but each picture is tailor made from a financial standpoint"* (4). Produzenten, die von Förderinstitutionen abhängig sind,
können keine Paketfinanzierungen realisieren, da die Förderung mit Ausnahme
der Drehbuchförderung grundsätzlich jedes Projekt einzeln evaluiert (6, 8, 15).
Kontinuität in die Finanzierung bringen, lässt sich in diesem Zusammenhang nur
durch die gestaffelte Einreichung von Förderanträgen: *„Ich gehe zu den
Förderern, für ein Projekt, aber parallel schieb ich mit der nächsten Einreichung schon das nächste nach"* (6). Der Vorteil, dass sich das Risiko mit
unterschiedlichen Projekten in einer Slate begrenzen lässt, scheint den Investoren
nicht vermittelbar oder ist – im Fall der Förderung – für sie nicht relevant.

8.4.4 Risikobegrenzung durch Diversifikation im Output

Risiko kann vermindert werden, indem verschiedene Projekte parallel entwickelt werden, die unterschiedliche Teilmärkte und Zielgruppen bedienen. Je nach Größe des Unternehmens ist die Diversifikation unterschiedlich stark formalisiert. Bei *Fox* gibt es unterschiedliche Unternehmenseinheiten (*FoxSearchlight, FoxAtomic, Fox2000, 20th Century Fox*), die jeweils für unterschiedliche Typen von Filmen und Zielgruppen zuständig sind (3).

Diversifikation kann auch bedeuten, Filme für unterschiedliche Referenzsysteme herzustellen: Ein Film, der beim Publikum durchfällt, aber mit Auszeichnungen bedacht wird, kann sich für Produzenten dennoch lohnen, da ein Festivalerfolg die Chancen auf eine Zusammenarbeit mit begabten Filmemachern in Zukunft verbessert (3). Künstlerisch orientierte Projekte helfen, die Reputation beim kreativen Personal zu pflegen; kommerziell orientierte und monetär erfolgreiche Projekte verbessern die Reputation bei Investoren.

Carla Hacken vermutet bei den Studios klare Pläne, welche Marktsegmente wie stark bearbeitet werden sollen. In ihrem eigenen Studio würden diese Pläne von der Studioleitung nicht offen kommuniziert, um die Kreativität der Mitarbeitenden nicht abzuwürgen (3). Innerhalb ihres Verantwortungsbereichs versucht sie, ein diversifiziertes Portfolio an Filmen aufzubauen. Bei der Akquisition von neuen Stoffen sollen zunächst Lücken im Portfolio geschlossen werden.

Maren Elbrechtz beschreibt eine Diversifikation nach dem Risikoniveau in verschiedenen Projekten. Das Engagement in einem Film mit relativ vielen risikoreduzierenden Elementen erlaubt es, auch kleinere Projekte mit weniger Sicherheiten zu verfolgen, die im Erfolgsfall eine bessere Marge bieten (2).

Eine bewusste Portfoliostrategie beim Output ist für die Firmen, die maximal fünf Filme pro Jahr herstellen, nicht möglich, doch auch bei den größeren geben Produzenten an, dass das Portfolio aus den Stoffen entsteht und nur bei extremen Häufungen in einem Genre eingegriffen wird (14). Da die Finanzierung auch auf der Reputation der Produzenten beruht, erscheint es sinnvoll, bei geringem Output eine Spezialisierungsstrategie zu verfolgen. Einige Produzenten verzichten auf einen diversifizierten Output, um sich auf einzelne Genres zu konzentrieren (15, 16).

8.4.5 Risikobegrenzung durch Kostenkontrolle

Mehrere Produzenten erklären, dass ein Film nicht absolut bewertet werden kann, sondern immer nur in Abhängigkeit von den Kosten (3, 4, 9, 11): *„The* *gauge is, are you making it for the right amount of money?"* (4). Zu Beginn müssen Produzenten zwei Bewertungen vornehmen.: Welchen Wert hat das Script bzw. das Package oder der Film und wie gut verkäuflich ist es am Markt? Kann der Film zu diesem Preis produziert werden (11)? Dieselbe Filmidee kann für 5, 25 oder 150 Mio. US$ produziert werden. *„A movie could end up at various different levels depending on the package"* (11). Produzenten müssen den „richtigen" Preis finden und im Verlauf der Projektentwicklung überprüfen, ob Kosten und Chancen in einem vertretbaren Verhältnis zueinander stehen: *„10m $ more than I wanted three levels down on the actor, and it's not shaping up the way we thought. Do you make the movie?"* (3). Mit gut gewählten Elementen im Filmpackage können ggf. die Kosten gesenkt werden, ohne dass an der Qualität Abstriche gemacht werden müssen, z.B. wenn der Cast vom Drehbuch so begeistert ist, dass er bereit ist, für weniger zu arbeiten als gewöhnlich (9, 11).

Einzelne Produzenten argumentieren, mit kleinem Budget, also begrenztem Risiko, könnten sie nur gewinnen. Da es keine Korrelation zwischen dem Produktionsbudget und dem Erlös an der Kinokasse gebe, sei es das Ziel, aus dem kleinstmöglichen Budget den größtmöglichen Production Value zu kreieren: *„The only real rule in this business in terms of risk management is to make the best and most marketable pieces of material for as little money as you can possibly make them for"* (9). Nicht jede Filmidee fuktioniert im Kleinen. Couper Samuelson glaubt, dass z.B. *Miami Vice (2006)* mit einem Budget von 25 Mio. statt der tatsächlichen 135 Mio. US$ und dem entsprechenden Marketing-Aufwand weder beim Publikum noch beim Green Light eine Chance gehabt hätte (11). Dieser Filmtyp braucht eine starke Zuschauernachfrage am Startwochenende, denn wenn er hinter den Erwartungen zurückbleibt, kann er infolge einer negativen Feedbackschleife keinen Erfolg mehr haben. Ziel muss es also sein, durch hohe Marketingausgaben zu suggerieren, dass der Film ein *„must-see"* ist (3, 4). Nur preisgünstige Produktionen können auf wenigen Leinwänden starten und hoffen, dass sie nach und nach ihr Publikum finden. Ein eigentlich als Blockbuster angelegter Film verliert ggf. mehr Chancen durch die Kostenkontrolle, als dass das Risiko begrenzt wird (3).

8.5 Risikoüberwälzung

Das Produktionsrisiko kann zu großen Teilen versichert, das Konsumtionsrisiko zum Teil den Distributoren überlassen, doch nicht alle Risiken eines Projekts können übergewälzt werden. Ein deutscher Produzent kalkuliert, dass 25% des Budgets von Förderinstitutionen getragen werden, 50% durch Presales an TV-Sender und die übrigen 25% durch den Markt (13). Trotz Unterschieden im

Detail betonen alle unabhängigen Produzenten die Bedeutung der Risikoüberwälzung auf Förderer und Distributoren, sodass nur der marktabhängige Teil des Konsumtionsrisikos selbst getragen werden muss.

Das Entwicklungsrisiko, ob eine Filmidee das Green Light bekommt, müssen Produzenten selbst tragen (1). Abhängig von ihrem Arbeitsverhältnis ist dieses Risiko unterschiedlich relevant. Freie Produzenten müssen höhere Risiken tragen als festangestellte. Das Reputationsrisiko schließlich kann nicht übergewälzt werden. Allenfalls kann das risikoaverse Verhalten von Produzenten bei der Besetzung mit Stars angeführt werden. Wenn Filme floppen, obwohl Produzenten Stars angeheuert haben, wird ihnen kein Vorwurf gemacht.

8.5.1 Risikoüberwälzung auf Versicherungen

Alle befragten Produzenten machen für die physische Produktion von Versicherungen Gebrauch, thematisieren dies aber Selbstverständlichkeit. Das Standardversicherungspaket umfasst erwartbare Risiken wie Schäden am Negativ oder Ausfall durch Krankheit und Wetter (4). Eine zweite Ebene der Versicherung besteht im Completion Bond. Für die Investoren gibt es demnach „a lot of insurance" (4), um Produktionsrisiken zu kontrollieren.

Um Investoren den Einstieg in ein Projekt zu erleichtern, wäre es wünschenswert, auch das Konsumtionsrisiko zu kontrollieren. Erlösausfallversicherungen (Shortfall Guarantees), werden jedoch von keinem der Befragten genutzt. Der Markt für solche Versicherungen gilt als tot, da sich nach unerwartet vielen eingetretenen Schadensfällen die Verluste der Versicherungen gehäuft haben und solche Policen nicht mehr angeboten werden (4). Das Konsumtionsrisiko, und damit auch das Entwicklungsrisiko, kann nach Ansicht der Produzenten nicht versichert werden: „Das Risiko, dass ein Drehbuch nicht die künstlerische Qualität erreicht, die man wollte, kann einem keiner abnehmen" (15).

Ein kleiner Schutz für Investoren kann eine „Errors and Omission"- Versicherung darstellen, die garantiert, dass Produzenten im Besitz der Auswertungsrechte sind und Dritte keine Ansprüche geltend machen können. Eine solche Versicherung gilt allerdings als fragwürdig, besser sollten schon im Vorfeld die Rechte eindeutig abgeklärt werden (13).

Auch im Kontext von Versicherungen spielt die Reputation der Produzenten eine Rolle, da z.B. das Einfordern einer Fertigstellungsgarantie bei Budgetüberschreitungen sich negativ auf zukünftige Projekte auswirken kann. Potenzielle Investoren oder Koproduzenten könnten in Zukunft die Zusammenarbeit meiden, da sie den Aufruf eines Completion Bonds als Indiz für unzuverlässige Planung interpretieren könnten. Dabei muss differenziert werden, wer die Garantie aufruft: Für einen rein finanziell involvierten Koproduzenten besteht kein Reputationsrisiko, hier geht es schlicht darum, das Investment zu steuern (4).

8.5.2 Risikoüberwälzung auf Finanzinvestoren

Selbst große Studios wie *Fox*, deren Finanzkraft ausreicht, ein Projekt inhouse zu finanzieren, versuchen Risiken auf Finanzinvestoren überzuwälzen. Dies ist besonders dann notwendig, wenn die Zuschauerpotenzialberechnung einen Erwartungswert ergibt, bei dem die Studioleitung nicht bereit ist, das Risiko von Abweichungen nach unten alleine zu tragen. Investoren verwenden in der Regel jedoch dieselben Indizien für ihre Erfolgsprognose und schätzen die Erfolgsaussichten ggf. ähnlich skeptisch ein (3).

Finanzinvestoren, die Eigenkapital in ein Projekt bringen, erlauben es Produzenten, größere Risiken einzugehen, als bei der Finanzierung durch Presales und Überbrückungskredite: *„We are in the equity business so we can be more flexible with our risk profiles than companies which need to raise debt to finance their movies"* (11). Zwar können die Eigenkapitalgeber an Erlösen partizipieren, stehen in der Auszahlungshierarchie aber deutlich weiter hinten als Kreditgeber. Das Risiko, sich von einem Bankkredit abhängig zu machen, der in jedem Fall bedient werden muss, wollen die Produzenten in der Regel nicht eingehen (4, 11, 16). Investorengelder werden wegen der Risikoübernahme ohne kreative Mitsprache als sehr angenehm bezeichnet, gelten aber als entsprechend schwer zu bekommen (7, 13). Da die Finanziers keine Mitsprache haben, spielt wiederum die Reputation der Produzenten eine wichtige Rolle. Stephen Nemeth erklärt, *„I have an obligation to the financier"* (9). Mit Investorengeldern muss verantwortungsbewusst umgegangen werden, denn wie effizient die Mittel eingesetzt werden, entscheidet mit darüber, ob sie in Zukunft noch einmal gewährt werden.

8.5.3 Risikoüberwälzung auf Distributoren

Streng genommen gibt es keine Risikoüberwälzung auf Distributoren. Eigentlich wird im Gegenteil verhindert, dass Distributoren ihr Konsumtionsrisiko entlang der Wertschöpfungskette auf die Produzenten überwälzen. Dies ist der Kern des Geschäftsmodells für nicht vertikal integrierte Firmen. Ziel ist es, mit Auswertungsrechten Sicherheit zu erkaufen (11, 4). Wie gut dies gelingt, hängt von den Quasi-Sicherheiten ab, die Produzenten bieten können (vgl. Kapitel 8.5.8). Produzenten am Anfang ihrer Kariere haben es hier schwerer (15).

Wird ein Film im Vorfeld als extrem attraktiv eingeschätzt, kann dies dazu führen, dass die Produktionsfirma durch Vorschüsse und Garantien das Budget mehr als gedeckt hat und auch mit einem Flop Gewinn machen kann (11, 9). Umgekehrt kann der Vorabverkauf von Rechten dazu führen, dass die Produktionsfirma nicht oder nur marginal an einem Hit partizipieren kann (11, 9). Wenn Produzenten von einem Erfolg ausgehen, riskieren sie lieber eigenes Geld oder nehmen teure Kredite in Kauf, als Rechte vorab abzugeben (14). Es handelt sich um eine Risikoabwägung: *„When you take money upfront you are giving up potential upside; it is an expected value question"* (11). Problematisch dabei: Distributoren haben weitgehend dieselben Informationen und die daraus resultierende Einschätzung über das Erfolgspotenzial. Somit gelingt es selten, die Chancen aus vermeintlich sicheren Projekten zu behalten und die Risiken aus spekulativeren Projekten überwälzen zu können.

Einige Produzenten berücksichtigen bei dieser Abwägung auch ihre Passion als Filmliebhaber: Wenn sie an einem Projekt wenig oder nichts verdienen, dann soll es für sie doch wichtig und erfüllend sein (8, 9). Sichtbar wird dies z.B. wenn sich während der Dreharbeiten herausstellt, dass mit zusätzlichen Investitionen die Qualität und damit ggf. auch die Erfolgsaussichten des Films gesteigert werden kann. Hat der Verleih im Vorfeld bereits Geld in den Film investiert, ist er ggf. bereit, auch für Nachdrehs und Ergänzungen noch einmal Geld aufzubringen. *Good bye Lenin! (2003)* und *Der Schuh des Manitu (2001)* wären hier prominente Beispiele (8). Ein Gegenbeispiel ist *Wer früher stirbt, ist länger tot (2006)*, der sich zwar im Nachhinein als Erfolg erwiesen hat, im Vorfeld aber große Probleme hatte, einen Verleih zu finden. Der Produzent hatte genügend Vertrauen in seinen Film, so dass er eigene Mittel, die bereits für ein anderes Projekt verplant waren, verwendet hat, um den Film noch einmal umschneiden zu lassen (10).

Produzenten als Dienstleister oder Unternehmer

Bei der Überwälzung auf Distributoren geht es letztendlich um die Frage, ob Produzenten von der Produktion oder der Auswertung leben. Hier zeigen sich deutliche Unterschiede zwischen den befragten Produzenten, die sich zum Teil auf die Position und das Arbeitsverhältnis zurückführen lassen. Julian Schwantes glaubt, dass kleineren Produktionsfirmen ihre Risiken zum Großteil auf Förderer und Distributoren überwälzen können und so unabhängig vom Filmerfolg als Dienstleister vom Produzentenhonorar leben. Größere vertikal integrierte Unternehmen wären durch die Overheadkosten und die hohen Budgets auf den Auswertungserfolg angewiesen (14). Einige Befragte aus nicht vertikal integrierten

Unternehmen teilen diese Einschätzung (1, 2, 6, 7, 11, 12, 15, 16). Produzenten, die auch (Mit)Eigentümer ihrer Unternehmen sind, betonen die Relevanz der Auslastung des Betriebes. Ein ausfinanziertes Projekt muss so gesteuert werden, dass schon in der Produktion ein Gewinn erwirtschaftet wird; entsprechend müsse die Firma klein gehalten werden. *„Jeder Produzent, der Kino macht und so kalkuliert, dass er vom Rückfluss leben will, wird sehr bald sehr große Probleme haben"* (7). Bei den in Deutschland üblichen Verleihverträgen können Produzenten erst ab einer Zuschauerzahl von über einer Mio. mit substanziellen Rückflüssen rechnen (1, 16). Da in den letzten zehn Jahren durchschnittlich weniger als sechs Filme diese Marke erreicht haben (vgl. Filmhitlisten der FFA) können sich deutsche Produzenten nicht auf Rückflüsse verlassen. Für den US-Markt beklagt Stephen Nemeth, dass dubiose Abrechnungspraktiken der Verleiher die Rückflüsse reduzieren (9). Unabhängige Produzenten, die von der Produktion zu leben versuchen, sehen Auswertungserlöse als *„icing on the cake"* (15) oder als *„gravy"* (9).

Umgekehrt unterstellen unabhängige Produzenten ihren Kollegen in vertikal integrierten Unternehmen einen sorglosen Umgang mit Produktionsbudgets. Im Zweifelsfall könne immer die Muttergesellschaft um weitere Mittel angegangen werden (4, 6). Douglas Hansen vermutet bei Studioproduzenten eine simple Strategie: *„... throw money at things and say you could fix it by throwing Julia Roberts in"* (4).

Der Fokus auf das Produzentenhonorar ist aus Angestelltenperspektive nachvollziehbar (12). Bei Unternehmen, die auch im Bereich der Produktionsdienstleitungen engagiert sind, spielt neben dem Produzentenhonorar vor allem auch die Auslastung der eigenen Studioinfrastruktur eine Rolle (2). Für andere Produzenten ist es dagegen essenziell, das Produzentenhonorar minimal zu halten, um so potenziellen Investoren Commitment zu demonstrieren. So kann man leichter an Investoren gelangen und im Erfolgsfall mehr verdienen, als nur den Producer Fee (9, 11). Gerhard Schmidt investiert in seinen Projekten immer mindestens zehn Prozent eigene Mittel. Im Nebeneffekt sorgt dies für eine realistischere Einschätzung der Chancen eines Films, da er sich mit eigenem Geld im Risiko nicht vor den Bedingungen des Markts verstecken kann (13).

Ein drittes Szenario beschreibt Christoph Müller: Seine Projekte sind so budgetiert, dass in der Produktion ein Gewinn abfallen sollte, dies hat sich aber bisher in keinem der Projekte realisieren lassen. Das Produzentenhonorar wurde immer in Nach- und Neudrehs, die Vertonung etc. investiert, um den Schauwert des Films in der Hoffnung auf eine gesteigerte Zuschauernachfrage zu verbessern (8). In einem ähnlichen Szenario beschreibt Stephen Nemeth, wie aus einem geplanten Honorar von 100.000 US$ durch Kostenüberschreitungen ein Honorarverzicht plus ein persönliches Investment von 80.000 US$ wurde (9).

Auch Produzenten, die aktuell von der Produktion leben, sehen es als problematisch, wenn ihr Unternehmen ohne kreatives Herzblut und kommerzielle Erfolge überlebt. *„Wenn du ein richtig starker Produzent werden willst, brauchst du natürlich Erfolge"* (2). Mit einer Mischung aus Neid und Bewunderung sprechen sie von Kollegen wie Brian Gazer, denen es gelingt, neben einem fixen Produzentenhonorar in Millionenhöhe auch eine Erlösbeteiligung herauszuhandeln, weil sie durch ihre Reputation eine Machtposition haben und das finanzierende Studio auf ihre Bedingungen eingehen muss (9). Während einzelnen Individuen durch ihre Reputation eine starke Verhandlungsposition attestiert wird (9, 11, 13, 15, 4), scheinen sich die Produzenten insgesamt in der schwächeren Position zu sehen: *„Die Macht der entscheidenden Leute bei den Verleihern und Sendern ist sehr groß, die Macht der Produzenten ist im Vergleich kleiner"* (1).

Der Produzent, der am stärksten betont hat, künstlerisch anspruchsvolle Filme produzieren zu wollen, gibt offen zu, dass sich die Produktion in den vergangenen Jahren nicht wirklich getragen hat. Der Erfolg des letzten Films erlaubt es zunächst, die Überschreitungen aus vorangegangenen Projekten abzuzahlen. Er lebt primär von seinem zweiten Engagement als Geschäftsführer eines TV-Produktionsunternehmens (10). Die Alternative zu Produktionshonorar und Auswertungserlös ist demnach die Quersubventionierung aus anderen Geschäften, sei es individuell durch einen zweiten Job oder auf Unternehmensebene durch das Engagement in risikoärmeren Engagements in der Werbe- oder TV-Produktion (2, 6, 10, 15).

Output-Deals & Rahmenverträge

Einzelne Produzenten verfügen über Rahmenverträge mit Distributoren, welche die Bedingungen der Übernahme der produzierten Projekte regeln. Dabei gibt es sowohl Output-Deals, bei denen der Distributor alle Produktionen garantiert abnimmt (12, 14), als auch First-Look-Deals, die einem Distributor gegen eine kleinere Gebühr das Recht einräumen, alle Produktionen als erstes zu lizenzieren oder zu kaufen, ohne jedoch den Distributor zu verpflichten (7, 13). Rahmenverträge gelten als Finanzierungsinstrument, das eine gewisse Risikoüberwälzung erlaubt: *„Those output deals are generally made as a financing tool. You do it to mitigate your risk"* (11). Die Einnahmen werden zur Finanzierung der Entwicklungs- und Overheadkosten genutzt (5, 7, 9, 15). Im Fall von Ulrich Limmer war der Erlös aus dem First-Look-Deal mit *Constantin* die Anschubfinanzierung, die ihm die Gründung des eigenen Unternehmens erlaubte (7).

Voraussetzung für einen Output-Deal ist die regelmäßige Produktion von erwartbaren Produktionen (14). Ein Output-Deal ist kein Risikomanagementwerkzeug an sich, sondern die Institutionalisierung der Reputation eines Produzenten. Freundschaftliche Beziehungen oder gute Erfahrungen können formal belastbar gemacht werden und einen konkreten Finanzierungsbeitrag beinhalten, ohne dass einer der Partner auf Kosten des anderen versucht, seine Vorteile zu maximieren (13). Konkrete Vorgaben, welche Genres eine Produktionsfirma im Rahmen eines Output- oder First-Look-Deals entwickeln, sind denkbar (12), aber nicht zwingend (7, 16). Die Reputation bedeutet grundsätzlich eine Erwartung über die Art der Projekte (7, 15).

Auch einige Produzenten, die keinen Rahmenvertrag haben (12, 13, 15), wünschen sich einen solchen, wobei jedoch größeres Interesse an First-Look-Deals als an Output-Deals besteht. Erstere bieten zwar weniger Sicherheit für die Produzenten, lassen aber mehr Freiheit, sowohl bei inhaltlichen Entscheidungen, als auch bei der Auswahl des für das konkrete Projekt am besten geeigneten Distributors (2, 5, 9, 11, 12, 16). Auch Produzenten, die in der Vergangenheit einen First-Look-Deal hatten, schätzen diese Freiheit: *„Der nächste Film, den ich drehe, da habe ich dann einen anderen Verleih, auch einfach mal, um mit anderen Leuten zusammenzuarbeiten"* (7). Das Fehlen eines Rahmenvertrags kann auch positiv gedeutet werden (7, 13): *„Das ist auf der einen Seite schwierig, auf der anderen Seite erhält das unglaublich die Kreativität. Weil, wenn Sie sich auf nichts verlassen können, ist das natürlich auch ein Ansporn. [...] Man bleibt fit im Überlebenskampf"*(13).

Nicht alle Produzenten haben Interesse an einem Rahmenvertrag mit einem Distributor (5, 10, 11). Solange die Kapitaldecke für die Entwicklungskosten ausreicht, kann eigenständig entwickelt werden, um das Projekt dann dem besten Nachfrager anzudienen (5), ohne dass die Produzenten sich dem Distributor anpassen müssen. *„We do not want to be held hostage to the exigencies of a major studio's slate. Warner and Sony have a very specific diversified portfolio. Therefore, if we had an output deal we would have to meet those very specific criteria. We would produce for slots and would essentially be subject to the availability of those slots in their slate"* (11).

Produzenten mit kreativem Selbstverständnis haben nicht den Ruf, erwartbare Stoffe mit gleichbleibender Qualität zu produzieren, ein Rahmenvertrag kommt so kaum in Frage. Aus Ressourcenperspektive betrachtet lässt sich festhalten, dass Reputation als Ressource unterschiedliche und kaum kompatible Ausprägungen haben kann, die jeweils aus unterschiedlichem Zugang zu Risikosteuerungsmöglichkeiten resultieren.

8.5.4 Risikoüberwälzung durch Risikoteilung – Koproduktion

Risikoteilung spielt häufig erst in der physischen Produktion oder der Verwertung eine Rolle. Die Produzenten müssen allerdings schon in der Entwicklung des Projekts planen, mit wem sie zusammenarbeiten wollen und wer bereit sein wird, die Risiken des Projekts in einer Koproduktion zu teilen. Als Nebeneffekt kann aus der Risikoteilung auch eine verbesserte Einschätzung des Risikos resultieren, da Produzenten von der Expertise des Koproduktionspartners profitieren können (4). Die große Mehrheit der befragten Produzenten ist in Koproduktionen engagiert, wenn auch nicht immer mit Begeisterung: *„Typically, it is not by choice but by necessity"* (9).

Finanzielle Motivation

Als Motivation für Koproduktionen nennen die befragten Produzenten an erster Stelle finanzielle Aspekte (1, 2, 6, 7, 11, 12, 14, 15, 16). Ziel ist nicht unbedingt eine Risikoteilung, es geht häufig schlicht darum, ein Budget zu stemmen, das ein Unternehmen alleine nicht aufbringen könnte (1, 6, 7, 12, 15, 16). *„Wir haben unterschiedliche Finanziers, Investoren und da gibt es die letzten 500.000 oder die letzte Mio. €, die noch nicht gedeckt ist und dann überlegen wir, wen holen wir mit an Bord"* (16). Koproduktionen gelten als Möglichkeit, die Fixkosten im Unternehmen zu reduzieren und freie Kapazitäten in der Branche zu nutzen. Es muss weniger Personal eingestellt werden, da ein Teil der Arbeit auf Koproduktionspartner verlagert werden kann (14).

Wenn ein Produzent über genügend Eigenmittel verfügt, steht jedoch die Risikoteilung im Vordergrund: *„Coproduction is a pure risk calculation"* (11). Koproduktionen werden also dann durchgeführt, wenn ein ungünstiges Verhältnis zwischen Budget und Erfolgschancen besteht, also bei Filmen, die für ihr Marktpotenzial zu teuer sind, wie z.B. *Good Night and Good Luck (2005)*. Stützt sich die Finanzierung auf Fördermittel, spielt auch eine Rolle, dass die Koproduktion den Zugang zu Fördertöpfen in anderen Ländern ermöglicht (1, 2, 4, 9, 12, 14, 16). *„Es geht ja auch darum, Länder zu streuen, z.B. mit Berliner Koproduzenten zusammen, wo es dann auch um Fördergelder geht"* (2). Gleiches gilt auch für internationale Koproduktionen, z.B. mit *Studio Babelsberg* oder einer englischen Post-Produktion, die den Zugang zu nationalen Fördersystemen erlauben (9). Die Risikoteilung geht einher mit einer Risikoüberwälzung auf Förderer, die ggf. den Beitrag des Koproduktionspartners komplett decken.

Produzenten legen Wert darauf, der führende Partner in einer Koproduktion zu sein (2, 6, 7, 8, 12, 16), da sie die Kontrolle über das Projekt behalten möchten. Die Koordination einer Koproduktion gilt als aufwendig und nervenzehrend und verlangt vom minoritären Partner einiges Vertrauen: *„Mit einer internationalen Koproduktion kommen ja auch drei Mentalitäten an den Tisch [...] Es erfordert schon eine gewisse Professionalität, zu sagen, ich habe mich in eine Koproduktion begeben, ich bin ein kleinerer Partner und das sind die Dinge, auf die wir uns geeinigt haben, ich halt ab jetzt den Mund, macht mal, ihr werdet das schon gut machen"* (1).

Mehrere Produzenten betonen, dass die finanziellen Vorteile einer Koproduktion nicht die kreative Kohärenz eines Projekts korrumpieren dürfen (1, 2, 8). *„Es muss schon inhaltlich passen"* (2).

Skeptisch stehen die Produzenten dem Engagement von Distributoren als Koproduzenten gegenüber (5, 7, 10, 12, 15, 16). Einige wünschen sich eine klare Trennung der Aufgabenbereiche entlang der Wertschöpfungskette und möchten mit den Distributoren nur als Lizenznehmer zu tun haben. Sie stoßen sich daran, dass Distributoren als Koproduzenten von Fördergeldern profitieren können, die eigentlich zur Stärkung der Produktionsbranche gedacht sind (1, 5, 15, 16). Ein Produzent erklärt, dass Distributoren nur dann Koproduzenten sein sollten, wenn ihr Finanzierungsbeitrag deutlich über den Betrag hinausgeht, der für eine Minimumgarantie üblich ist. Nur so übernimmt der Distributor ein Risiko und leistet einen Beitrag, der über einen Presale hinaus (16). Auch TV-Sender als Koproduzenten werden von einigen Produzenten skeptisch gesehen, da sie fürchten, dass die Anforderungen des geplanten Sendeplatzes wichtiger werden als die Kinoauswertung (1, 6, 15). Andere Produzenten sehen in Koproduktionen eine Möglichkeit, die Distributoren am Risiko zu beteiligen: *„Wir als Produzenten wollen die immer mit im Risiko haben, wenn wir die nur als reine Verleiher haben, wird für den Film nichts getan"* (6). Distributoren mit Erfolgsbeteiligung als Koproduzenten engagieren sich stärker in der Vermarktung des fertigen Films, z.B. mit mehr Leinwänden oder einem attraktiveren Starttermin. Die bessere Behandlung des Films durch den Distributor kann den Verlust durch die geteilten Referenzmittel aufwiegen (6).

Einige Produzenten sehen Koproduktion dagegen als finanziell nicht lohnenswert (5, 10). Die Vorteile würden durch den Koordinationsaufwand aufgefressen. *„Bei Koproduktionen springt in der Regel nicht genug ab, als dass es sich wirklich lohnen würde"* (5).

Einigkeit besteht darüber, dass Produzenten in einigen Fällen aufgrund ihrer geringeren Marktmacht gelegentlich zu Koproduktionen gezwungen sind. Dies ist bei höheren Summen für den Vorabverkauf von Lizenzen der Fall, wenn Distributoren darauf bestehen, am Projekt beteiligt zu werden (1, 2, 5, 7, 9, 15,

16) oder wenn die Inhaber von sehr attraktiven Stoffrechten auf einer Koproduktion bestehen. (5, 9). Die Risikoteilung in der Koproduktion ist eine
Möglichkeit, gegen Erlösbeteiligung einen Finanzierungsbeitrag zu erhalten. Das
Lamentieren über Koproduktion kann als Unzufriedenheit über die geringe Verhandlungsmacht der Produzenten verstanden werden. Kleinere Produzenten
müssen sich den Machtverhältnissen anpassen: *„Sicher ist das manchmal ärger-
lich, aber ich sag, lieber ein finanziertes Projekt als gar kein Projekt"* (12).

Kreative und strategische Motivation

Einzelne Produzenten sehen in Koproduktionen auch eine kreative Zusammenarbeit, bei der sie von der Meinung und Erfahrung der Partner profitieren (8, 13).
*„Ich finde es hilft schon sehr, wenn erfahrene Produzenten zu Projekten Stellung
nehmen. Wenn mir fünf Koproduzenten sagen: ‚Hör mal, das Drehbuch ist
interessant, aber am Ende völlig vermurkst' [...] dann stimmt irgendetwas
nicht"* (13). Durch Koproduktionen kann die Expertise von anderen Investoren
genutzt werden. Wenn auch andere bereit sind, sich als Koproduzenten zu
engagieren, gilt das Commitment als Indiz für die Qualität des Projekts. *„I think
that people tend to look to find ways to share risk with other people. Hopefully
you are doing it with smart people"* (4). Koproduzenten können also bei der
Rekrutierung weiterer Geldgeber ein gutes Argument sein (1). Gerhard Schmidt
sieht es als einen Mangel in der deutschen Produzentenszene, dass aufgrund der
Konkurrenz der Austausch zwischen Produzenten über ihre Projekte zu kurz
kommt. Er glaubt, die Branche könnte sich professionalisieren, wenn sie dem
Beispiel anderer Berufsfelder folgt und z.B. wie bei einer Supervision in der
Psychotherapie Wissen und Erfahrung allgemein zugänglich macht. Zwar ginge
so die Exklusivität des Wissens verloren, branchenweit könnten jedoch Fehl-
investitionen vermieden werden (13). Ein Produzent nennt als Motivation für
Koproduktionen auch *„market pacification"* (4) und bestätigt somit die Vermutung, von Goettler et al. (2005), dass Koproduktionen durch die Ko-
ordinierung der übrigen Projekte der beteiligten Firmen zu einer Markt-
befriedung führen.
　　Zum Teil spielen auch strategische oder praktische Gründe eine Rolle:
Wenn eine Produktionsfirma sich in einem neuen Genre versucht, soll im Sinne
eines *„knowlegde pooling"* (4) durch einen erfahrenen Koproduzenten Expertise
ins Projekt geholt werden (2, 4, 5). *„Dann bringen wir den Stoff ein und die ihr
Know-how"* (5). Der Übergang zwischen Beistellungen und Koproduktionen ist
dabei fließend: Beim *Ausbilder Schmidt (2008)* wurden die Stuntszenen von

ActionConcept beigesteuert, die so im Umfang ihrer Dienstleistung zum Koproduzenten wurde (16).

Auch bei minoritären Koproduktionen möchten Produzenten sich z.T. nur in Projekten engagieren, von denen sie begeistert sind und auch bei einem Scheitern sagen können, dass es sich gelohnt hat, sich mit dem Thema zu beschäftigen. *"Ich bin auf jeden Fall um die Recherche, um die Information und die Streitbarkeit dieser Themen bereichert und kann auch politischer oder komödiantischer oder dramatischer durchs Leben gehen und bin einfach auf einem anderen Niveau und bilde mich selber weiter"* (8).

Nicht allen gilt die Koproduktion als Vorteil im kreativen Bereich. Eine kreative Produktionsfirma erhöht ggf. den Koordinierungsaufwand über den Grenznutzen hinaus (15). Das Engagement in Koproduktionen kann auch als Kontakt- und Reputationspflege verstanden werden. Dabei sind minoritäre Koproduktionen ebenso wichtig wie majoritäre: *"Es macht natürlich mehr Spaß, Seniorpartner in der Koproduktion zu sein, weil wir die Sache dann in der Hand haben, aber man muss in einem internationalen Geflecht auch mal anderen Leuten den Gefallen tun und einfach mit dran glauben. [...] Ich würde das als Networking bezeichnen"* (13). Gerhard Schmidt hat dadurch ein Netzwerk an Partnern, von denen er weiß, dass er sie bei einem Projekt in einem bestimmten Genre um die fehlenden 10-15% des Budgets angehen kann. Somit kann der Output in einem Ausmaß erhöht werden, der für das einzelne Unternehmen nicht zu realisieren wäre (14).

Kofinanzierung aus Referenzmitteln

Einen Sonderfall der Koproduktion als Risikoteilung stellen Kofinanzierungen aus Referenzmitteln dar. Referenzmittel sind Gelder aus der automatischen Filmförderung, die Produzenten als Belohnung für erfolgreiche Projekte bekommen, um sie in neue Projekte zu investieren (vgl. §§ 22-31 FFG). In einigen Fällen werden diese Gelder gezielt in Projekte anderer Produzenten investiert (2, 12, 16). In diesem Fall handelt es sich eher um eine Risikoüberwälzung auf Investoren, wobei der Investor Förderansprüche statt Eigenkapital riskiert. Zugespitzt formuliert könnte man von einem Glücksspiel mit dem Geld anderer Leute sprechen. Auch Querfinanzierungen werden so möglich, wenn Referenzmittel verwendet werden, um Tochterfirmen bei der Projektfinanzierung zu unterstützen, z.B. wenn *Constantin* beim Film *NaPolA (2004)* als Koproduzent eines Projekts der Tochter *Olga Film* auftritt (14).

8.5.5   Risikoüberwälzung auf das Personal

Erfolgsabhängige Honorare sind in der Filmbranche weit verbreitet. Drei Gründe sind dabei ausschlaggebend: Neben der Motivation wird der Aspekt der Kostenreduktion und die unternehmerische Verantwortung genannt. Es geht auch darum, Risiko auf das involvierte Personal überzuwälzen. Dies gelingt, weil das Personal mit jedem Engagement auch seine Reputation riskiert und entsprechend am Gelingen eines Projekts interessiert ist.

Für einige Produzenten gehören Erfolgsbeteiligungen standardmäßig zu Verträgen mit Schauspielenden (9, 11, 13), allgemein kommen sie für erfolgsrelevante Positionen infrage, also Schauspielstars, Regie (1, 2, 9, 13, 14) und ggf. Produzent (14). In der Regel werden sie nur bei höher budgetierten Projekten verwendet (14) oder um Schauspielende engagieren zu können, deren Gage sonst das Budget sprengen würde (2, 11). Erfolgsbeteiligungen können das Green Light ermöglichen, da sie mit dem Budget auch die Schadenshöhe, die im Risiko steht, vermindern *„If [...] everybody had gotten paid full fee [...] we would never got the green light because that would have been a bad risk"* (3). Die Agenten der Schauspielenden versuchen, bei Erfolg versprechenden Großproduktionen höhere Beteiligungen für ihre Klienten zu erreichen (14) bzw. bei vermeintlich riskanten Projekten vorab eine attraktive Gage festzulegen (4). Stars bringen einen Mehrwert ins Projekt, es gilt als gerechtfertigt, wenn sie diesen Mehrwert mindestens zum Teil auch wieder abschöpfen (13).

Andere Produzenten verzichten auf Erfolgsbeteiligungen und legen Wert darauf, dass sie durch Buy-outs der Kreativen die alleinigen Urheber des Films sind und den Erfolg nicht teilen müssen (12). Zum Teil wird die Anspruchshaltung der Kreativen beklagt (1, 6, 8). Der Erlösanteil der Produzenten habe sich stabil bis rückläufig entwickelt, die Kreativen fordern dagegen einen immer höheren Anteil ein. *„Man möchte ein festes Honorar haben und eine Erfolgsbeteiligung"* (1). Kreative seien wenig bereit, ins Risiko zu gehen und zeigten mit Hinweis auf Urheberrechte z.T. wenig Verständnis dafür, dass zunächst Investoren ausbezahlt werden müssten. Erfolgsbeteiligungen seien aber nur gerechtfertigt für diejenigen, die wirklich das Risiko tragen – in der Regel die Produzenten (1, 8): *„Man hat als Produzent das größte Risiko, [...] wenn alles schief geht, ist nur unser Geld weg und nicht das Geld von irgendjemand anderem"* (10).

Die Beteiligung der Kreativen am Gewinn ist für einige Produzenten ein Gebot der Anständigkeit, denn *„Film ist Teamwork"* (13). Wenn Autoren, Regisseure und Schauspielende mit ins Risiko gehen, sollen sie partizipieren. *„Der Produzent muss Risiken verteilen, aber wenn er Gewinne macht, sollte er die auch verteilen"* (13). Wenn Stars zum Mindestlohn arbeiten, sind sie in Anbetracht ihrer sonst üblichen Gage letztlich Investoren im Projekt und müssen entsprechend honoriert werden (1, 11). Andere Produzenten sehen Kreative allgemein nicht in der Lage, wie Stars Risiken zu tragen und sich ggf. auch an den Verlusten zu beteiligen. Im Erfolgsfall fühlen sie sich dagegen verpflichtet, das Personal durch Bonuszahlungen am Kinoumsatz partizipieren zu lassen (1, 5, 8, 10, 15). Erstlingsregisseure, die vorab z.b. nur 50% ihrer Gage ausbezahlt bekommen werden, sind aber auch am Verlust beteiligt (2, 5, 13).

Der Mangel an deutschen Stars, die Zuschauer ins Kino bringen, ist für einzelne Produzenten ein Grund, keine Erfolgsbeteiligungen anzubieten, sondern umgekehrt Gagenrückstellungen einzufordern (15). Ähnlich wie bei Koproduktionen geht es nicht nur um Risikoüberwälzung, sondern auch um die Finanzierung des Projekts. Bei Low-Budget- und Debütfilmen ist das Ziel eine Kosteneinsparung (1, 2, 9, 10, 15). Dies kann über Gagenrückstellungen oder echte Erfolgsbeteiligungen realisiert werden: *„If you are trying to make a movie for very little money, you don't have a lot of money to pay. You can sometimes give profit participations to your drivers, make-up and hair people"* (9). Der Übergang zwischen Erfolgsbeteiligungen, Produktionsbeistellungen und Gagenrückstellungen ist fließend. Abgesehen von Materialkosten können auch Studioleistungen wie der Setbau auf Erfolgsbeteiligung basieren (2). Gagenrückstellungen sind bei fast allen am Projekt beteiligen Personen möglich (15). Hier ist jedoch schnell die Grenze zur Ausbeutung überschritten (2, 15) und die Abrechnung verursacht großen bürokratischen Aufwand (15).

Zum Teil haben die Produzenten selbst erfolgsabhängige Verträge mit ihren Arbeitgebern, z.B. wenn sie am Drehbuch mitgearbeitet haben (8) oder als finanzieller Anreiz der Geschäftsführung (11). Andere partizipieren statt am Erfolg des Projekts, an dem des Unternehmens (13, 16). Produzenten, die nicht direkt am Erfolg beteiligt sind, bedauern dies, da so ihre Leistung besser gewürdigt wäre (6, 12): *„Ich hätte das eigentlich schon gern, weil ich gut bin!"* (12). Andere verlassen sich lieber auf die Sicherheit der Festanstellung, auch bei Misserfolg entlohnt zu werden.

Erfolgsbeteiligungen werden nur bedingt als Mittel zur Qualitätssicherung und Steuerung von Produktionsrisiken verstanden. *„Ich kann nicht beruhigt schlafen, nur weil ich weiß, dass ein Hauptdarsteller so und so viel Prozent bekommt"* (14). Eine finanzielle Motivation sollte eigentlich nicht notwendig sein, da die Beteiligten ohnehin begeistert sein sollten (2, 7, 10, 15). *„Wenn ich einen Regisseur habe, der keinen Bock auf das Projekt hat, dann muss ich mir einen anderen suchen"* (2). Erfolgsabhängige Bezahlung wird als Finanzierungstool für die Produktion verstanden (1, 10, 15). *„Das ist einfach nur, dass du kein Geld hast"* (10). Da im Falle eines Misserfolgs am Ende kein Geld zu verteilen ist oder durch Abrechnungstricks keine Erfolgsbeteiligungen ausbezahlt werden, ist der Motivationseffekt eingeschränkt (4, 7). *„The reality is that most of the time talent is burned on the back end"* (4). Ein Motivationseffekt kann sich nur einstellen, wenn Produzenten den Ruf haben, Erfolge zu produzieren und Beteiligungen fair auszuzahlen (4, 7). Auch die Bedeutung der Reputation der Kreativen kann den Motivationseffekt begrenzen, da z.b. ein lustloses und unmotiviertes Spiel eines Darstellenden nachhaltig rufschädigend sein kann: *„Studios are not going to hire actors and pay them a lot of money if they are not supporting their films"* (9). Die Beteiligung an einem Flop reduziert den Marktwert von Stars, somit sollten sie bestrebt sein, den Film zum Erfolg zu führen. Allerdings können Kreative bei extrem misslungenen Filmen davon ausgehen, dass ihre Reputation keinen Schaden nimmt, da diese Filme aus Sorge um die Reputation der Produzenten und Distributoren ggf. nicht ausgewertet werden (4).

Ein motivierender Effekt zeigt sich bei der Vermarktung des fertigen Films (8, 9, 15). Kreative, mit Erfolgsbeteiligung oder Gagenrückstellung, engagieren sich stärker bei Festivalauftritten, Making-of-Features und PR-Events. Ulrich Limmer hält diese Belohnung von Pressearbeit dagegen für unsinnig: *„Das wäre ja grotesk, ich bezahl den Schauspieler für die Pressearbeit, dadurch wird er dann bekannter und beim nächsten Film hat er dann eine höhere Gage"* (7).

Ob überhaupt erfolgsabhängige Verträge geschlossen werden, hängt von der Ausgangsmotivation und den Interessen der Beteiligten ab. *„If an actor wants to do something badly enough you're in the driver seat, if the producer wants the actors to do something more than they want to do it they will be in the driver seat"* (9). Im besten Fall stellen Independent-Filme eine Win-Win-Situation dar: Produzenten bieten ein ungewöhnliches Projekt, in dem Stars sich jenseits ihrer Standardrolle weiterentwickeln können. Stars danken, indem sie durch die Arbeit zum Mindestlohn und Erfolgbeteiligung das Projekt erst ermöglichen (4). Ähnlich sieht es bei Debütfilmen aus: Die Produzenten ermöglichen den Regisseuren den Film, tragen aber nicht das gesamte Risiko (5, 8).

Kontrolle und Sanktionen

Um sicherzustellen, dass das Personal die übergewälzten Risiken auch effektiv steuert, ist Kontrolle notwendig. Wenn kompetentes Personal motiviert arbeitet, erübrigt sich diese im besten Fall (7). Gute Stimmung im Team ist deshalb wichtig: *„Ich glaube, dass gute Qualität aus Freude entsteht und nicht aus Druck"* (7). Produzenten sehen sich z.T. eher als Motivatoren, die das Privileg des letzten Worts haben (7, 12). Die Regie wird nicht nur aus Kostenerwägungen heraus überwacht, sondern auch wegen der Motivation des Teams (6). Unerfahrenes oder unvertrautes Personal wird indirekt durch vertrautes und vertrauenswürdiges Personal kontrolliert: *„We will surround him or her with the right people"* (3). Immer spielt dabei die Machtkonstellation eine Rolle: Erstlingsregisseure mit Gagenrückstellungen können besser gesteuert werden als preisgekrönte Regisseure mit Erfolgsbeteiligungen (5).

Im Wesentlichen setzen Produzenten auf die Kontrolle durch die Branchenstruktur und das organisationale Setting. Die Überschaubarkeit der Branche und das Ausmaß an Gerüchten bedeuten eine Sozialkontrolle (4, 11). Fehlverhalten wird nicht im Projekt geahndet, sondern im Kollektiv: *„It still took that filmmaker a long time to get another job because there were so many rumors of his behavior on set"* (11). Die Sorge um die Reputation ermöglicht die Zusammenarbeit mit Kreativen, auch ohne formale Kontrolle der Arbeit. Eine Kombination aus Produktionsfirma und Studiobetrieb bietet eine einfachere Kontrolle: *„Wir können auch immer das Licht ausmachen, wenn es zu lange dauert"* (2).

Die Sanktionsmöglichkeiten gegenüber dem Personal sind eher gering. Technisches Personal kann ermahnt oder ausgewechselt werden (7, 12), dazwischen gibt es kaum Spielraum. Nacharbeiten sind wenig effektiv, da Korrekturen immer auch Zeit und Geld kosten (16). Regisseuren ohne Budgetdisziplin können aufwendige Motive oder Hilfsmittel verweigert werden (2, 7). *„Das ist ein bischen wie im Kindergarten, wo wir eine Sache zugestehen, dafür an einer anderen Stelle wieder was wegnehmen müssen"* (2). Produzenten sind bei Konflikten jedoch in einer schwachen Position, denn die Regie hat Zugriff auf die Schauspielenden und kann durch Arbeitsverweigerung die Produktion lahmlegen (7). Auch unmotivierte Schauspielende können die Produktion behindern, da Aufnahmen nicht beliebig wiederholt werden können (4). Durch den Aufbau einer partnerschaftlichen Beziehung mit einem gemeinsamen Ziel sollen Konflikte bereits im Vorfeld vermieden werden (2, 7, 14), da arbeitsrechtliche Regelungen später wenig Spielraum lassen (14). *„Wir arbeiten schon in der Entwicklung mit dem Regisseur zusammen und so können wir ihm von Anfang an klar machen, was möglich ist. So sehen wir früh, ob die Vorstellungen kompatibel sind und müssen ein Projekt ggf. abbrechen"* (2).

Insgesamt sind die Möglichkeiten, Risiken auf das Personal überzuwälzen, stark eingeschränkt. Das Gros der Kreativen ist nicht in der Lage oder willens, Risiken mitzutragen. Eine echte Risikoüberwälzung ist nur möglich bei Stars, die es sich leisten können, und Debütanten, die es sich leisten müssen. Dazwischen hat die Erfolgsbeteiligung eher den Charakter eines motivierenden und fairen Managements der Personalressourcen.

8.5.6 Risikoüberwälzung auf Filmförderungsinstitutionen

Die Bedeutung der Förderung für die Risikoüberwälzung in Deutschland bringt Philip Voges auf den Punkt: *„In Deutschland gibt es gar nicht so viele Risiken in der Produktion, weil wir so viele Förderinstrumente haben. Leute, die hier am Kino pleite gehen, sind selbst schuld"* (16). Allerdings ist mittlerweile auch die Filmförderung darauf bedacht, ihr Risiko zu reduzieren und orientiert sich zunehmend an ökonomischen Kriterien (6, 7, 12, 13, 14, 16). Fördergelder sind umso leichter zu bekommen, je mehr Marktteilnehmer durch ihr Investment gezeigt haben, dass sie an ein Projekt glauben (16). Auch die Filmförderung ist Teil der Commitment-Kaskade und Reputationspyramide gegenüber den Geldgebern (12). Laut Ulrich Limmer, der im Vergabeausschuss der Bayerischen Film- und Fernsehförderung saß, sind die Prioritäten jedoch vertauscht: *„Man schaut bei der Förderung erstens nach der Qualität und zweitens auf die Marktfähigkeit"* (7). Die Förderung bedient immer noch auch kulturelle Aspekte und so lassen sich Risiken aus Projekten überwälzen, die kommerziell orientierte Investoren nicht zu tragen bereit wären (10). Aber auch Förderungen wollen sich an kommerziell erfolgreichen Filmen beteiligen, um aus den Risiken Rückflüsse zu generieren, die als Leistungsausweis gegenüber der Politik und der Öffentlichkeit gelten (6, 12, 16).

Die Förderung wird von den Produzenten (1, 2, 6, 12, 14, 15, 16) mit wenigen Ausnahmen (13) geschätzt und als notwendig fix eingeplant: *„Man weiß, da kann man Geld bekommen"* (12), *„Ohne Filmförderung würden wir die Budgets so nicht zusammenbekommen"* (5). Ein Produzent warnt davor, darüber nachzudenken, welche anderen Möglichkeiten zur Risikoüberwälzung es gäbe, da dies die Förderung als die Basis des Geschäftsmodells in Frage stellen könnte. Ein anderer sieht in der einfachen Überwälzung eine Gefährdung der Branche, da die Förderung den realistischen Blick auf den Markt verhindert. 80% der nachgefragten Filme sind ohne Förderung entstanden, entsprechend wäre es sinnvoller, sich am (internationalen) Markt als an der (nationalen) Förderung zu orientieren. *„Die ganze Förderung nutzt überhaupt nichts, wenn Sie kein marktfähiges Produkt haben"* (13). Filmförderung als Risikoüberwälzung ist keineswegs nur in Europa üblich. Auch amerikanische Produzenten profitieren von Filmförderung: z.B. im Rahmen von Programmen amerikanischer Bundesstaaten oder in Koproduktionen mit Partnern in Europa, Kanada oder Australien (4, 9, 11). Mit Ausnahme von Carla Hacken von *Fox2000* nutzen auch die amerikanischen Produzenten Förderangebote: *„There are deals to be made everywhere"* (9).

Für manche Projekte ist wegen des Genres oder der Inszenierung eine Risikoüberwälzung auf Förderinstitutionen unmöglich. Splatterfilme oder Filme ab 18 Jahren werden nicht unterstützt (2, 13). *„Sie müssen immer einen gewissen oder sogar überwiegend einen Feuilletonanteil dabei haben"* (13). Kleinere Produktionsfirmen können unter Umständen bereits das Entwicklungsrisiko überwälzen (15).

Umfang der Förderung

Einzelne Produzenten schätzen den Förderanteil am Budget zwischen 20% (13) und mindestens 30% (12). Das Gros der befragten deutschen Produzenten gibt an, dass Fördergelder jeweils rund 50% eines Filmbudgets ausmachen (1, 2, 5, 6, 10, 14, 15, 16) und der laut EU-Richtlinie zulässige Maximalanteil ausgeschöpft wird. Durch Rückstellung des Produzentenhonorars und der Sonderregelung für Filme, die einen *„schwierigen Absatz erwarten lassen"* (vgl. § 26 Abs. 1. Zi 4 FFG) kann der Förderanteil gesteigert werden (5, 6, 16). Wenn der Förderanteil über 50% liegt, können Filmförderer Mittel kürzen, es ist aber im Einzelfall möglich, mehr zu bekommen. *„Wenn die sehen, dass der Film einen sehr hohen kulturellen Aspekt hat, dann werden sie schon etwas über das Normalmaß hinaus tun"* (6). Bei Vorzeigeprojekten, die den Nerv einer Förderinstitution treffen, können bis zu 90% aus Mitteln der Förderung und des Film- und Fernsehabkommens stammen (13). Das Gros der Filme mit einem Budget unter drei Mio. € kann als „schwierig" gelten und so einen Förderanteil von 60-70% aufweisen (15). Ulrich Limmer meint, dass im Vergleich zu US-Produktionen jeder Film in Deutschland besonders schwierig sei (7). Die Ausnahmeregelungen mehrerer Förderer, wonach für Kinderfilme, Erstlingswerke oder kulturell beispielhafte Projekte bis zu 80% des Budgets aus der Förderung stammen dürfen (vgl. Völcker 2005 Zusatzmaterialien), werden zum Teil weit ausgelegt. Abhängig von den Rückzahlungsbedingungen können in erheblichem Umfang Risiken auf die Förderer übertragen werden. Produzenten, die das halbe Risiko überwälzen können, wollen dennoch als ganze Unternehmer wahrgenommen werden. Man müsse Budgets aus allen zur Verfügung stehenden Quellen zusammentragen und nur durch die Förderung sei das Risiko in der Filmproduktion in Deutschland überhaupt tragbar (14).

In den USA ist der Umfang der Förderung in der Regel geringer, aber auch hier können Risiken übergewälzt werden. New Mexico schießt Filmbudgets bis 15 Mio. US$ zu 100% für fünf Jahre vor und erlässt 25% der Rückzahlung unter der Voraussetzung, dass das Geld im Land ausgegeben wird (9). Andere US-Produzenten stufen die Bedeutung der Förderung als weit geringer ein. In ihren Projekten machen Fördergelder jeweils rund 5-12% (11) bzw. rund 15% (4) aus. Ob die Förderung in Anspruch genommen wird, muss wohl überlegt sein, da sie jeweils mit Auflagen verbunden ist. *„You have to qualify expenses and go through a lot of hassle"* (11). Auch in Deutschland verlangen Förderer einen Regionaleffekt, wonach mehr als die Fördersumme im Land des Förderers ausgegeben werden muss (12). In Deutschland wie in den USA werden Filme deshalb an Orten gedreht, die sonst nicht in Frage gekommen wären: Staten Island muss z.B. als Ohio herhalten (11). Die Risikoüberwälzung ist mit einer Orientierung an Fördervorgaben verknüpft. *„Aber besser wir haben sie als wir haben sie nicht, weil die Förderung nicht nehmen, kann man ja immer noch"* (12). Einzelne Produzenten empfehlen den Verzicht, da die Förderung häufig weder inhaltlich noch finanziell lohnt (4, 15). Die Risikoüberwälzung bedeutet eingeschränkte Flexibilität und Kontrolle (11), die gegen den finanziellen Vorteil abgewogen werden muss. *„There has to be a net benefit to make it make sense"* (4). Wenn ein Projekt in Deutschland 20% mehr kostet als in Tschechien, bringt eine 20%-Förderung keinen Vorteil, da die Finanzierungssumme und das finanzielle Risiko des Produzenten gleich bleiben.

Planbarkeit und Verlässlichkeit der Förderung

Förderinstitutionen richten ihr Engagement z.T. nach anderen Kriterien als Distributoren und Investoren. Dies bedeutet jedoch nicht, dass es sich bei Fördermitteln um leicht zugängliches Geld handelt (10), einen Automatismus der Förderung gibt es nicht: *„Fördergeld ist nicht ‚easy' im Sinn von Verfügbarkeit und Verlässlichkeit. Man muss zittern, ob man es bekommt"* (16). Einzelne Produzenten haben Kollegen, die noch nie Fördergelder bewilligt bekommen haben (12). Produzenten bei den großen integrierten Produktionskonzernen beklagen, dass durch günstigere Produktionsmethoden und ausgeweitete Ausbildungsangebote der Kreis der Bewerber um Fördermittel stark gewachsen sei (8, 14). Produzenten können sich deshalb nicht immer auf die Verfügbarkeit von Fördermitteln für ihre Projekte verlassen (6, 14). Zur Analyse, ob ein Projekt das Green Light bekommen soll, gehört neben der möglichen Höhe der Förderung auch die Bewertung der Frage der Verlässlichkeit dieses *„soft moneys"* (4). Einzelne Produzenten beklagen, dass Fördergelder im Cash-Flow meist wesentlich später verfügbar sind als die Mittel von anderen Investoren (14).

Auch bei Förderinstitutionen ist die Risikoübernahme von der Reputation der Produzenten und der Kreativen im Projekt abhängig (2, 6, 12). *„Das öffnet die Türen"* (6). Produzenten ohne eigene Reputation müssen ihre Projekte mit reputationsstarkem Personal besetzen, um ihre Förderchancen zu verbessern. Insbesondere die künstlerische Reputation spielt eine große Rolle: *„Es gibt Projekte, an denen kommt die Förderung nicht vorbei, Projekte die gefördert*

werden müssen, weil sie den Kunstaspekt bedienen" (2). Wenn eine Oscarpreis-
trägerin wie Caroline Link ein neues Projekt hat, genügt der Verweis auf die
Filmografie, um weitgehend ohne zusätzlichen Überzeugungsaufwand die Förderzusage zu erhalten (5). Ggf. ist die Reputation eines chronisch erfolglosen
Kritikerlieblings wertvoller als der erwiesene Kassenerfolg. Die Argumentation
gegenüber Förderinstitution und Investor *„sollte sich klugerweise unterscheiden"* (13). Im Unterschied zu Investoren kann mit Förderinstitutionen ver-
handelt werden, Einsprüche gegen Förderentscheide sind möglich. Ewa
Karlström bekam nach einem Widerspruch doch noch eine Förderzusage für *Die
Wilden Kerle (2003)*, nach dem das Projekt zunächst als zu *„altbacken"* für ein
junges Publikum abgelehnt worden war (5). Die Überzeugungsarbeit gegenüber
der Förderung ist *„leichter als bei einer Bank"* (6). Bei der Absage von einer
Förderinstitution führt der Weg meist zu einer anderen, bevor das Projekt grundsätzlich überarbeitet wird (12).

Ziele der Förderung – Kulturelle Aspekte

Wirtschaftsförderung und kulturelle Förderung folgen unterschiedlichen
Kriterien. Mehrere Produzenten vermuten, dass Förderer „preisverdächtige"
Filme gegenüber kommerziellen bevorzugen, um Festivals besuchen zu können
(6, 13). Nationale Förderer haben bei der kulturellen Förderung eine größere
Freiheit, die wirtschaftliche Förderung muss dagegen Antragsstellern aus allen
EU-Mitgliedsländern offen stehen (13). Andererseits wird eine wirtschaftlich
motivierte Tendenz zur Förderung von „national Champions" beobachtet, bei der
kleinere Projekte und Firmen wenig berücksichtigt werden (12).
    Gremienentscheidungen beeinflussen die Inhalte und Themen der ge-
förderten Filme weniger als früher (1, 2, 7, 12, 13). *„Man kann nicht sagen, dass
die Förderung die Inhalte oder die Themen bestimmt. Aber man muss berücksichtigen, ob dort eingereichte Drehbücher dem Qualitätsverständnis der
jeweiligen Förderung entsprechen"* (13). Die Diskussionen in den Fördergremien sind *„eigentlich überhaupt nicht politisch oder geschmacklich orientiert
[...], sondern es geht um die Qualität der Geschichte"*(7). Die stärkere ökonomische Orientierung der Förderer bedeutet, dass zunehmend dieselben
Kriterien wie bei Investoren relevant sind (12). Der Markterfolg von geförderten
Filmen wie *Das Leben der Anderen (2006)* gilt als Indiz, dass Qualitätskriterien
der Gremien mit ökonomischen Kriterien konvergieren (1, 7). Wenn allerdings
in der Drehbuchentwicklung Förderung in Anspruch genommen wird, bedeutet
dies immer eine *„kreative Mitsprache von Dritten, denn auch eine Förderung
redet mit"* (15).

Allgemein lehnen es die Produzenten ab, ein Projekt gezielt auf bestimmte Förderinteressen hin zu entwickeln (1, 2, 6, 13). *„So ein Vorgehen kann einem Projekt unglaublich schaden"* (2). Ein Projekt müsse primär den Machern und dem Publikum gefallen. Langfristig ist es nicht zielführend, Förderung für Projekte zu bekommen, die den eigenen Ansprüchen nicht genügen (2). Stephen Nemeth geht pragmatisch mit der Frage um, ob er ein Drehbuch für die Förderung anpassen würde: *„You could do that, as long as you are not changing the story dramatically, if it makes sense"* (9). Die rein wirtschaftliche Orientierung der Filmförderung in den USA bedeutet jedoch, dass er allenfalls Schauplätze, nicht jedoch die Geschichte ändern müsste.

8.5.7 Risikoüberwälzung auf Werbekunden

Film ist eine der wenigen Mediengattungen, deren Erlöse nur aus direkten Zahlungen der Rezipienten stammen.[76] Werbung im Kino kommt nur den Kinobetreibern zugute und steht nicht für die Refinanzierung der Produktion zur Verfügung (vgl. von Rimscha 2008a). Filmproduzenten können den Wert ihrer kleinen, aber exklusiven Zielgruppe bei potenziellen Werbekunden nicht kapitalisieren. Denkbar sind allenfalls Placements in den Filmen. Potenzielle Werbekunden sind aber nur bedingt bereit, in Filme zu investieren, ohne die Zahl der generierten Kontakte und den Nutzen abschätzen zu können (7, 15).

Mit zwei Ausnahmen spielen Placements in der Finanzierung für die befragten Produzenten keine Rolle. Einige Produzenten meinen, Placements sollen grundsätzlich vermieden werden (5, 8) oder als nur kreatives Element nicht unbedingt zum Vorteil der dargestellten Marke eingesetzt werden (8). Die Anbahnung und Realisation *„bringt oft mehr Ärger als Vorteile. [...] Wir haben erlebt, dass das Placement nachher doch nicht lang genug gewesen sein soll, und wir haben rumgemacht, das einzufügen. Es ist Nervkram"* (5).

Placements werden mehr für Beistellung von teuren Requisiten oder des Caterings genutzt (2, 4, 5, 8, 9, 11, 13, 15), sind die Gegenleistung für die Finanzierung einer Premierenfeier (8), eine Aufstockung des Marketingbudgets (9) oder funktionieren als Product-tie-ins in der Distribution (2). Cash Deals sind die Ausnahme (5, 13, 14), die möglichen Summen liegen bei maximal 50.000 US$ bzw. € (11, 14). Keinesfalls werden Placements bei der Budgetierung eingeplant (4, 5, 8, 13). Die Beträge sind zu gering (5, 14) und die Verfügbarkeit nicht sicher (13): *„Das ist nichts, wo ich die Finanzierung drauf begründen könnte"* (14). Attraktiv sind nur Placements, deren Bezahlung vom Filmerfolg

---

[76] Dies gilt zumindest für die ersten Stufen der Verwertungskette. Die Auswertung im frei empfangbaren TV ist werbefinanziert, dies spielt jedoch in der Produktion keine Rolle.

unabhängig ist. Andernfalls steht das Geld nicht vorab zur Verfügung und im Falle eines Misserfolgs würde der bereits eingeplante Finanzierungsbeitrag ausfallen (4, 13). Wenn der Placementerlös nicht für die Finanzierung notwendig ist, kann eine Zahlung im Erfolgsfall jedoch einen attraktiven Bonus darstellen (9).

Für die Zukunft sehen einzelne Produzenten eine attraktive Finanzierungsmöglichkeit, die verstärkt erschlossen werden sollte (2, 7). Aktuell wird allerdings nur bei Blockbustern die Möglichkeit gesehen, mit Placements die Finanzierung vom Markterfolg abzukoppeln (9, 11), da Werbekunden wegen der Zugkraft der beteiligten Stars von einer hohen Kontaktzahl ausgehen und ggf. auch die Anzahl der Startleinwände garantiert bekommen können. *„You are only going to get real money from a product, if you are making the movie with a star that has a guaranteed theatrical distribution deal"* (9). Gisela Schäfer ist der Meinung, dass sie mit den Verfilmungen von Kindermarken Placements für den Buchverlag und die Merchandisingfirmen macht, ohne dass dies honoriert wird (12). Sie hat dabei allerdings eher moralische Bedenken dem jungen Publikum gegenüber, als dass sie günstigere Lizenzen fordern würde – letzteres ist durch die Konkurrenz um Lizenzrechte ohnehin kaum durchsetzbar.

Produzenten zeigen wenig Bereitschaft, ein Drehbuch den Bedürfnissen von Werbetreibenden anzupassen, sei es aus kreativen Gründen (4, 5, 8, 15), oder weil die Planungshorizonte von Produktion und Werbung nicht kompatibel sind (4, 5, 7, 15). Nur eine Produzentin gab im Interview an, dass für ein Placement das Drehbuch angepasst wurde. Um zukünftige Deals nicht zu gefährden, möchte sie das konkrete Beispiel jedoch nicht zitiert sehen (2). Für sie stehen auch bei Arthousefilmen nicht ethische Probleme im Vordergrund, sondern die Frage, ob das Zielpublikum für den Werbetreibenden reizvoll ist (zum Abgleich zwischen Produkt- und Filmzielgruppen vgl. von Rimscha 2007).

Die beiden Ausnahmen von der Regel, wonach Placements keinen Finanzierungsbeitrag leisten, kommen aus sehr unterschiedlichen Kontexten: Der eine Produzent schätzt, dass er bei TV- und Kinoproduktionen, die sich an ein breites Publikum richten, jeweils 5-10% des Budgets über Placements decken kann, ohne dass diese Summe von der Zuschauernachfrage abhängig gemacht würde (6). Der andere berichtet von seinem Film *Dogtown and Z-Boys (2001)*, den er über eine legendäre Gruppe von Skateboardfahrern produziert hat. *Vans*, ein Hersteller von Skateboardschuhen, erkannte in dem Film eine Möglichkeit zur passgenauen Zielgruppenansprache und übernahm, als die Finanzierung zu scheitern drohte, das komplette Budget (9). Während der Eine also mit vielen kleinen und wenig differenzierten Placements einen eher bescheidenen Anteil des Finanzierungsrisikos überwälzen kann, zeigt der Andere, dass bei *„organic product placements"* (9) der Übergang zum „advertiser funded program" fließend ist. Produzenten können ihre Risiken wie bei einer Werbeauftragsproduktion komplett überwälzen. Die Werbekunden sind dann keine Kunden mehr, sondern Investoren, die gleichermaßen an Gewinn und Verlust partizipieren (11).

8.5.8 Sicherheiten für die Risikoüberwälzung

Bei der Bewertung durch Investoren bzw. Entscheidungsträger im Konzern kommt es auf das Gesamtpaket aus Drehbuch, Schauspielende, Regie und ggf. zusätzliche Elemente wie Drehorte, Produzent, Genrekomponenten und Marketing Hook an (2, 3, 4, 9, 14). Die Sicherheit ergibt sich aus der Summe der Elemente. *„Filme werden nur gemacht, wenn wir davon ausgehen, dass der Film in der Kombination aus Geschichte, Schauspieler, Regisseur, vielleicht auch noch Drehorte, funktioniert. Wenn alles rund ist und auch für das Publikum rund erscheint, dann können wir das Risiko eingehen, daraus einen Film zu machen"* (14). Im deutschen Markt, wo es keine Stars gibt, die als Sicherheit dienen können, muss man sich mehr auf das Drehbuch, den Stoff, konzentrieren (8, 10).

Es geht darum, den Investoren oder Entscheidungsträgern in der Konzernhierarchie die Publikumsattraktivität des geplanten Projekts zu vermitteln (1, 2, 3, 4, 5, 13). *„Ich muss denen versprechen, der Film macht eine Mio. Zuschauer oder mehr"* (1). Wenn ein Versprechen nicht reicht, wird mit der Attraktivität der Elemente des Projekts argumentiert: *„Man braucht immer irgend etwas, das die Geldgeber abschätzen können, in welcher Form auch immer. Das kann ein Regisseur sein, das kann eine Produktionsfirma sein, ein Star. Je mehr Geld man braucht, desto mehr dieser Sicherheiten muss man liefern"* (5). Auch innerhalb eines integrierten Konzerns muss dieser Nachweis geführt werden. Personen, die das Green Light geben, müssen sich gegenüber der Konzernleitung und den Investoren rechtfertigen: *„They try and prove on paper [...] that this is a project were they think they could break even – even in a worst case scenario"* (3).

Die Argumente müssen den Zielen der Investoren angepasst sein (2, 7). Verleiher sind im Gegensatz zu Förderern primär am Kassenpotenzial interessiert: *„Deshalb bewerten die häufig ganz anders. Verleiher haben andere Bewertungstools und gehen vielmehr über Marktforschungsanalysen, Testscreenings"* (2). Mehrere Produzenten (1, 7) sehen die unterstellten Zieldimensionen Qualität und Kommerzialität jedoch nicht als Gegensätze: *„Wenn ein Film eine hohe Qualität hat [...], dann wird er sich auch durchsetzen"* (7). Unabhängig davon, ob Qualität oder Kommerzialität angestrebt wird, die Anhaltspunkte sind jeweils in den Elementen des Projekts enthalten, also dem Stoff und dem Personal. Daneben spielen die Reputation der Produzenten und ggf. nicht monetäre Faktoren auf Seiten der Investoren eine Rolle.

Bekannte Stoffe und Marken

Zur Finanzierung muss es einen Anknüpfungspunkt geben, der bei Zuschauern und Investoren eine Assoziation auslöst (8) und den Vergleich mit einem erfolgreichen Projekt ermöglicht (6, 15). Eine Basissicherheit bei der Vermarktung eines Projekts gegenüber Investoren stellt die Bekanntheit eines Stoffes, respektive das Anknüpfen an einen bekannten Stoff dar (2, 9, 15). Die so genannte *„in-built audience"* (9) kann unmittelbar als Sicherheit für die Finanzierung dienen. Bei Buchvorlagen kann die Bekanntheit unmittelbar aus den Verkaufszahlen abgelesen werden. Eine hohe Auflage lässt auf eine entsprechende Nachfrage nach dem Film schließen (2, 6, 7, 12, 16). *„Wenn du auf eine literarisch erfolgreiche Vorlage zurückgreifen kannst, dann hast du natürlich beim Verleih größere Chancen"* (10). Ein sehr hohe Auflage ist im Einzelfall ausreichend, um das gesamte Projekt zu rechtfertigen: *„Beispielweise beim Sams: Das hatte damals über drei Mio. verkaufte Buchexemplare, dann ist die Frage, wer der Regisseur ist, nicht mehr zentral, dann haben Sie das Argument schlechthin"* (7). Analog können bei TV-Vorlagen Einschaltquoten als Indikator für Bekanntheit und Attraktivität dienen (12). Am unmittelbarsten funktioniert das Argument bei Sequels zu erfolgreichen Filmen (2, 15): *„[...] da war es klar, wenn der Erste funktioniert, kann und soll es weitergehen"* (2). Im Extremfall kann eine erfolgreiche Vorlage bedeuten, dass Produzenten durch Vorschüsse von begeisterten Investoren Gewinn machen, bevor die physische Produktion des Films begonnen hat. Stephen Nemeth hatte bei der geplanten Verfilmung von *Fear and Loathing in Las Vegas (1998)* bei einem Budget von 4.5 Mio. US$ ein Angebot über den Presale an einen Weltvertrieb in Höhe von 7.5 Mio. US$ (9).[77] Auch Parodien erscheinen berechenbar, indem ein Bruchteil des Publikums des Originals als erreichbar angenommen wird. Die Vorlage muss entsprechend populär sein. Ein mäßig erfolgreicher Independent-Film wie *The Usual Suspects (1995)* kommt somit auch für einen Produzenten, der den Film selbst sehr schätzt, nicht als Vorlage für eine Parodie in Frage (9).

Mehrere Produzenten beziehen sich in ihrer Argumentation gegenüber potenziellen Investoren auf Beispielfilme, denen sie nacheifern wollen und die als Referenz für das Erfolgspotenzial dienen sollen (2, 9, 15). *„Wenn man zu einem Stoff kommt, prüft man, ob es Verwandtschaften zu anderen Filmen gibt und wenn einem einer einfällt, muss man fragen, hat er gut funktioniert oder nicht. Wenn ja, kann man ihn als Beispiel wunderbar zitieren"* (15). Sebastian Storm hofft so, die Scheu von Investoren vor Erstlingsregisseuren oder -produzenten adressieren zu können (15). Auch Genrekomponenten können

---

[77] Der Presale kam jedoch nicht zustande, da *Universal* in das Projekt einstieg und der Film mit einem verzehnfachten Budget neu konzipiert wurde.

hilfreich sein, um Investoren das Zielpublikum zu vermitteln (4). Marken und Filmreihen, die selbst Marken darstellen, sind Sicherheiten, die helfen, ein Projekt als weniger riskant darzustellen (3,12). Investoren sind *„leichter zu überzeugen, wenn es eine Marke gibt. [...] Die Bekanntheit und positive Bewertung hat zur Folge, dass es auch bei den Investoren eine positive Bewertung gibt"* (12). Die Marke kann als Shortcut für die Dokumentation der Nachfrage verwendet werden (12), und kann auch als Anknüpfungspunkt für die Vermarktungskampagne dienen, um die Nachfrage erst zu erzeugen (7). Markenbasierte Projekte sind leichter umsetzbar (3, 12), aber ggf. auch eine Unterforderung der Kreativen: *„It might be easier to develop tentpole movies such as X-Men or Spidermen, but less interesting from a creative standpoint"* (3). Einzelne Produzenten zweifeln an der Strahlkraft von Marken: *„Die Marke alleine reicht nicht aus, [...] wenn die Qualität nicht stimmt"* (7). Andreas Richter ist überzeugt, dass eine brillant erzählte Geschichte sich auch ohne Bekanntheit durchsetzen kann, wenn es gelingt, Investoren zu überzeugen, die Geschichte tatsächlich zu lesen und sich darauf einzulassen (10). Damit ist der Kreis möglicher Investoren stark eingeschränkt, da monetär motivierte Investoren in der Regel weder die Zeit noch die Kompetenz haben, ein Drehbuch so zu lesen, wie es notwendig wäre.

Personal und Stars

Investoren erwarten Informationen über das geplante und im besten Fall bereits vertraglich gebundene Personal (6, 11, 14, 15). Das Sicherheitsbedürfnis kann am besten befriedigt werden, wenn Produzenten zum Drehbuch noch *„...zwei, drei Schauspieler, die wirklich einen Namen haben, bekannt und publikumswirksam sind und einen bekannten Regisseur [bieten können]. Schon haben Sie ein besseres Entreé, als wenn Sie da ankommen und sagen ‚Ich hab da eine Idee und könnten wir nicht mal...'"* (6). *„Wenn wir in der Finanzierungsphase einen Star vorweisen können, springen die Investoren da ganz anders drauf an"* (2).

Bekanntes und renommiertes Personal kann in zweierlei Hinsicht eine Sicherheit darstellen: Aus dem Erfolg in der Vergangenheit wird abgeleitet, dass die Person Zugkraft an der Kinokasse besitzt (2, 5, 6, 8, 11, 14, 15, 16): *„Cast is always a way of guaranteeing yourself a threshold level of audience interest. If some star has done a movie in the same realm that has worked in the past commercially, you feel like you have some kind of build-in guarantee"* (11). Gleichzeitig gilt das Commitment einer renommierten Person als Indiz für ein stimmiges und potenziell erfolgreiches Projekt (2, 3, 4, 5, 6, 14, 15). Stars, so die Vermutung, wählen Projekte, die geeignet sind, ihre Reputation zu mehren.

Wenn Stars bereit sind, für eine reduzierte Gage mitzuwirken, müssen sie an den Erfolg des Projekts glauben: *„The director and the actors bring in potential"* (4). Die Reputation von Schlüsselpersonal kann demnach so stark sein, dass sie dem Produzenten als einzige Sicherheit genügt (14) Die Sicherheitsleistung von Stars korreliert direkt mit ihrer Popularität. Carla Hacken berichtet, dass Joaquin Phoenix bei der Entwicklung von *Walk the Line (2005)* von der Studioleitung zunächst als *„not a recognizable enough star"* (3) angesehen und entsprechend das Budget limitiert wurde. Anders als bei Ulmer, der Starpower mit Finanzierungspower gleichsetzt (vgl. Ulmer 2000: 5), gilt für die Produzenten Kassenerfolg als das Kriterium zur Bewertung der Starpower. Kritikerlieblinge oder persönliche Favoriten taugen nicht als Sicherheit (14).

Für den deutschen Markt konstatiert Philip Voges, dass *„die einzigen deutschen bankable Kinostars Comedians sind"* (16). Sie hätten es geschafft, sich im TV eine genügend große Fangemeinde zu erspielen, die auch im Kino tragfähig ist. Popularität im TV kann jedoch nicht unmittelbar ins Kino über-tragen werden (7, 11). Investoren könnten Zweifel an der Zugkraft haben, wenn eine Person im TV omnipräsent ist. Um die Popularität im TV zu einer Sicher-heit zu machen, muss der Star (z.B. Oliver Pocher beim *Vollidiot (2007)*) oder die Story (z.B. Winnetou-Parodie beim *Schuh des Manitu (2001)*) im TV ver-knappt werden (8). In den USA gibt es eine eindeutigere Trennung zwischen Kino- und TV-Schauspielenden mit einer klaren Hierarchie, wonach Kinoschau-spielende das größere Starpotenzial haben. Wenn ein TV-Star die Hauptrolle in einem Kinofilm übernimmt, gilt die nicht als Sicherheit, sondern als Spekulation: *„That was a bet we made on Zack Braff's rising star power"* (11).[78]

Bekannte Schauspielende können für die Investoren auch als Shortcut bei der Einordnung des Projekts dienen, da die Personen mit bestimmten Genres und Inszenierungen assoziiert werden (2, 14, 15). Damit sind Stars auch An-knüpfungspunkt für die Marketingkampagne (15). Je nach intendierter Ziel-gruppe sind einzelne Schauspielende als Sicherheit unterschiedlich wertvoll (3). Genauso hängt der Wert von Stars davon ab, ob sie eine für sie typische Rolle spielen oder gegen ihren Typ gecastet sind. Nur im ersten Fall können die In-vestoren von früheren Erfolgen extrapolieren (3).

Marktforschung als Sicherheit

Marktforschungsergebnisse, die eine Nachfrage für das geplante Projekt dokumentieren könnten, spielen in der Argumentation gegenüber Investoren bei

---

[78] Zack Braff ist mit der TV-Serie *scrubs* bekannt geworden und hat in der Folge mehrfach versucht, sich auch als Kinoschauspieler zu etablieren.

nicht vertikal integrierten Produktionsunternehmen praktisch keine Rolle. Statt quantitativer Daten zur Bekanntheit einzelner Schauspielender wird der Projekt-beschreibung ein Zusammenschnitt einer Promotiontour mit kreischenden Fans beigelegt, um die Starqualität einzelner Darstellender zu dokumentieren (5). Marktforschung gilt als unzuverlässig (5, 10) und zu teuer (1). In der Regel haben Distributoren mehr Erfahrung und besseren Zugang zur Marktforschung.

Reputation und Erfahrung

Eine wesentliche „Sicherheit" für Investoren ist die Reputation und Erfahrung der Produzenten (1, 4, 5, 10, 12, 14). Das Vertrauensverhältnis substituiert den messbaren Wert der Elemente des Projekts (13). Reputation wirkt wie ein Mark-enversprechen: *„It is a brand to the distributor that helps them to know what to expect from the completed project."* (4). In der Risikoevaluation des Investors bedeutet die Reputation der Produzenten, dass ein Erwartungswert für den Charakter und Erfolg des Projekts bestimmt werden kann und mit weniger Ab-weichung von diesem Wert gerechnet werden muss (1, 4, 5, 10, 14): *„Wir haben soviel Erfolge gehabt, warum soll das jetzt keiner werden"* (5). Produzenten müssen demonstrieren, *„dass man diese Bereiche schon mal beherrscht hat oder man gezeigt hat, dass man fähig ist, das auf die Beine zu stellen"* (1). Produzenten oder Produktionsunternehmen können selbst zu einer Marke mit klar umrissenem Profil werden, das durch die Auswahl der Projekte verfestigt wird. Stephen Nemeth wird mit seinem Unternehmen *Rhino* als *„pop- and counter culturally significant"* wiedererkannt (9).

Die Relevanz der Reputation als Quasi-Sicherheit bedeutet eine erhebliche Markteintrittsbarriere auf dem Produzentenmarkt. Nur wer bereits Erfolge vor-weisen kann, wird finanziert; wer nicht finanziert wird, kommt jedoch kaum zu Erfolgen. Es gibt mehr Produzenten, als der Markt finanzieren kann und so gibt es insbesondere unter den Berufseinsteigern eine starke Auslese: *„Die ersten fünf Jahre sind die kritischen. Wenn man die überlebt hat, also die ersten zwei, drei Filme produziert hat, dann hat man eine Basis erreicht, auf der man gut aufbauen kann"* (15). Bis dahin kann die Lösung des Dilemmas in gemischten Teams liegen (1, 5), in denen die mangelnde Reputation der Produzenten durch namhaftes Personal aufgewogen wird oder die Filmografie der Produktionsfirma als Substitut für die der Person dienen muss: *„In solchen Fällen kann so jemand zu einer Produktionsfirma gehen, die dann mit ihrer Filmografie wiederum leichter überzeugen kann"* (5). Trotzdem gilt ein schneller Erfolg als wichtig, denn *„...wenn ich [...] relativ schnell einen Erfolg habe, habe ich eine andere Vertrauensbasis. Habe ich Erfolg mit einem kommerziellen Produkt, stehen mir* *alle Türen offen, weil mir unterstellt wird, ich weiß was ich tue und mein Kalkül ist aufgegangen"* (1). Im Idealfall können Produzenten Erfolge sowohl im kommerziellen Bereich, als auch mit einem *„schwierigen Thema"* (1) aufweisen. Die so demonstrierte Vielseitigkeit kann zusätzlichen Respekt verschaffen.

Nicht monetäre Motivation

In Ermangelung von harten Sicherheiten spielen auch nicht monetäre Aspekte eine Rolle. Einige Produzenten können sich gelegentlich für Projekte begeistern, die nach ökonomischen Kriterien geringe Aussicht auf Erfolg haben. *„Manchmal geht es ums Prestige. Es gibt Filme, da weiß ich von vorneherein, das wird kein Erfolg, aber ich spann mit dem Regisseur oder dem Autor oder dem Schauspieler zusammen um mal mit dem zu arbeiten, weil ich die immer schon Klasse fand"* (8). In anderen Fällen geht es um die Verarbeitung eines eigenen Traumas oder das Andenken eines Familienmitglieds (5, 9). In solchen Fällen ist es vergleichsweise schwer, potenziellen Investoren Sicherheiten zu präsentieren. Entweder müssen solche Projekte entsprechend niedrig budgetiert sein, damit sie alleine bewältigt werden können, oder es muss Begeisterung vermittelt werden und an das Vertrauen in die Urteilsfähigkeit der Produzenten appelliert werden. *„We really have no excuse to ever lose money within reason on a motion picture, unless it is made for reasons other than commerce"* (9).

Auch Investoren sind z.T. für weniger rationale Argumente empfänglich und lassen sich mitreißen (6). Privatinvestoren schätzen den sozialen Aspekt eines Filminvestments: *„Der Investor will Glamour haben"* (8). In diesen Fällen genügt es ggf., einen großen Namen im Projekt zu haben. *„So sitzen die Investoren dann an ihren Stammtischen und es gibt ihnen ein gutes Gefühl. Da ist egal, ob sie ein bisschen was verlieren, denn sie haben eine gesellschaftliche Anerkennung"* (8). Privatinvestoren haben meist eine emotionale Verbindung zum Film oder sind von dessen Charakter als Glücksspiel fasziniert (13). Die Begeisterungsfähigkeit von Investoren sollte nicht ausgenutzt werden, da auch Liebhaber Erwartungen an ein Projekt haben und im Erfolgfall umso begeisterter wieder investieren. *„You will never work again if your movie does not work or does not make money because that is all everybody cares about [...]. Moreover, if you make this person money, that person will be your bank forever"* (9).

Neben Privatinvestoren haben auch Institutionen, die im Auftrag der Öffentlichkeit handeln und Gelder vergeben, also Filmförderer und öffentliche TV-Sender, nicht nur eine monetäre Motivation. Auch hier mag es einen Hang zum Glamour geben (13), wichtiger scheint jedoch der jeweiligen Leistungsauftrag. Ein regionaler Bezug, ein kultureller Beitrag oder die Auslastung der regionalen Infrastruktur und die Sicherung von Arbeitsplätzen wiegen dabei schwerer als die Renditechancen. *„Der föderale Charakter der ARD hilft uns, weil so auch lokale Dinge möglich sind"* (10). Diese Argumente gegenüber Förderern können jedoch nur dann wirksam sein, wenn das Projekt die Kriterien erfüllt oder angepasst werden kann.

8.6 Risikoverminderung

Mit Risikoverminderung sind all jene Aspekte gemeint, welche die Produzenten in der Stoff- und Projektentwicklung selbst in der Hand haben. Es geht nicht darum, das Risiko auf andere abzuwälzen oder durch andere Geschäfte abzusichern, sondern unmittelbar im Projekt die Eintrittswahrscheinlichkeit oder die Schadenshöhe zu reduzieren. Der Übergang zwischen Risikovermeidung und Risikoverminderung ist dabei fließend, da es sich z.t. um dieselben Maßnahmen in unterschiedlichen Iterationsschritten der Projektentwicklung handelt. Die Vermeidung findet vor dem ersten Package statt, die Verminderung bei jeder Umgestaltung des Package. Die Möglichkeiten, innerhalb eines im Grundsatz unveränderten Package Risiken zu vermindern, sind beschränkt. Am Ende der Risikoverminderung sollten die Risiken im Package aus Drehbuch, Personal und Finanzierung so kontrolliert sein, dass die Verantwortlichen bereit sind, Grünes Licht für die Produktion zu geben. *„Das Grüne Licht wird dann mit gutem Gewissen gegeben, wenn man das Risiko auf vertretbares Maß minimiert hat"* (14). Im Folgenden werden deshalb nur die Maßnahmen dargestellt, die nicht bereits im Kapitel 8.3 behandelt wurden.

8.6.1   Risikoverminderung im Drehbuch

Im Kapitel 8.3.1 wurde bereits dargestellt, dass Produzenten sich zum Teil stark in die Drehbuchweiterentwicklung einbringen, um die Qualität dieses Inputs zu kontrollieren. Um sicherzustellen, dass die Qualitäten der Vorlage ins Drehbuch einfließen, arbeitet ein Produzent mit mehreren Dramaturgen zusammen, die jeweils nur Vorlage oder Drehbuch kennen (1). Der erwähnte Marketing Hook muss unter Umständen nicht mit einer Vorlage eingekauft oder in der Drehbuchentwicklung herausgearbeitet werden. Ggf. kann er erst für die Vermarktung hinzugekauft werden. Die durchschnittliche romantische Komödie *Can't Buy me Love (1987)* wurde zum großen Erfolg, weil *Disney* als Verleiher noch einmal die Hälfte des Produktionsbudgets in die Rechte an dem *Beatles*-Song investierte, um so einen Marketing Hook zu haben (9).

8.6.2 Risikoverminderung durch das richtige Personal

In Einzelfällen kann das Risiko im Personal durch Schulungen reduziert werden, etwa wenn neue Techniken oder Arbeitsabläufe umgesetzt werden sollen (12), ansonsten bleibt meist nur Vertrauen und eine Mischung aus Motivation und *„Management by Mistake"* (8). Während des Projekts stellt sich unter Umständen das Problem unterschiedlicher Zielsysteme zwischen Kunst und Kommerz. Idealtypisch stehen kommerziell orientierte Produzenten künstlerisch orientierten Kreativen gegenüber. Durch die Tradition des Autorenfilms haben in Deutschland Regisseure z.T. noch immer eine stärkere Position als die Produzenten (16): *„Man hat es in dieser Branche als Unternehmer ungleich schwerer als die Kreativen"* (1). Kreative können auch mit Flops, die bei der Kritik oder Schauspielenden erfolgreich waren, ihre Reputation steigern und höhere Gagen realisieren. *„As a filmmaker you can make a movie that has very little commercial value, but will still get you a lucrative job down the road"* (11). Einzelne Produzenten beklagen, dass an Filmhochschulen wirtschaftliche Aspekte noch immer vernachlässigt werden. Die Situation hat sich jedoch verbessert, weil der Regienachwuchs anderen Vorbildern folgt und sie damit Produzenten nicht mehr als Handlanger und Gegner ansehen (16). Problematisch kann dagegen die *„Allmacht der TV-Redaktion"* (6) werden, wenn Sender als Koproduzenten aktiv in die Produktion eingreifen.

Die Mehrzahl der Produzenten berichten von nervenzehrenden Diskussionen mit Kreativen, die aus Perfektionismus, Eitelkeit oder künstlerischem Anspruch Mehrausgaben einfordern oder verursachen (1, 5, 6, 7, 10, 12, 15, 16). Jedes Projekt ist *„it's own little dysfunctional family"* (9), insbesondere auch, wenn kreative Produzenten von Regisseuren nicht als solche anerkannt werden (7, 10). Diese Differenzen können nicht vertraglich geregelt, sondern müssen vorab besprochen werden. Erst wenn auf Vertrauensebene Einigkeit erzielt ist, kann mit dem Projekt begonnen werden (1, 2, 5, 14, 15, 16), denn es *„ist die originäre Aufgabe des Produzenten, das Projekt mit seinen Kosten im Rahmen zu halten"* (2). In der Branche sind die Eigenheiten des möglichen Personals vorab bekannt und Konflikte daher eher selten (5, 6, 14): *„Bei einigen Regisseuren weiß man, was passieren kann, weil man das vorher beobachten konnte. Vielleicht gelingt, es viele Preise zu gewinnen, aber vielleicht geht man dabei auch pleite"* (5).

Die Transparenz bedeutet, dass die Probleme der jeweils anderen Akteure bekannt sind und man sich gegenseitig hilft, um ein Projekt zum Erfolg zu führen (5, 7). Kunst und Kommerz müssen keine Gegenpole sein, wenn Qualität von Kritik und Publikum belohnt wird (3, 7): *„Wir glauben, dass, wenn man einen wirklich guten Film macht, dann hat man auch viele Zuschauer"* (10). Der

Fokus sollte also nicht nur auf kommerziellen Aspekten liegen, da so ggf. die kreativen Elemente, die für den Erfolg sorgen, zu kurz kommen könnten und Attraktivität und Glaubwürdigkeit leiden (7): *„There is a point at which you compromise the integrity of your movie, if you go below a certain amount"* (9). Produzenten sind bereit, Kompromisse einzugehen, wenn die Vorstellungen der Regie *„sowohl Qualität als auch Überwachbarkeit beinhalten"* (16). Produzenten haben Erfolg, wenn sie künstlerische Aspekte und die geschäftliche Seite in Einklang bringen: *„You have to think of that as a combination of both commerce and art"* (9).

Den Widerstreit zwischen kreativen und kommerziellen Zielen erleben die Produzenten auch in ihrer eigenen Person. Sie kämpfen gegenüber den Entscheidern über das Green Light um den kreativen Anspruch, andererseits versuchen sie für sich oder ihr Unternehmen einen Gewinn zu erzielen (2, 3, 7). Sie wollen nicht als reine Manager wahrgenommen werden und mokieren sich über Finanziers ohne Bezug zum Kino: *„I do not understand what they are up for. If you want to be a banker go to New York and make a billion $"* (3). Sie verstehen sich selbst als Kreative, die z.T. jahrelang an Projekten arbeiten und wollen somit auch ihre eigene Vision im Film wiederfinden (1, 7, 10, 16).

8.6.3 Risikoverminderung durch Koordination

Die Risiken in Entwicklung und Produktion sind nicht unabhängig, deshalb zielt die Risikosteuerung sinnvollerweise nicht nur auf die einzelnen Risiken ab, sondern auf das Zusammenspiel mehrerer Faktoren: *„Da hängt so viel zusammen, denn wenn es ein gutes Buch ist, dann hast du einen guten Regisseur, der das machen will und dann hast du natürlich auch bei einem guten Regisseur die guten Schauspieler und dann hast du auch die Finanzierung"* (8). Risikoverminderung kann also auch aus der Koordination der einzelnen Elemente eines Projekts entstehen, denn es geht darum, mit einem Paket zu überzeugen (3, 8, 11, 15). Es gilt, in mindestens einem Bereich einen reputationsstarken Akteur (Autor, Regisseur, Hauptdarstellende, Finanzier) zu gewinnen, der dann als Türöffner in den anderen Bereichen fungieren kann (15). Die Qualität des Drehbuchs und des Cast bedingen sich gegenseitig. Erst wenn die Produzenten das Drehbuch optimiert haben, können sie damit zugkräftigere Schauspielende für das Projekt gewinnen. *„We wanted to make the sophisticated version and we waited till we felt our script was strong enough that we could get Meryl Streep"* (3). Die Koordination beinhaltet die Auswahl der passenden Regie (5, 10, 15), indem z.B. als Regisseur für *Die Wilden Kerle (2003)* ein Vater mit Kindern im Alter der Zielgruppe ausgewählt wird (5). Man muss abwägen, wie viel die

Sicherheit eines Stars wert ist, wenn er nicht optimal zum Drehbuch passt oder nicht mit dem übrigen Cast harmoniert (2, 5, 13). Produzenten bekommen in der physischen Produktion ggf. die Rolle der *„Mutter am Set"* (2), die sich die Probleme der beteiligten Kreativen anhört, um einen Ausgleich zwischen notwendigen Inputs zu erreichen.

Auch bei der Koordination spielen die Reputation der Beteiligten und die daraus resultierenden Machtverhältnisse eine Rolle. *„There is a power struggle on typically everything. Ultimately, the people with the most power win"* (9). In der Planung muss berücksichtigt werden, dass ein Projekt ggf. von der Regie oder Schauspielstars dominiert wird (5, 6, 9). Schauspielende sind nicht bereit, beliebige Rollen zu übernehmen. Produzenten ist es nur in engen Grenzen möglich, gegen reputationsstarke Kreative zu arbeiten, da dies nachhaltig ihre Reputation und ihre Beschäftigungschancen beeinträchtigen kann (9). Renommierte Regisseure bestehen häufig darauf, beim Cast und den wichtigsten Crewmitgliedern mitzuentscheiden und wollen Einfluss auf das Drehbuch nehmen (15).

Mehrere Produzenten versuchen, bei der Weiterentwicklung des Drehbuchs bereits den Verleiher einzubinden, um so von dessen Know-how zu profitieren und das Risiko zu vermindern, weil das Interesse des Verleihs von vornherein sichergestellt werden kann (12, 13, 15). Zum Teil haben Aussagen von Verleihern dabei sogar mehr Gewicht als jene der hauseigenen Dramaturgen (13). Einzelne Projekte werden auf das Nachfrageschema von bestimmten Verleihern und insbesondere TV-Sendern optimiert (6, 12, 15).

8.6.4 *Risikoverminderung durch Marktforschung*

Wo Marktforschung schon in der Entwicklung stattfindet, gilt ihr Einfluss als hoch (3), nicht zuletzt auch deswegen, weil sich die Geschäftsleitung häufig aus dem Marketing rekrutiert. Auch die Marktforschung von externen Distributoren kann Einfluss auf ein Projekt haben, allerdings nur, wenn genügend Zeit bleibt und das Ausmaß der geforderten Änderung nicht zu groß ist (12). Die Möglichkeiten, nach Testscreenings noch Änderungen vorzunehmen, sind bei Animationsfilmen eingeschränkter als bei Kollegen im Realfilmbereich (14, 15). Marktforschungsergebnisse sind demnach nicht handlungsleitend, sondern werden, wo sie gelegen kommen, akzeptiert, wo sie ungelegen kommen, ignoriert. *„I use them to my advantage when I can"* (3). Negative Ergebnisse könnten zwar auf Geheiß der Studioleitung zur Redimensionierung eines Projekts zwingen, Marktforscher haben aber kein Vetorecht über Projekte (3). Sebastian Storm will Stoffe, die er für eine *„klasse Ergänzung"* im Markt hält, auch dann entwickeln, wenn er *„gegen die Statistik"* arbeitet (15). Sven

Burgemeister findet in der Zusammenarbeit mit Marketingforschern der Uni Weimar im Wesentlichen seinen Instinkt bestätigt. Er ist allerdings bereit, im Sinne eines Experiments in Bezug auf die Vermarktung abweichenden Empfehlungen zu folgen. In der Produktion und Entwicklung ist sein Team weniger empfänglich *„weil da so schlaue Leute am Tisch sitzen, die nur Dinge tun, die argumentierbar sind und nicht, was irgendeine Statistik sagt"* (1). Für diejenigen Produzenten, die angeben, Marktforschung in Bezug auf die Distributoren zu betreiben, sind die Ergebnisse dagegen klar handlungsleitend (11). Kein Produzent wird Projekte verfolgen, für die er keinen Verleih finden kann.

8.7 Umgang mit Reputationsrisiken

Wie die von ihnen engagierten Kreativen, sind auch Produzenten selbst auf ihre Reputation angewiesen. Fast alle befragten Produzenten sprechen von einem „People Business" und betonen die Bedeutung von persönlichen Kontakten, Vertrauen und Reputation für den Erfolg. Man investiert in seinen Ruf, wenn man Kreative kennenlernt und Kontakte pflegt (8). Produzenten brauchen eine persönliche Erfolgsgeschichte, die sie zu Markte tragen können: *„The reason you are paid is that something worked at some point"* (4). Die eigene Reputation gilt als entscheidend bei der Projektentwicklung: *„Social capital is very, very important in Hollywood in the perception that you can get something done or that you are able to get client money that you are able to deliver a good product"* (11). Für Produzenten gibt es verschiedene Reputationsdimensionen, die jeweils auf die Anspruchsgruppen bezogen sind. *„There are many different realms where you can have your reputation"* (4). Um ein Projekt erfolgreich auf den Weg zu bringen, ist die Reputation bei allen Anspruchsgruppen wichtig (14).

8.7.1 Reputation bei Kritikern und Jurys

In Bezug auf den Output gibt es zwei entscheidende Reputationsdimensionen. Die eine besteht in der Fähigkeit, die Publikumsnachfrage zu bedienen, gemessen in Zuschauerzahlen, eine eigentliche Reputation beim Publikum gibt es jedoch kaum. Die zweite Dimension ist die Qualität der Filme, gemessen am Kritikerurteil und in Ehrungen und Preisen. *„Ein Festivalerfolg kommt genauso der Reputation zugute wie ein Kassenerfolg"* (2). Erfolg bei Festivals gilt jedoch nicht allen als adäquater Ersatz für den Kassenerfolg. Entsprechend wollen viele Produzenten ein Projekt nicht weniger kommerziell orientieren, nur um einen Preis zu gewinnen, denn sie bezweifeln den Wert von Auszeichnungen für zukünftige Projekte (5, 12, 15). Auszeichnungen sind nicht entscheidend für die Produzentenkarriere, aber *„it is nice because in the industry the peers recognise it as a job well done"* (3). Mindestens wird also die Visibilität erhöht (2). Produzenten am Anfang ihrer Karriere müssen bei Festivals wahrgenommen werden und können sich, z.b. durch den Erfolg bei Kurzfilmfestivals, als Partner für einen Langfilm empfehlen (15). Die meisten Produzenten streben kommerziellen und kreativen Erfolg gleichzeitig an (3, 9, 12, 15) und betonen fast autosuggestiv, dass sich die beiden Erfolgsdimensionen nicht gegenseitig ausschließen, sondern dass ein qualitativ hochwertiger Film sich auch an den Kinokassen bewährt. *„The best movies typically have the best chance of financial success"* (9). Mehraufwand durch Überarbeitung des Drehbuchs, oder eine Verzögerung, um auf die Verfügbarkeit von Kreativen zu warten, kann sich lohnen, da es aus einem kommerziell leidlich erfolgreichen Film einen kommerziell und künstlerisch erfolgreichen machen kann (3). Carla Hacken hält die Studioleitung durchaus für den Glamour von Preisverleihungen für empfänglich und interpretiert die Diversifikationsstrategie des Studios als eine Möglichkeit, kommerzielle und künstlerische Erfolge in einem Konzern und unter einer Dachmarke zu vereinen (3).

Ehrungen gelten als schöne Beigabe, als *„a big icing on the cake"* (3), werden aber nicht explizit angestrebt (2, 5, 15). Die Fokussierung auf Ehrung gilt als *„not a particular good business model"* (4). Eine Auszeichnung kann bei folgenden Projekten als Türöffner dienen und evtl. im Vertrieb helfen, die Chance einen Preis zu gewinnen, ist jedoch so klein, dass diese Strategie ein riskantes kurzfristiges Ein-Chancen-Szenario bedeutet (4, 5, 9, 14, 15). Nur einer der befragten Produzenten gibt explizit an, mit Filmen wie *Wholetrain (2006)* und *Sofie Scholl – Die letzten Tage (2005)* Renomméeprojekte durchzuführen, bei denen die künstlerische Profilbildung dazu dient, sich Förderern, Kreativen und Distributoren gegenüber zu empfehlen (1). Ein Produzentin gibt Ehrungen auch eine unmittelbare ökonomische Relevanz: Festivalerfolge führen zu einer höheren Referenzfördersumme. Daneben gilt: *„Was der Förderung gefällt, gefällt häufig auch auf Festivals"* (2). Ein Projekt prinzipiell preiswürdig zu gestalten bedeutet demnach, es auch für die Förderung zu optimieren.

Die Aussicht auf eine mögliche Ehrung spielt bei der Entscheidung, ob ein Projekt das Green Light bekommen soll, aus finanzieller Perspektive keine große Rolle, da diese Aussicht unsicher ist und der Wert der Auszeichnung nicht beziffert werden kann (3, 4). Eine Auszeichnung kann sogar einen Nachteil bedeuten, da Prioritäten verzerrt werden und die Ehrung einen Film ggf. als zu künstlerisch brandmarkt. Die Optimierung des Projekts entlang des Jurygeschmacks bedeutet ggf., dass weniger Zuschauer erreicht werden, obwohl mehr Marketingausgaben anfallen. *„If you are making something for a studio that is*

more interested in getting an Oscar nomination, than that might hurt you from a
financial stand point on that picture, because they overspend on marketing ex-
penditure towards trying to get to the awards and that may not reflect increased
value in the film itself. Therefore, you may end up blowing your backend trying
to get the Oscar" (4).

Man darf annehmen, dass Ehrungen durchaus zum Reputationsaufbau von
Produzenten beitragen, schließlich geben sie selbst an, dass Auszeichnungen bei
der Auswahl von Regisseuren und Schauspielenden eine Rolle spielen, sei es als
Leistungsausweis oder als Voraussetzung für die Wahrnehmung (2, 3, 8). Auszeichnungen werden bewusst vermarktet, indem z.B. in der Folge in Image-
broschüren der eigene Erfolg zelebriert und breit kommuniziert wird (8, 15).
Produzenten, die selbst bereits Auszeichnungen gewonnen haben, stellen diese
ausnahmslos prominent in ihren Büros aus.

8.7.2 Reputation bei Investoren

Unter Umständen können die Ziele der Anspruchsgruppen an die Produzenten
gegenläufig sein: Produzenten, die bei Kreativen im Ruf stehen, ein offenes Ohr
zu haben, können aus demselben Grund einen schlechten Ruf bei Investoren
haben (1, 2, 7): *„Wir sollten nicht in den Ruf kommen, Geldforderungen von*
Kreativen zu weit entgegenzukommen" (2).

Bei den Investoren entsteht der Ruf aus einem guten Kostenmanagement,
dem Erfolg an der Kinokasse (2, 7), Produktions- und Entwicklungsleistung:
„How well you actually physically produce, how well you develop projects, how
well you package them and how successful they are in the presale market and as
theatrical product and finally the library value of the title" (4).

Durch ihre Reputation bekommen Produzenten einen Vertrauensvorschuss,
der notwendig ist, um Investoren schon in einem frühen Projektstadium
kontaktieren zu können. So kann unverbindliches Interesse abgefragt und
evaluiert werden, ob sich weitere Entwicklungsarbeit lohnt (13). Der Track
Record aus Erfolgen der Produzenten gilt Investoren als *„Garant dafür, dass er*
aus dem Produkt etwas macht" (6). Produzenten müssen wie ihre Kreativen
durch ihre Arbeit Sicherheit suggerieren. Auch hier geht es um gewachsene
Verbindungen und wiederholte Zusammenarbeit. Der gute Ruf bei Investoren
kann indirekt die Personalakquisition erleichtern: *„Wenn ich eine gute*
Reputation bei Investoren habe, haben die Kreativen auch Lust, weil sie wissen,
ich bekomme das Geld zusammen und der Film wird auch gemacht" (16).

In integrierten Konzernen haben die Geschäftsführer mit Green-Light-
Kompetenz eine vergleichbare Rolle wie Investoren für unabhängige

Produzenten. Auch hier gilt es, eine Reputation aufzubauen, die kommerzielle Aspekte in den Vordergrund stellt: *„Is it smart for me to fight for movies that the bosses might hate just because I love them? Probably not"* (3). Die Filmauswahl ist damit auch persönliches Karriererisikomanagement. Als Alleinverdienerin und Mutter achtet Carla Hacken verstärkt auf ihre Reputation als kommerziell erfolgreiche Produzentin. Sie glaubt, dass allgemein Studioproduzenten mehr Wert auf die kommerzielle Reputation legen, wogegen unabhängige Produzenten sich aus der Betonung der kreativen Reputation häufig nicht um die Profitabilität kümmern. Für andere gehört die Reputation bei Kreativen und Vorgesetzten zusammen: *„The degree to which I can cast a movie will help me in terms of my reputation with my bosses. Because they see I can get something done, I can package a movie I am a valuable employee"* (11).

8.7.3 Reputation als Arbeitgeber

Die Reputation als Arbeitgeber besteht aus mehreren Komponenten. Wie oben erwähnt, ist auch gegenüber potenziellen Mitarbeitenden der kommerzielle Erfolg wichtig, da er signalisiert, dass ein Produzent in der Lage ist, erfolgreiche Projekte zu realisieren und Hoffnung weckt, in einem erfolgreichen Projekt die eigene Reputation zu pflegen. Diese Motivation gilt auch für angestellte Produzenten: *„It is worth more to me to have my name on a movie that performs than on a movie that does not perform. As someone in the job market, it is worth more to me career-wise"* (11). Für Mitarbeitende mit Erfolgsbeteiligung kommt zum potenziellen Reputationsgewinn die Hoffnung auf einen finanziellen Gewinn. *„You have to build a reputation over time that this is a meaningful piece"* (4). Der Track Record der Produzenten ist ein Garant für das Personal, dass Projekte tatsächlich umgesetzt werden (9, 16): *„That motivation is my track record and my confidence that this would actually be made"* (9).

Zweitens haben Produzenten eine Reputation auf pragmatischer Ebene, wie angenehm das Arbeiten ist. Diese speist sich aus der Zahlungsmoral (12), der Fairness beim Teilen von Erfolgen (1, 5, 8, 16) und dem Umgang mit den Mitarbeitenden am Set (2, 7, 9, 12). Dies hat auch einen Einfluss auf den kommerziellen Erfolg: *„Wenn ich gut zu meinen Mitarbeitern bin bekomme ich auch ein gutes Produkt. Das zahlt sich wiederum bei den Investoren aus"* (12). Investoren wissen um den Wert von motiviertem Personal und investieren ggf. sogar lieber bei Produzenten, die gute Arbeitsbedingungen bieten (12). Motivation ist einigen Produzenten deshalb wichtiger ist als Überwachung (7, 12): *„Ich will, dass die Leute hier gerne arbeiten"* (7). Ulrich Limmer kennt am Set alle Beteiligten beim Namen und schüttelt allen die Hand. Die positive Arbeitsatmosphäre führt dazu, dass Mitarbeitende zu weiterer Zusammenarbeit bereit sind und nach Abschluss des Projekts sagen: *„Egal was du machst, ich bin beim nächsten Mal wieder dabei"* (7). Die gute Reputation substituiert beim Zugriff auf qualifiziertes Personal die Sicherheit von Festanstellungen oder Optionen (7, 9). *„If you are a wonderful producer, who is wonderful to work with, who respects people, who pays them what he can, who is consistently giving them material they like, is consistently putting together a team they like then you've increased the probability that they will take a movie with you over somebody else"* (9). Umgekehrt gilt der schlechte Ruf als Arbeitgeber, als Problem beim Zusammenstellen einer guten Crew (14). Die Reputation beim Personal bringt Konstanz in das Produktionsteam und erlaubt es, vom Know-how-Zuwachs der Mitarbeitenden zu profitieren (2). Wertschätzung und Respekt durch Kreativen gibt der Karriere der Produzenten eine langfristige Perspektive (3, 14). Wenn Produzenten bei ihren Auftraggebern in Ungnade fallen, erlaubt die gute Reputation bei Kreativen, an anderer Stelle neue Projekte zu starten. Die Loyalität zu Kreativen darf aber nicht das aktuelle Arbeitsverhältnis belasten: *„I am the person in between the ultimate yes-person, the ultimate no-person, and the creative filmmakers. That is my job to try to balance it to make them feel like I have taken care of them and make them feel I am taking care of doing my job"* (3). Die Reputation des Unternehmens und der Produzenten sollten zusammenpassen, um sich zu ergänzen (11). Zum Teil schützen Produzenten ihre Reputation, indem sie Kontrollfunktionen und unpopuläre Entscheidungen an die Herstellungsleiter delegieren (4, 6, 7).

Der dritte Aspekt der Reputation bezieht sich auf die kreative Zusammenarbeit und die Frage, wie sehr Produzenten die Anliegen von Kreativen verstehen und ggf. bereit sind, Zugeständnisse zu machen. Ein Produzent geht Konfrontationen aus dem Weg und gewährt seinen Regisseuren so viel Freiheit wie möglich, in der Hoffnung, dass sich dies zu seinen Gunsten auswirkt (9). Produzenten, die sich selbst als Kreative verstehen (3, 10) und z.B. erklären: *„I think of myself as creative first"* (3), werden von ihrem Personal ggf. eher als Partner wahrgenommen. Dabei stellt sich jedoch die Frage, inwieweit erfolgreiche Produzenten Zeit haben, tatsächlich inhaltlich kreativ zu sein: *„As you rise through out the ranks to seniority you cannot just be creative"* (3). Im ungünstigen Fall könnten Produzenten also die Reputation als primär geschäftlich orientierte bekommen, die nur vorgeben, Partner zu sein. Daneben sind Kreative ggf. nicht daran interessiert, dass Produzenten eine kreative Mitsprache ausüben. Ein Produzent, der erklärt, *„der Regisseur hat eine gewisse Vision, die ich achte, aber ich weiß als Produzent auch selbst, was ich will"* (10), ist kein leichter Auftraggeber für Regisseure.

8.8 Zusammenfassung der genutzten Risikosteuerungsoptionen

Die Auswertung der Interviews bestätigt die Aussagen von Pokorny et al. (2001: 157), wonach Produzenten zwar das große Risiko in ihrer Arbeit betonen, ihren Umgang mit den Risiken jedoch nicht systematisieren können oder wollen (vgl. Kapitel 1.1), sondern sich als „Alchemisten" mit überlegener Intuition inszenieren. Da heißt es etwa: *„Bei einem Projekt fühlt man einfach, ob es gemacht werden muss oder nicht"* (5).

Mit Leitfadeninterviews kann nicht festgestellt werden, inwieweit diese Aussagen Teil der Selbstinszenierung der Produzenten als Künstler sind oder ob sie tatsächlich ihre Arbeitsweise beschreiben. Um dies zu überprüfen, wären entweder Beobachtungen des Produzentenhandelns oder zusätzliche Interviews mit Geschäftspartnern und Mitarbeitenden der Produzenten notwendig, um die tatsächliche Arbeitsweise aus der Kombination aus Eigen- und Fremdwahrnehmung zu destillieren. Die Ergebnisse decken sich jedoch mit denen von Davenport (2006): Produzenten in der Entwicklungsphase betonen den kreativen Anteil ihrer Tätigkeit und sind nur bedingt bereit, unternehmerische Risiken zu tragen. *„Their principal objectives are to earn an income and make films about which they care passionately. They have no desire to increase turnover or company size"* (Davenport 2006: 253). Sie sind nur in seltenen Fällen am Umsatz oder Gewinn eines Projekts beteiligt und setzen sich nur in Ausnahmefällen einem persönlichen finanziellen Risiko aus. In Anbetracht der branchenüblichen Erfolgsrate von 10% und einem durchschnittlichen Output von weniger als drei Filmen pro Jahr ist die individuelle Risikoaversion nachvollziehbar. Die Finanzierung muss deshalb immer aus externen Quellen erfolgen. Das finanzielle Risikomanagement hebt deshalb insbesondere auf die Reputation der Produzenten ab: Die professionelle Reputation, ein Projekt im geplanten Zeit- und Budgetrahmen abzuschließen und die kreative Reputation, ein Gespür für das Publikumsinteresse zu haben.[79] Reputation wird in den Interviews wiederholt als entscheidendes Kriterium bei der Akquisition benannt, Reputationsrisiken werden jedoch weder thematisiert, noch aktiv gesteuert. Reputation wird als wenig beeinflussbar dargestellt. Es gilt: „Wenn man seinen Job gut macht, bekommt man eine Reputation". Produzenten machen nur vage Aussagen darüber, wie Reputation entsteht und verweisen dabei vor allem auf die Zuverlässigkeit.

Die Auswertung der Interviews zeigt, dass es in der Entwicklung und Produktion von Spielfilmen in der Regel keine strukturierten Verfahren zur Analyse und Steuerung von Risiken gibt. Ansatzweise sind Risikomanagementsysteme in vertikal integrierten Konzernen anzutreffen, in denen schon vor einer

---

[79] Einige der befragten Produzenten beziehen ihr „Bauchgefühl" nicht auf die Antizipation des Publikumsgeschmacks, sondern vielmehr auf ihren persönlichen Geschmack.

Green-Light-Entscheidung Entwicklungs- und Distributionsabteilung gemeinsam die Tragfähigkeit eines Projekts diskutieren. Auf der individuellen Ebene der Produzenten wird kein Risikomanagement betrieben. Die Identifikation der Risiken erfolgt ad hoc und unsystematisch. Keiner der befragten Produzenten konnte oder wollte über die im Leitfaden thematisierten Bereiche Inhalt, Personal und Finanzierung hinaus weitere Risiken nennen. Einzig Gerhard Schmidt hat für sein Unternehmen eine allgemeine Risikoanalyse durchführen lassen, für das einzelne Projekt wird jedoch bei keinem der Befragten eine strukturierte Risikoanalyse durchgeführt. Bereits in den Vorgesprächen zu den Interviews entstand der Eindruck, dass Risiko primär als Begriff aus dem Finanzwesen und der Buchhaltung verstanden wird. Risikomanagement gilt somit als Aufgabe für den Herstellungsleiter oder die Buchhaltung. Die Produzenten als Kreative betreiben eine kreative Planung, für die ihnen der Begriff Risikosteuerung nicht behagt. Filmemachen gilt alles jedoch als großes Risiko. Das Risiko wird dadurch zu einem störenden Element, das von den „Erbsenzählern" aus der Distribution und der Geschäftsführung thematisiert wird.

Die individuelle Position der befragten Produzenten hat einen Einfluss auf die Wahrnehmung des Risikos und die Bereitschaft, sich mit seiner Steuerung auseinanderzusetzen. Jene Produzenten, die auch stark in die physische Produktion involviert sind und hier z.T. die Rolle eines Herstellungsleiters übernehmen, stellen die Bedeutung von operativen Produktionsrisiken heraus und thematisieren die entsprechenden Steuerungsmaßnahmen, vernachlässigen jedoch die strategischen Risiken in der Projektdefinition. Produzenten, die gleichzeitig auch Geschäftsführer ihrer Produktionsfirma sind, haben ein deutlich ausgeprägteres Bewusstsein für das Konsumtionsrisiko. Als Geschäftsführer müssen sie das unternehmerische Risiko der Firma tragen und orientieren sich entsprechend stärker an den Nachfragern. Gleiches gilt auch für Produzenten, die in vertikal integrierten Konzernen angestellt und dadurch angehalten sind, auch die Perspektive der Distribution mitzudenken.

8.8.1 Risikosteuerungsoptionen und Produzenteneigenschaften

Die Zweckmäßigkeit von Risikosteuerungsoptionen ist abhängig von den zugänglichen Beschaffungsmärkten und von den intendierten Rezipientenmärkten. Übereinstimmend erklären die Produzenten in Deutschland, dass es unter den deutschen Schauspielenden keine „bankable" Stars gäbe, die dem Produzenten ein gewisses Mindestinteresse des Publikums garantieren können.[80] Selbst die bekanntesten wie Moritz Bleibtreu, Til Schweiger und Franka Potente sind zwar Branchengrößen, aber in ihrer Ausstrahlung nicht mit internationalen Stars vergleichbar. Stars haben damit für deutsche Produzenten, die deutsche Filme drehen, wenig Potenzial, das Risiko zu reduzieren.[81] Im amerikanischen Markt sieht die Situation anders aus: Hier gibt es zwar bankable Stars, je nach Marktsegment sind die Produzenten jedoch mehr oder weniger stark am Einsatz von Stars interessiert. Stephen Nemeth produziert Filme, die so niedrig budgetiert sind, dass sie ohne Stars auskommen (müssen). Seine Erfahrung zeigt, in Übereinstimmung mit den Arbeiten von Ravid (1999) und Hennig-Thurau (2004) zum Zusammenhang zwischen Stars und Rendite (vgl. Kapitel 5.6.1), dass Stars zwar das Budget vergrößern, jedoch nicht seine Rendite verbessern. Die beiden Produzenten aus unabhängigen Produktionsfirmen beschreiben Stars zwar als risikovermindernd und somit attraktiv, sie versuchen jedoch aus Kostengründen entweder die Stars durch Erlösbeteiligungen auch am Risiko zu beteiligen oder aber sie hoffen, aufkommende Talente, kurz bevor sie Starstatus erreichen, zu engagieren, um im besten Fall die Risikominderung ohne die Kosten zu erreichen. Einzig Carla Hacken als Produzentin in einem finanzstarken Major Studio sieht in Stars uneingeschränkt eine Möglichkeit, Risiko zu reduzieren. Sie betont allerdings, dass nicht der absolute Starstatus für ein Engagement ausschlaggebend sein sollte, sondern auch die Übereinstimmung zwischen Starimage und Rolle beachtet werden muss. Allen Produzenten ist demnach das risikovermindernde Potenzial von Stars bewusst, die Verfügbarkeit und die finanziellen Möglichkeiten bestimmen jedoch darüber, inwieweit dieses Potenzial genutzt werden kann.

Unterschiede zeigen sich auch bei der Stoffakquisition. Die deutschen Produzenten arbeiten in der Regel mit Drehbüchern, die von nur einem Autor, häufig dem der Romanvorlage, erarbeitet wurde. Eine Überarbeitung durch zusätzliche Autoren oder das Engagement von spezialisierten Autoren, die z.B. nur an den Dialogen feilen oder Gags schreiben, ist nicht verbreitet. Im Gegensatz zum in der Literatur häufig angeführten Überangebot an Drehbüchern (vgl. Kapitel 1.1), beklagen mehrere deutsche Produzenten in den Interviews eine Knappheit an Drehbüchern und guten Autoren. Damit wird es entscheidend, ein Drehbuch zu akquirieren, das von sich aus bereits eine hohe Qualität und Zug-

---

[80] Wenn Gerhard Schmidt als deutscher Produzent mit *Boat Trip (2002)* einen Film produziert, der auch und vor allem auf den amerikanischen und internationalen Markt abzielt, dann hofft er selbstverständlich durchaus auf die Zugkraft von Cuba Gooding jr.

[81] Auch Meiseberg und Ehrmann (2008) kommen zu dem Schluss, dass Filmerfolg in Deutschland nicht von einzelnen Stars abhängig ist, sondern von der Koordination der Mitwirkenden: *„The real star is the team".*

kraft bei den Investoren und dem Publikum besitzt. Die deutschen Produzenten sehen in der Stoffakquisition deshalb ein entscheidendes Element der Risikosteuerung. Sie betonen, wie wichtig es ist, den Kontakt zu Autoren und Verlagen zu pflegen, um so Zugang zu Lizenzrechten an Bestsellerwerken zu bekommen. Im Kinderbereich beschränken sich die Produzenten z.T. auf Stoffe, die so etabliert sind, dass sie als Marke verstanden werden können. Der Bezug auf diese Marken gilt als notwendig, da weder die Produktionsfirmen selbst, noch ihre Verleiher in der Lage sind, einen unbekannten Stoff zu einer Marke zu entwickeln, wie es bei den Filmen der großen amerikanischen Animationsproduktionen regelmäßig gelingt (*Nemo*, *Shrek* etc.). Auf dem amerikanischen Markt sind Drehbücher dagegen nicht knapp. Autoren werden eher als „Arbeiter am Text", denn als „Schöpfer des Textes" verstanden. Zum einen gibt es dort eine größere Auswahl an Stoffen, zum anderen mehr Möglichkeiten, einen Stoff weiterzuentwickeln. Die Stoffakquisition wird damit in der Risikosteuerung weniger wichtig. Während die deutschen Produzenten Literaturbestseller als die wichtigste Quelle nennen, ist der Bezug auf bekannte Vorläufer bei den amerikanischen Produzenten generischer. Da heißt es allgemein: „*It definitely helps us to have some component of genre, some kind of familiar trope*" (11).

In Bezug auf die Finanzierung zeigen sich ebenfalls zwei unterschiedliche Rahmenbedingungen, die Einfluss auf die Risikosteuerung nehmen. Um die Finanzierung eines Projekts zu sichern, muss das Projekt geeignet erscheinen, dass die Ziele der Investoren erreicht werden können. Jenseits eines mehr oder minder stark ausgeprägten kulturellen Sendungsbewusstseins der Produzenten und ihrer Investoren steht bei privatem Geld immer die Rendite als Ziel im Vordergrund. Produzenten, die sich bei der Finanzierung ihrer Projekte auf private Investoren stützen, müssen also immer das kommerzielle Potenzial ihrer Projekte betonen. Öffentliche Filmförderer haben häufig andere Ziele: Es geht um regionale Wirtschafts- und Kulturförderung. Zwar betonen mehrere Produzenten in den Interviews, dass die Filmförderung mittlerweile stärker ökonomisch orientiert sei, da sich die Institutionen auch dem öffentlichen Haushalt und dem Steuerzahler gegenüber rechtfertigen müssen. Dennoch gilt, dass die Argumentation gegenüber Investoren und Förderern „*sich klugerweise unterscheiden*" (13) sollte. Das Ergebnis von Fee (2002), dass je nach künstlerischem Anspruch der Filmemacher unterschiedliche Finanzierungsformen geeignet sind, kann bestätigt werden. Das Projektziel muss sich nach dem primären Finanzier unterscheiden. Ein Projekt, das auf den kreativ künstlerischen Output abzielt, hat bessere Chancen bei der Förderung; eines, das auf den kommerziellen Output abzielt, hat bessere Chancen bei renditeorientierten Investoren. Alle Produzenten legen jedoch Wert auf die Feststellung, dass sich Kreativität und Kommerzialität nicht ausschließen und dass das ideale Projekt beide Ansprüche bedienen sollte.

8.8.2 Risikosteuerung nach Integration und Budgethöhe

In der Rekrutierung wurden die Produzenten im Sample anhand der Dimensionen vertikale Integration und Budgethöhe positioniert. Mit der Budgethöhe sollte die potenzielle Schadenshöhe und damit die Dringlichkeit der Risikosteuerung variieren und der Grad der vertikalen Integration bestimmt die Verfügbarkeit von konzernweiten Steuerungsoptionen. Zwar zeigte sich, dass auch andere Rahmenbedingungen eine Rolle spielen, die ursprünglichen Dimensionen erklären jedoch durchaus einige Varianz. Dies soll im Folgenden dargestellt werden, bevor die Steuerungsoptionen allgemein diskutiert werden.

Produzenten in vertikal integrierten Konzernen mit großen Budgets

Produzenten in vertikal integrierten Konzernen, die Projekte mit großen Budgets entwickeln, haben durch die Einbindung in den Konzern eine gewisse Risikoabsicherung. Die Diversifikation des Konzerns bedeutet eine Risikobegrenzung, allerdings kann diese konzernweite Steuerung den Handlungsspielraum des einzelnen Produzenten einschränken. Der Konzern hat Produktionseinheiten für Projekte mit unterschiedlichem Budgetvolumen und Zielgruppenausrichtung. Für die Portfoliosteuerung erwartet die Konzernleitung von den Unternehmenseinheiten eine konsistente Positionierung mit gleichförmigem Output. Individuelle Produzenten erhöhen ihre Chancen auf ein Green Light nicht, wenn sie selbst mit ihren Projekten ein diversifiziertes Portfolio anbieten, sondern müssen sich im Gegenteil auf bestimmte Filmtypen spezialisieren.

Die Einbindung in eine Konzernstruktur wirkt sich direkt auf die individuelle Stoffauswahl aus. Das Bewusstsein, dass eine Vielzahl von Mitarbeitenden in Konzerneinheiten, die mit der Auswertung des potenziellen Projekts beschäftigt wären, von den eigenen Entscheidungen abhängig ist, führt zur Konzentration auf wenig innovative und riskante Projekte. Stars werden nicht entgegen ihres Typs gecasted und potenziell „schwierige" Themen werden vermieden. Für die Karriere innerhalb des Konzerns ist die kommerzielle Reputation wichtiger als die kreative. Der Einsatz von Stars ist eine vergleichsweise teure Risikosteuerungsmaßnahme, da Stars für die Reduktion des Risikos durch ihre Reputation entschädigt werden müssen. Stars sind eine Erfolgsversicherung mit extrem hoher Versicherungsprämie. Stars können damit nur in hoch budgetierten Filmen eingesetzt werden und nur dort lohnt sich ihr Einsatz. Für Produzenten, die im Konzernkontext mit großen Budgets planen, sind Stars die Risikosteuerungsmaßnahme der Wahl. Sie legen größten Wert auf die Pflege der Beziehung zu den Stars, da diese langfristig für ihre Produzentenkarriere wichtiger sind als Investoren.[82] Die Reputation bei Kritikern oder Preisjurys hat nur mittelbar Relevanz, indem sie bei den Entscheidungsträgern die Hoffnung auf Auszeichnungen und Glamour wecken kann. Die Möglichkeit, Stars auch am Risiko des Projekts zu beteiligen, wird von den befragten Produzenten aus vertikal integrierten Konzernen nicht thematisiert.

Die Risikoteilung durch Koproduktionen wird nicht gesucht. Eine kreative und strategische Motivation ist nicht gegeben, im Gegenteil – warum sollte Know-how und Betriebswissen geteilt werden. Durch die Finanzkraft im Konzern ist kaum ein finanzieller Anreiz für Koproduktionen gegeben. Der Verlust an Chancen rechtfertigt offenbar nicht die Reduktion der Risiken. Die Entscheidung zur Koproduktion wird meist nicht in der Entwicklungsphase getroffen, sondern ergibt sich nach Beginn der physischen Produktion, wenn Kostenüberschreitungen abgedeckt werden müssen. Risikoüberwälzungen auf Distributoren sind für Produzenten in vertikal integrierten Konzernen keine Option, da es sich bei den Distributoren um Schwesterunternehmen im selben Konzern handelt. Durch das gemeinsame Konzerndach sind die Distributoren jedoch schon früher in ein Projekt eingebunden und können ihr Know-how in Bezug auf die Publikumsinteressen und die Marketingoptionen schon in der Entwicklungsphase einbringen. Für Produzenten in diesem Setting bedeutet dies eine Einschränkung ihrer Gestaltungsoptionen, da der Zwang, das Konsumtionsrisiko durch die passende Kombination der Projektelemente zu adressieren, steigt. In der Stoffakquisition legen Produzenten in vertikal integrierten Konzernen weniger Wert auf das risikovermindernde Potenzial von erfolgreichen Vorlagen. Zum einen stehen in der Entwicklungsphase vergleichsweise hohe Budgets für Überarbeitungen und Optimierungen der Ausgangsidee zu Verfügung, zum anderen sind in Konzernen das Know-how und die Marketing-Power vorhanden, um auch bisher unbekannte Stoffe im Markt bekannt zu machen. Zwar legen auch Produzenten in vertikal integrierten Konzernen großen Wert auf vertraute Elemente in einer Geschichte, die vom Publikum wiedererkannt werden und die Rezeption erleichtern, jedoch wird Vertrautheit nicht durch eindeutige Vorlagen, sondern durch generische Elemente wie Genre und Handlungsmuster erreicht. Selbstverständlich arbeiten auch Produzenten in Konzernen häufig mit bekannten Vorlagen, wie z.B. die Vielzahl an Comicverfilmungen zeigt, doch zeigt sich hier ein anderer Umgang mit Literaturquellen. Es scheint keine systematische Bearbeitung des Verlagsoutputs zu geben, in der Hoffnung, günstig an die Lizenzen von Blockbustern zu gelangen. Literaturverfilmungen scheinen eher als Arthousevorlagen gesehen zu werden und als nicht

---

[82] Diese Feststellung ist kein Widerspruch zum Primat der kommerziellen Orientierung für die Karriere im Konzern. Im einen Fall geht es um den Aufstieg in Positionen, die keine Produzentenaufgaben mehr umfassen, im anderen Fall um die langfristige Glaubwürdigkeit als Produzent.

geeignet, ein Blockbusterpublikum anzusprechen. Marktforschung zur Abklärung des Publikumsinteresses findet innerhalb der Konzerne statt, jedoch auf Betreiben der Marketingabteilung. Die Produzenten haben zu den Ergebnissen der Marktforschung ein ambivalentes Verhältnis: Bedingt durch ihr kreatives Selbstverständnis und ihre große Skepsis über die Aufgeschlossenheit und Artikulationsfähigkeit der Rezipienten halten sie Marktforschungsergebnisse für nicht aussagekräftig. Wenn jedoch die Marktforschungsergebnisse ihren eigenen Interessen entsprechen, verwenden sie diese gern zur Unterstützung ihrer Argumentation.

Hoch budgetierte Filme, die in vertikal integrierten Konzernen produziert werden, scheinen am Besten für eine Teilfinanzierung durch Werbekunden geeignet. Sie bieten durch die Auswertung auf einer Vielzahl an Leinwänden eine hohe Kontaktwahrscheinlichkeit und in den Konzernen ist ein professionalisierter Umgang mit potenziellen Werbekunden zu erwarten. Die befragten Produzenten gaben jedoch über die Rollen von Product Placements in der Entwicklung wenig Auskunft. Neben Vertraulichkeitsvorgaben durch die Konzernleitung sind zwei Gründe[83] denkbar: Produzenten mit einem kreativen Selbstverständnis wollen sich nicht mit der Möglichkeit der Risikoüberwälzung auf Werbekunden befassen. Product Placements könnten demnach erst nach Vergabe des Green Lights in den Film eingefügt werden, wenn die Entscheidungsträger diesen Finanzierungsbeitrag als Sicherheit einfordern. Product Placements, die tatsächlich unmittelbar in die Handlung integriert sind und diese mit konstituieren, wie z.B. bei *Cast Away (2000),* stellen noch immer eine Ausnahme dar. On-Set-Placements müssen in der Entwicklungsphase jedoch noch nicht geplant werden.

Produzenten in nicht vertikal integrierten Unternehmen mit großen Budgets

Produzenten, die Filme mit großen Budgets projektieren, ohne in vertikal integrierte Konzerne eingebunden zu sein, sind in einer schwierigen Lage. Das hohe Budget stellt eine hohe potenzielle Schadenshöhe dar, gleichzeitig fehlen jedoch die Möglichkeiten der Risikostreuung im Portfolio des Konzerns bzw. die entsprechenden Finanzreserven. Die befragten Produzenten versuchen deshalb, anders als die Kollegen in vertikal integrierten Konzernen, von sich aus ein Portfolio aus unterschiedlichen Projekten zu erstellen und für die Finanzierung Investoren zu finden, die über das Unternehmen ein Portfolio finanzieren, statt ein einzelnes Projekt. Eigenkapitalfinanzierung wird dabei eindeutig bevorzugt,

---

[83] Daneben ist auch denkbar, dass die Nichtthematisierung von Product Placements sich zufällig aus dem Sample ergeben hat.

da die Investoren – im Gegensatz zur Kreditfinanzierung – am Risiko beteiligt werden. Die befragten Produzenten betonen deshalb wiederholt, dass Risiko und Einsatz in einem sinnvollen Verhältnis stehen müssen. Auch hier führen die Umstände dazu, dass weniger innovative Projekte entstehen. Daneben scheint auch eine strengere Kostenkontrolle als bei den Konzernproduzenten üblich zu sein. Standardmäßig werden alternative Produktionsstandorte und Förderungsmöglichkeiten recherchiert, um mit dem Budget die potenzielle Schadenshöhe zu reduzieren. In einem unabhängigen Unternehmen grundsätzlich finanziell verwundbarer, betonen Produzenten aus nicht vertikal integrierten Produktionsfirmen die Bedeutung von Versicherungen und erklären, diese intensiv zu nutzen. Sie wollen offenbar, wann immer möglich, die Risiken auf Versicherungen überwälzen. Im Ergebnis können sie die Produktionsrisiken weitgehend kontrollieren und sich auf das Konsumtionsrisiko konzentrieren. Anders als die Kollegen in Konzernen sind die unabhängigen Produzenten stark an Koproduktionen interessiert, um das Risiko eines Projekts auf mehrere Unternehmen zu verteilen und die Expertise von mehreren Unternehmen in der Bewertung des Projekts zu kombinieren. Die Überwälzung der Risiken auf das beteiligte Personal gelingt nur zum Teil. Es wird versucht, Stars durch Beteiligung am Projekt zur Mitarbeit zu bewegen, ohne die übliche Gage bezahlen zu müssen. Jenseits von niedrig budgetierten Liebhaberprojekten sind Stars aber kaum gewillt, selbst ins Risiko zu gehen, sondern legen im Gegenteil großen Wert auf eine hohe Gage vorab, die sie für das Risiko entschädigt.

Der Kern der Risikosteuerung von unabhängigen Produzenten, die mit großen Budgets arbeiten, liegt jedoch in der Überwälzung des Risikos auf Distributoren. Bedingung für das Green Light ist, dass der Erlös aus dem Vorabverkauf der Auswertungsrechte bereits weitestgehend die Produktionskosten deckt. Die hierfür nötigen „Sicherheiten" im Filmpackage sind wiederum die Attraktivität des Inhalts und des Personals.

Produzenten in vertikal integrierten Konzernen mit kleinen Budgets

Die Produzenten aus vertikal integrierten Konzernen, die Filme mit kleinen Budgets produzieren, haben nicht dieselben Voraussetzungen wie ihre Kollegen mit den großen Budgets. Die Dimension der Konzerne ist nicht dieselbe, entsprechend fehlt in der Regel die Möglichkeit, größere finanzielle Verluste im Konzern auszugleichen. Der Nutzen des Konzernverbunds muss deshalb unmittelbarer erfolgen. Bei der Rückwärtsintegration der physischen Produktion wird sichergestellt, dass ein größerer Teil des Produktionsbudgets im Konzern verbleibt. Die fixen Einnahmen werden erhöht und mit der geringeren Abhängigkeit von den variablen Einnahmen auch die potenzielle Schadenshöhe im Projekt reduziert. Dieser Ansatz ist allerdings nur bei externer Finanzierung möglich. Die Vorwärtsintegration der Distribution trägt nur bedingt zur Risikoverminderung bei. Produktions- und Konsumtionsrisiko sind grundsätzlich im Konzern lokalisiert, eine Überwälzung auf Dritte ist nicht möglich. Eine Risikoreduktion durch Diversifikation erfolgt auf Konzernebene dadurch, dass nicht nur eigene Produktionen distribuiert werden, sondern auch solche von anderen Produzenten. Für die eigenen Projekte sind die Produzenten deshalb, ähnlich wie ihre Kollegen in unabhängigen Produktionsfirmen, auf die Steuerung des Risikos innerhalb der Projekte angewiesen. Der Bezug auf bekannte Vorlagen spielt entsprechend eine wichtige Rolle in der Risikosteuerung. Je nach Machtverteilung innerhalb des Konzerns kann die Effektivität der Risikosteuerung sogar durch den vermeintlichen Vorteil der Diversifizierung in unterschiedliche Geschäftsbereiche geschmälert werden. Wenn z.B. die Produktion im Konzern mehr Macht hat, kann sie versucht sein, auch weniger Erfolg versprechende Projekte umzusetzen, da sie sich sicher sein kann, dass sie einen Verleih für das Projekt finden wird.

Die deutschen Konzerne haben ein zwiespältiges Verhältnis zur Förderung. Einerseits können auch sie in erheblichem Umfang Risiken auf die Fördereinrichtungen überwälzen, andererseits ist die wirtschaftliche Orientierung der Förderung noch nicht so weit fortgeschritten, dass die Herausbildung von „National Champions" als Ziel gilt. Damit werden die vergleichsweise großen, finanzstarken und etablierten Konzerne z.T. bewusst von Fördermaßnahmen ausgeklammert, die dem Nachwuchs, kleinen und mittleren Unternehmen und ggf. künstlerisch orientierten Projekten vorbehalten werden. Selbst die im internationalen Vergleich kleinen Budgets der Filme von deutschen Konzernen sprengen den Rahmen der Förderung, sodass die Konzerne verstärkt auf andere Finanzierungsquellen zurückgreifen müssen und ihre Filme entsprechend den Ansprüchen dieser Investoren auch mehr den Produkten von international agierenden Konzernen gleichen. Produktionen wie *Resident Evil (2002)* oder *Fantastic Four (2005),* die *Constantin* koproduzierte, liegen nicht im Fokus der Förderung, entsprechen aber den Rahmenbedingungen einer internationalen Produktion.

Produzenten in nicht vertikal integrierten Unternehmen mit kleinen Budgets

Unabhängige Produzenten, die Projekte mit kleinen Budgets entwickeln, haben zwar nicht die Finanzkraft eines Konzerns hinter sich, doch bedeutet die geringe Höhe des Budgets auch eine geringere potenzielle Schadenshöhe. Erschwerend kommt jedoch hinzu, dass viele Produzenten in dieser Kategorie selbst Inhaber oder Geschäftsführer der Produktionsfirma sind und damit nicht nur das Risiko in der Entwicklung haben, sondern das komplette unternehmerische Risiko der Produktion.

Der amerikanische Produzent in dieser Kategorie beschreibt die Risikobegrenzung als sein wichtigstes Steuerungsinstrument. Indem er die Budgets niedrig hält, kann er das Risiko auf ein vertretbares Maß begrenzen. Daneben nennt er die Risikoverminderung durch die Stoffauswahl als wesentliches Steuerungselement. Die Kombination aus niedrigem Budget und Basisbekanntheit des Stoffs lassen ihn einen sicheren Gewinn erwarten. Er kombiniert damit zwei Empfehlungen zum erfolgreichen Produzieren: No-Budget und Symbolicity. Die deutschen Produzenten in dieser Kategorie wenden ein vergleichsweise breites Spektrum an Risikosteuerungsoptionen an. An erster Stelle steht die Überwälzung auf Förderinstitutionen. Diese Maßnahme gilt als Grundvoraussetzung für die Produktionstätigkeit, ohne die weitere Maßnahmen vergebens wären. Kaum eine Produktion wird komplett innerhalb eines Unternehmens realisiert, die Risikoteilung durch Koproduktion ist ebenfalls Standard. Die finanzielle Motivation zur Koproduktion ist dabei wichtiger als alle anderen möglichen Motivationen. Eine Überwälzung des Risikos auf Personal wird zwar thematisiert, scheint konkret jedoch wenig umsetzbar. Es fehlen die Stars, die tatsächlich zur Risikoreduktion beitragen könnten und damit hätte das Personal kaum eigenen Einfluss auf das übergewälzte Risiko. Gagenrückstellungen gelten deshalb häufig als unfair und nur im Rahmen von Debütfilmen als ethisch akzeptabel. In der Tradition des Autorenfilms gelten eher die Regie als die Schauspielenden als risikomindernd. Dies ist insofern konsequent, als dass die Regie ein wichtiges Argument bei der Einreichung eines Projekts bei der kulturellen Förderung sein kann. Daneben wird nur Comedians, die aus dem TV bekannt sind, eine Risikominderung zugetraut.

Als weitere Steuerungsoption wird auch eine Risikoverminderung durch die Stoffauswahl angestrebt. Allerdings fehlen meist die Mittel, um die Rechte an Stoffen zu sichern, die die Bestsellerlisten anführen. Wie Schnäppchenjäger hoffen Produzenten durch Intuition und Kontakte Überraschungserfolge zu landen oder Rechte an Stoffen zu bekommen, die sich erst in Zukunft als Erfolg erweisen werden. Eine vergleichsweise günstige Variante, im Drehbuch risikovermindernde Bekanntheit sicherzustellen, ist der Bezug auf die Zeitgeschichte.[84]

---

[84] Dies erklärt ggf. auch, warum in Deutschland so häufig der Nationalsozialismus als Hintergrund für Filmstoffe herangezogen wird – auch unter den befragten Produzenten arbeiteten zum Zeitpunkt der Interviews vier an „Nazi-Themen".

9 Strategieoptionen in der Risikosteuerung von Produzenten

Die Ergebnisse aus den Interviews zeigen auf, dass es kein standardisiertes Verfahren für das Risikomanagement in der Spielfilmentwicklung vor dem Green Light geben kann. Zu sehr unterscheiden sich die konkreten Projekte sowie die strukturellen und organisationalen Kontextbedingungen. Hieraus lassen sich zwei mögliche Schlüsse ziehen: Das Risikomanagement könnte speziell zugeschnitten auf den konkreten Fall behandelt werden oder aber die Steuerung der Risiken wird weitgehend durch die verfügbaren Projektressourcen und die strukturellen Bedingungen des Markts determiniert. Es ist fraglich, ob der Aufwand für ein strukturiertes Vorgehen in jedem Fall gerechtfertigt und leistbar ist. Die Tatsache, dass die befragten Produzenten kaum Hinweise auf eine dezidierte Risikoidentifikation und -bewertung geben, deutet eher auf ein unstrukturiertes Vorgehen hin. Tatsächlich lassen sich die Antworten jedoch nach Kontextbedingungen gruppieren, sodass zumindest für die Steuerung des kommerziellen Risikos drei Strategieoptionen identifiziert werden können. In Bezug auf die Steuerung der kreativen und reputationalen Aspekte des Risikos scheint dies allerdings weniger möglich.

9.1 Strategien zur Steuerung des kommerziellen Risikos

Es zeigt sich, dass die Differenzierung der Produzenten im Sample nach den Dimensionen vertikale Integration und Projektumfang nicht ausreicht. Für einzelne Steuerungsoptionen erzeugt die Aufteilung keine Varianz (z.B. Bedeutung des Bauchgefühls und der Reputation), andere werden nur ungenügend erfasst (z.B. Förderung). Die Rahmenbedingungen auf den Beschaffungsmärkten und den intendierten Rezipientenmärkten haben ebenfalls Einfluss auf das Risikomanagement der Filmproduzenten.

Die Interviews zeigen, dass es allgemein drei verschiedene Strategien der Produzenten im Umgang mit den Risiken in der Entwicklung von Projekten gibt. Die Zuordnung der Produzenten zu den Strategieoptionen folgt dabei nicht ausschließlich den Unterscheidungsdimensionen Integration und Budgetgröße, die bei der Auswahl der Interviewpartner maßgeblich waren. Zusätzlich spielen auch die Rahmenbedingungen des jeweils adressierten Markts oder Marktsegments eine Rolle, insbesondere die Verfügbarkeit von Fördermitteln und die Präsenz von Stars. Die im Folgenden dargestellten Strategieoptionen schließen sich gegenseitig nicht unbedingt aus. Sie können bis zu einem gewissen Grad kombiniert werden und werden von den befragten Produzenten selten in „Reinform" angewendet.

Abbildung 19 Strategieoptionen in der Risikosteuerung von Filmproduzenten

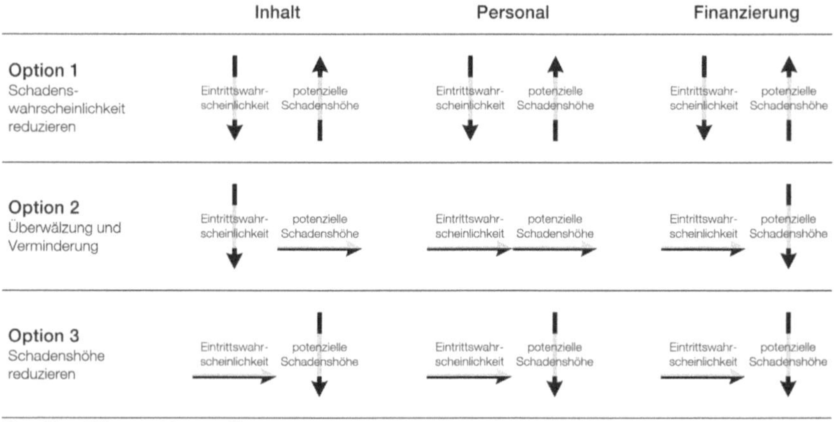

Quelle: Eigene Darstellung

9.1.1 Reduktion der Schadenswahrscheinlichkeit

Die erste Strategieoption (vgl. Abbildung 20: a) setzt konsequent auf die Maximierung der Nachfrage durch den Einsatz positionaler Güter. Das Risiko wird ursachenbezogen adressiert mit dem Ziel, die Eintrittswahrscheinlichkeit zu reduzieren. Die Erhöhung der potenziellen Schadenshöhe durch den Einkauf von risikovermindernden Elementen wird dabei in Kauf genommen.

Die Risikosteuerung erfolgt vor allem durch das Engagement von Stars, die das Interesse der Rezipienten bündeln und damit als Umsatzgarant dienen. Auch bestimmte Vorlagen können das Zuschauerinteresse bündeln, der positionale Charakter ist jedoch weniger ausgeprägt und die Risikominderung gilt damit als weniger zuverlässig. Personal und Inhalt sollen die Erwartungsunsicherheit bei den Zuschauern soweit als möglich reduzieren, um das Problem des Films als Erfahrungsgut zu lösen. Der Zugang zu und die Sicherung des Engagements von bankable Stars kann auf mehreren Wegen erreicht werden: Im besten Fall haben Produzenten persönliche Kontakte zu Stars, die ihnen den Zugang auch ohne Umweg über eine Agentur ermöglichen. Daneben brauchen Produzenten eine Reputation, die den Stars das Vertrauen gibt, dass das geplante Projekt zum Erfolg geführt wird und der eigenen Karriere nicht abträglich ist. Persönliche Kontakte und Reputation können ggf. durch eine entsprechend höhere Gage oder Umsatzbeteiligung substituiert werden.[85]

Zu der Kombination von erwartungssteuernden Elementen in der Entwicklungsphase kommt in der Distribution in der Regel eine umfangreiche Marketingkampagne hinzu. Ziel ist es auch hier, die Eintrittswahrscheinlichkeit des Schadens zu reduzieren, auch um den Preis der Erhöhung der potenziellen Schadenshöhe. In der Entwicklungsphase bedeutet die Marktorientierung, dass ein Projekt dann als vertretbares Risiko gilt, wenn es vermarktbar ist.

9.1.2 Vermeidung und Überwälzung

Die Verfügbarkeit von Fördermitteln, die häufig die Hälfte eines Filmbudgets und mehr ausmachen können, reduziert erheblich die Dringlichkeit der Risikosteuerung. Wenn das halbe Budget durch Förderinstitutionen finanziert wird, halbiert sich damit auch die potenzielle Schadenshöhe (vgl. Abbildung 20: b). Das entscheidende Element der Risikosteuerung ist damit das Einwerben von Fördergeldern. Hierbei gibt es nach Aussagen der Produzenten drei Methoden, die einzeln oder in Kombination angewendet werden können. Erstens müssen die Ziele der Förderungsinstitution bekannt sein und das eingereichte Projekt den expliziten und impliziten Interessen der Vergabekommissionen entsprechen. Zweitens müssen persönliche Kontakte zu den Förderinstitutionen gepflegt werden, um eine Vertrauensbasis zu schaffen, wonach das vorgeschlagene Projekt auch wie geplant umgesetzt wird und die versprochenen Ziele adressiert. Hierzu gehört drittens auch der Aufbau einer Reputation der Produzenten, welche der Förderinstitution auch jenseits der persönlichen Beziehungen suggeriert, dass die (Teil-)Finanzierung des Projekts tatsächlich den Zielen der Organisation dienen wird.

Für das nach Sicherung der Förderung verbleibende Risiko, aber auch als vertrauensbildende Maßnahme gegenüber der Förderung, wird ergänzend das Steuerungsinstrument der Vermeidung des Risikos durch die geeignete Stoffauswahl angewendet. Als Vorlagen für das Drehbuch dienen meist nicht eigens

---

[85] Persönliche Kontakte und Reputation bedeuten nicht, dass ein Star seine Gage reduziert, sie ermöglichen jedoch einen leichteren Zugang und ggf. eine Bevorzugung bei Terminkollisionen zwischen mehreren Angeboten.

für das Projekt entwickelte Ideen, sondern Adaptionen von bekannten literarischen Vorlagen. Die Bekanntheit und Beliebtheit der Vorlage soll dabei das Zuschauerinteresse „garantieren". Entscheidend für den Erfolg dieser Steuerungsoption ist damit der Zugang zu risikovermeidenden Stoffen. Analog zur Sicherung der Förderung gelten auch für die Sicherung des Zugangs zu Stoffen persönliche Kontakte zu Autoren und Verlagen sowie die Reputation, einen Stoff im Sinne der Autoren erfolgreich umsetzen zu können, als maßgebliche Erfolgskriterien. Entscheidend für den Erfolg von Produzenten ist damit nach deren eigener Auffassung die Reputation sowie die Größe und Qualität des persönlichen Netzwerks.

9.1.3 Reduktion der Schadenshöhe

Die dritte Strategieoption (vgl. Abbildung 20: c) bietet sich grundsätzlich für alle Produzenten an, vor allem jedoch für jene, die nicht auf Stars oder Fördergelder zurückgreifen können. Die Risikosteuerung orientiert sich dabei weniger an den Eigenschaften der Elemente eines Projekts, sondern an der Bearbeitung des Umfelds. Ein entscheidendes Element ist die Risikobegrenzung durch eine rigide Kostenkontrolle. Wenn ein Film billig genug produziert werden kann, wird die Schadenshöhe so weit gedrückt, dass das Risiko akzeptiert werden kann, selbst wenn die Schadenswahrscheinlichkeit unverändert ist. Es werden also nicht die Ursachen des Risikos adressiert, sondern wirkungsbezogen die möglichen Folgen reduziert. Die Kosten werden durch den Verzicht auf Stars bzw. Gagenrückstellungen, den Verzicht auf teure Rechte an Vorlagen,[86] sowie durch die Art der Inszenierung gesenkt. Auch hier spielt die Reputation eine Rolle, da sie die Basis des Vertrauens darstellt, das Schauspielende und technische Dienstleister mitbringen müssen, wenn sie ihre Gage zurückstellen sollen.

Das verbleibende Produktionsrisiko kann durch die überschaubare potenzielle Schadenshöhe selbst getragen werden. Das Konsumtionsrisiko wird somit ebenfalls geringer, sodass die Distributoren bereit sind, es selbst zu tragen. Die Produzenten können das Konsumtionsrisiko im Rahmen von Presales auf die Distributoren überwälzen oder aber mit Hilfe von Investoren das Projekt zunächst selbst finanzieren und die Distributoren anschließend als Dienstleister engagieren. In diesem Fall verbleiben auch alle Chancen aus der Auswertung beim Produzenten.

---

[86] Ein Produzent erwähnt in diesem Zusammenhang auch Parodien, die den Bezug auf die Popularität der Vorlage erlauben, ohne dass Lizenzgebühren fällig werden.

Abbildung 20 Wirkung der Risikosteuerung der befragten Produzenten

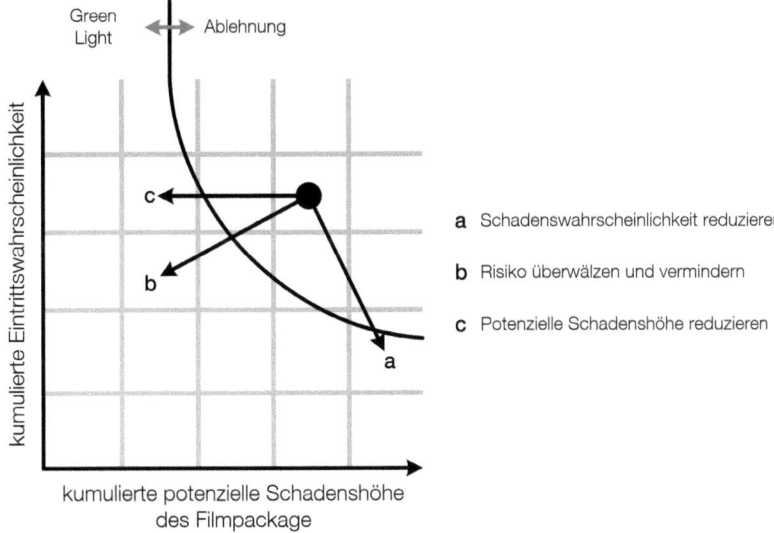

Quelle: Eigene Darstellung

Die gefundenen Strategien haben jeweils unterschiedliche Voraussetzungen: Die ursachenbezogene Strategie, mit der Ungewissheit über das Erfahrungsgut Film auch die Eintrittswahrscheinlichkeit des Konsumtionsrisikos zu reduzieren, setzt eine starke Kapitalausstattung und die Verfügbarkeit von risikovermindernden Inputfaktoren voraus. Die Überwälzungsstrategie setzt die Verfügbarkeit von Fördergeldern voraus und kann je nach Förderungsvorgaben eine Orientierung an nicht kommerziellen Zielen, wie kultureller Vielfalt oder künstlerischem Ausdruck, bedeuten. Die wirkungsbezogene Strategie, mit dem Budget die potenzielle Schadenshöhe zu reduzieren, hat die geringsten Voraussetzungen. Die Markteintrittsbarrieren sind niedrig, allerdings beinhaltet die Strategie die Gefahr, durch zu niedrige Produktionsbudgets den Production Value so zu reduzieren, dass das Publikum kein Interesse mehr hat.

Zum Teil können die gefundenen Risikosteuerungsstrategien mit Hilfe des SVE-Modells aus der Industrieökonomie erklärt werden. Die Marktstruktur und insbesondere die Verfügbarkeit von Fördermitteln als Finanzierungsmöglichkeit bestimmen das Marktverhalten der Produzenten. Daneben kann das Verhalten aber auch durch den Ressourcenansatz aus dem Strategischen Management erklärt werden. Ausgehend vom vorhandenen Ressourcenbündel ergeben sich für die Produzenten verschiedene Handlungsoptionen. Folgt man dem Modell des

Kernressourcenmanagements von Habann (vgl. 2002: 155ff), können Unternehmen – oder im vorliegenden Fall Produzenten – dann Wettbewerbsvorteile realisieren, wenn sie ihre Ressourcen optimal auf die vorgefundenen Marktbedingungen und ihre Basisstrategie abstimmen. Dies erklärt, warum Produzenten in vergleichbaren Kontexten in der Risikosteuerung auf dieselben Steuerungsoptionen fokussieren oder anders gesagt, die gleichen Projektressourcen zu sichern versuchen. Dabei zeigt sich, dass weitgehend unabhängig von den Marktbedingungen die Produzenten die gleichen Kompetenzen benötigen, diese werden jedoch unterschiedlich auf die Projektressourcen angewendet.

9.2 Strategien zur Steuerung des kreativen und reputationalen Risikos

Neben den beschriebenen Strategien zur Steuerung des kommerziellen Risikos betonen alle befragten Produzenten die Bedeutung der Intuition bei der Identifikation von Erfolg versprechenden Projektelementen. Dies entspricht der Feststellung von Aageson (vgl. 2008: 98), wonach cultural entrepreneurs eine Passion für die Kultur und die kreativen Talente hätten. Wenn nicht allein der kommerzielle Erfolg, sondern auch der kreative Anspruch als Ziel gilt, sind die von den Interviewten beschriebenen Handlungen weniger systematisch und orientieren sich stark an Geschmack und Bauchgefühl. Die Produzenten erklären dabei selbst, dass dieses Vorgehen nicht geeignet sei, mittel- bis langfristig kommerziell erfolgreich zu sein. Jene Produzenten, die bei der Risikosteuerung hauptsächlich auf ihre Intuition setzen, tun dies entweder nur für einen Teil ihrer Projekte oder sie betreiben eine individuelle Risikodiversifikation, indem sie durch ihr Engagement in der TV-Produktion noch eine zusätzliche Erlösquelle haben.

Obwohl die Produzenten allgemein betonen, dass kreative und kommerzielle Reputation in der Praxis unmittelbar zusammengehören, sind die Ansätze, wie die beiden Aspekte der Reputation adressiert werden, sehr unterschiedlich. Für die Bewertung der kommerziellen Reputation gilt der Track Record aus vergangenen Erfolgen als akzeptierte Skala, entsprechend muss das Ziel sein, kommerzielle Erfolge vorzubereiten: Success breeds success (vgl. für einzelne Filme De Vany & Walls 2004: 1053). Wer Erfolg hatte, bekommt dadurch die Möglichkeit, wieder Erfolg zu haben. Für die Bewertung der kreativen Reputation gibt es ebenso wenig eine allgemein akzeptierte Skala wie für den kreativen Erfolg an sich. Die allgemein als Proxy für kreativen Erfolg betrachteten Reaktionen von Filmkritikern und die Vergabe von Filmpreisen lassen die befragten Produzenten nicht gelten. Kritiker werden als Besserwisser gesehen, die weder für das Publikum noch für die Branche Relevanz haben. Preisverleihungen gelten als Zufall oder Politikum, in keinem Fall jedoch als planbares Element eines Geschäftsmodells.[87] Kreativer Erfolg gilt, wenn überhaupt, nur auf persönlicher Ebene als messbar. Dies zeigt sich in der Feststellung, ob eine als relevant angesehene Person die eigene Arbeit schätzt. Kreative Reputation hat im Gegensatz zur kommerziellen kein allgemein akzeptiertes Maximum. Bei der kommerziellen Reputation gilt mehr Umsatz oder Gewinn als gut, bei der kreativen Reputation geht es jedoch nicht darum, möglichst vielen Menschen zu gefallen. Vielmehr scheint es um die verlässliche Zuordnung zu einem Geschmackscluster zu gehen, also die Frage danach, wer einen bestimmten Stil am besten umsetzen kann. Entsprechend lassen sich aus den Interviews keine eigentlichen Strategien destillieren. Häufig wird jedoch betont, wie entscheidend es sei, dass man innerhalb eines Projektteams dieselbe Sprache spricht und dieselbe Vision verfolgt. Mit Ausnahme eines Produzenten, der angibt in der Vergangenheit mehrere „Renoméeprojekte" durchgeführt zu haben, lehnen die befragten Produzenten die Idee, in die kreative Reputation zu investieren, um langfristig die kommerzielle zu stärken, z.T. vehement ab. Zwar wird das Ansehen bei den Kreativen als essenziell für zukünftige Projekte erachtet, der Gewinn von Preisen und Kritikerlob ist jedoch weder planbar, noch wird er von kommerziell orientierten Stakeholdern bei zukünftigen Projekten honoriert. Wichtiger als die kreative Reputation ist demnach die Reputation bei den Kreativen. Produzenten müssen aus Perspektive des Personals nicht selbst kreativ sein, aber ein Verständnis für die Belange von Kreativen mitbringen. Für die Gewährung des Green Lights scheint die kreative Reputation nur bedingt ausschlaggebend zu sein. Einzelne Produzenten erwähnen, dass eine Förderung, die Kreative aufbaut, nicht umhin kommt, diese nach einer Auszeichnung weiter zu fördern. Auch hier kann demnach von einem Geschmackscluster aus Kreativen und Geldgebern gesprochen werden. Das Ziel der Produzenten während der Entwicklungsphase muss ein Abgleich der kreativen Interessen und Ziele aller Beteiligten sein. Die Chancen auf ein Green Light lassen sich dann verbessern, wenn eine möglichst große Übereinstimmung besteht und somit die Green-Light-Entscheider davon ausgehen können, dass durch die abgestimmten Interessen tatsächlich das im Package dargestellte Projekt entstehen wird. Die Kohärenz der kreativen Reputation im Filmpackage reduziert für die Green-Light-Entscheider die Qualitätsunsicherheit.

In Kapitel 4.2.4 wurde die Finanzierung eines Projekts als Commitment-Kaskade dargestellt. Ohne beleihbare Sicherheiten verlassen sich Investoren oder

---

[87] Insbesondere in den Antworten derjenigen Produzenten, die in der Vergangenheit bereits Preise gewonnen haben, zeigt sich ein inkonsistentes Verhältnis zu Auszeichnungen: Preise gelten als ein wertloses Zufallsereignis, der Gewinn eines Preises ist jedoch hart erarbeitet und verdient.

Kreditgeber jeweils auf das Urteil anderer Akteure, die sich bereits dem Projekt verschrieben haben. Eine gute Möglichkeit, eine solche Commitment-Kaskade anzustoßen, könnte es sein, wenn Produzenten in ihre Projekte eigenes Geld investieren, um so ihre Überzeugung zu dokumentieren, dass es sich um ein attraktives Projekt handelt und um eine Reputation als engagiert und verantwortungsbewusst aufzubauen. Der Produzent Rob Hardy lässt sich z.b. mit der Forderung nach Risikoaffinität in eigenen Projekten zitieren: *„You have to be a risk taker because no one's going to take a risk on you but you"* (zitiert in Caldwell 2005: 10). In den Interviews konnte dieses Verhalten nicht beobachtet werden. Nur in einem Fall berichtet ein Produzent, die Entwicklung selbst bezahlt zu haben. Motivation war jedoch nicht der Versuch, eine Reputation als vertrauensvoller Projektinitiant zu etablieren, sondern vielmehr den Koordinationsaufwand im Vorfeld zu reduzieren, um einen Zeitvorteil gegenüber einem Konkurrenzprojekt zu realisieren. In der Entwicklungsphase wird Selbstfinanzierung nicht zum Reputationsaufbau genutzt. Eine Motivation, eigenes Geld oder zumindest Geld des eigenen Unternehmens über das vertraglich notwendige hinaus zu investieren, ist erst während der physischen Produktion und in der Postproduktion erkennbar. Mehrere Produzenten erklären, in Einzelfällen Nachdrehs, Nachvertonungen oder sonstige Überschreitungen finanziert zu haben, um das bestmögliche Ergebnis zu erzielen. Die Produzenten bzw. ihre Unternehmen wären dazu nicht verpflichtet und angesichts der z.T. geringen Erfolgsbeteiligung auch finanziell nicht motiviert. In diesen Fällen scheint also tatsächlich das Bemühen um eine kreative Reputation eine Rolle zu spielen. Die Produzenten wollen nicht nur den Ruf haben, ein Projekt im gesetzten Budgetrahmen fristgerecht abzuliefern, sondern auch zeigen, dass sie mit Herzblut bei der Sache sind und für die Qualität notfalls auch mit eigenen Mitteln einstehen. Der Aufbau der kreativen Reputation geschieht demnach nicht in der Entwicklungs-, sondern in der Produktionsphase. Dies ist insofern nachvollziehbar, als dass die Voraussetzung für den Aufbau der Reputation die Beobachtbarkeit des Handelns ist. Zwar wird ggf. auch das Verhalten in der Entwicklungsphase branchenintern registriert, doch erst in der Produktionsphase wird es z. B. durch die Berichterstattung in der Branchenpresse öffentlich und „aktenkundig". In der Entwicklungsphase arbeiten die Produzenten nicht aktiv an ihrer Reputation, weder der kommerziellen noch der kreativen. Sie verlassen sich auf ihre Intuition und sind zu Investoren und Kreativen gleichermaßen „immer nett", wie es eine Produzentin im Interview formuliert.

10 Risikosteuerungsstrategien im Ressourcen- und Strukturkontext

Die Übersicht über die Interviewergebnisse und die Identifikation verschiedener Strategieoptionen erlauben nun eine Beantwortung der Forschungsfrage. Die Frage, welche Risikosteuerungsmaßnahmen eingesetzt werden, lässt sich recht knapp beantworten. Grundsätzlich wenden die Produzenten alle in der Literatur behandelten Steuerungsoptionen an, wenn auch in sehr unterschiedlichem Ausmaß. Das Lektorat wird in der einen oder anderen Ausprägung von allen genutzt. In einigen Fällen dient es nur der Auswahl von Stoffen, in anderen Fällen gibt es einen fließenden Übergang hin zu einer starken Beteiligung der Produzenten an der Stoffentwicklung. Alle Produzenten erklären ihre Skepsis gegenüber der Marktforschung. Für die Distributionsphase dient sie als legitime und sinnvolle Methode, nicht jedoch in der Entwicklung. Die Schwierigkeit der Rezipienten, ihre Erwartungen zu artikulieren, wird erst in zweiter Linie als Problem dargestellt, schwerwiegender ist die grundsätzliche Ablehnung, Kreativität durch statistische Auswertungen zu ersetzen. Dennoch gilt die Standardisierung des Produkts Film durch Genrekomponenten und wiederkehrende Erzählmuster als eine der wichtigsten Steuerungsmaßnahmen. Daneben wird auch die Imitation oder Fortführung von erfolgreichen Geschichten sehr geschätzt. Im Kontext des Personals ist die Risikosteuerung weniger strukturiert. Langfristige Verträge werden als inflexibel und unrealistisch abgelehnt. Der Einsatz von Erfolgsbeteiligungen zur Motivation und zur Risikoreduktion wird zwar genutzt, findet seine Grenzen jedoch in der Verantwortung gegenüber dem Personal und der nicht allein finanziellen Motivation des Personals. Bei niedrig dotierten Projekten werden Erfolgsbeteiligungen eher als Finanzierungsinstrument, denn als Steuerung des Qualitätsrisikos durch die Stimulation der Motivation beschrieben. Im Bereich der Finanzierung wird einmal mehr die große Rolle der Förderung bei der Übernahme der Risiken deutlich. Einige Produzenten thematisieren jedoch auch die „Kosten" der Förderung, sei es in Form von unerwünschter kreativer Mitsprache oder in Form von Produktionsauflagen. Beim Einwerben von privaten Mitteln werden Personal und Inhalt als Ingredient Brands genutzt, wobei dem Personal allgemein eine bessere Signalwirkung zugesprochen wird.

In den Interviews tauchen keine fundamental neuen Steuerungsoptionen auf, die nicht bereits in Kapitel 1 erwähnt wären. Allerdings zeigt sich in der täglichen Arbeit eine wesentlich andere Schwerpunktsetzung, als es die Literatur suggeriert. Die Elemente von Filmpackages sind in der Praxis nicht beliebig handelbar und für alle Produzenten gleichermaßen verfügbar. Entsprechend führen die Produzenten bei allen Steuerungsmaßnahmen die Relevanz der persönlichen Beziehungen und der Reputation an. Da es z.B. zu spät ist, sich um die Verfilmungsrechte an einem Roman zu bemühen, wenn dieser bereits ein Bestseller ist, gilt es, Beziehungen zu Autoren und Verlegern aufzubauen, die es erlauben, früher mit der Stoffakquisition zu beginnen. Im Verhältnis zum Personal und zu potenziellen Investoren ist die Reputation essenziell, die sich aus vergangenen Projekten speist. Daneben spielen wiederum persönliche Beziehungen eine wichtige Rolle. Insbesondere im Verhältnis zur Regie wird die Notwendigkeit einer vertrauensvollen Zusammenarbeit als Arbeit an einer gemeinsamen Vision betont. Auch im Verhältnis zu Geldgebern verbessert die persönliche Beziehung den Aufbau von Vertrauen. Produzenten unterscheiden somit nicht strikt zwischen den drei analytisch getrennten Teilen des Filmpackage: Inhalt, Personal und Finanzierung. Alle drei Bereiche werden von Menschen als Austausch- und Vertragspartnern repräsentiert und in allen drei Bereichen spielen über mögliche Verträge hinaus Reputation und persönliche Beziehung eine wichtige Rolle. Im „People Business" Filmproduktion kann Risikosteuerung damit weitgehend unter Beziehungsmanagement subsumiert werden.

Dieser Befund leitet direkt zum zweiten Teil der Forschungsfrage über, in dem es darum geht zu ergründen, warum Produzenten bestimmte Steuerungsoptionen mehr oder weniger nutzen. Hier lässt sich allgemein mit der Guts- und Marktcharakteristik argumentieren, daneben kann aber auch die spezifische Marktposition der einzelnen Produzenten herangezogen werden. Die gefundene Perspektive auf die Risikosteuerung als Beziehungsmanagement lässt sich auf die Organisation der Produktion zurückführen. Filmproduktion ist Teamarbeit. Der Wert der einzelnen Elemente steht nicht ex ante fest, sondern ergibt sich aus dem Zusammenspiel während der Produktion. Obschon nicht fix planbar, muss dieses Zusammenspiel in der Entwicklung konzipiert werden und im Filmpackage angelegt sein. Während der fertige Film für die Rezipienten ein Erfahrungsgut ist, stellt das Filmpackage für die Entscheidungsträger, die über das Green Light befinden, ein Vertrauensgut dar. Sie müssen den Produzenten vertrauen, dass sie in der Lage sind, das Projekt wie geplant umzusetzen und die Elemente des Package harmonisch zusammenzuführen. Damit ist die Schwerpunktsetzung der Produzenten auf persönliche Beziehungen und Reputation rational, da sie in der Entwicklungsphase entscheidende Kompetenzen darstellen.

Ebenso rational ist es aus Produzentenperspektive, auf die Marktforschung zu verzichten. Bedingung für einen erfolgreichen Geschäftsabschluss, ein Green Light, ist es zunächst nicht, ob das Publikum das Erfahrungsgut schätzt, sondern ob die Entscheidungsträger dem Package vertrauen. Marktforschung wird entsprechend durch Marktbeobachtung ersetzt. Einerseits wird die Nachfrage von Seiten der Verleiher, Förderer und Studios nach bestimmten Sujets oder Personen (unsystematisch) verfolgt, andererseits wird das Angebot auf den Beschaffungs- und Vorläufermärkten beobachtet. Welche Schauspielende, die noch günstig zu engagieren sind, haben Potenzial? Welche Geschichten sind auf dem Literaturmarkt erfolgreich? Welche Nachwuchsregisseure machen auf einem Kurzfilmfestival auf sich aufmerksam etc.? In jedem Fall betonen die Produzenten jedoch, dass die Elemente im Package harmonieren und sie dieselbe Sprache wie ihr kreatives Schlüsselpersonal sprechen müssen. Will man die Marktbeobachtung also als Risikobewertung verstehen, so handelt es sich für die Produzenten eindeutig um eine qualitative. Aufkommende Schauspielende werden als interessant und potenziell förderlich angesehen, ihnen wird jedoch kein konkreter Erwartungswert im Sinne einer erreichbaren Publikumszahl und der dazugehörigen Wahrscheinlichkeit des Erreichens zugeordnet. Zumindest den Produzenten in der Entwicklungsphase kann somit nicht der Vorwurf gemacht werden, sie wären kulturblinde Manager. Bilton skizziert diesen Typ des *„cultural managers"* und beklagt, dass diese sich häufig darauf beschränken würden, Kultur zu verwalten. Es würden schlicht die Inputs und Outputs der Produktion überwacht und anhand von Finanzdaten und Leistungsindizes festgestellt, ob zentral festgelegte strategische Ziele erreicht werden. Er erkennt darin eine Bunkermentalität des Managements nach dem Motto: *„Make sure the figures are right, and let the art manage itself"* (vgl. Bilton 2006: 88). Es mag diesen Typus auch in der Filmbranche geben, allerdings bieten die Interviews keinen Hinweis darauf, dass Produzenten diesem Managertyp entsprechen. Die befragten Produzenten betonen alle die kreativen Aspekte ihrer Arbeit, zum Teil gewichten sie diese sogar höher als die kommerziellen. Nicht einmal der befragte ehemalige Banker, der vor allem als Koproduzent und Finanzier agiert, blendet die kreativen Aspekte aus, obschon sich bei ihm durchaus eine Orientierung an Kennzahlen zeigt. Insofern scheint es, als ob sich die Produzenten zumindest in der Entwicklungsphase vor dem Green Light selbst als Kreative betrachten und großen Wert auf ihre Wahrnehmung als solche legen. Sie inszenieren sich als Mittler zwischen Kreativität und Strategie. Der negativ konnotierte Typ des cultural managers ist eher bei den Investoren und bei den Entscheidungsträgern im Produktionsunternehmen zu vermuten. Dies zeigt sich z.B., wenn eine Produzentin ihre Auswahl an Schauspielenden gegen Marketingvertreter im Green-Light-Gremium verteidigen muss, die mit höheren Bekanntheitswerten

von anderen Schauspielenden argumentieren. Produzenten in der Entwicklungsphase haben nicht den Anspruch, dass ein Projekt mit dem Filmpackage abschließend beschrieben ist. Das Package ist eine Möglichkeit, das Projekt nach
außen gegenüber Entscheidern greifbar zu machen und nach innen die Rahmenbedingungen und Ziele zu verdeutlichen. Es ist jedoch nicht in jedem Fall ein
strenger Satz an operationellen Vorgaben, der zwingend umgesetzt werden muss.
In diesem Kontext bietet es sich an, unterschiedliche Strategieansätze zu
differenzieren (z.B. Cummings & Wilson 2003). Strategie als deliberate
Orientierung geht davon aus, dass vorab eine strategische Position eingenommen
werden kann, die dem Geschäft eine Richtung gibt und die Grundlage für nachhaltige Wettbewerbsvorteile ist (z.B. die generischen Strategien von Porter
1985). Strategie als emergente Animation konzentriert sich dagegen auf den
motivierenden Effekt, den der strategische Prozess auf die Organisation haben
kann, indem eine gemeinsame Vorstellung über die Ziele vermittelt wird (z.B.
concensus und plan bei Mintzberg & Waters 1985). Auch wenn in der Literatur
häufig betont wird, dass Risikomanagement von einem Bottom-Up-Ansatz bei
der Identifikation der Risiken und der Umsetzung der Steuerung profitieren
kann, geht das Risikomanagement tendenziell eher von einer Orientierungs-
funktion der Strategie aus. In dieser Vorstellung legt das Management vorab fest,
welche Ziele durch welche Maßnahmen erreicht werden sollen. In den Interviews haben die Produzenten nicht erkennen lassen, dass sie diesen Ansatz verfolgen und für sinnvoll erachten. Im Gegenteil, sie haben den Prozesscharakter
und die Bedeutung des Teamworks in der Filmproduktion betont. Dies legt nahe,
dass Strategie als Animation verstanden wird. Das Filmpackage wird nicht nur
als strategisches Ressourcenbündel verstanden, das einen Vorteil im Wettbewerb
um das Green Light und später die Rezipienten darstellt, sondern auch und vor
allem als eine kreative Vision, die allen Beteiligten in der Umsetzung als Leitbild
dienen soll.

Bilton (2006: 92ff) bietet einen Erklärungsansatz, warum Produzenten sich
schwer tun, ihr eigenes Handeln als deliberate Strategie zu beschreiben: In der
kreativen Produktion bedeutet strategische Planung unter Umständen, die
Kreativität weitgehend aus dem Prozess herauszunehmen und im Moment der
Strategieformulierung in der Person des Entscheiders zu konzentrieren. In der
eigentlichen Produktion hätte Kreativität somit keinen Platz, vielmehr ginge es
lediglich um Umsetzung und Kontrolle. Dies isoliert die Manager, also in diesem
Fall die Produzenten, vom Geschäft und macht sie allein für Erfolg oder Misserfolg verantwortlich, obschon ihr Einfluss in der Realität begrenzt sein mag.
Andere Projektteilnehmer sind vom strategischen Prozess ausgeschlossen. Zwar
nehmen die Produzenten für sich in Anspruch, kreativ zu sein, sie sehen sich
jedoch nicht als Projektmanager, die ein Bündel aus anonymen Ressourcen

gegenüber den wirtschaftlich Verantwortlichen verteidigen müssen. Sie suchen den Umgang mit dem kreativen Personal im Projekt im Wissen darum, bei der erhofften Umsetzung des Projekts auf diese Menschen angewiesen zu sein. Ihr Handeln ist demnach nicht allein auf das Green Light als Kulminationspunkt ihrer Bemühungen in der Entwicklung, sondern ist auch und vor allem auf die Umsetzung des Package und zukünftige Projekte ausgerichtet. Was für das einzelne Projekt, das mit dem Green Light steht und fällt, irrational erscheint, bedeutet in der längerfristigen Perspektive für Produzenten eine nachhaltige Orientierung. Hier ist wiederum die Differenzierung zwischen Projekt- und Produzentenressourcen sinnvoll.

10.1 Projektressourcen und Produzentenressourcen

Die Perspektive des Ressourcenmanagements ist für die Analyse der Spielfilmentwicklung gut geeignet, da sie anders als die Erfolgsfaktorenforschung nicht von einem theoretisch optimalem Projekt ausgeht und jede Abweichung als Risiko versteht. Stattdessen wird die Notwendigkeit des Abgleichs von Ressourcen und Rahmenbedingungen fokussiert. Somit gibt es kein allgemein optimales Projekt, sondern lediglich eine Ressourcenkombination, die optimal an den Kontext, in dem ein individueller Filmproduzent arbeitet, angepasst ist. Damit wird, ebenfalls im Gegensatz zur marketingorientierten Erfolgsfaktorenforschung, ein Fokus auf die strategische Planung vor Beginn der physischen Produktion möglich. Auf Ebene des einzelnen Projekts können Inhalt, Personal und Finanzierung als Projektressourcen verstanden werden. Dabei ist jedoch zu beachten, dass die einzelnen Projektressourcen je nach Kontext der Produzenten unterschiedlich große Bedeutung haben und wechselseitig miteinander in Beziehung stehen (vgl. auch Kapitel 8.6.3). Bemühungen im Rahmen des Kernressourcenmanagements, die Projektressourcen aufzubauen bzw. zu erwerben, müssen demnach übergreifend, statt sequenziell angelegt sein.[88] Damit wird die Zentralität der Koordinationsfähigkeit deutlich: *„The market uncertainty and demand volatility of the industry require filmmakers to develop competencies in: the identification and recruitment of talented commercial and artistic project participants; and the management of complexities spanning coordination of cast, production crews, elaborate sets and sophisticated audio, visual and special effects technologies"* (DeFillippi et al. 1998: 126; vgl. auch Miller et al. 1996; Jones & DeFillippi 1996; Jones et al. 1997). Das Management der Projektressourcen entspricht damit exakt dem Management des Risikos in der Ent-

---

[88] Dierickx et al. (1989) sprechen in diesem Zusammenhang von *„asset stock interconectedness"* und Morecroft et al. (2002) fordern deshalb eine *„systems perspective on resources"*.

wicklungsphase: Inhalt und Personal und z.T. auch die Finanzierung müssen in Einklang gebracht werden, um jeweils ihr volles Potenzial zu entfalten. Gleichzeitig helfen das passende Personal und der Inhalt, den Zugang zu Finanzierungsoptionen zu eröffnen (vgl. Abbildung 17). Produzenten stehen vor dem Dilemma, dass die Projektressourcen nicht einzeln akquiriert werden können. Sie brauchen ein gelungenes Drehbuch, um attraktives Personal anzulocken, um zahlungswillige Investoren zu überzeugen.[89]

Filmproduzenten stützen sich dabei vor allem auf zwei Typen von Kernressourcen: Strategische Vermögenswerte (Reputation) und umweltbezogene Kernkompetenzen (Beziehungsmanagement) (vgl. Habann 2002: 151). Für die Produzenten ist der Zugang zu den Projektressourcen die erfolgsentscheidende Kompetenz (vgl. Abbildung 21).

Abbildung 21 Ressourcen und Kompetenzen von Filmproduzenten

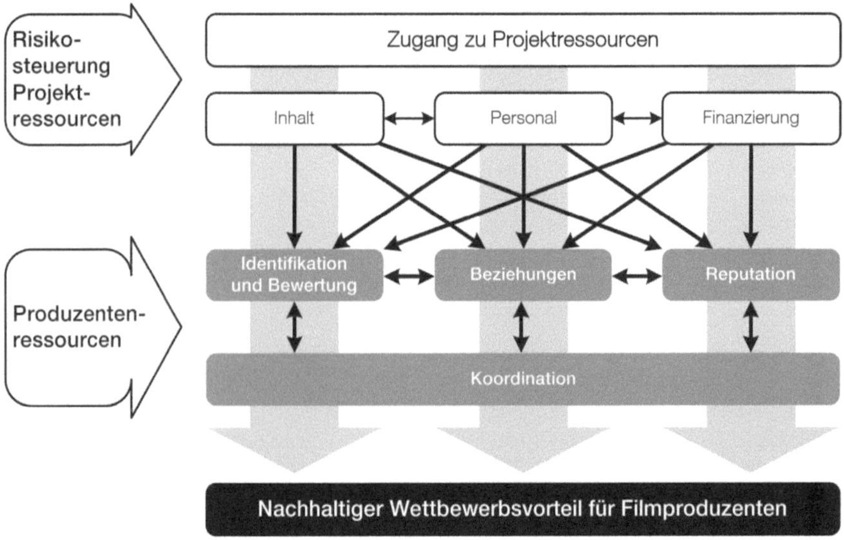

Quelle: Eigene Darstellung

In allen drei Risikobereichen, d.h. für alle drei Projektressourcen, betonen die befragten Produzenten, wie wichtig es ist, die richtigen Leute zu kennen. Obschon Einigkeit herrscht, dass Beziehungen, die Reputation und die Fähigkeit,

---

[89] Diese Reihenfolge ist nicht zwingend. Das Projekt kann auch mit der Verpflichtung von einzelnen Schauspielenden beginnen und theoretisch ist auch eine Finanzierungszusage als Ausgangspunkt denkbar.

den Wert einer Projektressource einschätzen zu können, wichtige Kompetenzen sind, wird deutlich, dass die Produzenten den Zugang zu Projektressourcen unterschiedlich stark als Wettbewerbsvorteil wahrnehmen und ausgestalten. Einige Produzenten verlassen sich, wenn möglich, nur auf sich selbst und ihre bestehenden Kontakte, andere sind der Auffassung, dass die Kontakte und das Wissen um die Qualifikation und den Wert bestimmter Projektressourcen in der Branche geteilt werden sollten. Für letztere Produzenten ist demnach der Vorteil aus dem Teilen der Informationen und des Zugangs größer als der Verlust von Exklusivität beim Zugang. Es wäre naheliegend anzunehmen, dass jene Produzenten, die am Anfang ihrer Karriere stehen und noch über ein relativ kleines persönliches Kontaktnetzwerk verfügen, dafür plädieren, den Zugang zu teilen. In den Interviews stellt sich die Verteilung der Präferenzen dagegen umgekehrt dar: Die Produzenten mit relativ wenig Projekterfahrung und einem entsprechend kleineren Netzwerk (2, 15) sind weniger bereit, den Zugang zu Projektressourcen zu teilen als erfahrene Produzenten, die über ein großes Netzwerk verfügen (5, 12, 13, 16). In einem Fall heißt es, *„Wir wollen lieber direkt den Regisseur kennenlernen"* (2), im anderen *„Wir sind sehr gut miteinander vernetzt"* (12). Zwei Erklärungsansätze für diese unerwarteten Präferenzen bieten sich an: Es ist denkbar, dass die beiden genannten jungen Produzenten die Vorteile von geteilten Ressourcen noch nicht zu schätzen gelernt haben. Durch Erfolge zum Karrierestart sind sie im Glauben, über alle notwendigen Kontakte zu verfügen und sehen keinen Vorteil im Teilen des Zugangs. Umgekehrt könnten die routinierteren Produzenten – auch durch Misserfolge – erst durch ihre Erfahrung den Wert von geteiltem Zugang zu Projektressourcen schätzen gelernt haben. Eine andere Erklärungsmöglichkeit liegt in der individuellen ökonomischen Orientierung und Ausbildung. Die beiden jungen Produzenten haben jeweils neben der filmbezogenen Ausbildung auch ein wirtschaftswissenschaftliches Studium absolviert bzw. sich in ihrer Abschlussarbeit mit filmwirtschaftlichen Themen befasst (vgl. Storm 2000). Damit könnte ein größeres Bewusstsein für Konkurrenzaspekte des Geschäfts entstanden sein und der Wille, sich im Wettbewerb abzusetzen. Bei den etablierten Kollegen könnte dagegen durch die langjährige Erfahrung im Fördersystem, das die Konkurrenz abfedert, ein Zusammengehörigkeitsgefühl in der Branche als Familie entstanden sein. *„Der Film ist ein bisschen familienorientiert"* (5). Man tritt nicht gegeneinander an, sondern gemeinsam gegen die *„Big Patsy World"* (5) und möchte für optimale Förderbedingungen sorgen.

Für die Produzenten in den USA stellt sich die Frage nach dem Teilen oder Nicht-Teilen des Zugangs in dieser Form nicht. Der Zugang zu Projektressourcen erfolgt in der Regel nicht direkt, sondern vermittelt über Agenturen. Drei der vier Befragten waren vor ihrer Tätigkeit als Produzenten selbst Agenten und wissen somit um den Wert eines großen persönlichen Kontaktnetzwerks. Ein weiterer hat zuvor als Filmfinanzierer für eine Bank gearbeitet, verfügt aus einem anderen Kontext also ebenso über ein großes Netzwerk. Die Karrierewege von Filmproduzenten scheinen damit unmittelbar zur Ausbildung der Networkingkompetenz als einer entscheidenden Produzentenressource beizutragen.

Um den Zugang zu Projektressourcen in Zukunft sicherzustellen, muss bei jedem Projekt ein entsprechender Umgang gepflegt werden. Die befragten Produzenten betonen, dass sie sich um ein gutes Verhältnis zu allen Mitarbeitenden bemühen, damit diese auch in Zukunft an einer weiteren Zusammenarbeit interessiert sein werden (1, 2, 5, 7, 8, 9, 12, 16). Die Reputation als guter Arbeitgeber gilt als wichtig, da es ohne sie schwierig sei, gutes Personal für ein Projekt zu akquirieren. Eine Produzentin bewertet die Reputation gegenüber dem Personal sogar als wichtiger als jene gegenüber den Investoren (3). Im Kontext der starorientierten Produktion von Blockbustern ist dies ein rationales Ressourcenmanagement: Stars sind eine knappe Ressource, die nicht leicht imitiert und substituiert werden kann. Für die Finanzierung gibt es dagegen mehr alternative Quellen. Als Projektressource ist sie weniger knapp, sodass die Priorität der Beziehungspflege geringer ist. Im deutschen Kontext hingegen, in dem der Cast mangels Starqualität z.T. als austauschbare Komponente gilt (2, 13), ist die Beziehungspflege gegenüber dem Personal als Projektressource nicht wichtiger als jene gegenüber den Förderern als wichtigste Ausprägung der Finanzierungsressource.

Die Projektressourcen in einem Filmpackage haben den Charakter von positionalen Gütern. Die Risikofelder in der Spielfilmproduktion lassen sich als einseitige Risiken mit negativer Abweichung vom Erwartungswert, dem optimalen Projekt beschreiben. Die möglichen Projektressourcen können nach ihrer Qualität in eine Rangreihe gebracht werden. Das Kriterium der Nicht-Imitierbarkeit ist erfüllt, da es immer nur einen Bestplatzierten in einer Rangreihe gibt, das Kriterium der Nicht-Substituierbarkeit ist jedoch nicht erfüllt. Jede Ausprägung einer Projektressource kann durch eine in der Rangreihe niedriger platzierte substituiert werden. Der Wettbewerbsvorteil nimmt entlang der Rangreihe kontinuierlich ab. Das Risiko- und Ressourcenmanagement in der Spielfilmentwicklung beinhaltet demnach die Fähigkeit, aus den möglichen Ausprägungen einer Projektressource, also der Vielzahl von Drehbüchern und möglichen Mitarbeitenden, die jeweils besten Vertreter auszuwählen und für das Projekt zu sichern. Wenn der beste Vertreter nicht zur Verfügung steht, müssen Wege gefunden werden, mit schlechter platzierten Vertretern zu arbeiten, die den besten so gut wie möglich substituieren sollen.

In diesem Kontext kann das Konzept des Kernressourcenmanagements in Medienunternehmen (vgl. Habann 1999) adaptiert werden, um das strategische

Handeln von individuellen Filmproduzenten in der Projektentwicklung zu beschreiben. Die dargestellten Strategien der Risikosteuerung können als Strategien zur Sicherung von Projektressourcen verstanden werden. Risiken, also minderwertige Projektressourcen, sollen vermieden werden, damit ein Filmpackage aus Projektressourcen von genügender Qualität das Green Light erhält. Dabei ist nicht die absolute Qualität der Ressourcen entscheidend, sie muss vielmehr im Kontext der grundsätzlichen umweltbezogenen Strategie bewertet werden. *„Die vorteilhafte Abstimmung mit der Unternehmensumwelt sowie der Aufbau und die Ausschöpfung unternehmensinterner Erfolgspotenziale bestimmen den Erfolg von Unternehmen"* (Habann 2002: 146). Ob ein Projekt also ein Green Light bekommt, hängt davon ab, ob es mit seinen Projektressourcen zur strategischen Orientierung des Unternehmens passt (vgl. Abbildung 22). Verschiebt man nun den Fokus von einem einzelnen Projekt zu der Gesamtheit aller Projekte, die ein Produzent entwickelt, werden die Produzenten zur Analyseeinheit und Wettbewerbsvorteile können unter dem Gesichtspunkt der Nachhaltigkeit bewertet werden.

Abbildung 22 Situativer Ansatz des Strategie-Kernressourcen-Fit

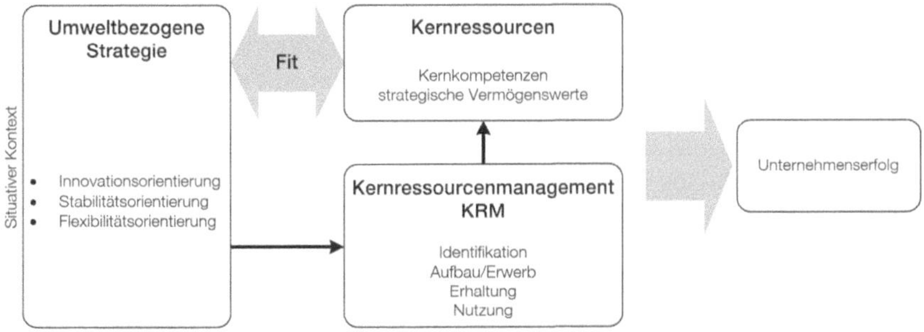

Quelle: Nach Habann (2002: 161)

Für jedes neue Projekt müssen wiederum die gleichen Projektressourcen identifiziert und aufgebaut oder erworben werden. Es geht für die Produzenten jedoch nicht mehr direkt um Inhalt, Personal und Finanzierung, sondern um den Zugang zu diesen Projektressourcen. Sie müssen den Zugang als „dynamische Fähigkeit: (vgl. Teece et al. 1997), kontinuierlich Projektressourcen zu sichern, entwickeln (vgl. Abbildung 21).

Ob Produzenten regelmäßig ein Green Light für ihre Projekte bekommen, hängt davon ab, ob sie als Produzentenressource die Kompetenz haben, die jeweils notwendigen Projektressourcen als strategische Vermögenswerte zu sichern. Produzenten müssen sich ihren Kontext vergegenwärtigen und ihre

Position in der Branche bestimmen, um den Ressourcen Relevanz zuzuschreiben. Als Antwort auf die Forschungsfrage nach der Motivation für die Auswahl der verwendeten Risikosteuerungsoptionen kann somit formuliert werden: Spielfilmproduzenten wenden jeweils die Risikosteuerungsoptionen an, die am besten zu ihren Zielen und zu den Rahmenbedingungen, unter denen sie arbeiten, passen. Das Risikomanagement kann dabei als die Sicherung eines möglichst hochwertigen Ressourcenbündels interpretiert werden. Über alle Ziele und Kontexte hinweg zeigt sich, dass Reputation – als Basis des Zugangs zu Projektressourcen – die entscheidende Eigenschaft von Produzenten darstellt. Daneben ist die Fähigkeit zur Identifikation und Bewertung von jeweils passenden Projektressourcen entscheidend, jedoch wenig systematisiert. Hier ist der kreative Aspekt der Produzententätigkeit anzusiedeln, also das, was die Produzenten selbst Bauchgefühl, Geschmack und Intuition nennen.

Der Aufbau oder Erwerb der bestmöglichen Projektressourcen reduziert das Misserfolgsrisiko, wenn jedoch die besten Projektressourcen von Wettbewerbern kontrolliert werden, fehlt diese Risikosteuerungsoption. Aus einer RBV-Perspektive betrachtet, müssen Produzenten in einer unterlegenen Position, also mit schlechterer Zugangskompetenz und Koordinierungsfähigkeiten, entweder Wege finden, überlegene Projektressourcen zu imitieren, wenn sie im selben Markt konkurrieren möchten oder sie substituieren Projektressourcen, um in einem Markt mit anderer Nachfrage zu konkurrieren. Beide Verhaltensmuster lassen sich in den Interviews mit den Produzenten finden: Douglas Hansen versucht *„the next Julia Roberts"* (4) zu engagieren und tritt so gegen die Konkurrenz der Studios an. Andreas Richter dagegen will sich mit einem Film *„jenseits jeder Kommerzialität"* (10) bewegen, produziert für eine Nische und stützt sich dabei primär auf Fördergelder.

Die erste Strategie fällt mit der oben dargestellten wirkungsbezogenen Reduktion der Schadenshöhe zusammen. Nach den Strategietypen von Miles und Snow (1978) handelt es sich um eine *„prospector strategy"*, also eine Innovationsorientierung. Das Produktportfolio ist relativ breit mit unverbundener Diversifikation.[90] Die Planungsintensität ist relativ niedrig, ebenso wie die Zentralität des Planungs- und Kontrollsystems. Die großen Studios mit ihrer wirkungsbezogenen Reduktion der Eintrittswahrscheinlichkeit haben eher eine *„defender strategy"*, also eine Stabilitätsorientierung. Die vertikale Integration ist groß, das Produktportfolio der einzelnen Tochtergesellschaften jedoch eng.

---

[90] Dies zeigt sich auch im Filmportfolio von Douglas Hansens Produktionsfirma *Endgame Entertainment*: Sie ist nicht auf ein Genre spezialisiert, sondern produziert parallel das preisgekrönte Dylan Biopic *I'm Not There (2007)*, den starbesetzten Actionfilm *Lord of War (2005)* und, als niedrig budgetierte internationale Koproduktion, die romantische Komödie *Comeback Season (2006)*.

Auch der Fokus auf Sequels deutet auf eine Stabilitätsorientierung. Die Planung und Kontrolle ist intensiv und zentralisiert.

Die Überwälzungsstrategie hat einerseits Züge der von Miles et al. beschriebenen *„analyzer strategy"*, indem jeweils flexibel die innovative Nische gesucht wird. Der Fokus auf die Finanzierung durch Förderung passt jedoch eher zur *„reactor strategy"*. Solange die Förderung verfügbar ist, besteht keine Notwendigkeit, auf die Marktdynamik strategisch zu reagieren.

Je nachdem, welche Marktposition die Produktionsunternehmen haben, denen Produzenten ihre Filmpackages andienen möchten, müssen sie mit unterschiedlichen strategischen Ausrichtungen rechnen. Package und Produktionsunternehmen müssen zusammenpassen: Entweder muss das Package angepasst werden oder es muss zu einem anderen Unternehmen gebracht werden, dessen Ausrichtung es entspricht. Riskante Projekte entsprechen z.B. nicht den stabilitätsorientierten Studios, während Produktionsfirmen, die gewohnt sind, sich über die Förderung zu finanzieren, den Wert einer Starbesetzung ggf. nicht würdigen können.

10.2 Nützlichkeit der theoretischen Basiskonzepte

Die vorliegende Untersuchung ging zunächst vor allem von einer ressourcenorientierten Perspektive auf die Spielfilmentwicklung aus. Die in der Praxis häufige Klage, wonach in den USA alles möglich sei, in Europa vieles nicht, sollte so hinterfragt werden. Es wurde vermutet, dass die verfügbaren Ressourcen über den Erfolg eines Projekts und des dahinterstehenden Produzenten entscheiden. Der Verweis auf die Verhältnisse könnte als Ablenkung von Managementdefiziten dienen. Die Untersuchung zeigt jedoch, dass die Ressourcen nur einen Teil des Produzentenhandelns und des Erfolgs bei der Green-Light-Entscheidung zu erklären vermögen. Der Strukturkontext hat erheblichen Einfluss darauf, welche Ressourcen erfolgswirksam sind. In Abbildung 6 als dem Modell der Produzenten aus RBV-Perspektive, kann der Struktureinfluss an mehreren Punkten verortet werden: Er bestimmt darüber, welche Ressourcen auf dem Markt vorhanden sind. Der strukturelle Mangel an Drehbuchautoren in Deutschland macht das Drehbuch zur relevanten Projektressource. Das Starsystem verleiht dem Personal als positionalem Gut den Status einer knappen Ressource, die nur minderwertig substituiert werden kann. Daneben macht sich der Strukturkontext im Wettbewerb zwischen Projekten bemerkbar. Im Konzern findet der Wettbewerb unmittelbar zwischen alternativen Projekten verschiedener Produzenten statt. Einzelfirmen, die weitgehend von der Förderung leben, entwickeln ihre Projekte in einem Setting, in dem es mehr darum geht, das

Entwicklungsbudget nicht abschreiben zu müssen, als sich gegen Konkurrenz zu behaupten. Schließlich sind auch Produzenten selbst ein Produkt des Strukturkontextes. Dies ist vor allem an den strategischen Zielen zu beobachten. Wenn Produzenten erklären, für sie sei der Markterfolg zweitrangig, wichtiger sei der künstlerische Wert des geschaffenen Films, so ist dies nur in einer Marktsituation möglich, die ein solches Verhalten erlaubt.

Der in Kapitel 1.1 als problematisch diskutierte Strukturdeterminismus des SVE-Ansatzes scheint in der vorliegenden Befragung zur Entwicklung und Produktion von Spielfilmen durchaus eine gewisse Bedeutung zu haben. Die Produzenten verweisen glaubhaft auf Strukturbedingungen jenseits ihres eigenen Einflusses, wenn sie erklären, welche Risikosteuerungsoptionen sie nutzen bzw. nicht nutzen.[91] Es muss jedoch sauber zwischen den Projektressourcen im Speziellen und den Produzentenressourcen im Allgemeinen differenziert werden. Die Sicherung von Projektressourcen ist als Risikomanagement zu verstehen, wobei das Risiko einer Ablehnung des Projekts mit der Güte der Ressourcen sinkt. Die Produzentenressourcen beschreiben, welchen Zugang Produzenten zu Projektressourcen haben. Die Sicherung der Produzentenressourcen bedeutet ein Risikomanagement auf persönlicher Ebene, wobei der Zugang zu Risikosteuerungsmaßnahmen mit der Güte der Ressourcen steigt. Produzentenressourcen sind damit generisch und weitgehend vom Strukturkontext unabhängig. Immer brauchen Produzenten z.B. Zugang zu Finanzierung als Kompetenz, der Strukturkontext bestimmt jedoch darüber, welche Adressaten entscheidend sind, zu wem der Zugang gesichert sein muss. Für Produzenten in einem Land, in dem öffentliche Filmförderung die wichtigste Einnahmequelle für die Branche ist, sind entsprechend die Beziehungen zu Förderern wichtig. In einem Land, in dem Förderung nur eine marginale Rolle spielt, muss die Beziehung zu kommerziellen Investoren gepflegt werden. In beiden Fällen ist es jedoch entscheidend, dass Produzenten eine Reputation aufbauen, die für Geldgeber die Unsicherheit darüber reduziert, was sie von einem Projekt erwarten dürfen. Unabhängig vom Strukturkontext ist damit Vertrauenswürdigkeit eine entscheidende Ressource, die eine Steuerung des Risikos in der Spielfilmentwicklung ermöglicht.

Es zeigt sich, dass sich SVE-Ansatz und RBV nicht ausschließen, sondern als sinnvolle Ergänzung zu betrachten sind (vgl. Conner 1991). Mit dem RBV lässt sich identifizieren, welche Risikosteuerungsmöglichkeiten angewendet werden. Um zu beantworten, warum Produzenten bestimmte Möglichkeiten nutzen, legen die Interviews einen Rückgriff auf den SVE-Ansatz nahe.

---

[91] Hierbei ist das Problem des Externalisierens zu beachten: Tendenziell werden Erfolge gern der eigenen Person zugeschrieben, Probleme und Misserfolge jedoch widrigen Umständen.

11 Fazit und Ausblick

Die vorliegende Arbeit hat die Risiken in der Spielfilmentwicklung und -produktion systematisiert und den Forschungsstand zu möglichen Steuerungsoptionen aufgearbeitet. Im Gegensatz zu bereits vorliegenden Arbeiten orientiert sich der empirische Teil nicht an den Eigenschaften des Outputs der Branche, sondern legt den Fokus auf die Produzenten als handelnde Akteure. Produzenten aus unterschiedlichen Kontexten wurden in Leitfadeninterviews darüber befragt, welche Steuerungsmaßnahmen sie anwenden, um ein Projekt erfolgreich zum Green Light zu führen.

Filmeigenschaften wie Budgethöhe, Starbesetzung, Altersbeschränkungen und Genre stehen für die Produzenten dabei weniger im Vordergrund, als es die marketingorientierte Erfolgsfaktorenforschung zum Kassenerfolg von Spielfilmen suggeriert. Die Erfolgsfaktoren mögen zwar auf Unternehmensebene relevant sein, für die individuellen Produzenten sind sie jedoch nicht handlungsleitend. Auch scheint unter den Produzenten nicht die Ansicht vorzuherrschen, dass die Entscheidungsträger über das Green Light sich primär an den im Marketing diskutierten Erfolgsfaktoren orientieren und damit das Filmpackage entsprechend gestaltet sein sollte.

Der Sinn der Erfolgsfaktorenforschung ist von verschiedenen Autoren (z.B. Nicolai & Kieser 2002; March & Sutton 1997) grundsätzlich angezweifelt worden.[92] Sie zeigen auf, dass Versuche, das Unternehmensergebnis als abhängige Variable auf Erfolgsfaktoren zurückzuführen, bislang weitgehend erfolglos geblieben sind. Methodische Probleme wie Endogenität, Informanten- und Survival-Bias, Simultanität, unbeobachtete Heterogenität und die Tendenz zum Mittelwert erschweren eine aussagekräftige Analyse. Forschern fehlt häufig der genügend fundierte Einblick in eine Branche, sodass sie z.T. willkürliche Annahmen treffen müssen und ihre Interpretationen der Angaben befragter Manager dadurch nicht mit dem Gemeinten übereinstimmen. Tatsächlich bestehende universelle Erfolgsfaktoren würden durch ihre Veröffentlichung unmittelbar ihren vorteilsstiftenden Wert verlieren. Gleiches gilt für die von der Erfolgsfaktorenforschung suggerierte Möglichkeit, die „magische" Formel für den Spielfilmerfolg zu finden. Sobald eine solche Formel, so sie denn möglich

---

[92] Einen frühen Überblick über die Diskussion bietet Mintzberg (1994).

ist, in einem wissenschaftlichen Beitrag vorliegen würde, wäre sie öffentlich zugänglich und damit nicht mehr geeignet, einen Wettbewerbsvorteil zu bringen. Die Suche nach der Erfolgsformel erinnert dadurch an den Umgang mit der Marktforschung in der Filmbranche: Ihre Ergebnisse bestätigen den Status quo und sind damit innovations- und kreativitätsfeindlich. Sobald sie allgemein anerkannt sind und umgesetzt werden, sind sie überholt, und die Innovation bekommt im Vergleich zur Imitation wieder ein höheres Gewicht.

Universelle Erfolgsfaktoren sind daneben aber auch deshalb nicht nützlich, weil sie nicht auf die organisationalen und strukturellen Rahmenbedingungen der Filmproduktion eingehen. Je nach Marktposition eines Produktionsunternehmens besteht ggf. gar nicht die Möglichkeit, ein Projekt entsprechend der Zielvorgaben der Erfolgsfaktorenforschung auszurichten. Maier (2002: 66f) erklärt, dass das Zusammenwirken diverser Strukturvariablen es für Medienunternehmen schwierig macht, sich strategisch zu positionieren. Misserfolge zeigen die Grenzen der Planungsrationalität auf, machen jedoch nicht die Planung an sich wertlos. Maier fordert, die Planung müsse flexibel sein und im Sinne einer Szenarioplanung in *„verschiedenen möglichen Welten denken"*. Hier findet sich eine Analogie zum Risikomanagement, das z.T. auch Szenarioplanung als Managementstrategie empfiehlt. Der ursprüngliche Plan kann dabei als Erwartungswert interpretiert werden, die Abweichung, als Chance oder Risiko.

Auf der individuellen Ebene der Produzenten kommt als Kritik an der Erfolgsfaktorenforschung dazu, dass die Ziele sich von der unterstellten Gewinnmaximierung unterscheiden können. Zum einen sind Produzenten nicht notwendigerweise am Gewinn beteiligt, zum anderen verstehen sie sich auch als Kreative. Zum kommerziellen Erfolg tritt also auch eine kreative Interpretation von Erfolg, die ggf. auf anderem Weg erreicht werden muss (z.B. Fee 2002).

In Bezug auf die Entwicklungsphase ist der Nutzen der Erfolgsfaktorenforschung insgesamt stark eingeschränkt. Erfolgsfaktoren, also risikosteuernde Elemente, sind nicht nur in den Projektressourcen zu suchen, sondern insbesondere in den Eigenschaften und Kompetenzen der Produzenten. Ähnlich wie Miller et al. argumentiert die vorliegende Arbeit also, dass der Erfolg nicht von den Projektinputs abhängt, sondern entscheidend auch von den Kompetenzen des Managements. Während Miller et al. (1996) dies auf Ebene der Unternehmen und der fertigen Produkte darstellen können, zeigt die vorliegende Arbeit, dass dies gleichermaßen auch auf den Ebenen der individuellen Produzenten und ihrer Projekte gilt.

Allerdings geschieht das Selbstmanagement der Produzenten und ihrer Kompetenzen weit weniger systematisch, regelgeleitet und zielorientiert. Allgemein zeigt sich im beschriebenen Handeln der Produzenten ein unsystematisches Vorgehen, das vor allem auf die Intuition und Aspekte des kreativen Arbeitens abhebt. Andererseits lassen sich mindestens für die Steuerung der Risiken in einzelnen Projekten drei generische Strategien identifizieren. Eine, die primär ursachebezogen auf die Reduktion der Eintrittswahrscheinlichkeit des Risikos abzielt, eine, die wirkungsbezogen die potenzielle Schadenshöhe reduziert und eine, die im Kontext der Filmförderung hauptsächlich auf der Überwälzung des Risikos auf öffentliche Träger fußt. Nur die erste Strategie ist eindeutig auf die Erfolgsfaktorenforschung bezogen, die zweite adressiert das Manko der Erfolgsfaktorenforschung, die zumeist den Umsatz statt der Rendite als Erfolgsmaß verwendet. Die Überwälzung auf Förderungsinstitutionen kommt in der Erfolgsfaktorenforschung mit ihrem Fokus auf Hollywoodproduktionen in der Regel nicht vor. Auch bemühen sich Autoren, hier eher die Probleme der Förderung darzustellen und interpretieren es nicht notwendigerweise als Erfolg (der Förderungspolitik), wenn es einem Produzenten gelingt, trotz mäßigem Kassenerfolg durch die Förderung ein gutes Auskommen zu haben (z.B. Dreher 1976; Duvvuri 2007; Castendyk 2008). Allen drei Strategien gemeinsam ist der starke Bezug auf die Reputation der Produzenten beim Zugang zu den jeweils für ihre Strategie entscheidenden Projektressourcen. Produzenten qualifizieren sich vor allem durch ein gutes persönliches Netzwerk und einen guten Ruf für ihre Aufgabe. Je nachdem, welche Filme projektiert werden, sind dabei die Beziehungen zu Schauspielstars, Low-Budget-Dienstleistern oder Förderjurys relevanter. Für Produzenten in der Entwicklungsphase ist es damit zunächst wichtiger, ihre Reputation zu steuern, als sich an statistischen Auswertungen über erfolgreiche Projekte zu orientieren. Die Erfolgsfaktorenforschung bekommt erst mittelbar einen Einfluss auf die Produzenten, insofern sich die kommerzielle Reputation vor allem aus dem Leistungsausweis von mehreren erfolgreich am Markt platzierten Projekten speist. Die Steuerung der Produzentenressourcen als langfristiges Risikomanagement und als nachhaltiger Wettbewerbsvorteil wird von den Produzenten in den Interviews nicht thematisiert. Dies könnte bedeuten, dass sie dieses Wissen als erfolgsrelevant erkennen und entsprechend nicht teilen möchten. Die relative Hilflosigkeit der Antworten auf Fragen danach, wie Reputation aufgebaut werden kann, wie Zugang zu Projektressourcen gesichert werden kann und wie Beziehungen gepflegt werden, suggeriert jedoch, dass tatsächlich ein unsystematisches Vorgehen vorliegt.

Diese Analyse baut zunächst jedoch nur auf der Selbsteinschätzung von Produzenten und ihrer Arbeit auf. Der nächste Schritt muss sein, die Bedeutung der Reputation als Kernkompetenz und Wettbewerbsvorteil empirisch nachzuweisen. Hierzu muss ein Modell entwickelt werden, dass die Entstehung von Reputation im People Business Filmproduktion beschreibt und auch die Wechselwirkungen zwischen unterschiedlichen Stakeholdern und Kompetenzbereichen abbildet. Hierfür bietet sich eine Modellierung mithilfe von sozialen Netzwerken an (vgl. Potts et al. 2008). Anschließend kann der Einfluss von Form und Größe des Produzentennetzwerks als unabhängige Variable auf den Erfolg beim Pitchen von Filmprojekten als abhängige Variable getestet werden. Problematisch bleibt dabei jedoch die doppelte Zielfunktion mit kommerziellem und kreativem Erfolg. Die Interviewpartner betonen, dass sich kommerzielle und kreative Reputation nicht ausschließen, sondern zwei Seiten einer Medaille sind. Für das Selbstverständnis als kreative Produzenten ist diese Perspektive vermutlich sinnvoll, es darf jedoch bezweifelt werden, dass sich diese Einschätzung empirisch bestätigen lässt. Wenn der Einfluss von Reputation nachweisbar ist, können aus dem Modell der Reputationsgenese Handlungsempfehlungen abgeleitet werden, wie Reputation aktiv aufgebaut und gesteuert werden kann. Für weniger erfahrene und etablierte Produzenten entscheidender dürfte jedoch die Frage sein, welche Möglichkeiten bestehen, die Reputation als Markteintrittsbarriere zu substituieren.

Literaturverzeichnis

Aageson, T.H. (2008). Cultural entrepreneurs: Producing cultural value and wealth. In H.K. Anheier, Y. Raj Isar, A. Paul & S. Cunningham (Hg.), *The cultural economy* (S. 92-107). Los Angeles, London, New Delhi & Singapore.

Abels, G. & Behrens, M. (2005). ExpertInnen-Interviews in der Politikwissenschaft: Geschlechtertheoretische und politikfeldanalytische Reflexion einer Methode. In A. Bogner, B. Littig & W. Menz (Hg.), *Das Experteninterview: Theorie, Methode, Anwendung* (S. 173-190). Wiesbaden.

Adam, W. (1959). *Das Risiko in der deutschen Filmwirtschaft.* Wiesbaden-Dotzheim.

Adler, M. (1985). Stardom and talent. *The American Economic Review, 75*(1), 208-212.

Adler, M.J. & Gorman, W. (Hg.). (1952). *The great ideas: A syntopicon of great books of the western world.* Chicago.

Aghion, P. & Bolton, P. (1992). An incomplete contracts approach to financial contracting. *The Review of Economic Studies, 59*(3), 473-494.

Akerlof, G.A. (1970). The market for "lemons": Quality uncertainty and the market mechanism. *Quarterly Journal of Economics, 84*(3), 488-500.

Akerlof, G.A. (1984). *An economic theorist's book of tales.* Cambridge, UK & New York

Albach, H. (1980). Vertrauen in der ökonomischen Theorie. *Zeitschrift für die gesamte Staatswissenschaft, 136*(1), 2-11.

Alberstat, P. (2004). *The insider's guide to film finance.* Oxford, UK & Burlington.

Albert, S. (1998). Movie stars and the distribution of financially successful films in the motion picture industry. *Journal of Cultural Economics, 22*(4), 249-270.

Albert, S. (2006). *Some people know some things: do some people know how to avoid absolute failures in the US film industry?* Paper präsentiert auf 14th International Conference on Cultural Economics am 06.07.2006 in Wien.

Albert, S. & Bradley, K. (1997). *Managing knowledge. Experts, agencies and organizations.* Cambridge.

Altman, R. (1999). *Film/genre.* London.

Altmeppen, K.-D. (2008). Wer macht was? Organisationale Handlungsfelder in der TV-Contentproduktion In G. Siegert & M.B. von Rimscha (Hg.), *Zur Ökonomie der Unterhaltungsproduktion* (S. 30-53). Köln.

Altmeppen, K.-D., Lantzsch, K. & Will, A. (2007). Flowing networks in the entertainment business: Organizing international TV format trade. *The International Journal on Media Management, 9*(3), 94-104.

Amdur, M. & Bing, J. (2003, 17.11.2003). Sharing pix is risky business. *Variety,* 11.

Amit, R. & Schoemaker, P.J.H. (1993). Strategic assets and organizational rent. *Strategic Management Journal, 14*(1), 33-46.

Andersson, Å.E. & Andersson, D.E. (2006). *The economics of experiences, the arts and entertainment.* Cheltenham.

Ansoff, H.I. (1976). Managing surprise and discontinuity – strategic response to weak signals. *Zeitschrift für betriebswirtschaftliche Forschung (ZfbF), 46,* 129-152.

Arrese Reca, Á. (2006). Issues in media product management. In A.B. Albarran, S.M. Chan-Olmsted & M.O. Wirth (Hg.), *Handbook of media management and economics* (S. 181-202). Mahwah.

Arrow, K.J. (1971). *Essays in the theory of risk-bearing.* Amsterdam.

Aufeinanger, S. (1991). Qualitative Analyse semi-struktureller Interviews. Ein Werkstattbericht. In D. Garz & K. Kraimer (Hg.), *Qualitativ-empirische Sozialforschung. Konzepte, Methoden, Analysen* (S. 35-59). Opladen.

Aust, S. (1985). *Der Baader-Meinhof-Komplex.* Hamburg.

Austin, B.A. (1982). G-PG-R-X: the purpose, promise, and performance of the movie rating system. *Journal of Arts Management and Law, 12*(2), 51-74.

Austin, B.A. (1986). Motivations for movie attendance. *Communication Quarterly, 34*(2), 115-126.

Austin, B.A., Nicolich, M.J. & Simonet, T. (1981). MPAA ratings and the box office: Some tantalizing statistics. *Film Quarterly, 35*(2), 28-30.

Bächlin, P. (1945). *Der Film als Ware.* Basel.

Bagella, M. & Becchetti, L. (1999). The determinants of motion picture box office performance: Evidence from movies produced in Italy. *Journal of Cultural Economics, 23*(4), 237-256.

Bain, J.S. (1959). *Industrial organization.* New York.

Bakker, G. (2003). Building knowledge about the consumer: The emerge of market research in the motion picture industry. *Business History, 45*(1), 101-127.

Balázs, B. (2001). *Der Geist des Films.* Frankfurt a.M.

Bamberger, I. & Wrona, T. (1996a). Der Ressourcenansatz im Rahmen des strategischen Managements. *Wirtschaftswissenschaftliches Studium*(8), 386-391.

Bamberger, I. & Wrona, T. (1996b). Der Ressourcenansatz und seine Bedeutung fuer die Strategische Unternehmensfuehrung. *Zeitschrift für betriebswirtschaftliche Forschung* (2), 130-153.

Barney, J.B. (1986a). Organizational culture: Can it be a source of sustained competitive advantage? *The Academy of Management Review, 11*(3), 656-665.

Barney, J.B. (1986b). Strategic factor markets: Expectations, luck, and business strategy. *Management Science, 32*(10), 1231-1241.

Barney, J.B. (1991). Firm resources and sustained competitive advantage. *Journal of Management, 17*(1), 99.

Barney, J.B. & Hansen, M.H. (1994). Trustworthiness as a source of competitive advantage. *Strategic Management Journal, 15,* 175-190.

Bart, P. (2000). *The gross: The hits, the flops – the summer that ate Hollywood.* New York.

Bart, P. & Guber, P. (2002). *Shoot out: Surviving fame and (mis)fortune in Hollywood.* New York.

Basuroy, S., Desai, K.K. & Talukdar, D. (2006). An empirical investigation of signaling in the motion picture industry. *Journal of Marketing Research, 43*(2), 287-295.

Baumann, A. (2002). Informal labour market governance: The case of the British and German media production industries. *Work Employment Society, 16*(1), 27-46.

Baumann, E. (1999). Luzerner orientiert sich an Hollywood. *Tages-Anzeiger*, S. 32.

Baumol, H. & Baumol, W.J. (1984). The mass media and the cost disease. In W.S. Hendon, D.V. Shaw & N.K. Grant (Hg.), *Economics of cultural industries* (S. 109-123). Akron.

Baumol, W.J. (1992). Recent developments in the economics of the performing arts. In M. Blaug (Hg.), *The economics of the arts* (S. 1-12). Aldershot.

Baumol, W.J. & Bowen, W.G. (1966). *Performing arts: The economic dilemma.* New York.

Bayerischer Oberster Rechnungshof. (2004). *Jahresbericht 2004.* München: Bayerischer Oberster Rechnungshof.

Beauftragte der Bundesregierung für Kultur und Medien (BKM). (2005). *Filmförderungsrichtlinien der BKM.* Bonn.

Beck, H. (2002). *Medienökonomie. Print, Fernsehen und Multimedia.* Berlin.

Beinert, C. (2007). Bestandsaufnahme Risikomanagement. In P. Reichling (Hg.), *Praxishandbuch Risikomanagement und Rating. Ein Leitfaden* (S. 21-41). Wiesbaden.

Bendixen, P. (1998). *Einführung in die Kultur- und Kunstökonomie.* Opladen.

Bentele, G., Fröhlich, R. & Szyszka, P. (Hg.). (2005). *Handbuch der Public Relations. Wissenschaftliche Grundlagen und berufliches Handeln. Mit Lexikon.* Wiesbaden.

Berauer, W. (2007). *Quellenanalyse deutscher Filme 1997-2006. Woher kommt der Stoff der deutschen Traumfabrik.* Wiesbaden: SPIO.

Bernstein, P.L. (1997). *Wider die Götter. Die Geschichte von Risiko und Riskmanagement von der Antike bis heute.* München.

Berry, J.M. (2002). Validity and reliability issues in elite interviewing. *PS: Political Science & Politics, 35,* 679-682.

Beyer, A. & Carl, P. (2004). *Einführung in die Medienökonomie.* Konstanz.

Bielby, W.T. & Bielby, D.D. (1994). 'All hits are flukes': Institutionalized decision making and the rhetoric of network prime-time program development. *The American Journal of Sociology, 99*(5), 1287-1313.

Bielby, W.T. & Bielby, D.D. (1999). Organizational mediation of project-based labor markets: Talent agencies and the careers of screenwriters. *American Sociological Review, 64*(1), 64-85.

Bilton, C. (2006). *Management and creativity: From creative industries to creative management.* London.

Bilton, C. & Leary, R. (2002). What can managers do for creativity? Brokering creativity in the creative industries *International Journal of Cultural Policy, 8*(1), 49-64.

Birkenstock, A. (2002). *Autoren- und Drehbuchförderung in Deutschland. Dokumentation und Wirkungsanalyse der bestehenden Instrumente.* Köln: Kunstsalon Köln.

Blair, H. (2001). 'You're only as good as your last job': The labour process and labour market in the British film industry. *Work, Employment and Society, 15*(149-169).

Blair, H., Grey, S. & Randle, K. (2001). Working in film. Employment in a project based industry. *Personnel Review, 30,* 170-185.

Blanchet, R. (2003). *Blockbuster Ästhetik, Ökonomie und Geschichte des postklassischen Hollywoodkinos.* Marburg.

Blothner, D. (2003). *Filminhalte und Zielgruppen und die Wege der Filmauswahl. Wirkungspsychologische Analyse der GfK-Paneldaten des Jahres 2001*. Berlin: FFA-Filmförderungsanstalt.

Bogner, A. & Menz, W. (2005a). Das theoriegenerierende Experteninterview. Erkenntnisinteresse, Wissensformen, Interaktion. In A. Bogner, B. Littig & W. Menz (Hg.), *Das Experteninterview: Theorie, Methode, Anwendung* (S. 33-70). Wiesbaden.

Bogner, A. & Menz, W. (2005b). Expertenwissen und Forschungspraxis: die modernisierungstheoretische und die methodische Debatte um die Experten. In A. Bogner, B. Littig & W. Menz (Hg.), *Das Experteninterview: Theorie, Methode, Anwendung* (S. 7-30). Wiesbaden.

Borghans, L. & Groot, L. (1998). Superstardom and monopolistic power: Why media stars earn more than their marginal contribution to welfare. *Journal of Institutional and Theoretical Economics, 154*, 564-571.

Bortz, J. & Döring, N. (2002). *Forschungsmethoden und Evaluation für Human- und Sozialwissenschaftler*. Berlin.

Bourdieu, P. (1985). The market of symbolic goods. *Poetics, 14*, 13-44.

Bowman, C. & Ambrosini, V. (2007). Identifying valuable resources. *European Management Journal, 25*(4), 320-329.

Bromley, D.B. (2000). Psychological aspects of corporate identity, image and reputation. *Corporate Reputation Review, 3*, 240-252.

Brook, G. (2005). Surviving the roller coaster: Worst practices in project management within the television production industry. *Project Management Journal, 36*(1), 5-14.

Brown, J.S. & Duguid, P. (2001). Creativity versus atructure: A useful tension. *MIT Sloan Management Review*, 93-94.

Bundesministerium der Finanzen. (2001, 23.02.). ‚Medienerlass' - Ertragsteuerliche Behandlung von Film- und Fernsehfonds. *Bundessteuerblatt Teil I*, S. 175.

Bundesverband Produktion (2002). *Berufsbild Produktionsleiter*. München: Bundesverband Produktion.

Buonanno, M. (1993). News-values and fiction-values: News as serial device and criteria of 'fictionworthiness' in Italian television fiction. *European Journal of Communication, 8*(2), 177-202.

Busterna, J.C. (1988). Concentration and the industrial organization model. In R.G. Picard, J.P. Winter, M.E. McCombs & S. Lacy (Hg.), *Press concentration and monopoly: New perspectives on newspaper ownership and operation* (S. 35-53). Norwood.

Caldwell, S.C. (Hg.). (2005). *Jumpstart your awesome film production company*. New York.

Campbell, J. (1973). *The hero with a thousand faces*. Princeton.

Canada Revenue Agency. (2006). *Claiming a Canadian film or video production tax credit*. Ottawa: Canada Revenue Agency.

Carr-Saunders, A.M. & Wilson, P.A. (1933). *The professions*. Oxford.

Castendyk, O. (2008). *Die deutsche Filmförderung. Eine Evaluation*. Konstanz.

Caves, R.E. (2000). *Creative industries: Contracts between art and commerce*. Cambridge, MA.

Caves, R.E. (2003). Contracts between art and commerce. *The Journal of Economic Perspectives, 17*(2), 73-84.

Chang, B.-H. & Ki, E.-J. (2005). Devising a practical model for predicting theatrical movie success: Focusing on the experience good property. *Journal of Media Economics, 18*(4), 247-269.

Charrel, P.-J. & Galarreta, D. (Hg.). (2007). *Project management and risk management in complex projects* Dordrecht.

Chisholm, D.C. (1997). Profit-sharing versus fixed-payment contracts: evidence from the motion pictures industry. *Journal of Law, Economics & Organization, 13*(1), 169-201.

Chisholm, D.C. (2004). Two-part share contracts, risk, and the life cycle of stars: Some empirical results from motion picture contracts. *Journal of Cultural Economics, 28*(1), 37-56.

Cieply, M. (2007). Oscar Rules Regarding Producing Are Relaxed. *New York Times*, S. 1.

Cleland, D.I. (1994). *Project management strategic design and implementation.* New York.

Clement, M. (2004). Erfolgsfaktoren von Spielfilmen im Kino. Eine Übersicht der empirischen betriebswirtschaftlichen Literatur. *Medien & Kommunikationswissenschaft, 52*(2), 250-271.

Clevé, B. (2000a). Finanzierung von Film- und Fernsehproduktionen - Finanzierung von Produktionsfirmen. In B. Clevé (Hg.), *Investoren im Visier. Film- und Fernsehproduktionen mit Kapital aus der Privatwirtschaft* (S. 184-189). Gerlingen.

Clevé, B. (2000b). *Wege zum Geld Film-, Fernseh- und Multimedia-Finanzierungen.* Gerlingen.

Clevé, B. (2004). *Gib niemals auf: Filmökonomie in der Praxis.* Konstanz.

Clevé, B. (2005). Produktion von Kinofilmen: Produktion und Management. In H. Krömker & P. Klimsa (Hg.), *Handbuch Medienproduktion: Produktion von Film, Fernsehen, Hörfunk, Print, Internet, Mobilfunk und Musik* (S. 73-85). Wiesbaden.

Clevé, B. (2006). *Film production management.* Burlington & Oxford, UK.

Clevé, B. (2008). Praxisperspektive: Fiktionale Produktion. In G. Siegert & M.B. von Rimscha (Hg.), *Zur Ökonomie der Unterhaltungsproduktion* (S. 204-212). Köln.

Coff, R.W. (1997). Human assets and management dilemmas: Coping with hazards on the road to resource-based theory. *The Academy of Management Review, 22*(2), 374-402.

Collins, A. & Hand, C. (2005). Analyzing moviegoing demand: an individual-level cross-sectional approach. *Managerial and Decision Economics, 26*(5), 319-330.

Collins, R., Garnham, N. & Locksley, G. (1988). *The economics of televison. The UK case.* London.

Collis, D.J. & Montgomery, C.A. (1995). Competing on resources: Strategy in the 1990s. *Harvard Business Review, 73*(4), 118-128.

Compaine, B.M. & Gomery, D. (2000). *Who owns the media? Competition and concentration in the mass media industry.* Mahwah.

Conant, M. (1981). The Paramount decrees reconsidered. *Law and Contemporary Problems, 44*(4), 79-107.

Cones, J.W. (1997). *The feature film distribution deal. A critical analysis of the single most important film industry agreement.* Carbondale & Edwardsville.

Conner, K.R. (1991). A historical comparison of resource-based theory and five schools of thought within industrial organization economics: Do we have a new theory of the firm? *Journal of Management, 17*(1), 121-154.

Cooper-Martin, E. (1991). Consumer and movies: some findings on experiential products. *Advances in Consumer Research, 18*(1), 372-378.

Cooper, D.F., Grey, S., Raymond, G. & Walker, P. (2005). *Projekt risk management guidelines: managing risk in large projects and complex procurements.* Chichester.

Corbett, K.J. (2001). The big picture: theatrical moviegoing, digital television, and beyond the substitution effect. *Cinema Journal, 40*(2), 17-34.

Cummings, S. & Wilson, D. (2003). Images of strategy. In S. Cummings & D. Wilson (Hg.), *Images of strategy* (S. 1-40). Malden.

Cyert, R.M. & March, J.G. (1963). *A behavioral theory of the firm.* Englewood Cliffs.

Daniels, B., Leedy, D. & Sills, S.D. (1998). *Movie money: Understanding Hollywood's (creative) accounting practices.* Los Angeles.

Davenport, J. (2006). UK film companies: Project-based organizations lacking entrepreneurship and innovativeness? *Creativity and Innovation Management, 15*(3), 250-257.

de Ruyter, K. & Wetzels, M. (2000). The role of corporate image and extension similarity in service brand extensions. *Journal of Economic Psychology, 21*(6), 639-659.

De Silva, I. (1997). Consumer selection of motion pictures. In B.R. Litman (Hg.), *The motion picture mega-industry* (S. 144-171). Needham Heights.

De Vany, A. & Walls, W.D. (1999). Uncertainty in the movie industry: Does star power reduce the terror of the box office? *Journal of Cultural Economics, 23*(4), 285-318.

De Vany, A.S. & Walls, W.D. (1996). Bose-Einstein dynamics and adaptive contracting in the motion picture industry. *The Economic Journal, 106*(439), 1493-1514.

De Vany, A.S. & Walls, W.D. (2002). Does Hollywood make too many R-rated movies? Risk, stochastic dominance, and the illusion of expectation. *Journal of Business, 75*(3), 425-451.

De Vany, A.S. & Walls, W.D. (2004). Motion picture profit, the stable paretian hypothesis, and the curse of the superstar. *Journal of Economic Dynamics & Control, 28*(6), 1035-1057.

DeFillippi, R.J. & Arthur, M.B. (1998). Paradox in project-based enterprise: The case of film making. *California Management Review, 40*(2), 125-139.

Deiseroth, R. (2005). *Auswertung der Top 50-Filmtitel des Jahres 2004 nach soziodemographischen sowie kino- und filmspezifischen Informationen auf Basis des GfK Panels.* Berlin: Filmförderungsanstalt (FFA).

Dekom, P.J. (2004). Movies, money and madness. In J.E. Squire (Hg.), *The movie business book* (S. 100-116). New York.

Delen, D., Sharda, R. & Kumar, P. (2007). Movie Forecast Guru: A Web-based DSS for Hollywood managers. *Decision Support Systems, 43*(4), 1151-1170.

Delko, K. (2004, 04.03.). Hollywood sucht Finanzierungsmöglichkeiten. *Neue Zürcher Zeitung,* S. 33.

Delmestri, G., Montanari, F. & Usai, A. (2005). Reputation and strength of ties in predicting commercial success and artistic merit of independents in the Italian feature film industry. *Journal of Management Studies, 42*(5), 975-1002.

DeMarzo, P.M. & Duffie, D. (1995). Corporate incentives for hedging and hedge accounting. *The Review of Finacial Studies, 8*(3), 743-771.

'Der Untergang' verkauft sich im Ausland. (2004, 06.10.). *Die Welt,* S. 27.

Deutsche Gesellschaft für Publizistik- und Kommunikationswissenschaft (DGPuK). (2008). *Kommunikation und Medien in der Gesellschaft: Leistungen und Perspektiven der Kommunikations- und Medienwissenschaft. Eckpunkte für das Selbstverständnis der Kommunikations- und Medienwissenschaft.* Lugano: DGPuK.

Dewenter, R. & Westermann, M. (2005). Cinema demand in Germany. *Journal of Cultural Economics 29*(3), 213-231.

Dickie, G. (1988). *Evaluating art.* Philadelphia.

Dickie, G. (2001). *Art and value.* Malden.

Diederichs, M. (2004). *Risikomanagement und Risikocontrolling. Risikocontrolling – ein integrierter Bestandteil einer modernen Risikomanagement-Konzeption.* München.

Diekmann, A. (1999). *Empirische Sozialforschung: Grundlagen, Methoden, Anwendungen.* Reinbek bei Hamburg.

Dierickx, I. & Cool, K. (1989). Asset stock accumulation and sustainability of competitive advantage. *Management Science, 35*(12), 1504-1511.

Dietl, H. & Franck, E. (2000). Free-TV, Abo-TV, Pay per View-TV – Organisationsformen des privaten Fernsehangebotes als Arrangements zur Vermarktung von Unterhaltung. *Zeitschrift für betriebswirtschaftliche Forschung, 52,* 592-603.

DiMaggio, P. (1977). Market Structure, the creative process, and popular culture: Toward an organizational reinterpretation of mass-culture theory. *Journal of Popular Culture, 11*(2), 436-452.

Döbler, T. & Rittner, S. (2004). Stark in der Krise – stark aus der Krise? Eine ressourcenorientierte Analyse von Medienunternehmen anhand des Beispiels VIVA Media AG. In M. Friedrichsen & M. Schenk (Hg.), *Globale Krise der Medienwirtschaft? Dimensionen, Ursachen und Folgen* (S. 213-230). Baden-Baden.

Dominick, J.R. (1987). Film economics and film content: 1964-1983. *Current Research in Film: Audiences, Economics and Law, 3,* 136-153.

Donsbach, W. (1991). *Medienwirkung trotz Selektion. Einflussfaktoren auf die Zuwendung zu Zeitungsinhalten.* Köln.

Dörner, D., Horváth, P. & Kagermann, H. (Hg.). (2000). *Praxis des Risikomanagements Grundlagen, Kategorien, branchenspezifische und strukturelle Aspekte.* Stuttgart.

Dowd, G., Stevenson, L. & Strong, J. (Hg.). (2006). *Genre matters: Essays in theory and criticism.* Bristol.

Dowd, K. (2005). *Measuring market risk.* Chichester.

Dreher, B. (1976). *Filmförderung in der Bundesrepublik Deutschland. Versuch einer Erfolgskontrolle der Subventionspolitik.* Berlin.

Duvvuri, S.A. (2007). *Öffentliche Filmförderung in Deutschland: Versuch einer ökonomischen Erfolgs- und Legitimationsbeurteilung.* München.

Dyer, J.H. & Singh, H. (1998). The relational view: Cooperative strategy and sources of interorganizational competitive advantage. *The Academy of Management Review, 23*(4), 660-679.

Eggers, D. (2003). *Filmfinanzierung: Grundlagen – Beispiele.* Berlin.

Eilders, C. (1999). Zum Konzept der Selektivität: Auswahlprozesse bei Medien und Publikum. In W. Wirth & W. Schweiger (Hg.), *Selektion im Internet: empirische Analysen zu einem Schlüsselkonzept* (S. 13-42). Opladen.

Eilders, C. & Wirth, W. (1999). Die Nachrichtenwertforschung auf dem Weg zum Publikum. Eine experimentelle Überprüfung des Einflusses von Nachrichtenfaktoren bei der Rezeption. *Publizistik, 44,* 35-57.

Einav, L. (2003). *Gross seasonality and underlying seasonality: Evidence from the US motion picture industry.* Stanford: Stanford University.

Einav, L. (2007). Seasonality in the US motion picture industry. *The RAND Journal of Economics, 38*(1), 127-145.

Eisenegger, M. (2005). *Reputation in der Mediengesellschaft. Konstitution, Issues Monitoring, Issues Management.* Wiesbaden.

Elberse, A. & Anand, B. (2005). *Advertising and expectations: The effectiveness of prerelease advertising for motion pictures.* Boston, MA: Harvard Business School.

Eliashberg, J., Elberse, A. & Leenders, M.A.A.M. (2006). The motion picture industry: Critical issues in practice, current research, and new research directions. *Marketing Science, 25*(6), 638-661.

Eliashberg, J., Hui, S.K. & Zhang, Z.J. (2007). From story line to box office: A new approach for green-lighting movie scripts. *Management Science 53*(6), 881-893.

Eliashberg, J., Jonker, J.-J., Sawhney, M.S. & Wierenga, B. (2000). MOVIEMOD. An implementable decision-support system for prerelease market evaluation of motion pictures. *Marketing Science, 19*(3), 226-243.

Eliashberg, J. & Shugan, S.M. (1997). Film critics: Influencers or predictors? *Journal of Marketing, 61*(2), 68-78.

Eliashberg, J., Swami, S., Weinberg, C.B. & Wierenga, B. (2001). Implementing and evaluating SilverScreener: A marketing management support system for movie exhibitors. *Interfaces, 31*(1), 108-127.

Epstein, E.J. (2005). *The big picture: The new logic of money and power in Hollywood.* New York.

European Audiovisual Observatory. (2006). *Focus 2006. World film market trends.* Strasbourg: European Audiovisual Observatory.

Faber, R.J. & O'Guinn, T.C. (1984). Effect of media advertising and other sources on movie selection. Interpersonal sources rates higher than mass media sources, but previews are most influential source. *Journalism Quarterly, 61*(2), 371-377.

Fabrizio Perretti, G.N. (2007). Mixing genres and matching people: A study in innovation and team composition in Hollywood. *Journal of Organizational Behavior, 28*(5), 563-586.

Fadiman, W.J. (1947). The sources of movies. *Annals of the American Academy of Political and Social Science, 254,* 37-40.

Faulkner, R.R. & Anderson, A.B. (1987). Short-term projects and emergent careers: Evidence from Hollywood. *The American Journal of Sociology, 92*(4), 879-909.

Fee, C.E. (2002). The costs of outside equity control: Evidence from motion picture financing decisions. *Joumal of Business, 75*(4), 681-711.

FFA – Filmförderungsanstalt. (2000). *FFA info – aktuelle Informationen aus der Filmwirtschaft Nr. 1/00.* Berlin: FFA - Filmförderungsanstalt.

FFA – Filmförderungsanstalt. (2004). *FFA info – aktuelle Informationen aus der Filmwirtschaft Nr. 1/04.* Berlin: FFA - Filmförderungsanstalt.

FFA – Filmförderungsanstalt. (2006a). *FFA info – aktuelle Informationen aus der Filmwirtschaft Nr. 1/06.* Berlin: FFA - Filmförderungsanstalt.

FFA – Filmförderungsanstalt. (2006b). *Geschäftsbericht 2005.* Berlin: FFA – Filmförderungsanstalt.

FFA – Filmförderungsanstalt. (2008a). *Der Kinobesucher 2007. Strukturen und Entwicklungen auf Basis des GfK Panels.* Berlin: FFA – Filmförderungsanstalt.

FFA – Filmförderungsanstalt. (2008b). *FFA info – aktuelle Informationen aus der Filmwirtschaft Nr. 1/08.* Berlin: FFA - Filmförderungsanstalt.

Field, S. (1984). *The screenwriter's workbook: Exercises and step-by-step instructions for creating a successful screenplay.* New York.

Field, S. (2005). *Screenplay: The foundations of screenwriting. A step-by-step guide from concept to finished script.* New York.

FilmFernsehFond Bayern. (2001). *Richtlinien für die Bayerische Film- und Fernsehförderung (Vergaberichtlinien).* München: FilmFernsehFond Bayern.

Filson, D. (2005). Dynamic common agency and investment: The economics of movie distribution. *Economic Inquiry, 43*(4), 773-784.

Finke, R. (2005). *Grundlagen des Risikomanagements. Quantitative Risikomanagement-Methoden für Einsteiger und Praktiker* Weinheim.

Finney, A. (1996a). *Developing feature films in Europe: A practical guide.* London.

Finney, A. (1996b). *The state of European cinema: a new dose of reality.* London.

Flick, U. (2004). *Triangulation eine Einführung.* Wiesbaden.

Flick, U. (2005). *Qualitative Sozialforschung. Eine Einführung.* Reinbek bei Hamburg.

Fombrun, C.J. (1996). *Reputation. Realizing value from the corporate image.* Boston.

Forrest, J. & Koos, L.R. (2002). Reviewing remakes: An introduction. In J. Forrest & L.R. Koos (Hg.), *Dead ringers the remake in theory and practice* (S. ix, 369). Albany.

Franck, E. (2001). Das Starphänomen. Drei Erklärungsansätze und ihre Anwendung auf verschiedene Segmente des Unterhaltungsmarktes. In M. Gaitanides & J. Kruse (Hg.), *Stars in Film und Sport: Ökonomische Analyse des Starphänomens* (S. 41-57). München.

Franck, E. & Opitz, C. (2003). Julia Roberts, Tom Hanks & Co. Wie Stars zur effizienten Zuordnung von Filmen auf Filmkonsumenten beitragen. *Wirtschaftswissenschaftliches Studium*(4), 203-208.

Frank, B. (1993). *Zur Ökonomie der Filmindustrie.* Hamburg.

Frank, R. & Cook, P.J. (1995). *The winner-take-all society.* New York.

Freeman, R.E. (1984). *Strategic management. A stakeholder approach.* Boston.

Freidank, C.-C. (2000). Die Risiken in Produktion, Logistik und Forschung und Entwicklung. In D. Dörner, P. Horváth & H. Kagermann (Hg.), *Praxis des Risikomanagements. Grundlagen, Kategorien, branchenspezifische und strukturelle Aspekte* (S. 345-378). Stuttgart.

Frye, U. (2008). Festivals als Marktplatz und Branchentreffpunkt – Die Rose d'Or. In G. Siegert & M.B. von Rimscha (Hg.), *Zur Ökonomie der Unterhaltungsproduktion* (S. 241-246). Köln.

Gaitanides, M. (1999). *Erfolgsfaktoren der Spielfilmproduktion.* Hamburg: Universität der Bundeswehr Hamburg.

Gaitanides, M. (2001a). *Ökonomie des Spielfilms.* München.

Gaitanides, M. (2001b). Was sind Moviestars wert? Empirische Befunde zu Rangpositionen, Substitutionsmöglichkeiten und Kassenerfolg von Stars. In M. Gaitanides & J. Kruse (Hg.), *Stars in Film und Sport: Ökonomische Analyse des Starphänomens* (S. 7-22). München.

Galician, M.-L. & Bourdeau, P.G. (2004). The evolution of product placements in Hollywood cinema: Embedding high-involvement 'heroic' brand images. *Journal of Promotion Management, 10*(1/2), 15-36.

Galtung, J. & Ruge, M.H. (1965). The structure of foreign news. *Journal of Peace Research, 2*(1), 64-91.

Gans, H.J. (1974). *Popular culture and high culture: An analysis and evaluation of taste.* New York.

Gardini, F. (2005). *Strategic alliances and networks of financial relationships in Hollywood.* Unveröffentlichte doctoral thesis, University of Southern California.

Garey, N.H. (2004). Elements of feature financing. In J.E. Squire (Hg.), *The movie business book* (S. 115-127). New York.

Garz, D. & Kraimer, K. (Hg.). (1991). *Qualitativ-empirische Sozialforschung. Konzepte, Methoden, Analysen.* Opladen.

Gazdar, K., Habisch, A., Kirchhoff, K.R. & Vaseghi, S. (Hg.). (2006). *Erfolgsfaktor Verantwortung. Corporate Social Responsibility professionell managen.* Berlin.

Gehrau, V. (1999). Genres und Gattungen als individuelle sowie sozial integrative Konstruktionen. In U. Hasebrink & P. Rössler (Hg.), *Publikumsbindungen: Medienrezeption zwischen Individualisierung und Integration* (S. 73-88). München.

Gehrau, V. (2003). (Film-) Genres und die Reduktion von Unsicherheit. *Medien und Kommunikationswissenschaft, 51*(2), 213-231.

Geraghty, L. & Jancovich, M. (Hg.). (2008). *The shifting definitions of genre: Essays on labeling films, television shows and media.* Jefferson.

Ginsburgh, V.A., Pestieau, P. & Weyers, S. (2006). Are remakes doing as well as originals?

Ginsburgh, V.A. & Weyers, S. (2006). Comparing artistic values: the example of movies. *Empirical Studies of the Arts, 24*(2), 163-175.

Gitlin, T. (1994). *Inside prime time.* London.

Glaser, B.G. & Strauss, A.L. (2005). *Grounded Theory. Strategien qualitativer Forschung.* Bern.

Gläser, J. & Laudel, G. (2004). *Experteninterviews und qualitative Inhaltsanalyse als Instrumente rekonstruierende Untersuchungen.* Wiesbaden.

Gläser, M. (2006). Projektleitung - Leitung und Koordination von Medienprojekten In C. Scholz (Hg.), *Handbuch Medienmanagement* (S. 579-599). Berlin, Heidelberg &.

Glatzer, R. (2001). *Beyond popcorn - a critic's guide to looking at films.* Spokane, WA.

Gledhill, C. (1999). History of genre criticism. In P. Cook & M. Bernink (Hg.), *The cinema book* (S. 137-143). London.

Gleißner, W. (2001). Identifikation, Messung und Aggregation von Risiken. In W. Gleißner & G. Meier (Hg.), *Wertorientiertes Risiko-Management für Industrie und Handel Methoden, Fallbeispiele, Checklisten* (S. 111-138). Wiesbaden.

Gleißner, W. & Romeike, F. (2005). *Risikomanagement: Umsetzung, Werkzeuge, Risikobewertung – Controlling, Qualitätsmanagement und Balanced Scorecard als Plattform für den Aufbau.* Freiburg (Breisgau), Berlin, München & Zürich.

Glur, B. (1998). Neuer Spielfilm für die Zukunft. *Zoom Kommunikation und Medien* (1), 16-19.

Glynn, M.A. (2000). When cymbals become symbols: Conflict over organizational identity within a symphony orchestra. *Organization Science, 11*(3), 285-298.

Godenrath, B. (2007). Stratege steigt bei Internationalmedia ein. *Börsen-Zeitung,* S. 10.

Goettler, R.L. & Leslie, P. (2005). Cofinancing to manage risk in the motion picture industry. *Journal of Economics & Management Strategy, 14*(2), 231-261.

Goldberg, V.P. (1997). The net profits puzzle. *Columbia Law Review, 97*(2), 524-550.

Gomery, D. (1989). Media economics: Terms of analysis. *Critical Studies in Mass Communication, 6,* 43-60.

Goodell, G. (2003). *Independent feature film production: A complete guide from concept through distribution.* New York.

Grant, B.K. (2007). *Film genre: From iconography to ideology.* London.

Grant, B.K. (Hg.). (1986). *Film genre reader.* Austin.

Green, J., Franquiz, M. & Dixon, C. (1997). The myth of the objective transcript: Transcribing as a situated act. *TESOL Quarterly, 31*(1), 172-176.

Greenberg, C. (1969). *Art and culture: Critical essays.* Boston.

Griffiths, P. (2005). *Risk-based auditing* Aldershot.

Grogg, S.L. (2004). Venture-capital strategy and the FilmDallas model. In J.E. Squire (Hg.), *The movie business book* (S. 128-137). New York.

Guback, T.H. (1969). *The international film industry: Western Europe and Amercia since 1945.* Bloomington.

Guild, W.L. & Joyce, M.L. (2006). Surviving in the shadow of Hollywood: A study of the Australian film industry. In J. Lampel, J. Shamsie & T.K. Lant (Hg.), *The business of culture. Strategic perspectives on entertainment and media* (S. 263-274). Mahwah.

Gummesson, E. (2000). *Qualitative methods in management research.* Thousand Oaks.

Habann, F. (1999). *Kernressourcenmanagement in Medienunternehmen.* Lohmar & Köln.

Habann, F. (2002). ‚Fit' zwischen Strategie und Kernressourcen – Zentraler Erfolgsfaktor der Unternehmung? In K. Bellmann, J. Freiling, P. Hammann & U. Mildenberger (Hg.), *Aktionsfelder des Kompetenz-Managements* (S. 145-168). Wiesbaden.

Haberski, R.J. (2001). *It's only a movie! Films and critics in American culture.* Lexington.

Hadida, A.L. (2004). Reputation resources, commitment and performance of film projects in the USA and Canada (1988-1997) *Research Papers in Management Studies.* Cambridge, UK: Cambridge Business School.

Hadida, A.L. (2005). *The impact of perfectly mobile resources on project performance: Evidence from the American film industry.* Paper präsentiert auf 8th International Conference on Arts & Cultural Management in Montréal.

Hambrick, D.C. & Fukutomi, G.D.S. (1991). The seasons of a CEO's tenure. *The Academy of Management Review, 16*(4), 719-742.

Hand, C. (2002). The distribution and predictability of cinema admissions. *Journal of Cultural Economics, 26*(1), 53-64.

Handel, L.A. (1953). Hollywood market research. *The Quarterly of Film Radio and Television, 7*(3), 304-310.

Hang, M. (2005). Issues and strategies in managing products portfolios across borders and cultures. In R.G. Picard (Hg.), *Media product portfolios: Issues in management of multiple products and services* (S. 191-223). Mahwah.

Hanson, W.A. & Jeuland, A.P. (1987). *Seasonality, timing, and the quality of new product releases: The case of motion pictures.* Chicago: University of Chicago.

Harrant, H. & Hemmrich, A. (2004). *Risikomanagement in Projekten.* München.

Harrington, C.L. & Bielby, D.D. (2005). Global television distribution: Implications of TV "traveling" for viewers, fans, and texts. *American Behavioral Scientist, 48*(7), 902-920.

Haucap, J. (2001). *Warum manche Spielfilme erfolgreich sind, andere aber nicht. Einige ökonomische Überlegungen* (Nr. 128). Köln: Instituts für Rundfunkökonomie an der Universität zu Köln.

Hayes, D. & Bing, J. (2004). *Open wide – how Hollywood box office became a national obsession.* New York.

Hediger, V. & Vonderau, P. (2005). Landkarten des Vergnügens. Genre und Filmvermarktung. In V. Hediger & P. Vonderau (Hg.), *Demnächst in ihrem Kino: Grundlagen der Filmwerbung und Filmvermarktung* (S. 240-248). Marburg.

Heilbrun, J. & Gray, C.M. (2001). *The economics of art and culture.* Cambridge, UK.

Heinrich, J. (2001). *Medienökonomie* (Bd. 1: Mediensystem, Zeitung, Zeitschrift, Anzeigenblatt). Wiesbaden.

Heinrich, J. & Lobigs, F. (2003). Wirtschaftswissenschaftliche Perspektiven IV: Neue Institutionenökonomik. In K.-D. Altmeppen & M. Karmasin (Hg.), *Medien und Ökonomie.* (Bd. 1/1: Grundlagen der Medienökonomie: Kommunikations- und Medienwissenschaft, Wirtschaftswissenschaft; S. 245-268). Opladen & Wiesbaden.

Heller, H.-B. (1985). *Literarische Intelligenz und Film: Zu Veränderungen der ästhetischen Theorie und Praxis unter dem Eindruck des Films 1910-1930 in Deutschland.* Tübingen.

Hendriks, P. (1995). Communications policy and industrial dynamics in media markets: Toward a theoretical framework for analyzing media industry organization. *Journal of Media Economics, 8*(2), 61-76.

Hennig-Thurau, T. (2004). Spielfilme als Anlageobjekte. Die Höhe des Filmbudgets als Grundlage der Investitionsentscheidung. *Schmalenbachs Zeitschrift für betriebswirtschaftliche Forschung, 56*(3), 171-188.

Hennig-Thurau, T. & Heitjans, T. (2004). Movie Branding – Markenpolitische Handlungsoptionen für Spielfilmproduzenten. In C. Baumgarth (Hg.), *Erfolgreiche Füh-*

rung von Medienmarken. Strategien für Positionierung, Markentransfers und Branding (S. 63-86). Wiesbaden.

Hennig-Thurau, T., Houston, M.B. & Sridhar, S. (2006). Can good marketing carry a bad product? Evidence from the motion picture industry. *Marketing Letters, 17*(3), 205-219.

Hennig-Thurau, T., Houston, M.B. & Walsh, G. (2007). Determinants of motion picture box office and profitability: An interrelationship approach. *Review of Managerial Science, 1*(1), 65-92.

Hennig-Thurau, T., Walsh, G.J. & Wruck, O. (2001). An investigation into the factors determining the success of service innovations – the case of motion pictures. *Academy of Marketing Science Review, 1*(6), 1-23.

Herger, N. (2006). *Vertrauen und Organisationskommunikation. Identität – Marke – Image – Reputation.* Wiesbaden.

Hertz, R. & Imber, J.B. (1993). Fieldwork in elite settings: Introduction. *Journal of Contemporary Ethnography, 22*(1), 3-6.

Higson, A. (1994). A diversity of film practices: Renewing British cinema in the 1970s. In B. J. Moore-Gilbert (Hg.), *Cultural closure? The arts in the 1970s* (S. 216-239). London, New York.

Hirsch, P.M. (1972). Processing fads and fashions: An organization-set analysis of cultural industry systems. *The American Journal of Sociology, 77*(4), 639-659.

Hirschman, E.C. & Holbrook, M.B. (1982). Hedonic consumption: Emerging concepts, methods and propositions. *Journal of Marketing, 46*(3), 92-101.

Hitzler, R., Honer, A. & Mäder, C. (Hg.). (1994). *Expertenwissen. Die institutionalisierte Kompetenz zur Konstruktion von Wirklichkeit.* Opladen.

Hoberman, J. (1985). Ten years that shook the world. *American Film, 10*(June), 34-59.

Hoffmann, K. (1985). *Risk Management. Neue Wege der betrieblichen Risikopolitik.* Karlsruhe.

Höfner, C. (2003). *Sind Nachrichtenfaktoren Unterhaltungsfaktoren? eine experimentelle Überprüfung des Einflusses von Nachrichtenfaktoren auf den wahrgenommenen Unterhaltungswert und die wahrgenommene Informationsqualität von politischen Zeitungsmeldungen.* Ludwig-Maximilians-Universität München, München.

Hollenstein, K. (1997). *Analyse, Bewertung und Management von Naturrisiken.* Zürich.

Hollstein, B. (2006). Qualitative Methoden und Netzwerkanalyse. Ein Widerspruch? In B. Hollstein & F. Straus (Hg.), *Qualitative Netzwerkanalyse. Konzepte, Methoden, Anwendungen* (S. 11-36). Wiesbaden.

Hölscher, R. (2002). Von der Versicherung zur integrativen Risikobewältigung: Die Konzeption eines modernen Risikomanagements. In R. Hölscher & R. Elfgen (Hg.), *Herausforderung Risikomanagement Identifikation, Bewertung und Steuerung industrieller Risiken* (S. 91-108). Wiesbaden.

Honthaner, E.L. (2001). *The complete film production handbook.* Burlington.

Horkheimer, M. & Adorno, T.W. (1997). *Dialektik der Aufklärung: philosophische Fragmente.* Frankfurt a.M.

Hoskins, C. & Mirus, R. (1988). Reasons for the US dominance in the international trade in television programs. *Media, Culture & Society, 10*, 499-515.

Houcken, R. (1999). *The international feature film industry: National advantage and international strategies for European film companies.* Hochschule für Wirtschfts-, Rechts- und Sozialwissenschaften (HSG), St. Gallen.

Howard, D. & Mabley, E. (1995). *The tools of screenwriting: A writers's guide to the craft and elements of a screenplay.* New York.

Hübner, F. (2000). Versicherungen und Completion Bond. In B. Clevé (Hg.), *Investoren im Visier. Film- und Fernsehproduktionen mit Kapital aus der Privatwirtschaft* (S. 167-183). Gerlingen.

Iljine, D. & Keil, K. (2000). *Der Produzent. Das Berufsbild des Film- und Fernsehproduzenten in Deutschland - Versuch einer Definition.* München.

IMdB. (1998). *There's something about Mary* [online]. Abgerufen am 05.03. 2007 von pro.imdb.com/title/tt0129387

Jarothe, S. (1998). *Die Filmpolitik der Europäischen Union im Spannungsfeld zwischen nationaler staatlicher Förderung und US-Amerikanischer Mediendominanz.* Frankfurt a.M.

Jedidi, K., Krider, R.E. & Weinberg, C.B. (1998). Clustering at the movies. *Marketing Letters, 9*(4), 393-405.

Jöckel, S. & Döbler, T. (2006). The event movie: Marketing filmed entertainment for transnational media corporations. *The International Journal on Media Management, 8*(2), 84-91.

Jones, C., Bergmann Lichtenstein, B.M., Borgatti, S.P., Hesterly, W.S. & Tallmann, S.B. (1997). *How human and social capital in architectural and component knowledge influence project performance: An empirical test from the film industry.* Boston: Boston College.

Jones, C. & DeFillippi, R.J. (1996). Back to the future in film: Combining industry and self-knowledge to meet the career challenges of the 21st century. *Academy of Management Executive, 10*(4), 89-103.

Jorion, P. (2007). *Financial risk manager handbook.* Hoboken.

Jung, C.G. (2001 [1934]). *Archetypen.* München.

Kajüter, P. (2003). Risikomanagement in internationalen Konzernen. In S. Achenbach, T. Borghoff & A. Schulte (Hg.), *Strategische und internationale Perspektiven des Managements* (S. 42- 74). Köln.

Kallas, C. (1992). *Europäische Film- und Fernsehkoproduktionen: wirtschaftliche, rechtliche und politische Aspekte.* Baden-Baden.

Karstens, E. & Schütte, J. (2005). *Praxishandbuch Fernsehen: Wie TV-Sender arbeiten.* Wiesbaden.

Katz, E. & Foulkes, D. (1962). On the use of the mass media as 'escape': Clarification of a concept. *Public Opinion Quarterly, 26,* 377-388.

Kaufman, R. (2004). The story editor. In J.E. Squire (Hg.), *The movie business book* (S. 83-90). New York.

Kay, J., McKiernan, P. & Faulkner, D. (2003). The history of strategy and some thoughts about the future. In D. Faulkner & A. Campbell (Hg.), *The Oxford handbook of strategy* (Bd. 1 A strategy overview and competitive strategy; S. 21-46). Oxford.

Keil, K. (2004). *Gastvortrag.* Paper präsentiert auf Tagung Filmforschung und Filmlehre in der Hochschullandschaft am 24.06. in Otto-von-Guericke-Universität Magdeburg.

Kekre, S. & Srinivasan, K. (1990). Broader product line: A necessity to achieve success? *Management Science, 36*(10), 1216-1231.

Kellison, C. (2006). *Producing for TV and video: A real-world approach.* Burlington.

Kelly, K. (2006, 29. April). Defying the odds: Hedge funds bet billions on movies. *The Wall Street Journal,* S. 1.

Kernan, L. (2004). *Coming attractions: Reading American movie trailers.* Austin.

Kiefer, M.L. (2001). *Medienökonomik. Einführung in eine ökonomische Theorie der Medien.* München.

Kiefer, M.L. (2005). *Medienökonomik. Einführung in die ökonomische Theorie der Medien.* München.

Kindem, G.A. (Hg.). (1982). *The American movie industry: The business of motion pictures.* Carbondale & Edwardsville.

Kistner, A., Möhring, W. & Schneider, B. (2007). Etablierung von Gratiszeitungen in Deutschland. Strategien und Marktreaktionen aus der Sicht von Experten. *MedienWirtschaft, 4*(1), 32-41.

Kleinsteuber, H.J. (1992). Die soap opera in den USA. In I. Schneider (Hg.), *Amerikanische Einstellung: Deutsches Fernsehen und US-amerikanische Produktionen* (S. 136-156). Heidelberg.

Klimsa, P. (2006). Produktionssteuerung – Grundlagen der Medienproduktion. In C. Scholz (Hg.), *Handbuch Medienmanagement.* Berlin, Heidelberg & New York.

Knaese, B. (1996). *Kernkompetenzen im strategischen Management von Banken der "Resource-based-view" in Kreditinstituten.* Wiesbaden.

Knight, F.H. (1946). *Risk, uncertainty and profit.* London.

Kögel, R. & Hennerkes, C. (2000). Der Gang an die Börse. In B. Clevé (Hg.), *Investoren im Visier. Film- und Fernsehproduktionen mit Kapital aus der Privatwirtschaft* (S. 201-211). Gerlingen.

Kohle, F. & Döge-Kohle, C. (1999). *Medienmacher heute.* Gerlingen.

Konle-Seidl, R. & Walwei, U. (2002). Wandel der Arbeitsvermittlung durch Deregulierung: Mehr Reputation durch Marktöffnung? *Sozialer Fortschritt* (3), 69-74.

Körte, P. (2001). Sandkastenspiele früh vergreister Kulturgeneräle. *Zeitschrift für Kulturaustausch* (1).

KPMG Deutsche Treuhand-Gesellschaft. (1998). *Integriertes Risikomanagement.*

Krafft, A. & Ulrich, G. (1995). Akteure in der Sozialforschung. In C. Brinkmann, A. Deeke & B. Völkel (Hg.), *Experteninterviews in der Arbeitsmarktforschung. Diskussionsbeiträge zu methodischen Fragen und praktischen Erfahrungen* (S. 23-33). Nürnberg.

Krätke, S. (2002). *Medienstadt. Urbane Cluster und globale Zentren der Kulturproduktion.* Opladen.

Kremer, M. (1993). The O-Ring theory of economic development. *The Quarterly Journal of Economics, 108*(3), 551-575.

Kreps, D.M. & Wilson, R. (1982). Reputation and imperfect information. *Journal of Economic Theory, 27,* 253-279.

Krider, R.E. & Weinberg, C.B. (1998). Competitive dynamics and the introduction of new products: The motion picture timing game. *Journal of Marketing Research, 35*(1), 1-15.

Kromrey, H. (1998). *Empirische Sozialforschung Modelle und Methoden der Daten-erhebung und Datenauswertung*. Opladen.

Kromschröder, B. (1979). *Unternehmungsbewertung und Risiko. Der Einfluss des Risikos auf den subjektiven Wert von Unternehmungsbeteiligungen im Rahmen einer optimalen Investitions- und Finanzierungspolitik des Investors*. Berlin.

Kromschröder, B. & Lück, W. (1998). Grundsätze risikoorientierter Unternehmensüberwachung. *Der Betrieb* (32), 1573-1576.

Kurz, S., van Messel, E. & Koll, B. (2006). *Low-Budget-Filme. Marketing und Vertrieb optimieren*. Konstanz.

Lambert, R.A. (1986). Executive effort and selection of risky projects. *RAND Journal of Economics, 17*(1), 77-88.

Lamnek, S. (2002). Qualitative Interviews. In E. König & P. Zedler (Hg.), *Qualitative Forschung. Grundlagen und Methoden* (S. 157-193). Weinheim.

Lamnek, S. (2005). *Qualitative Sozialforschung. Lehrbuch*. Weinheim.

Lampel, J. (2006). The genius behind the system: The emergence of the central producer system in the Hollywood motion picture industry. In J. Lampel, J. Shamsie & T.K. Lant (Hg.), *The business of culture. Strategic perspectives on entertainment and media* (S. 41-56). Mahwah.

Lampel, J., Lant, T. & Shamsie, J. (2000). Balancing act: Learning from organizing practices in cultural industries. *Organization Science, 11*(3), 263-269.

Lampel, J., Shamsie, J. & Lant, T.K. (2006). Untangling the complexities of cultural industries: Directions for future research. In J. Lampel, J. Shamsie & T.K. Lant (Hg.), *The business of culture. Strategic perspectives on entertainment and media* (S. 289-304). Mahwah.

Lancaster, K. (1975). Socially optimal product differentiation. *The American Economic Review, 65*(4), 567-585.

Lancaster, K. (1990). The economics of product variety: A survey. *Marketing Science, 9*(3), 189-206.

Landers, D.E. & Chan-Olmsted, S.M. (2004). Assessing the changing network TV market: A resource-based analysis of broadcast television networks. *Journal of Media Business Studies, 1*(1), 1-26.

Lange, A. & Westcott, T. (2004). *Öffentliche Förderung von Film- und Fernsehwerken in Europa – Eine vergleichende Analyse*. Strasbourg.

Lange, C. (1999). *Erfolgspotentiale für Spielfilme*. Berlin.

Lankenau, J.C. (1985). *Media insurance and risk management*. New York.

Lantzsch, K. (2004). *Cooperation in media industries. Organizational networks and their management. A resource-based analysis*. Paper präsentiert auf SAM/IFSAM VII World Congress in Gothenborg.

Lantzsch, K. (2008). *Der internationale Fernsehformathandel. Akteure, Strategien, Strukturen, Organisationsformen* Wiesbaden.

Lapadat, J.C. (2000). Problematizing transcription: Purpose, paradigm and quality. *International Journal of Social Research Methodology, 3*(3), 203-219.

Larkin, J. (2003). *Strategic reputation risk management*. Basingstoke.

Lazarus, P.N. (2005). *Produced by... Balancing art and business in the movie industry*. Beverly Hills.

Lee, J.J. (2000). *The producer's business handbook*. Burlington.

Leonard-Barton, D. (1992). Core capabilities and core rigidities: A paradox in managing new product development. *Strategic Management Journal, 13*, 111-125.

Levin, A.M., Levin, I.P. & Heath, C.E. (1997). Movie stars and authors as brand names: Measuring brand equity in experiential products. *Advances in Consumer Research, 24*(1), 175-181.

Liekweg, A. (2003). *Risikomanagement und Rationalität. Präskriptive Theorie und praktische Ausgestaltung von Risikomanagement*. Wiesbaden.

Lilienthal, V. (1996). Herzblut von Fliessband. Die deutschen TV-Produzenten – dritte Säule im dualen System? *Tendenz*, 4-11.

Lins, G. (2002). *Strategien der Filmstoffauswahl bei deutschen Film- und Fernsehproduktionen*. Baden-Baden.

Linton, J.M. & Petrovich, J.A. (1988). The application of the consumer information acquisition approach to movie selection: An exploratory study. *Current Research in Film, 4*, 24-44.

Lippmann, W. (1964). *Die öffentliche Meinung*. München.

Litman, B.R. (1983). Predicting success of theatrical movies: An empirical study. *The Journal of Popular Culture, 16*(4), 159-175.

Litman, B.R. (Hg.). (1998). *The motion picture mega-industry*. Boston.

Litman, B.R. & Ahn, H. (1998). Predicting financial success of motion pictures: The early '90ies experience. In B. R. Litman (Hg.), *The motion picture mega-industry* (S. 172-197). Boston.

Litman, B.R. & Kohl, L.S. (1989). Predicting financial success of theatrical motion pictures: The '80ies experience. *Journal of Media Economics, 2*(2), 35-50.

Lu, W., Waterman, D. & Yan, M.Z. (2005). *Changing markets, new technology, and violent content: An economic study of motion picture genre trends*. Paper präsentiert auf 33rd Research Conference on Communication, Information and Internet Policy in Arlington.

Lubbers, C.A. & Adams, W.J. (2004). Merchandising in the major motion picture industry: Creating brand synergy and revenue streams. *Journal of Promotion Management, 10*(1/2), 55-63.

Lück, W. (1998a). Der Umgang mit unternehmerischen Risiken durch ein Risikomanagementsystem und durch ein Überwachungssystem. *Der Betrieb* (39), 1925-1930.

Lück, W. (1998b). Elemente eines Risiko-Managementsystems. *Der Betrieb* (1/2), 8-14.

Lück, W. (2000). Managementrisiken. In D. Dörner, P. Horváth & H. Kagermann (Hg.), *Praxis des Risikomanagements. Grundlagen, Kategorien, branchenspezifische und strukturelle Aspekte* (S. 311-343). Stuttgart.

Lührig, T. (2006). *Risikomanagement in der Produktentwicklung der deutschen Automobilindustrie von der Konzeptentwicklung bis zum Produktionsanlauf*. Aachen.

Luger, K. (1992). Freizeitmuster und Lebensstil. Medien als Kompositeure, Segmenteure und Kolporteure. *Publizistik, 37*, 427-443.

Luhmann, N. (1991). *Soziologie des Risikos*. Berlin & New York.

Luhmann, N. (2000). *Vertrauen. Ein Mechanismus der Reduktion sozialer Komplexität*. Stuttgart.

Macdonald, I.W. (2003). Finding the needle. How readers see screen ideas. *Journal of Media Practice, 4*(1), 27-40.

Macmillan, P. & Smith, I. (2001). Explaining post-war cinema attendance in Great Britain. *Journal of Cultural Economics, 25*(2), 91-108.

Maher, K. (2002, 03.11.). Wishing on a star. *The Observer, S.* 8.

Maier, M. (2002). Medienmanagement als strategisches Management. In M. Karmasin & C. Winter (Hg.), *Grundlagen des Medienmanagements* (S. 59-92). München.

Maier, M. (2003). Nachrichtenfaktoren - Stand der Forschung. In G. Ruhrmann, J. Woelke, M. Maier & N. Diehlmann (Hg.), *Der Wert von Nachrichten im deutschen Fernsehen. Ein Modell zur Validierung von Nachrichtenfaktoren* (S. 27-50). Opladen.

Maltby, R. (2004). *Hollywood cinema.* Malden.

March, J.G. & Sutton, R.I. (1997). Organizational performance as a dependent variable. *Organization Science, 8*(6), 698-706.

Marich, R. (2005). *Marketing to moviegoers: A handbook of strategies used by major studios and independents.* Burlington.

Marion, F. (1937). *How to write and sell film stories.* New York.

Marr, M., Wyss, V., Blum, R. & Bonfadelli, H. (2001). *Journalisten in der Schweiz. Eigenschaften, Einstellungen, Einflüsse.* Konstanz.

Mason, E.S. (1939). Price and production policies of large-scale enterprise. *The American Economic Review, 29*(1), 61-74.

Mason, P. & Gold, D. (2004). *Producing for Hollywood. A guide for independent producers.* New York.

Mayring, P. (2002). *Einführung in die qualitative Sozialforschung. Eine Anleitung zu qualitativem Denken.* Weinheim.

Mayring, P. (2007). *Qualitative Inhaltsanalyse: Grundlagen und Techniken.* Weinheim.

McCarthy, T. (2004, 21.06.). Around the world in 80 days. *Variety,* 36.

McFadyen, S., Hoskins, C. & Finn, A. (2000). Cultural industries from an economic/business research perspective. *Canadian Journal of Communication, 25*(1), 127-144.

Meckel, M. (1999). *Redaktionsmanagement Ansätze aus Theorie und Praxis.* Opladen.

Media Salles (2006). *European cinema yearbook. 2006 advance edition.* Mailand.

Medved, M. (1992). *Hollywood vs. America popular culture and the war on traditional values.* New York.

Meiseberg, B. & Ehrmann, T. (2008). Performance implications of network structure, resource investment, and competition in the German motion picture industry. In G. Hendrikse, M. Tuunanen, J. Windsperger & G. Cliquet (Hg.), *Strategy and governance of networks. Cooperatives, franchising, and strategic alliances* (S. 347-372).

Meuser, M. & Nagel, U. (2003). Das Experteninterview. Wissenssoziologische Voraussetzungen und methodische Durchführung. In B. Friebertshäuser & P. Annedore (Hg.), *Handbuch qualitative Forschungsmethoden in der Erziehungswissenschaft* (S. 481-491). Weinheim.

Meuser, M. & Nagel, U. (2005). ExpertInneninterviews – vielfach erprobt, wenig bedacht. Ein Beitrag zur qualitativen Methodendiskussion. In A. Bogner, B. Littig & W.

Menz (Hg.), *Das Experteninterview: Theorie, Methode, Anwendung* (S. 71-93). Wiesbaden.

Meyerson, D., Weick, K.E. & Kramer, R.M. (1996). Swift trust and temporary groups. In R.M. Kramer & T.R. Tyler (Hg.), *Trust in organizations. Frontiers of theory and research* (S. 166-195). Thousand Oaks.

Mikos, L. & Wegener, C. (Hg.). (2005). *Qualitative Medienforschung. Ein Handbuch*. Konstanz.

Miles, R.E. & Snow, C.C. (1978). *Organizational strategy, structure, and process*. Stanford.

Miller, D. & Friesen, P.H. (1984). *Organizations: A quantum view*. Englewood Cliffs.

Miller, D. & Shamsie, J. (1996). The resource-based view of the firm in two environments: The Hollywood film studios from 1936 to 1965. *The Academy of Management Journal, 39*(3), 519-543.

Miller, D. & Shamsie, J. (1999). Strategic responses to three kinds of uncertainty: Product line simplicity at the Hollywood film studios. *Journal of Management, 25*(1), 97-116.

Miller, D. & Shamsie, J. (2001). Learning across the life cycle: Experimentation and performance among the Hollywood studio heads. *Strategic Management Journal, 22*(8), 725-745.

Mintzberg, H. (1994). *The rise and fall of strategic planning*. New York.

Mintzberg, H. & Waters, J.A. (1985). Of strategies, deliberate and emergent. *Strategic Management Journal, 6*(3), 257-272.

Minz, K.-A. (2005). What you see is what you get! Operationelle Risiken identifizieren. In F. Romeike (Hg.), *Modernes Risikomanagement. Die Markt-, Kredit- und operationellen Risiken zukunftsorientiert steuern* (S. 245-254). Weinheim.

Monaco, J. (1985). *American film now*.

Moran, A. (1996). Terms for a reader: Film, Hollywood, national cinema, cultural identity and film policy. In A. Moran (Hg.), *Film policy: International, national and regional perspectives* (S. 1-19). London & New York.

Morecroft, J.D.W., Sanchez, R. & Heene, A. (Hg.). (2002). *Systems perspectives on resources, capabilities, and management processes*. Amsterdam.

Morley, E. & Silver, A. (1977). A film director's approach to managing creativity. *Harvard Business Review, 55*(2), 59-68.

Moser, S. (2006). *Filmbarometer 2006. Berlin, Hamburg, Köln, Leipzig, München und Rhein/Main: Stimmungen und Trends*. München: Ernst & Young.

Motion Picture Association. (2006). *US theatrical market: 2005 statistics*: Motion Picture Association.

Motion Picture Association. (2008). *Theatrical market statistics*. Washington: Motion Picture Association.

Müller, W. (1979). *Die Ökonomik des Fernsehens eine wettbewerbspolitische Analyse unter besonderer Berücksichtigung unterschiedlicher Organisationsformen*. Göttingen.

Musun, C. (1969). *The marketing of motion pictures; both sides of the coin; art-business*. Los Angeles.

Natascha Kampusch hat über Filmrechte nicht entschieden. (2006, 13. September). *Die Welt*, S. 28.

Neckermann, G. & Blothner, D. (2001). *Das Kinobesucherpotential 2010 nach soziodemographischen und psychologischen Merkmalen*. Berlin: FFA - Filmförderungsanstalt.

Neelamegham, R. & Chintagunta, P. (1999). A bayesian model to forecast new product performance in domestic and international markets. *Marketing Science, 18*(2), 115-136.

Nelson, P. (1970). Information and consumer behavior. *Journal of Political Economy, 78*(2), 311-329.

Nelson, R.R. & Winter, S.G. (1982). *An evolutionary theory of economic change*. Cambridge, MA.

Neumann, H. (1998). Aufbau eines Risikomanagements – insbesondere eines Frühwarnsystems – als Anforderung der neuen gesetzlichen Regelungen zur Kontrolle und Transparenz im Unternehmensbereich (KonTraG). *Betrieb und Wirtschaft*(19), 721-730.

Nicolai, A. & Kieser, A. (2002). Trotz eklatanter Erfolglosigkeit: Die Erfolgsfaktorenforschung weiter auf Erfolgskurs. *Die Betriebswirtschaft, 62*(6), 579-596.

Nolte, H. (Hg.). (1998). *Aspekte ressourcenorientierter Unternehmensführung*. München & Mering.

Nooteboom, B. (2005). Forms, sources and limits of trust. In M. Held, G. Kubon-Gilke & R. Stum (Hg.), *Reputation und Vertrauen* (S. 35-58). Marburg.

Norbäck, M. (2005). Cross-promotion and branding of media product portfolios. In R. G. Picard (Hg.), *Media product portfolios: Issues in management of multiple products and services* (S. 139-166). Mahwah, NJ.

O'Connor, J. (1999). *The definition of 'cultural industries'*. Manchester: Manchester Institute for Popular Culture, Manchester Metropolitan University.

O'Regan, T. (1990). Too popular by far: On Hollywood's international popularity. *Continuum: The Australian Journal of Media & Culture, 5*(2), 302-351.

Oevermann, U., Allert, T., Konau, E. & Krambeck, J. (1979). Die Methodologie einer "objektiven Hermeneutik" und ihre allgemeine forschungslogische Bedeutung in den Sozialwissenschaften. In H.-G. Soeffner (Hg.), *Interpretative Verfahren in den Sozial- und Textwissenschaften* (S. 352-434). Stuttgart.

Oh, P. (2006). *The structural configuration of international flow of films: A multilevel network analysis*. Paper präsentiert auf ICA annual conference in Dresden.

Olsen, M.E. (1960). Motion picture attendance and social isolation. *1*(2), 107-115.

Opaschowski, H.W. (2001). *Deutschland 2010 wie wir morgen arbeiten und leben – Voraussagen der Wissenschaft zur Zukunft unserer Gesellschaft*. Hamburg.

Östgaard, E. (1965). Factors influencing the flow of news. *Journal of Peace Research, 2*(1), 39-63.

Ostrander, S.A. (1993). 'Surely you're not in this just to be helpful': Access, rapport, and interviews in three studies of elites. *Journal of Contemporary Ethnography, 22*(1), 7-27.

Ots, M. (2005). Strategic direction and control of portfolios: Can standard models create cross-media benefits? In R.G. Picard (Hg.), *Media product portfolios: Issues in management of multiple products and services* (S. 167-190). Mahwah.

Palia, D., Ravid, S.A. & Reisel, N. (2006). *Choosing to co-finance: An analysis of project specific alliances in the film industry* Paper präsentiert auf Financial Management Association Annual Meeting in Salt Lake City.

Palmgreen, P., Cook, P.L., Harvill, J.G. & Helm, D.M. (1988). The motivational framwork of moviegoing: Uses and avoidance of theatrical films. *Current Research in Film: Audiences, Economics and Law, 4*, 1-23.

Palmgreen, P. & Lawrence, P.A. (1991). Avoidances, gratifications, and consumption of theatrical films: The rest of the story. *Current Research in Film: Audiences, Economics and Law, 5*, 39-55.

Paul, A. & Kleingartner, A. (1994). Flexible production and the transformation of industrial relations in the motion picture and television industry. *Industrial and Labor Relations Review, 47*(4), 663-678.

Pelzmann, L. (2005). Vertrauen in Geschäftsbeziehungen. In M. Held, G. Kubon-Gilke & R. Stum (Hg.), *Reputation und Vertrauen* (S. 207-230). Marburg.

Penrose, E.T. (1959). *The theory of the growth of the firm.* Oxford.

Peters, S., Brühl, R. & Stelling, J.N. (2000). *Betriebswirtschaftslehre Einführung.* München.

Petrie, G. (1973). Alternatives to auteurs. *Film Quarterly, 26*(3), 27-35.

Phillips, J.D. (1975). Film conglomerate "Blockbusters". *Journal of Communication, 25*(2), 171-182.

Picard, R.G. (1989). *Media economics: Concepts and issues.* Newbury Park.

Picard, R.G. (2002a). *The economics and financing of media companies.* New York.

Picard, R.G. (2004a). Environmental and market changes driving strategic planning in media firms. In R.G. Picard (Hg.), *Strategic responses to media market changes* (S. 1-17). Jönköping.

Picard, R.G. (2004b). A typology of risk in family media enterprises. *Journal of Media Business Studies, 1*(1), 71-83.

Picard, R.G. (2005a). The nature of media product portfolios. In R.G. Picard (Hg.), *Media product portfolios: issues in management of multiple products and services* (S. 1-22). Mahwah.

Picard, R.G. (Hg.). (2002b). *Media firms. structures, operations, and performance.* Mahwah & London.

Picard, R.G. (Hg.). (2005b). *Media product portfolios: Issues in management of multiple products and services.* Mahwah.

Picot, A. (1997). Mehrwert von Information - betriebswirtschaftliche Perspektiven. In H. Kubicek, D. Klumpp, G. Müller, W. Neu, E. Raubold & A. Roßnagel (Hg.), *Jahrbuch Telekommunikation und Gesellschaft* (S. 42-59). Heidelberg.

Pokorny, M. & Sedgwick, J. (2001). Stardom and the profitability of film making: Warner Bros. in the 1930s. *Journal of Cultural Economics, 25*(3), 157-184.

Poland, B.D. (1995). Transcription quality as an aspect of rigor in qualitative research. *Qualitative Inquiry, 1*(3), 290-310.

Pomerantz, D. (2007, 01. August). *Ultimate star payback.* Forbes S. 44.

Porter, M.E. (1980). *Competitive strategy: Techniques for analyzing industries and competitors.* New York.

Porter, M.E. (1985). *Competitive advantage: Creating and sustaining, superior performance.* New York.

Potts, J., Cunningham, S., Hartley, J. & Ormerod, P. (2008). Social network markets: A new definition of the creative industries. *Journal of Cultural Economics, 32*(3), 167-185.

Powdermaker, H. (1950). *Hollywood, the dream factory: An anthropologist looks at the movie-makers.* Boston.

Powell, W.W. (1990). Neither market nor hierarchy: Network forms of organization. *Research in Organizational Behavior, 12*, 295-336.

Prag, J. & Casavant, J. (1994). An empirical study of the determinants of revenues and marketing expenditures in the motion picture industry. *Journal of Cultural Economics, 18*(3), 217-235.

Prahalad, C.K. & Hamel, G. (1990). The core competence of the corporation. *Harvard Business Review, 68*(3), 79-91.

Prindle, D.F. (1993). *Risky business: The political economy of Hollywood.* Boulder.

Puttnam, D. (2004). The producer. In J.E. Squire (Hg.), *The movie business book* (S. 14-24). New York.

Ramstad, G.O. (1997). A model for structural analysis of the media market. *Journal of Media Economics, 10*(3), 45-50.

Rao, H. (1994). The social construction of reputation: Certification contests, legitimation, and the survival of organizations in the american automobile industry: 1895-1912. *Strategic Management Journal, 15*, 29-44.

Rao, H. & Drazin, R. (2002). Overcoming resource constraints on product innovation by recruiting talent from rivals: A study of the mutual fund industry, 1986-94. *The Academy of Management Journal, 45*(3), 491-507.

Rasche, C. (1994). *Wettbewerbsvorteile durch Kernkompetenzen ein ressourcenorientierter Ansatz.* Wiesbaden.

Rasche, C. & Wolfrum, B. (1994). Ressourcenorientierte Unternehmensfuehrung. *Die Betriebswirtschaft*(4), 501-518.

Raubitschek, R.S. (1988). Hitting the jackpot: Product proliferation by multiproduct firms under uncertainty. *International Journal of Industrial Organization, 6*(4), 469-488.

Ravid, S.A. (1999). Information, blockbusters, and stars: A study of the film industry. *Journal of Business, 72*(4), 463-492.

Ravid, S.A. (2002). *Are they all crazy or just risk averse? Some movie puzzles and possible solutions.* Vortrag präsentiert auf der Conference of The Association for Cultural Economics International 2002, Erasmus Universität Rotterdam.

Ravid, S.A. & Basuroy, S. (2002). *Beyond morality and ethics: Executive objective function and the production of violent films.* Paper präsentiert auf Financial Managemnt Association Annual Meeting in San Antonio.

Ravid, S.A. & Basuroy, S. (2004). Managerial objectives, the R-rating puzzle, and the production of violent films. *The Journal of Business, 77*(2), 155-192.

Ray, G., Barney, J.B. & Muhanna, W.A. (2004). Capabilities, business processes, and competitive advantage: Choosing the dependent variable in empirical tests of the resource-based view. *Strategic Management Journal, 25*(1), 23-37.

Reichertz, J. (2002). Die objektive Hermeneutik. Darstellung und Kritik. In E. König & P. Zedler (Hg.), *Qualitative Forschung. Grundlagen und Methoden* (S. 123-156). Weinheim.

Reuter, A. & Wecker, C. (1999). *Projektfinanzierung. Anwendungsmöglichkeiten, Risikomanagement, Vertragsgestaltung, bilanzielle Behandlung.* Stuttgart.

Ribera, J. & Sieber, S. (2009). Uncertainty, risk and the success of film projects. Evidence from Spain. *Journal of Media Business Studies, 6*(3), forthcoming.

Rickey, C. (1984, 01.01.). The why of remakes and the hows of one. *The New York Times,* S. 11.

Ripperger, T. (2004). *Ökonomik des Vertrauens Analyse eines Organisationsprinzips.* Tübingen.

Romeike, F. (2003a). Bewertung und Aggregation von Risiken. In F. Romeike & R.B. Finke (Hg.), *Erfolgsfaktor Risiko-Management. Chancen für Industrie und Handel. Methoden, Beispiele, Checklisten* (S. 183-198). Wiesbaden.

Romeike, F. (2003b). Der Prozess des strategischen und operativen Risikomanagements. In F. Romeike & R. B. Finke (Hg.), *Erfolgsfaktor Risiko-Management. Chancen für Industrie und Handel. Methoden, Beispiele, Cheklisten* (S. 147-161). Wiesbaden.

Romeike, F. (2003c). Risikoidentifikation und Risikokategorien. In F. Romeike & R.B. Finke (Hg.), *Erfolgsfaktor Risiko-Management. Chancen für Industrie und Handel. Methoden, Beispiele, Cheklisten* (S. 166-197). Wiesbaden.

Romeike, F. (2005). Risikokategorien im Überblick. In F. Romeike (Hg.), *Modernes Risikomanagement. Die Markt-, Kredit- und operationellen Risiken zukunftsorientiert steuern* (S. 17-32). Weinheim.

Romeike, F. & Finke, R.B. (Hg.). (2003). *Erfolgsfaktor Risikomanagement. Chance für Industrie und Handel. Methoden, Beispiele, Checklisten.* Wiesbaden.

Röpke, J. (1970). Zur politischen Ökonomie von Hörfunk und Fernsehen. *Publizistik, 15*(2), 98-113.

Röscheisen, T. (1997). *Film- und Fernsehproduktion für internationale Märkte. Perspektiven für die Entwicklung einer international erfolgreichen Programmindustrie.* München.

Rosen, S. (1981). The economics of superstars. *The American Economic Review, 71*(5), 845-858.

Rössler, P. (1997). Service statt Kritik? Die Zielgruppe Kinopublikum und die Filmberichterstattung in der deutschen Tagespresse. In H. Scherer & H.-B. Brosius (Hg.), *Zielgruppen, Publikumssegmente, Nutzergruppen: Beiträge aus der Rezeptionsforschung* (S. 29-57). München.

Rouse, M.J. & Daellenbach, U.S. (1999). Rethinking research methods for the resource-based perspective: Isolating sources of sustainable competitive advantage. *Strategic Management Journal, 20*(5), 487-494.

Rouse, M.J. & Daellenbach, U.S. (2002). More thinking on research methods for the resource-based perspective. *Strategic Management Journal, 23*(10), 963-967.

Ruhrmann, G. (1989). *Rezipient und Nachricht. Struktur und Prozess der Nachrichten-rekonstruktion.* Opladen.

Ruschewitz, R. (1998). *Strukturen der Stoffentwicklung in Deutschland und Hollywood. Die Perspektive des Producers* Unveröffentlichte Diplomarbeit, HFF Konrad Wolf, Potsdam.

Saitz, B. (2000). Risikomanagement als umfassende Aufgabe der Unternehmensleitung. In B. Saitz & F. Braun (Hg.), *Das Kontroll- und Transparenzgesetz: Herausforderungen und Chancen für das Risikomanagement* (S. 69-98). Wiesbaden.

Salamon, J. (1991). *The devil's candy. "The bonfire of the vanities" goes to Hollywood.* Boston.

Sanchez, R. (2003). Analyzing internal and competitor competences: Resources, capabilities, and management process. In D. Faulkner & A. Campbell (Hg.), *The Oxford handbook of strategy* (Bd. 1 A strategy overview and competitive strategy; S. 344-371). Oxford.

Sanchez, R. & Heene, A. (1996). A systems view of the firm in competence-based competition. In R. Sanchez, A. Heene & H. Thomas (Hg.), *Dynamics of competence based competition. Theory and practice in the new strategic management* (S. 39-62). Oxford.

Sanchez, R., Heene, A. & Thomas, H. (1996). Introduction: Towards the theory and practice in the new strategic management. In R. Sanchez, A. Heene & H. Thomas (Hg.), *Dynamics of competence based competition: Theory and practice in the new strategic management* (S. 1-35). London.

Sauerwein, E. (1994). *Strategisches Risikomanagement in der bundesdeutschen Industrie.* Frankfurt a.M.

Sauerwein, E. & Thurner, M. (1998). Der Risiko-Management-Prozeß im Überblick. In H. Hinterhuber, E. Sauerwein & C. Fohler-Norek (Hg.), *Betriebliches Risikomanagement* (S. 19-39). Wien.

Sawhney, M.S. & Eliashberg, J. (1996). A parsimonious model for forecasting gross box-office revenues of motion pictures. *Marketing Science, 15*(2), 113-131.

Scharpf, P. (2000). Finanzrisiken. In D. Dörner, P. Horváth & H. Kagermann (Hg.), *Praxis des Risikomanagements. Grundlagen, Kategorien, branchenspezifische und strukturelle Aspekte* (S. 253-282). Stuttgart.

Schenk, A. (1998). Techniken der Risikoidentifikation. In H. Hinterhuber, E. Sauerwein & C. Fohler-Norek (Hg.), *Betriebliches Risikomanagement* (S. 43-62). Berlin.

Schierenbeck, H. & Lister, M. (2002). Risikomanagement im Rahmen der wertorientierten Unternehmenssteuerung. In R. Hölscher & R. Elfgen (Hg.), *Herausforderung Risikomanagement Identifikation, Bewertung und Steuerung industrieller Risiken* (S. 181-203). Wiesbaden.

Schmidt, V.L. (2001). *45 master characters: Mythic models for creating original characters* Cincinnati.

Schramm, H. (2008). Zur Distinktion von Unterhaltung und Information aus Rezeptionsperspektive. In G. Siegert & M.B. von Rimscha (Hg.), *Zur Ökonomie der Unterhaltungsproduktion* (S. 104-117). Köln.

Schütte, O. (1999). *Die Kunst des Drehbuchlesens.* Bergisch Gladbach.

Schulz, W. (1976). *Die Konstruktion von Realität in den Nachrichtenmedien. Analyse der aktuellen Berichterstattung.* Freiburg (Breisgau) & München.

Schumann, M. & Hess, T. (2006). *Grundfragen der Medienwirtschaft. Eine betriebswirtschaftliche Einführung.* Berlin.

Schweizerische Gesellschaft für Kommunikations- und Medienwissenschaft (SGKM). (2008). *Statuten.* Freiburg, CH: SGKM.

Scott, W.R. (2006). Observations on research on cultural industries. In J. Lampel, J. Shamsie & T.K. Lant (Hg.), *The business of culture. Strategic perspectives on entertainment and media* (S. 15-21). Mahwah.

Screen Digest. (2002). *Screen Digest report on the implications of digital technology for the film industry.* London: Department for Culture, Media and Sport, UK Creative Industries Division.

Seidel, U.M. (2002). *Risikomanagement: Erkennen, Bewerten und Steuern von Risiken.* München.

Seufert, W. (2002). *Film- und Fernsehwirtschaft in Deutschland 2000/2001. Beschäftigte, wirtschaftliche Lage und Struktur der Produktionsunternehmen.* Berlin.

Shamsie, J. (2006). Skating on thin ice: Confronting knowledge ambiguity in the US motion picture industry. In J. Lampel, J. Shamsie & T.K. Lant (Hg.), *The business of culture. Strategic perspectives on entertainment and media* (S. 177-190). Mahwah.

Sherr, R. (2004). Banking the deal. In P. Alberstat (Hg.), *The insider's guide to film finance* (S. 45-53). Oxford, UK & Burlington.

Shugan, S.M. (1998). Forecasting failure and success of new films: University of Florida.

Siegert, G. (2000). Branding – Medienstrategie für globale Märkte? In H.-B. Brosius (Hg.), *Kommunikation über Grenzen und Kulturen* (S. 75-91). Konstanz.

Siegert, G. (2001). *Medien Marken Management: Relevanz, Spezifika und Implikationen einer medienökonomischen Profilierungsstrategie.* München.

Siegert, G. (2006). Vertrauen ist gut – ist Kontrolle besser? Die Rolle des Vertrauens in den Marktbeziehungen der Medien. In K. Pühringer & S. Zielmann (Hg.), *Vom Wissen und Nicht-Wissen einer Wissenschaft. Kommunikationswissenschaftliche Domänen, Darstellungen und Defizite* (S. 135-151). Münster.

Simon, J.I. (1971). *Movies into film. Film criticism.* New York.

Simonet, T.S. (1987). Conglomerates and content: Remakes, sequels and series in the new Hollywood. *Current Research in Film: Audiences, Economics and Law, 3,* 154-162.

Simonton, D.K. (1986). Popularity, content, and context in 37 Shakespeare plays. *Poetics, 15*(4-6), 493-510.

Simonton, D.K. (2004). Group artistic creativity: Creative clusters and cinematic success in feature films. *Journal of Applied Social Psychology, 34*(7), 1494-1520.

Simonton, D.K. (2005). Film as art versus film as business: Differential correlates of screenplay characteristics *Empirical Studies of the Arts, 23*(2), 93-117.

Sinclair, J. (1992). Media and cultural industries: An overview. *CIRCIT Newsletter, 4*(5), 3-4.

Sisto, J. (2003). Profit participation in the motion picture industry. *Entertainment and Sports Lawyer, 21*(2), 1, 21-28.

Sitt, A. (2003). *Dynamisches Risiko-Management. Zum unternehmerischen Umgang mit Risiken.* Wiesbaden.

Sochay, S. (1994). Predicting the performance of motion pictures. *The Journal of Media Economics, 7*(4), 1-20.

Sood, S. & Drèze, X. (2006). Brand extensions of experiential goods: Movie sequel evaluations. *Journal of Consumer Research, 33*, 352-360.

Sorenson, O. & Waguespack, D. (2003). *Social networks and exchange: Self-confirming dynamics in Hollywood* (Working Paper): Anderson Graduate School of Management.

Sorenson, O. & Waguespack, D. (2005). *Social structure and exchange: Self-confirming dynamics in Hollywood.* Paper präsentiert auf Rotmann Strategic Management Workshop in Toronto.

Spiker, J. (1975). *Film und Kapital. Der Weg der deutschen Filmwirtschaft zum national-sozialistischen Einheitskonzern.* Berlin.

Spitzenorganisation der Filmwirtschaft. (2006). *Filmstatistisches Jahrbuch 2006.* Baden-Baden.

Squire, J.E. (2004). Intorduction In J.E. Squire (Hg.), *The movie business book* (S. 1-12). New York.

Standards Australia and Standards New Zealand. (2004). *Risk management AS/NZS 4360:2004.* Sydney.

Storm, S. (2000). *Strukturen der Filmfinanzierung in Deutschland.* Berlin.

Storper, M. (1989). The transition to flexible specialization in the US film industry: External economies, the division of labour, and the crossing of industrial divides. *Cambridge Journal of Economics, 13*(2), 273-305.

Storper, M. & Christopherson, S. (1987). Flexible specialization and regional industrial agglomerations: The case of the US motion picture industry. *Annals of the Association of American Geographers, 77*(1), 104-117.

Strauss, A.L. (1994). *Grundlagen qualitativer Sozialforschung. Datenanalyse und Theoriebildung in der empirischen soziologischen Forschung.* München.

Swami, S., Eliashberg, J. & Weinberg, C.B. (1999). SilverScreener: A modeling approach to movie screens management. *Marketing Science, 18*(3), 352-372.

Sydow, J. (1992). *Strategische Netzwerke: Evolution und Organisation.* Wiesbaden.

Sydow, J. & Windeler, A. (2003). Dienstleistungsproduktion in Projektnetzwerken – Implikationen für Dienstleistungsmanagement und -forschung. In M. Bruhn & B. Stauss (Hg.), *Dienstleistungsnetzwerke* (S. 343-359). Wiesbaden.

Teece, D.J., Pisano, G. & Shuen, A. (1997). Dynamic capabilities and strategic management. *Strategic Management Journal, 18*(7), 509-533.

Terry, N., Butler, M. & De'Armond, D.A. (2005). The determinants of domestic box office performance in the motion picture industry. *Southwestern Economic Review, 32*(1), 137-148.

Tesser, A., Millar, K.U. & Wu, C.-H. (1988). On the perceived functions of movies. *The Journal of Psychology, 5*, 441-449.

The Producers Guild of America. (2005). *Credit guidelines for theatrical motion pictures.* Abgerufen am 08.07.2008 von www.producersguild.org/pg/about_a/pcoc1a.asp.

Thiele, M. (1997). *Kernkompetenzorientierte Unternehmensstrukturen. Ansätze zur Neugestaltung von Geschäftsbereichsorganisationen.* Wiesbaden.

Thiermeyer, M. (1994). *Internationalisierung von Film und Filmwirtschaft*. Köln, Weimar & Wien.

Throsby, C.D. & Withers, G.A. (1993). *The economics of the performing arts* Aldershot.

Thurstone, L.L. (1930). A scale for measuring attitude toward the movies. *Journal of Educational Research, 22*, 89-94.

Tilley, S.A. & Powick, K.D. (2002). Distanced data: Transcribing other people's research tapes. *Canadian Journal of Education / Revue canadienne de l'education, 27*(2/3), 291-310.

Tobias, R.B. (1993). *20 master plots and how to build them*. Cincinnati.

Toebe, M. (2006). *Risikofrüherkennungssystem als Bestandteil des Risikomanagements und Gegenstand der gesetzlichen Jahresabschlussprüfung*. Frankfurt a.M.

Töpfer, A. & Heymann, A. (2000). Marktrisiken. In D. Dörner, P. Horváth & H. Kagermann (Hg.), *Praxis des Risikomanagements Grundlagen, Kategorien, branchenspezifische und strukturelle Aspekte* (S. 225-252). Stuttgart.

Trinczek, R. (2005). Wie befrage ich Manager? Methodische und methodologische Aspekte des Experteninterviews als qualitativer Methode empirischer Sozialforschung. In A. Bogner, B. Littig & W. Menz (Hg.), *Das Experteninterview: Theorie, Methode, Anwendung* (S. 209-222). Wiesbaden.

Tulving, E. & Craik, F.I.M. (Hg.). (2000). *The Oxford handbook of memory*. New York.

Tunstall, J. (2001). Television producers. In J. Tunstall (Hg.), *Media occupations and professions. A reader* (S. 194-202). New York.

Turow, J. (1992). *Media systems in society: Understanding industries, strategies, and power*. New York & London.

Ulmer, J. (2000). *James Ulmer's Hollywood hot list: The complete guide to star ranking*. New York.

Undheim, T.A. (2003). Getting connected: How sociologists can access the high tech élite. *The Qualitative Report 8*(1), 104-128.

Valenti, J. (1993, September). Hollywood, the rating system and the movie going public. *USA Today magazine, 122*, 87.

Valenti, J. (2001). *Travelling that sweet road that leads to success*. Paper präsentiert auf ShoWest in Las Vegas.

van Kranenburg, H. (2005). Product portfolios, diversification, and sustainability of media firms. In R.G. Picard (Hg.), *Media product portfolios: Issues in management of multiple products and services* (S. 23-40). Mahwah.

Verevis, C. (2006). *Film remakes*. Edinburgh.

Vermazen, B. (1975). Comparing Evaluations of Works of Art. *The Journal of Aesthetics and Art Criticism, 34*(1), 7-14.

Veronis Suhler Stevenson. (2005). *Communications industry forecast*. New York & London: Veronis Suhler Stevenson.

Vogel, H.L. (2004). *Entertainment industry economics a guide for financial analysis*. New York.

Vogler, C. (1998). *The writer's journey. Mythic structure for writers*. Studio City.

Völcker, B. (2005). *Kinderfilm. Stoff- und Projektentwicklung*. Konstanz.

vom Hofe, O. (2007). Alles umsonst. Sie verteilt Millionen. Und die Beschenkten sind unglücklich. Willkommen bei der Deutschen Filmförderung. *brand eins*, 133-139.

von Rimscha, M.B. (2006). *Movie release strategies across time, space, and media.* Paper präsentiert auf 7th World Media Economics Conference in Beijing.

von Rimscha, M.B. (2007). *Placements in deutschen Spielfilmen. Gut durchdacht oder einfach gemacht?* (Arbeitspapier). Zürich: IPMZ|4|mediaeconomics.

von Rimscha, M.B. (2008a). Kino. In G. Frey-Vor, G. Siegert & H.-J. Stiehler (Hg.), *Mediaforschung* (S. 211-222). Konstanz.

von Rimscha, M.B. (2008b). Risikomanagement in der Produktion und Entwicklung fiktionaler Unterhaltung. In G. Siegert & M.B. von Rimscha (Hg.), *Zur Ökonomie der Unterhaltungsproduktion* (S. 153-178). Köln.

von Rimscha, M.B. & Siegert, G. (2008). Ökonomie der Unterhaltungsproduktion – Stand der Forschung. In G. Siegert & M.B. von Rimscha (Hg.), *Zur Ökonomie der Unterhaltungsproduktion* (S. 12-27). Köln.

Voss, G.B. & Voss, Z.G. (2000). Strategic orientation and firm performance in an artistic environment. *Journal of Marketing, 64*(1), 67-83.

Voswinkel, S. (2001). *Anerkennung und Reputation.* Konstanz.

Wade, J. (2004). On location: The risks of movie production. *Risk Management, 51*(12), 10-16.

Wai-Chung, Y.H. (1995). Qualitative personal interviews in international business research: Some lessons from a study of Hong Kong transnational corporations. *International Business Review, 4*(3), 313-339.

Wallace, W.T., Seigerman, A. & Holbrook, M.B. (1993). The role of actors and actresses in the success of films: How much is a movie star worth? *Journal of Cultural Economics, 17*(1), 1-27.

Wallas, G. (1926). *The art of thought.* New York.

Wasko, J. (1982). *Movies and money financing the American film industry.* Norwood.

Wasko, J. (2003). *How Hollywood works.* London, Thousand Oaks.

Watson, G. (2004). Uncertainty and contractual hazard in the film industry: Managing adversarial collaboration with dominant suppliers. *Supply Chain Management: An International Journal, 9*(5), 402-409.

Weaver, D.H., Beam, R.A., Brownlee, B.J., Voakes, P.S. & Wilhoit, G.C. (2007). *The American journalist in the 21st century. US news people at the dawn of a new millennium.* Mahwah.

Weber, W. & Kabst, R. (2003). *Einführung in die Betriebswirtschaftslehre.* Wiesbaden.

Weigelt, K. & Camerer, C. (1988). Reputation and corporate strategy: A review of recent theory and applications. *Strategic Management Journal, 9*(5), 443-454.

Weinberg, C.B. (2000). *Marketing models improve profit picture: It's about time.* Paper präsentiert auf Business & Economic Scholars Workshop in Motion Picture Industry Studies in Florida Atlantic University.

Weinstein, M. (1998). Profit-sharing contracts in Hollywood: Evolution and analysis. *The Journal of Legal Studies, 27*(1), 67-112.

Weischenberg, S., Scholl, A. & Malik, M. (2006). *Die Souffleure der Mediengesellschaft. Report über die Journalisten in Deutschland.* Konstanz.

Welch, C., Marschan-Piekkari, R., Penttinen, H. & Tahvanainen, M. (2002). Corporate elites as informants in qualitative international business research. *International Business Review, 11*(5), 611-628.

Wenner, L.A. (1985). The nature of news gratifications. In K.E. Rosengren, L.A. Wenner & P. Palmgreen (Hg.), *Media gratifications research: Current perspectives* (S. 171-193). Beverly Hills, London & New Dehli.

Wernerfelt, B. (1984). A resource-based view of the firm. *Strategic Management Journal, 5*(2), 171-180.

Wildman, S.S. & Siwek, S.E. (1988). *International trade in films and television programs.* Washington.

Wildman, S.S. & Siwek, S.E. (1993). The economics of trade in recorded media products in a multilingual world: Implications for national media policies. In E.M. Noam & J.C. Millonzi (Hg.), *The international market in film and television programs.* Norwood.

Windeler, A. (2004). Organisation der TV-Produktion in Projektnetzwerken: Zur Bedeutung von Produkt- und Industriespezifika. In J. Sydow & A. Windeler (Hg.), *Organisation der Content-Produktion* (S. 55-76). Wiesbaden.

Windeler, A. (2008). Unterhaltungsproduktion in Netzwerken. In G. Siegert & M.B. von Rimscha (Hg.), *Zur Ökonomie der Unterhaltungsproduktion* (S. 124-150). Köln.

Windeler, A. & Sydow, J. (2001). Project networks and changing industry practices collaborative content production in the German television industry. *Organization Studies, 22*(6), 1035-1060.

Windeler, A. & Sydow, J. (2004). Vernetze Content-Produktion und die Vielfalt möglicher Organisationsformen. In J. Sydow & A. Windeler (Hg.), *Organisation der Content-Produktion* (S. 1-17). Wiesbaden.

Wirth, C. & Sydow, J. (2004). Hierarchische Heterarchien - heterarchische Hierarchien. In J. Sydow & A. Windeler (Hg.), *Organisation der Content-Produktion* (S. 125-147). Wiesbaden.

Wirth, M.O. & Bloch, H. (1995). Industrial organization theory and media industry analysis. *Journal of Media Economics, 8*(2), 15-26.

Wirtz, B.W. (2006). *Medien- und Internetmanagement.* Wiesbaden.

Wittmann, E. (2000). Risikomanagement im internationalen Konzern. In D. Dörner, P. Horváth & H. Kagermann (Hg.), *Praxis des Risikomanagements. Grundlagen, Kategorien, branchenspezifische und strukturelle Aspekte* (S. 789-820). Stuttgart.

Witzel, A. (1982). *Verfahren der qualitativen Sozialforschung. Überblick und Alternativen.* Frankfurt a.M.

Woelke, J. (2003). Nachrichtenwerte in der Rezeption - Theoretische Beschreibung und Befunde. In G. Ruhrmann, J. Woelke, M. Maier & N. Diehlmann (Hg.), *Der Wert von Nachrichten im deutschen Fernsehen. Ein Modell zur Validierung von Nachrichtenfaktoren* (S. 145-161). Opladen.

Wolf, K. (2003). *Risikomanagement im Kontext der wertorientierten Unternehmensführung.* Wiesbaden.

Wolf, K. & Runzheimer, B. (2003). *Risikomanagement und KonTraG Konzeption und Implementierung.* Wiesbaden.

Wolf, M.J. (1999). *The entertainment economy: How mega-media forces are transforming our lives.* New York.

Wyatt, J. (1991). High concept, product differentiation and the contemporary U.S. film industry. *Current Research in Film: Audiences, Economics and Law, 5,* 86-105.

Wyatt, J. (1994). *High concept: Movies and marketing in Hollywood.* Austin.

Yoakem, L.G. (1958). Casting. *Film Quarterly, 12*(2), 36-42.

Yoder, K. (2004). Market research. In J.E. Squire (Hg.), *The movie business book* (S. 300-314). New York.

Zack, M.H. (1999). Managing codified knowledge. *Sloan Management Review, 40*(4), 45-58.

Zech, J. (2002). Integriertes Risikomanagement – Status quo und Entwicklungstendenzen aus der Perspektive eines Versicherungskonzerns. In R. Hölscher & R. Elfgen (Hg.), *Herausforderung Risikomanagement Identifikation, Bewertung und Steuerung industrieller Risiken* (S. 33-49). Wiesbaden.

Zellmer, G. (1990). *Risiko-Management.* Berlin.

Zufryden, F. (2000). New film website promotion and box-office performance. *Journal of Advertising Research, 40*(1/2), 55-64.

Zuta, P. (2008). *Publikumspräferenzen für Kinofilme. Die publikumsinduzierte Kreation im Filmproduktionsprozess. Konsequenzen einer ressourcenorientierten Sicht auf die Filmherstellung.* Berlin.

If you have any concerns about our products,
you can contact us on
ProductSafety@springernature.com

In case Publisher is established outside the EU,
the EU authorized representative is:
**Springer Nature Customer Service Center GmbH
Europaplatz 3, 69115 Heidelberg, Germany**

Printed by Libri Plureos GmbH
in Hamburg, Germany